대적기도 시리즈 2.

대적기도의 적용 원리

정원 지음

영성의 숲

서문

오늘날 그리스도인들이 풍성한 삶을 살지 못하는 중요한 이유 중의 하나는 대적들에 의하여 많은 공격을 받고 있으면서도 그 사실을 잘 깨닫지 못하고 있는 데에 있습니다.
우리가 그러한 대적의 공격과 전략과 활동에 대해서 이해하고 대처함으로 우리에게 주어진 권세와 능력을 사용한다면 우리는 놀라운 자유함을 누리게 될 것이며 예수 이름의 권세가 얼마나 위대한 것인지 새삼 깨닫게 될 것입니다.

대적 시리즈의 1권인 [대적기도의 원리와 능력]에는 영들의 움직임과 특성, 그리고 대적 기도의 원리 등 주로 이론적인 부분을 다루었습니다. 2권에서는 실제적인 적용을 구체적으로 다루고 있습니다. 1권을 충분히 이해했다면 이제 이 책에 나오는 구체적인 상황에서 대적하는 기도를 사용함으로 실제적인 해방과 승리를 누릴 수 있게 될 것입니다.
이제 새롭게 시작하고 적용해보십시오.
주님은 이미 승리하셨으며 우리는 주님의 그 승리를 같이 경험할 수 있게 될 것입니다. 할렐루야.

2005. 1. 정원

대적기도 시리즈 2권 대적기도의 적용 원리

1부 대적하는 기도의 기본 원리와 방법

1. 아주 중요한 오류들 • 17
2. 명령하는 기도와 대적하는 기도 • 26
3. 두 개의 왕국 • 30
4. 대적하는 기도의 적용 순서 • 42
5. 깨달음과 스며들기 • 48
6. 어둠 속의 존재를 드러내기 • 53
7. 이름 부르기 • 56
8. 분리시키기 • 62
9. 대적하기 • 67
10. 악의 근원을 발견하십시오 • 71
11. 구체적으로 대적하십시오 • 80
12. 자신의 안에 어떠한 영이 있습니까? • 83
13. 자기 안에 있는 영들을 표출시키기 • 87
14. 악한 영들이 주는 몸속의 이질감 • 95
15. 악한 영들이 움직이는 느낌 • 102
16. 생활 속에서 속의 느낌을 주의하십시오 • 110
17. 부르짖어서 표출시키기 • 115
18. 호흡기도로 표출시키기 • 121
19. 소리의 중요성 • 127
20. 눈을 강화시키기 • 131
21. 함부로 시인하지 마십시오 • 135
22. 악한 영들에게 먹이를 주지 마십시오 • 141
23. 악한 영들에게 분노하십시오 • 151
24. 대적하는 기도를 드린 후의 증상 • 158
25. 채워짐의 중요성 • 167

2부 개인적인 공격들에 대한 대적기도

1. 우울함을 대적하십시오 • 177
2. 불안감을 대적하십시오 • 181
3. 외로움을 대적하십시오 • 187
4. 분노를 대적하십시오 • 190
5. 슬픔을 대적하십시오 • 202
6. 복수심을 대적하십시오 • 206
7. 과거의 아픈 기억을 처리하십시오 • 210
8. 영의 침투를 당했을 때 • 213
9. 근심을 대적하십시오 • 218
10. 무력감을 내적하십시오 • 224
11. 교만한 영을 대적하십시오 • 227
12. 비판의 영을 대적하십시오 • 236
13. 비난의 영을 대적하십시오 • 241
14. 사소한 짜증을 대적하십시오 • 247
15. 학대당하는 영을 대적하십시오 • 250
16. 잠자기 전을 조심하십시오 • 255
17. 더러운 생각을 대적하십시오 • 259
18. 억울한 마음을 대적하십시오 • 265
19. 죄책감을 대적하십시오 • 270
20. 질병의 증상을 대적하십시오 • 276
21. 갑자기 고통이 시작될 때 주의하십시오 • 280
22. 지나친 피로감을 주의하십시오 • 285
23. 졸음과 혼미함을 대적하십시오 • 287
24. 지나치게 많은 잠은 묶임입니다 • 290
25. 공상의 영을 대적하십시오 • 293
26. 끊임없이 떠오르는 생각을 대적하십시오 • 295
27. 불면증을 대적하십시오 • 300
28. 만성병을 대적하십시오 • 304
29. 신체의 부분적인 연약함이 올 때 • 310

30. 의지를 방해하는 자를 대적하십시오 • 314
31. 가난의 영을 대적하십시오 • 319
32. 채무의 영을 대적하십시오 • 326
33. 무서운 느낌이 들 때 • 333
34. 악몽을 꾸었을 때 • 338
35. 새로운 곳에서 잠을 잘 때 • 344
36. 지나친 그리움을 대적하십시오 • 347
37. 과식의 영을 대적하십시오 • 350
38. 지나친 쇼핑의 영을 대적하십시오 • 356
39. 도박의 영을 대적하십시오 • 358
40. 지나친 승부욕을 대적하십시오 • 362
41. 지나친 애정의 영을 대적하십시오 • 368
42. 수다의 영을 대적하십시오 • 375
43. 취미, 기호, 습관에 주의하십시오 • 379
44. 고집의 영을 대적하십시오 • 384
45. 거스르는 영을 대적하십시오 • 386
46. 폭력과 파괴의 영을 대적하십시오 • 391
47. 혼미케 하는 영을 대적하십시오 • 397
48. 죽음의 영을 대적하십시오 • 402
49. 길이 막혔을 때 대적하십시오 • 407
50. 충격을 받았을 때 • 410
51. 속이는 영을 대적하십시오 • 413
52. 자살의 영을 대적하십시오 • 416
53. 심각한 영적 공격에 대하여 • 419
54. 한계를 느낄 때 대적하십시오 • 422

대적기도 시리즈 1권 대적기도의 원리와 능력

1부 대적기도의 발견

1. 어느 날의 경험 • 19
2. 두 번째의 기쁨 • 22
3. 지식과 해방 • 25
4. 사라진 불안 • 30
5. 속고 배우고 분별하기 • 34

2부 영적 전쟁의 원리들

1. 악한 영들은 생각을 통해서 들어옵니다 • 43
2. 악한 영들은 두려움을 통해서 역사합니다 • 51
3. 귀신을 쫓는 것은 제자들의 기본적인 사명입니다 • 57
4. 마귀를 대적하는 것과 하나님을 가까이 하는 것 • 65
5. 우리에게 주어진 권세를 사용함 • 73
6. 자유의지의 법칙 • 76
7. 마귀가 있는 곳에는 마비가 있습니다 • 83
8. 회개와 자책을 분별하십시오 • 93
9. 악한 영들은 우리의 입장에서 이야기합니다 • 99
10. 거라사 광인이 보여주는 악한 영의 특성들 • 106
11. 실제적인 영적 전쟁 • 117
12. 악한 영들은 빛 앞에서 드러납니다 • 120
13. 악한 영들은 권능을 두려워합니다 • 130
14. 악한 영들은 파장을 따라 들어옵니다 • 136
15. 쾌락의 영과 징벌의 영 • 144
16. 무리하게 영적 전쟁을 하지 마십시오 • 152

17. 악한 영의 억압과 정신병의 차이는? • 153
18. 악한 영들은 사람의 안에 들어오려고 합니다 • 163
19. 영들의 들어옴 • 167
20. 사람은 영의 통로입니다 • 171
21. 고통과 즐거움의 법칙 • 176
22. 떠돌이 영에 대하여 • 183
23. 제사에 오는 악한 영들 • 187
24. 악한 영들의 힘의 차이 • 192
25. 이 사역에 뛰어드는 것을 조심하십시오 • 198
26. 대적기도는 스스로 하는 것이 좋습니다 • 205
27. 영적 전쟁에 대한 여러 가지 반응들 • 209
28. 영이 들어올 때와 나갈 때의 느낌 • 215
29. 영 분별에 있어서의 어려움들 • 223
30. 민감한 영의 사람은 영을 잘 관리해야 합니다 • 229
31. 악한 영들의 활동과 잠복 • 235
32. 악한 영을 쫓아내는 것과 결박하는 것은 다릅니다 • 242
33. 악한 영들은 시간이 지날수록 강해집니다 • 248
34. 영들의 자리잡음 • 254
35. 선포는 악한 영의 힘을 약화시킵니다 • 260
36. 악한 영의 세계를 통과할 때 하나님의 깊은 임재에 들어갑니다 • 265
37. 땅의 영들과 공중의 영들 • 268

3부 악한 영들의 활동, 원리, 특성

1. 서운함 • 283
2. 흠을 잡는 영 • 287
3. 이간질 • 293
4. 분노 • 299
5. 미움 • 305
6. 우울함과 어두움 • 310

7. 불안과 두려움 • 313
8. 혼자 있게 함 • 318
9. 나쁜 사건들을 일으킴 • 323
10. 원망과 불평 • 330
11. 거스름 • 337
12. 교만 • 340
13. 탐욕 • 346
14. 어두운 눈물 • 349
15. 죄책감 • 353
16. 거짓의 영 • 358
17. 영적 사역을 방해함 • 362
18. 음식에 대한 탐닉 • 369
19. 쇼핑 • 374
20. 악한 영들의 활동 특성 • 378
21. 악한 영들의 활동 원리 • 383
22. 넓은 범위의 활동들 • 389

대적기도 시리즈 3권 대적기도를 통한 승리의 삶

1부 인간관계에서의 대적기도

1. 대인관계를 불편해하는 사람 • 19
2. 말을 함부로 하는 사람을 만날 때 • 22
3. 남을 지배하려는 사람을 대할 때 • 25
4. 분노하는 사람의 영을 결박하십시오 • 32
5. 위압감을 주는 사람에 대하여 • 36
6. 괴롭히는 이들의 영을 대적하십시오 • 40
7. 억울한 일을 겪었을 때 • 48
8. 사람과 악한 영을 분리하십시오 • 56
9. 우리는 상대방의 영을 결박하는 것이지 쫓아내는 것이 아닙니다 • 60
10. 이간질의 영을 대적하십시오 • 63
11. 강요하는 영을 대적하십시오 • 67
12. 불경건한 자들과의 교제를 멀리하십시오 • 73
13. 잘못된 영적 연결을 끊으십시오 • 77
14. 일방적이고 육적인 애정의 끈을 대적하고 끊으십시오 • 82
15. 다른 사람에 대한 사소한 불쾌감을 대적하십시오 • 87
16. 짝사랑과 애정의 영에 대하여 • 90
17. 저주하는 영을 대적하고 멀리하십시오 • 95
18. 간교한 영을 가지고 있는 이들을 멀리 하십시오 • 98
19. 미움의 영을 대적하십시오 • 104
20. 미움을 끌어당기는 영을 대적하십시오 • 109
21. 어린아이의 영을 결박하십시오 • 113
22. 충격을 받을 때에 대적하십시오 • 119
23. 음란한 영을 대적하십시오 • 124
24. 조종하는 영을 대적하십시오 • 136
25. 억지를 부리는 상대방의 영을 결박하십시오 • 146
26. 대적기도를 하고 나면 일시적으로 아플 수 있습니다 • 149

2부 가정에서의 대적기도

1. 우리의 대적은 배우자가 아니고 마귀입니다 • 163
2. 부부사이에 역사하는 악령을 대적하십시오 • 167
3. 절대로 앙금을 쌓아두지 마십시오 • 172
4. 상대방이 가지고 있는 지옥의 영들을 대적하십시오 • 182
5. 자주 서운함에 빠지는 사람 • 187
6. 절대로 서로 비난하지 마십시오 • 191
7. 자기 의의 영을 결박하십시오 • 200
8. 배우자에 대한 유혹의 영을 대적하십시오 • 208
9. 가정을 지배하려는 지배의 영을 대적하십시오 • 212
10. 부모의 육적 애정의 끈을 분별하십시오 • 225
11. 가족의 영적 방해를 결박하십시오 • 236
12. 아이를 가졌을 때 대적기도와 보호하는 기도를 드리십시오 • 244
13. 아이가 아플 때 대적기도를 하십시오 • 250
14. 아이가 돌이 되면 고집의 영을 대적하십시오 • 256
15. 찡찡거리는 영을 쫓아내십시오 • 260
16. 징계나 대적기도 시에 화를 내서는 안 됩니다 • 265
17. 아이들을 억압하지 마십시오 • 267
18. 아이들 앞에서 조심하십시오 • 272
19. 미운 짓을 하는 아이에 대하여 • 278
20. 성장을 거부하는 영을 대적하십시오 • 285
21. 어린아이가 접촉하는 영을 주의해보십시오 • 289
22. 아이들에게 영적 전쟁을 가르치십시오 • 296
23. 대적기도는 아이들의 영혼을 깨웁니다 • 300
24. 아이들의 사춘기에 올 수 있는 영을 대적하십시오 • 306
25. 아이의 의지를 누르는 악령을 결박하십시오 • 312
26. 자녀들의 교우관계를 위하여 기도하십시오 • 318
27. 악한 유전이 자녀에게 흐르지 않도록 끊으십시오 • 325
28. 가정의 소리와 분위기를 관리하십시오 • 335
29. 집안의 환경을 정결하게 하십시오 • 340

3부 복음전도와 영적 사역에서의 대적기도

1. 전도 대상자를 위한 기도의 능력 • 349
2. 구체적인 장소에 있는 영들을 결박하십시오 • 355
3. 대적기도 후에 갈망이 일어납니다 • 362
4. 영혼을 구출하기 전의 준비 • 370
5. 복음을 전할 때 그 안의 영들을 결박하십시오 • 375
6. 영적 세계의 이해와 경험이 전도의 문을 엽니다 • 381
7. 초신자가 실족하지 않도록 영적 전쟁을 가르쳐야 합니다 • 392
8. 개인기도와 중보기도에서 대적기도를 사용하십시오 • 397
9. 목회 사역의 진정한 대적자를 발견하십시오 • 403
10. 설교를 방해하는 영을 대적하십시오 • 407
11. 예배를 방해하는 영을 대적하십시오 • 414
12. 예배의 참석자를 위한 대적기도를 하십시오 • 417
13. 사역이 끝난 후에 찾아오는 유혹의 영을 대적하십시오 • 425
14. 사역자를 누르는 영을 대적하십시오 • 431
15. 사역자에 대한 인간적인 애정의 영을 대적하십시오 • 437
16. 영적 갈망을 훔쳐 가는 마귀를 대적하십시오 • 444
17. 지배와 분파의 영을 대적하십시오 • 451
18. 은사적인 사람을 조심하십시오 • 457
19. 교회의 행사나 일을 준비할 때 대적기도를 하십시오 • 465
20. 강력한 소리는 영적 전쟁의 중요한 무기입니다 • 468
21. 영적 부흥과 갱신에는 역풍이 있습니다 • 473
22. 마귀를 대적하여 교회를 순결하게 하십시오 • 481

대적기도 시리즈 4권 대적기도의 근본적인 승리비결

1부 승리를 위한 조언들

1. 악한 영들과 비슷한 파장을 버리십시오
2. 죄를 미워하십시오
3. 악성 감정을 버리십시오
4. 어두운 기질을 버리십시오
5. 복잡한 것을 좋아하지 마십시오
6. 꾸미는 것을 좋아하지 마십시오
7. 세상의 즐거움을 추구하지 마십시오
8. 외적인 사람은 마귀를 이길 수 없습니다
9. 낮은 가치관은 마귀에게 속고 있는 것입니다
10. 사람과의 친밀한 연합을 조심하십시오
11. 악한 영의 영역에 가지 마십시오.
12. 위험한 영적 영역에 갈 때 조심하십시오
13. 심각한 영적 상태에 있는 사람을 접할 때 주의하십시오
14. 점, 운세, 마술, 초능력 등에 접촉하지 마십시오
15. 신비적 경험을 너무 좋아하지 마십시오
16. 듣는 기도를 조심하십시오
17. 바른 하나님관을 가지십시오
18. 기질적 약점을 극복하십시오
19. 체력과 영력을 기르는 훈련들
20. 무엇보다 중요한 것은 본인 자신의 의지입니다
21. 반성과 회개는 아주 중요합니다
22. 영적 전쟁에 있어서의 기도와 금식의 의미
23. 자신의 안에 터를 잡은 악을 깨뜨하십시오
24. 은혜와 감동이 있을 때 주의하십시오
25. 파장과 성질이 영의 통로임을 기억하십시오
26. 밝은 마음으로 사십시오

27. 사랑의 고백은 마귀를 깨뜨립니다
28. 거짓을 미워하고 단순하게 진실을 말하십시오
29. 자신이 아닌 주님께 집중하십시오
30. 대적기도의 열매들
31. 적용이 어려운 이들을 위하여
32. 대적기도의 적용을 확장하십시오
33. 오직 주님을 구하는 것이 근원입니다
34. 전쟁을 통한 영혼의 균형과 성장

2부 대적기도 간증

1부
대적하는 기도의
기본 원리와 방법

대적하는 기도의 중심이 되는
중요한 기초들은 무엇일까요?
우리는 여기에서
두 왕국의 싸움에 대해서,
우리에게 주어진 무기와 권세에 대해서
그리고 실제적으로 악한 영들을
드러내고 깨뜨리는 방법에 대해서
살펴볼 것입니다.

1. 아주 중요한 오류들

악한 마귀는 그리스도인의 삶에 은밀하게 개입하여 많은 고통과 재난을 가져다줍니다. 그들은 그리스도인들의 삶과 신앙을 파괴하기 위하여 노력합니다. 그것은 그들이 존재하는 중요한 목적이기도 합니다. 마귀가 존재하는 한 우리가 살아있는 동안에 그들의 유혹과 공격은 결코 사라지지 않을 것입니다.

그들은 그리스도인의 삶의 풍요함을 가져가 버립니다. 물질을 빼앗아 가고 건강을 빼앗아가며 시간을 빼앗아가고 삶의 환희와 행복을 빼앗아갑니다. 그들은 강도이며 도둑입니다. 그들은 사랑과 우정으로 가득했던 관계를 파괴하고 인간관계에 쐐기를 박습니다. 하나님과의 관계에서 쐐기를 박습니다. 그들은 분노와 미움과 원망과 불평을 심습니다.

그들을 처리하지 않는 한 그리스도인들의 삶에 결코 행복은 없을 것입니다. 그들이 그리스도인들을 파괴하기 위하여 이렇게 치밀한 계획을 세우고 접근하고 있는데 그 사실을 알고 대처하지 않는 이들이 어떻게 그 전쟁에서 승리할 수 있겠습니까.

오늘날 그리스도인들 중에는 대적이 존재한다는 사실조차 잘 모르고 있는 이들이 많이 있습니다. 아니, 알더라도 그들의 인식은 아주 피상적입니다. 그러나 분명한 것은 마귀는 대부분의 고통과 재난의 배후 조종자라는 사실입니다.

욥기를 보아도 잘 알 수 있습니다. 욥은 하나님을 경외하는 사람이었으며 그의 삶의 모든 부분은 풍요로웠습니다. 하지만 그는 그러한 풍요로움 속에서도 주님께 감사하고 경외하며 자만하지 않고 조심하는 사람이었습니다.

그는 자녀들의 생일이 되어 잔치를 벌인 후에는 꼭 잊지 않고 하나님께 예배를 드렸습니다. 그의 마음속에는 너무 풍요하고 행복한 삶이 영적인 느슨함을 가져오지 않을까, 교만하고 높은 마음을 품거나 하나님께 대한 감사의 마음을 잃어버리는 것은 아닐까 하고 걱정하는 마음이 있었던 것입니다.

그 정도로 그는 경건한 사람이었습니다. 모든 상황이 다 잘되어 가는 상황에서도 겸손하고 주님 앞에 엎드려 있는 것은 쉬운 일이 아닌 것입니다.

그런데 어느 날 갑자기 그의 삶에 재앙이 시작되었습니다. 마치 날벼락처럼 갖은 고통들이 그에게 닥쳐왔던 것입니다.

갑자기 사방으로 대적들이 쳐들어와 그의 재물을 빼앗고 종들을 죽였습니다. 천재지변으로 갑자기 사랑스러운 자녀들이 죽었습니다. 갑자기 욥의 전신에 심각한 질병이 생겼습니다. 그 모든 일이 순식간에 일어난 일이었습니다.

도대체 왜 이런 난리가 생긴 것일까요?

그의 행복한 가정에 갑자기 온갖 재난이 닥친 이유를 성경은 분명하게 보여주고 있습니다. 그것은 사탄입니다. 사탄은 그의 행복과 신앙에 대해서 시기하고 질투하며 어떻게 해서든지 그를 타락시키고 멸망시키려고 온갖 노력을 했던 것입니다.

이런 난리통 속에 욥의 세 친구가 등장합니다. 그들은 처음에 욥을 위로하러 온 것으로 보입니다. 그러나 대화를 나누는 중에 왜 이러한 고난이 오게 되었는지에 대해서 욥과 치열한 논쟁을 벌이게 됩니다.
하지만 여기에서 몹시 놀라운 것이 하나 있었습니다.
욥과 그의 친구들은 욥에게 임한 고통의 이유에 대해서 치열한 논쟁을 벌이지만 그 재앙의 배후에 악한 영들의 장난이 개입되어 있는 것에 대한 이해나 언급은 전혀 없었던 것입니다.
욥과 친구들은 '네 죄 때문에 이런 고난이 온 것 아니냐' '맹세코 나는 잘못한 것 없다' '네가 인간인데 잘못한 것이 왜 없느냐, 뭔가 죄를 지었겠지..' '그러지 마라. 나는 정말 억울하다..' 이런 식으로 싸움을 벌이고 나중에는 감정까지 상해서 서로 인신공격을 해대지만 그 재난의 시작이 된 악한 영의 존재에 대한 대화는 전혀 없었던 것입니다.

이것은 아주 중요한 부분입니다. 즉 악한 영들을 결박하고 깨뜨리고.. 하는 것은 주님께서 오셔서 시작되었던 것입니다. 주님께서 오셔서 그의 공적 사역을 시작하시면서 악한 영들을 결박하고 쫓아내는 것이 중요한 사역이 되었던 것입니다. 아직 구약에는 그러한 권세가 주어지지 않았습니다. 주님의 오심은 곧 신약의 시작이며 하나님의 나라의 시작이었던 것입니다. 하나님의 나라가 시작될 때 그 놀라운 특징은 마귀의 세력을 분별하고 대적하여 깨뜨릴 수 있다는 것입니다. 그래서 욥과 같은 구약의 사람들은 오직 모든 것에 있어 하나님께 호소할 수는 있었지만 직접 주의 이름과 권세를 사용하여 마귀를 결박하고 깨뜨릴 수는 없었습니다.
그것은 다윗도 마찬가지입니다. 그는 그의 시의 대부분을 형성하는 비탄 시에서 하나님께 눈물로 기도하고 호소하지만 직접 마귀를 부수지는 않습니다. 그도 아직 신약 이전의 사람이었던 것입니다.

지금은 신약시대입니다. 하나님은 인간의 몸을 입고 이 땅에 오셨고 인간의 죄 값을 해결하셨습니다. 그리고 마귀를 제어할 권세와 능력을 우리에게 주셨습니다. 이제는 하나님의 왕국이 이 땅에서 이루어져 마귀를 쫓아낼 수 있는 힘이 그를 믿는 그리스도인들에게 주어진 것입니다. 이것은 이 시대에 태어난 우리들이 누릴 수 있는 놀랍고도 영광스러운 특권입니다.

하지만 정말 어처구니가 없는 일이 있습니다.

여전히 오늘날에도 대부분의 그리스도인들은 구약시대의 사람들처럼 하나님께 호소하고 울부짖고만 있다는 것입니다. 그들은 마귀를 대적할 줄 모릅니다. 아니 마귀가 어떻게 장난을 치고 그들의 삶을 파괴하는 지에 대해서도 알지 못합니다.

고통과 재난에 대해서 하나님은 그 행위자가 아닙니다. 당사자가 아닙니다. 그런데 사람들은 하나님께 하소연합니다. 이것이 이치에 맞는 행동입니까? 아닙니다. 그것은 잘 모르고 있는 것입니다.

어떤 이가 내게 물었습니다. 주님은 언제 다시 오시나요? 하고.

그래서 나는 대답했습니다.

"내가 어디로 가는지, 내가 갔다가 언제 올 것인지, 알고 싶으면 저에게 물어보십시오. 하지만 주님이 언제 오시는지 알고 싶으시면 주님께 물어보십시오. 내가 그것을 어떻게 알겠습니까? 그것은 주님의 마음에 달려 있는 것입니다."

우리는 항상 당사자에게 물어야 합니다. 관계없는 엉뚱한 사람에게 묻거나 책임을 돌린다면 그것은 어리석은 것입니다.

나쁜 사람이 우리의 돈을 가져갔다고 합시다. 그것은 우리에게 아주 중요한 돈입니다. 그러면 우리는 그에게 찾아가서 하소연할 수 있습니다.

항의할 수 있습니다. 우리의 돈을 돌려달라고. 왜 가져갔느냐고.. 그렇게 할 수 있습니다.
하지만 우리가 엉뚱한 사람에게 가서 울면서 우리의 돈을 돌려 달라고 하소연하거나 항의를 하면 그는 대답할 것입니다. '도대체 무슨 돈을 말하는 겁니까? 왜 엉뚱한 사람에게 이렇게 난리를 치고 있습니까?'
우리는 기억해야 합니다. 우리에게 고통을 주고 우리의 삶을 파괴하고 아프게 하는 존재는 하나님이 아니라는 것입니다. 그것은 마귀입니다. 왜 한강에서 뺨을 맞고 종로에 가서 하소연을 합니까? 그것은 어리석은 것입니다.

우리는 마귀가 우리의 삶을 공격하고 파괴하는 존재라는 사실을 분명하게 인식해야 합니다. 구약시대에는 마귀와 귀신의 존재가 아직 분명하게 드러나지 않았습니다. 그들은 숨겨져 있었습니다.
그러나 주님이 오셔서 마귀를 드러내시고 귀신을 쫓아내시고 이 사역을 제자들과 그리스도인들에게 맡기셨습니다. 주님은 마귀에게 눌린 모든 자를 고치셨으며 제자들과 그리스도인들도 그러한 일을 해야함을 가르치셨습니다. 우리는 사건의 당사자를 분명하게 파악해야 합니다. 기도의 방향과 싸움의 방향이 분명해야 합니다. 그래야 우리의 화살은 과녁을 맞힐 수가 있습니다.
마귀를 제압하지 않고 하나님께 울고 하소연만 하는 것은 문제의 당사자를 제대로 파악하지 못한 첫 번째 오류인 것입니다.
두 번째 오류는 이것입니다. 주님께서 우리에게 그 이름과 능력을 사용하는 권세를 주셨으며 그것을 맡기셨습니다. 그런데 우리는 그 능력과 권세를 사용하지 않고 있습니다. 아니 그 권세가 있는지 없는지조차 모릅니다. 이것이 중요한 문제이며 두 번째의 오류입니다.

온 우주 안에서 마귀를 제압할 수 있는 존재는 주님 한 분뿐입니다. 오직 예수님만이 그것을 하실 수 있습니다. 그것은 하나님만이 마귀보다 높으시기 때문입니다.

주님은 이 땅에 오셔서 그 권세를 사용하신 후에 십자가에서 죽으심으로 마귀의 권세를 파괴하셨습니다. 마귀는 죄 때문에 인간 위에 군림하고 인간을 지배할 수 있게 되었기 때문에 십자가의 사역을 믿으므로 죄에서 해방된 사람들은 더 이상 마귀의 지배 하에서 고통을 받을 이유가 없어진 것입니다.

나아가서 주님은 우리에게 마귀를 제어하고 깨뜨릴 수 있는 권세를 주셨습니다. 이것은 성경에 분명하게 언급된 것입니다.

"예수께서 그 열 두 제자를 부르사 더러운 귀신을 쫓아내며 모든 병과 모든 약한 것을 고치는 권능을 주시니라" (마10:1)

"내가 너희에게 뱀과 전갈을 밟으며 원수의 모든 능력을 제어할 권세를 주었으니 너희를 해할 자가 결단코 없으리라" (눅10:19)

이 말씀들을 보고 '에이, 그거야 주님께서 제자들에게 하신 말씀이잖아' 한다면 그것은 곤란합니다.

성경 말씀이 이 말씀은 이 사람에게 하신 말씀이고, 저 말씀은 저 사람에게 하신 말씀이고.. 한다면 읽을 필요가 없는 것입니다. 성경의 당사자는 바로 우리입니다. 주님은 성경을 통해 바로 우리 자신에게 말씀하시고 있는 것입니다. 우리가 바로 주님의 제자들입니다.

마가복음은 좀 더 직접적으로 말씀합니다.

"믿는 자들에게는 이런 표적이 따르리니 곧 저희가 내 이름으로 귀신을 쫓아

내쫓으며 새 방언을 말하며"(막16:17)

주님께서 우리에게 권세를 주셨다는 사실은 아주 분명한 것입니다. 그분은 우리에게 그의 이름을 주셨습니다. 이름을 주셨다는 것은 그에게 속한 모든 것을 주셨다는 의미이며, 우리가 그의 이름을 사용할 수 있다는 것은 주님이 하시는 모든 일을 우리가 할 수 있다는 의미입니다. 주님은 그렇게 우리에게 사역을 맡기신 것입니다.
그러므로 우리는 이제 그 권세를 사용해야 합니다. 그것이 신약 시대의 특성입니다. 우리는 이미 권세를 받았으며 그 권세를 가지고 마귀에게 명령해야 합니다.
우리는 재앙과 재난의 배후에 있는 마귀를 분별하고 대적해야 합니다. 이 더러운 마귀야, 악령아! 내가 너를 주의 이름으로 대적한다. 너를 결박한다! 이렇게 선포해야 합니다. 우리는 그들에게 명령해야 합니다. 우리는 권세를 받았기 때문입니다.

그것은 주님이 하시는 것이 아닙니다. 우리가 하는 것입니다.
'오, 주님. 귀신을 쫓아 주세요.' 해서는 안 됩니다. 그것은 바보 같은 기도입니다. 그것은 우리가 하도록 주님께서 맡기신 것입니다.
나는 어떤 사람이 이렇게 기도하는 것을 들은 적이 있습니다.
"오, 주님.. 이 시간에 역사하는 마귀가 있다면 예수의 이름으로 나가게 해 주시옵시고.."
그것은 정말 애매한 기도입니다. 주님께 기도하는 것인지 내가 마귀에게 명령하고 선포하는 것인지 불분명합니다.
그것은 대적하는 것이 아니고 부탁하는 것입니다. 이 마귀야! 나가라! 그렇게 강력하게 꾸짖고 외치는 것이 대적하는 기도인 것입니다.

마귀에게 당하고 나서 주님께 하소연하고 우는 것은 한강에서 뺨맞고 종로에서 하소연하는 것입니다.

또한 우리에게 명령하고 제어할 권세를 주셨는데 그것을 사용하지도 않고 울고 불면서 한탄을 하는 것도 참으로 우스운 일입니다. 그러한 기도는 아무리 오래 해보았자 열매가 없는 것입니다.

나는 수많은 어머니들이 그런 식으로 하나님께 나아가서 울고 하소연하는 것을 압니다. 내 자식을 불쌍히 여겨달라고.. 제발, 제발.. 간절히. 간절히.. 차라리 내 목숨을 가져가 달라고.. 비통하게 울면서 몸부림치는 이들이 너무나 많다는 것을 압니다.

옆에서는 귀신들이 그녀들의 목을 짓밟고 가슴을 걷어차고 조롱하고 있는데 오직 비통한 모습으로 울부짖을 뿐입니다. 그것은 정말 안타까운 모습입니다.

옆에서 강아지가 한 마리 당신을 귀찮게 한다면 어떻게 하겠습니까? 그 조그만 강아지가 당신을 물고 짖어대고 할퀴고 한다면 그저 울면서 '오.. 주님.. 왜 이렇게 저에게 심하게 하시는 건가요.. 오, 주님. 언제까지 훈련을 받아야 하나요. 주님.' 그렇게 해야 하겠습니까?

나는 이렇게 하시기를 권합니다. 바로 그 자리에서 일어나서 '이 놈의 강아지 같으니라고!' 하면서 발로 차버리는 것입니다. 그러면 그 강아지는 깨갱거리며 도망가 버리게 될 것입니다.

옆에서 모기가 앵앵거리며 귀찮게 여기를 물고 저기를 물고.. 하고 있습니다. 어떻게 하시겠습니까? 주님께 온갖 찢어지는 청승 어린 목소리로 울면서 '오, 주님.. 너무나 가려워요.. 오.. 주님. 가려워서 죽을 것만 같아요. 인생이란 왜 이렇게 괴로운 건가요.. 주님.. 저를 데려가 주세요. 제발.. 제발.. 흑흑..' 이렇게 하시겠습니까? 사실 이것이 많은 그리스도인들이 하고 있는 짓입니다.
하지만 눈을 뜨고 그 모기를 볼 수 있다면 바로 그 자리에서 일어나 에프 킬라를 갖고 치익~ 뿌리시기를 바랍니다. 그 즉시로 모기는 죽어버립니다. 이것이 가장 쉽고 편하고 간단한 방법입니다.

오늘날 많은 그리스도인들이 마귀에게 속고 눌려서 비참하게 살고 있습니다. 그들은 기도를 해도 청승맞은 기도를 하면서 울고 자신의 처지를 비관합니다. 그리하여 기도하면 기도할수록 점점 더 눌리고 비참해집니다. 당신은 그렇게 살아서는 안 됩니다.
부디 당신의 재앙의 배후에 있는 마귀를 발견하십시오.
그 마귀를 결박하고 깨뜨리고 명령할 수 있는 권세를 받았다는 사실을 분명히 깨달으십시오.
그리고 그 권세를 사용하십시오.

마귀에게 하소연하지 마십시오.
제발 나가달라고 빌지 마십시오.
호통치고 야단을 치고 혼을 내십시오.
당신은 자유롭게 됩니다.
예수를 믿는 다는 것,
그 이름을 부를 수 있는 권세를 받았다는 것..
이것이 얼마나 놀라운 특권이고 은총이고 복음인지 아십니까?
그것은 백 만금을 주고도 바꿀 수 없는 놀라운 보화입니다.
당신에게 주어진 권세를 사용할 때
당신은 그 사실을 확실하게 깨닫게 될 것입니다.
할렐루야.

2. 명령하는 기도와 대적하는 기도

주님은 우리에게 권세를 주셨습니다. 그러므로 우리는 권세가 있습니다. 권세자의 특권이 무엇입니까? 그것은 명령을 할 수 있다는 것입니다.

권세가 없는 사람은 명령을 할 수 없습니다. 그는 요구할 수 없으며 부탁을 할 수 있을 뿐입니다. 그가 만일 어떤 것이 간절하게 필요하다면 그는 그것을 줄 수 있는 이에게 찾아가서 애걸을 해야 할 것입니다. 아랫사람은 윗사람에게 허락을 받아야 할 것입니다.

그러나 권세자는 명령을 할 수 있습니다. 그는 원하는 것을 지시할 수 있습니다. 그런데 이러한 권세를 주님께서 우리에게 주셨다는 것입니다.

일반적으로 기도는 우리가 주님께 드리는 것입니다. 우리는 주님께 명령을 할 수 없습니다. 우리는 주님께 간구를 드리고 찬양을 드리며 경배할 수 있습니다. 우리는 주님의 권세 아래 있는 자들이기 때문입니다.

그러나 기도에는 그러한 것만 있는 것은 아닙니다. 기도는 주님만을 향하는 것이 아닙니다. 우리는 피조물에 대해서도, 악한 영들에 대해서도 기도를 사용할 수 있습니다.

엄밀하게 말하자면 이것은 기도이기보다는 명령이나 선포라고 할 수도 있습니다. 하지만 넓은 의미에서 이것도 기도이며 명령하는 기도라고 할 수 있습니다.
기도에는 명령하는 기도가 있습니다. 이것은 권세를 사용하는 기도입니다. 주님께서 우리에게 권세를 주셨기 때문에 우리는 이 권세를 사용하여 명령하는 기도를 할 수 있는 것입니다.

성경에는 이 명령하는 기도의 사례가 많이 나옵니다.
주님은 직접 이 기도의 사례를 보여주셨습니다.
갈릴리 바다에서 큰 파도가 일어나서 곤란을 겪게 되었을 때 주님은 바람과 바다를 꾸짖으시며 잠잠하라고 명령하셨습니다.
그러자 바람이 그치고 잔잔해졌으며 제자들은 바람과 바다가 순종한다고 놀랐습니다. (막4:37-41)
그것은 이 세상을 지으신 주님만이 사용하시는 권세일까요? 하지만 주님은 제자들에게 그러한 권세를 사용하라고 가르치셨습니다. 오히려 믿음을 가지고 그러한 권세를 사용하지 못하는 제자들을 꾸짖으셨습니다. 아래의 사례는 이 사실을 좀 더 분명하게 보여줍니다.

"이른 아침에 성으로 들어오실 때에 시장하신지라 길 가에서 한 무화과나무를 보시고 그리로 가사 잎사귀 밖에 아무 것도 얻지 못하시고 나무에게 이르시되 이제부터 영원토록 네게 열매가 맺지 못하리라 하시니 무화과나무가 곧 마른지라
제자들이 보고 이상히 여겨 가로되 무화과나무가 어찌하여 곧 말랐나이까
예수께서 대답하여 가라사대 내가 진실로 너희에게 이르노니 만일 너희가 믿음이 있고 의심치 아니하면 이 무화과나무에게 된 이런 일만 할 뿐 아니라 이 산더러 들려 바다에 던지우라 하여도 될 것이요
너희가 기도할 때에 무엇이든지 믿고 구하는 것은 다 받으리라" (마21:18-22)

주님은 열매를 맺지 않는 무화과나무를 보시고 저주하셨고 그 즉시 나무는 말랐습니다. 주님은 간구하신 것이 아니라 명령을 하신 것입니다. 그것을 보고 제자들이 놀라자 너희들도 믿음이 있다면 이러한 명령하는 권세를 사용할 수 있다고 하셨습니다. 믿음이 있다면 산에게도 명령을 할 수 있다는 것입니다.

제자들은 주님의 격려에 힘입어 귀신들에게 명령을 하고 쫓아내었고 그들이 항복하는 것을 보고 기뻐하였습니다. 주님이 부활하시고 승천하신 후에도 제자들은 명령하는 기도를 사용하였습니다.

"베드로가 가로되 은과 금은 내게 없거니와 내게 있는 것으로 네게 주노니 곧 나사렛 예수 그리스도의 이름으로 걸으라 하고 오른손을 잡아 일으키니 발과 발목이 곧 힘을 얻고 뛰어 서서 걸으며 그들과 함께 성전으로 들어가면서 걷기도 하고 뛰기도 하며 하나님을 찬미하니" (행3:6-8)

이것도 명령하는 기도의 사례입니다. 베드로는 하나님께 '오, 주님. 이 사람의 병을 고쳐주십시오' 하고 기도하지 않았습니다. 그에게 의탁된 주의 이름으로 질병에게 명령했던 것입니다. 그리고 그 명령은 이루어졌습니다.

이 명령하는 기도는 우리가 주의 이름과 권세를 가지고 있다는 중요한 증거가 됩니다. 그러므로 우리는 명령하는 기도를 사용할 수 있습니다. 물론 이 명령하는 기도를 우리 마음대로 아무 때나 사용할 수 있는 것은 아닙니다. 우리 안에서 역사하시는 성령의 인도하심에 따라, 각 사람의 믿음의 분량을 따라 사용할 수 있습니다.

또한 주님께 기도해야 할 것을 명령해서는 안 될 것입니다. 반대로 명령하는 기도를 사용해야 하는 장면에서 주님께 간구하는 것 또한 바르지 않은 것입니다.

대적하는 기도는 이 명령하는 기도의 한 종류라는 것을 이해하실 필요가 있습니다. 귀신을 쫓고 마귀를 깨뜨리는 이 기도는 전투의 기도이며 명령하는 기도입니다.

그러므로 이것은 자신감을 가지고 분명하게 명령하고 선포해야 합니다. 결코 부탁을 하는 식으로 하거나 두려움 속에서 해서는 안 됩니다. 울면서, 떨면서 오, 주님. 제발 귀신을 쫓아주세요.. 해서는 안 되는 것입니다.

부디 담대하게 명령하는 기도를 사용하십시오.
대적하는 기도를 사용하십시오.
악한 영들에게 명령하십시오.
우리는 예수 이름의 권세를 가지고 있으며 땅과 하늘의 모든 것들은 그 이름 앞에 굴복하게 됩니다.
결코 잊어버리지 마십시오. 대적하는 기도는 부탁하는 기도가 아니며 권위를 가지고 명령하는 기도입니다.
우리에게 주어진 이 권세를 사용할 때 우리는 이 기도의 효과와 능력에 대해서 많이 놀라게 될 것입니다. 할렐루야.

3. 두 개의 왕국

예수의 이름으로 마귀를 대적하고 악한 영들을 쫓아낸다는 것, 이것은 시시한 일이 아닙니다. 마귀가 주의 이름으로 도망하고 귀신들이 쫓겨난다는 것, 이것은 놀라운 일이며 복음의 중심적인 내용에 해당하는 것입니다.

이방의 세계에도 이와 비슷한 일이 있습니다. 우리나라에도 있고 문명이 덜 발달된 나라에도 무당이나 그와 비슷한 역할을 하는 사람들이 귀신이나 액운을 쫓아내는 의식을 거행합니다.

어떤 이들은 그리스도인들이 귀신을 쫓아내는 것이나 이방인들이 귀신을 쫓아내는 것이나 그 두 가지가 다 비슷한 것이라고 생각할 것입니다. 그러나 그렇지 않습니다. 이 두 가지는 겉으로 보기에는 비슷하게 보일지 모르지만 내용에 있어서 전혀 본질적으로 다른 것입니다.

성경에서 마귀는 이 세상 신이나 이 세상 임금으로 묘사됩니다. 주님의 말씀에서도 우리는 그것을 발견할 수가 있습니다.

"그 중에 이 세상 신이 믿지 아니하는 자들의 마음을 혼미케 하여 그리스도의 영광의 복음의 광채가 비취지 못하게 함이니 그리스도는 하나님의 형상이니라" (고후 4:4)

"이제 이 세상의 심판이 이르렀으니 이 세상 임금이 쫓겨나리라" (요 12:31)

"이후에는 내가 너희와 말을 많이 하지 아니하리니 이 세상 임금이 오겠음이

라 그러나 저는 내게 관계할 것이 없으니" (요14:30)

왜 성경은 마귀를 세상의 임금으로, 신으로 묘사하고 있을까요? 이 세상을 지으신 분은 하나님이십니다. 하나님은 결코 마귀에게 이 세상을 다스리고 통치하라고 역할을 맡기신 적이 없습니다. 그런데 어떻게 그는 이 세상의 신이 되고 왕이 된 것일까요?

주님께서 광야에서 금식하실 때 마귀는 몇 가지의 유혹을 하면서 이런 말을 하였습니다.

"마귀가 또 예수를 이끌고 올라가서 순식간에 천하 만국을 보이며 가로되 이 모든 권세와 그 영광을 내가 네게 주리라 이것은 내게 넘겨준 것이므로 나의 원하는 자에게 주노라 그러므로 네가 만일 내게 절하면 다 네 것이 되리라" (눅4:5-8)

주님은 그러한 마귀의 유혹을 거절하셨습니다. 그런데 마귀의 말 중에서 묘한 표현이 있습니다. 마귀는 주님께 천하 만국을 보여주면서 그것이 자기의 것이라고 주장하고 주님이 그에게 경배를 하기만 하면 그 모든 것을 주겠다고 유혹했습니다. 그리고 그 천하 만국은 '내게 넘겨준 것'이라고 말했던 것입니다.

세상, 천하 만국이 처음부터 그의 것은 아니었습니다. 그러나 누군가가 그의 것을 마귀에게 넘겨준 것입니다. 그렇다면 그 세상 만국을 마귀에게 넘겨준 자는 누구일까요? 우리는 성경에서 쉽게 그 해답을 찾을 수 있습니다.

하나님은 세상을 창조하시고 에덴에 동산을 건설하신 후에 그 곳에 사람을 두시고 이 세상을 그에게 맡기셨습니다.

"하나님이 자기 형상 곧 하나님의 형상대로 사람을 창조하시되 남자와 여자를 창조하시고 하나님이 그들에게 복을 주시며 그들에게 이르시되 생육하고 번성하여 땅에 충만하라, 땅을 정복하라, 바다의 고기와 공중의 새와 땅에 움직이는 모든 생물을 다스리라 하시니라" (창1:27,28)

하나님은 세상을 창조하시고 사람에게 그것을 다스리는 특권을 주셨습니다. 하나님과 같이 창조하고 멸하는 권세가 아니라 그것을 관리하는 역할과 이에 따른 권세를 주신 것입니다. 그러므로 사람은 이 세상의 만물을 다스릴 수 있는 권세를 가지고 있었습니다.
그러나 사람은 마귀의 유혹에 넘어가 타락을 하고 말았습니다. 그리고 이로 인하여 마귀에게 이 세상의 지배권도 넘어가 버린 것입니다.

내가 신학대학원에 다니던 시절 한 교수님은 찬송가 '마귀들과 싸울지라 죄악 벗은 성도여' 라는 찬송의 가사는 잘못된 것이라고 몹시 흥분하시곤 했습니다. 마귀는 단수이며 하나의 존재이기 때문에 '마귀들' 이라는 용어는 틀렸다는 것입니다.
물론 그분의 말씀은 맞습니다. 대체로 찬송가의 가사는 신학적으로 정밀한 검증을 거쳐서 결정된 것은 아니기 때문에 다소 표현이 정확하지 않을 수도 있는 것입니다.
그러나 마귀가 단수라고 하더라도 통상적으로 '마귀들' 이라는 표현이 그리 잘못되었다고 할 수는 없을 것입니다. 악한 세력들을 통칭하는 면에서 그 의미는 충분히 전달되기 때문입니다.

마귀와 사탄은 같은 존재의 다른 표현입니다. 사탄은 '대적하는 자' 의 의미를 가지고 있으며 주로 하나님을 향한 관계에서 사용됩니다. 마귀는 '비난하는 자' '중상하는 자' 라는 뜻으로 인간을 향하여 사용됩니다. 어쨌든 이 마귀는 악령들의 총 대장입니다. 그리고 그 밑에 하늘에 있는 악령들이 있으며 가장 밑에 졸개들인 악령과 귀신들이 있는 것입니다.

아무튼 이 마귀는 첫 사람 아담에게서 이 세상의 권세를 빼앗았으며 이 세상이 자기 것이라고 주장하게 되었던 것입니다.
주님께서는 절을 하라는 마귀의 유혹을 거절했지만 세상이 자기 것이라고 하는 마귀의 주장을 반박하시지는 않았습니다. 오히려 주님은 마귀가 세상의 임금임을 제자들에게 말씀하시곤 했던 것입니다.
마귀는 자기가 인간에게 맡겨진 세상을 빼앗았으며 주님께서 그것을 다시 되찾기 위해서 이 땅에 오신 것을 잘 알고 있었습니다.
그러므로 그는 그것을 빌미로 유혹했던 것입니다. 자기에게 절을 한 번 하기만 하면 다시 세상을 돌려주겠다고 일견 간단해 보이는 제안을 한 것이었습니다.
주님은 그 제안을 받아들이지 않았습니다. 주님은 이 세상을 되찾기 위해서는 오직 인간의 죄 값을 지불해야만 하는 것을 아시고 계셨습니다. 그것은 주님께서 십자가에서 죽으셔야 만이 가능한 일이었습니다. 이 세상은 주님의 죽으심을 통해서만 회복될 수 있었던 것입니다.

첫 번째 사람인 아담이 마귀의 유혹에 넘어가서 이 세상을 넘겨주게 되었을 때 그 때부터 마귀의 왕국이 시작되었습니다. 마귀는 이 세상의 신이며 임금이 된 것입니다. 따라서 이 세상은 각종 악과 죄와 더러움과 부조리가 가득한 세상이 되었습니다.
이 세상에는 전쟁, 기근, 각종 재난들이 끊어지지 않고 일어납니다.

악한 사람들이 득세하며 힘없고 선한 사람들이 고통을 당하고 어린아이들이 죽어 가는 것과 같은 불합리한 일들이 많이 일어납니다.
흔히 믿지 않는 자들은 이렇게 말합니다. 정말 하나님이 살아 계신다면 어떻게 이런 일이 있을 수 있느냐고.. 그러므로 그들은 하나님을 믿지 않겠다고 말을 합니다.

하지만 그들은 알지 못하고 있는 것입니다. 이 세상의 임금은 마귀이며 그들은 배후에서 세상을 조종하고 있다는 것을 말입니다. 그러므로 그러한 모순들의 책임은 마귀에게 있는 것입니다. 하나님께 있는 것이 아닙니다.
우리는 분명히 알고 있어야 합니다. 우리가 좋아하던 싫어하든 상관없이 이 세상에는 마귀의 왕국이 존재한다는 것입니다. 그리고 세상 대부분의 사람들은 마귀 왕국의 구성원들이라는 사실입니다.
언제 그들은 마귀 왕국의 백성이 되었을까요? 그들은 그 국가의 시민권을 얻기 위해서 신청을 하거나 동의한 적도 없는데 말입니다.
그러나 모든 인간은 태어나는 순간에 자신은 알지도 못하고 동의한 적도 없지만 바로 마귀 왕국의 시민으로 등록됩니다. 그것은 억울하지만 어쩔 수 없는 일입니다.
그것은 첫 번째 사람이 모든 인간들을 대표하는 입장에 있기 때문입니다. 김씨의 아들로 태어난 사람은 자기의 의사나 행위나 성품에 상관없이 김씨가 됩니다. 그와 같이 첫 사람 아담이 자기에게 주어진 권세를 마귀에게 넘겨주었기 때문에 첫째 아담에 속한 사람들은 누구나 다 태어나는 순간에 마귀 왕국의 백성으로 소속이 되는 것입니다.

흔히 사람들은 마귀에게 공격을 받는다는 것은 어떤 재난이 오거나 사고를 당하거나 정신병에 걸리거나 그러한 일이라고 생각합니다. 마귀의 왕국이 있다면 거기에는 오직 고통받는 사람들만 속하는 것으로 생각합니다.

하지만 마귀의 왕국에도 겉으로 행복하고 편안하게 살고 있는 것으로 보이는 이들이 얼마든지 있습니다.

북한의 경우를 생각하면 이해가 쉬울 것입니다.

북한에는 지금 경제적으로 너무 어려워서 실제로 굶어죽는 이들이 몇 백만이나 된다고 합니다. 나는 단지 풍문으로만 알고 있다가 실제로 탈북자와 이에 관계된 이들을 만나본 후에는 그것이 실제 사실인 것을 알게 되었습니다.

하지만 그러한 북한에도 잘 사는 사람들이 있습니다. 지도부에 충성하는 고위층에 가까운 사람들이나 체제를 선전하기 위해서 좋은 대접을 받고 있는 사람들이 있습니다.

그와 같이 마귀의 왕국에도 행복하고 성공한 것으로 보이는 사람들이 있습니다. 하지만 그들도 역시 마귀에게 속한 자들인 것입니다. 그리고 그들의 행복은 외면적인 것에 불과한 것이며 내면적이고 심령적인 행복은 아닙니다.

이 땅에서 태어난 사람, 첫 사람인 아담의 자손인 모든 사람들은 태어나면서부터 마귀 왕국의 백성입니다. 그러므로 주님을 영접하고 주님을 삶의 주인으로 모시는 것은 바로 마귀의 왕국에서 벗어나 주님의 왕국에 속하는 것을 의미하는 것으로 이것을 바로 구원이라고 하는 것입니다. 즉 구원이란 마귀의 왕국에서 하나님의 왕국, 주님의 왕국으로 소속을 옮기는 것을 의미하는 것입니다.

마귀의 왕국은 아담의 타락으로부터 시작되었습니다. 그렇다면 주님의 왕국, 하나님의 왕국은 언제부터 시작되었을까요? 그 시작은 주님의 오심입니다.

주님께서 가르치신 기도문의 중심 내용은 바로 이것입니다. 하나님의 나라가 이 땅에 임하게 해달라고 기도하라는 가르침인 것입니다.

"나라이 임하옵시며 뜻이 하늘에서 이룬 것 같이 땅에서도 이루어지이다" (마6:10)

나라가 임하기를, 하나님의 뜻이 하늘에서 이루어진 것 같이 이 땅에서도 이루어지라고 기도하라고 하십니다.

왜 그렇게 기도해야 할까요? 그것은 하나님의 나라가 아직 이 땅에 임하지 않았기 때문입니다. 하나님의 뜻이 하늘에서는 이루어졌지만 아직 이 땅에서는 이루어지지 않았기 때문입니다.

하늘은 영의 세계를 말하는 것입니다. 영의 세계는 천국과 지옥으로 나누어져 있습니다. 하나님을 경외하고 사랑하고 그 뜻에 순복하며 은혜와 진리 가운데서 사는 이들은 천국에 속하여 행복한 영원을 보냅니다. 반면에 하나님의 뜻을 거역하고 죄와 악과 더러움 가운데 사는 이들은 지옥의 어두움에 떨어져서 비참한 영원을 보냅니다. 이것은 하나님의 의로우신 뜻이 이루어진 것입니다.

그러나 이 땅에서는 그러한 의로움과 공평이 이루어져 있지 않습니다. 불의하고 악하고 교활하고 거짓에 속한 자들이 득세하고 풍성한 위치에 앉아 있는 경우가 많이 있습니다. 반면에 선하고 순수한 이들은 오히려 이들에게 압제를 당하며 고통 가운데 있는 경우가 많이 있습니다. 이것은 하나님의 뜻이 이 땅에서 이루어지지 않고 있는 것을 보여주는 것입니다. 그러므로 주님께서는 그 의의 나라가 이루어지게 해달라고 기도할 것을 가르치셨던 것입니다.

주님의 오심은 바로 그 하나님의 나라, 하나님의 왕국을 이루시기 위한 것이었습니다. 마귀가 이 세상의 임금이 된 이유가 인간의 죄 때문이었으므로 주님은 그 죄 문제를 십자가에서 해결하기 위해서 오신 것이었습니다.

그러므로 십자가에서 주님께서 다 이루었다고 선포하시고 돌아가시고 부활하심으로써 하나님의 왕국은 본격적으로 시작되었습니다. 이후에는 누구든지 주님을 구주와 주님으로 영접하고 그를 사랑함으로써 마귀의 왕국에서 벗어나 주님의 왕국, 하나님의 왕국의 시민으로 소속이 바뀌게 되는 것입니다.

그러므로 주님을 영접하는 이들은 과거에는 조상들에게, 귀신들에게 제사를 드렸으나 이제는 오직 하나님께만 예배를 드립니다. 그것은 마귀에 속한 세상왕국의 사람들과 하나님께 속한 왕국의 사람들의 가장 큰 차이점입니다. 그들은 이제 더 이상 옛 사람에 속해 있지 않습니다. 그들은 이제 첫 번째 아담에 속해있지 않고 두 번째 아담인 주님께 속해 있는 것입니다.

그러므로 이제 예수의 이름으로 마귀를 결박하고 귀신들을 쫓아내는 것은 하나님의 왕국에 속한 사람들의 기본적인 권리이며 능력입니다. 주님께서도 이에 대해서 명백하게 말씀하셨습니다.

"그러나 내가 하나님의 성령을 힘입어 귀신을 쫓아내는 것이면 하나님의 나라가 이미 너희에게 임하였느니라" (마12:28)

마귀와 귀신의 세력이 결박되고 쫓겨나는 것은 하나님의 나라가 이 땅에 임했음을 보여주는 대표적인 사건이었습니다.
그것은 하나님의 능력 앞에 마귀가 어쩔 수 없이 굴복하며 무력해진 것을 보여주는 것입니다.
이 장을 처음 시작하면서 언급했듯이 그렇기 때문에 예수의 이름으로 귀신을 쫓아내는 것은 불신자들이 행하는 비슷한 의식과는 엄청난 차이가 있는 것입니다.

무당들도 귀신이나 악한 기운을 쫓아내는 시늉을 합니다. 그러나 그들은 쫓는 자나 쫓아내는 자나 근본적으로 같은 왕국에 속한 자들입니다. 악한 영들의 세계에도 다 질서와 체계가 있습니다. 강한 자가 있고 약한 자가 있으며 높은 계급이 있고 낮은 계급이 있습니다.
무당은 귀신을 가지고 있는 자들입니다.
그들은 자기에게 붙어 있는 귀신들보다 낮은 계급에 있는 악한 영들에게는 호통을 치면서 쫓아냅니다. 또한 자기보다 높은 계급의 영들은 살살 달래서 쫓아냅니다.
하지만 무당이나 굿에 의해서 악한 영들로 보이는 것이 나갔다고 하더라도 좋아할 이유는 전혀 없습니다.
왜냐하면 먼저 있던 영들보다 더 악하고 강한 영들이 들어와서 자리를 잡은 것이기 때문입니다. 그러므로 그러한 이들의 장래는 더 비참하게 될 수밖에 없는 것입니다.

믿는 자들 중에도 어떤 어리석은 사람들은 점을 치러 가기도 합니다. 그러한 행위는 하나님을 진노케 하며 자신의 미래에 재앙을 가져오는 행위입니다. 점을 칠 때에 그 사람의 안에 점을 치는 귀신이 들어오게 되며 그의 삶에 자리를 잡게 됩니다. 혹시 점이 맞기라도 하면 그것은 더 무서운 비극입니다. 악령들은 결코 공짜로 선을 베풀지 않으며 그 사람은 그것에 대한 대가를 반드시 지불해야 하기 때문입니다.

지금 이 땅은 마귀의 왕국과 하나님의 왕국이 공존하고 있습니다. 이 두 개의 왕국은 치열하게 서로 전투를 벌이고 있습니다. 주님의 임재와 능력과 부흥이 있는 곳에서 마귀의 왕국은 약해지고 초토화되며, 마귀에 속한 일들, 음란과 살인과 미움과 시기와 각종 범죄와 악이 있는 곳에서 마귀의 힘은 강해집니다.

마귀 왕국에 속한 자들 중에서 어떤 이들은 강하고 세력을 얻으며 어떤 이들은 눌리고 억압당하며 고통을 겪습니다. 강한 자들은 그 왕국의 수혜자이기 때문에 그 왕국에서 벗어나기를 원치 않으나, 약하고 눌리는 자들은 그 왕국에서 벗어나기를 원하기도 합니다.

어떤 이들은 마귀의 통치 속에서 많은 고통을 겪고 있기 때문에 그 고통을 벗어나기를 원합니다.

그러나 단지 고통에서만 벗어나고 싶을 뿐 그 왕국 자체에서 나오는 것은 싫어하는 이들도 많이 있습니다. 그것은 악한 영들이 고통도 주지만 또한 악한 즐거움과 쾌락도 동시에 제공하면서 유혹을 하고 있기 때문입니다. 그러므로 그들은 고통 속에 있으면서도 그 왕국에 대한 미련을 버리지 못하고 있는 것입니다.

어떤 이가 여전히 마귀의 왕국에 속해 있으면서도 그가 겪고 있는 고통에서 벗어나고 싶어 한다면 우리는 그를 도울 수 있을까요?

이러한 이들에게 우리는 예수의 이름을 사용할 수 있을까요? 그들을 괴롭히고 있는 악한 영들을 우리가 주의 이름으로 쫓아낼 수 있을까요? 어떤 이들은 마귀의 억압에서 벗어나기는 원하지만 예수님을 영접하는 것은 싫어합니다. 우리는 그러한 이들을 도울 수 있을까요?

아닙니다. 그것은 근본적으로 불가능합니다.

물론 일시적으로 우리는 그들을 괴롭히는 영들을 결박할 수 있습니다. 일시적으로 그 악한 영들을 무력하게 할 수 있을 것입니다.

그러나 우리가 기도를 마치고 돌아가는 즉시 그 악한 영들은 돌아올 것입니다. 그리하여 그들을 다시 사로잡을 것입니다.

아직 그들은 마귀의 왕국, 세상에 속한 왕국에서 벗어나지 않았기 때문에 근본적으로 마귀들로부터 자유함을 얻을 수 없는 것입니다.

그렇기 때문에 우리는 일시적인 치유와 도움보다 그들의 운명과 영원을 바꾸게 하는 소속의 변화를 기본적으로 가르치고 선포해야 하는 것입니다. 바로 그것이 복음입니다.

주님을 영접하고 주님께 속한 사람이 됨으로써 마귀의 왕국에서 벗어나 하나님의 왕국으로 소속을 옮길 수 있는 것은 우리가 살아서 경험할 수 있는 가장 놀라운 특권입니다.

우리는 태어날 때에 마귀의 왕국, 세상의 왕국에 속해 있었습니다. 그러나 이제는 아닙니다. 우리는 지금 하나님의 왕국에 속해 있습니다. 그 나라는 눈에 보이는 것은 아니지만 우리의 심령 속에서 움직이고 있습니다.

"예수께서 대답하시되 내 나라는 이 세상에 속한 것이 아니라 만일 내 나라가 이 세상에 속한 것이었더면 내 종들이 싸워 나로 유대인들에게 넘기우지 않게 하였으리라 이제 내 나라는 여기에 속한 것이 아니니라" (요18:36)

"또 여기 있다 저기 있다고도 못하리니 하나님의 나라는 너희 안에 있느니라" (눅17:21)

할렐루야! 우리는 세상의 왕국에 속해 있지 않고 주님의 왕국, 하나님의 왕국에 속해 있습니다.

그러므로 우리는 더 이상 마귀에게 시달릴 이유가 없습니다. 악한 영들에게 괴롭힘을 당할 이유가 없습니다. 이제 우리는 소속이 바뀌었고 우리의 죄 값을 주님께서 치르셨기 때문에 더 이상 그들의 통치를 받을 필요가 없는 것입니다.

그러나 많은 그리스도인들이 영적으로 무지하기 때문에 아직도 마귀와 악한 영들에게 공격을 받고 있으며 억압을 당하고 있습니다. 그리고 그 사실 자체도 알지 못하고 있는 이들이 많이 있는 것입니다.

그러므로 우리는 눈을 떠야 합니다. 우리의 소속과 우리에게 주어진 권세와 능력을 확인해야 합니다.

예수님께서 십자가에서 승리하심으로 우리에게 주어진 모든 저주가 끝이 났다는 사실을 다시금 확인해야 합니다.

그리고 아직 도망가지 않고 남아있는 악한 존재들을 우리는 분별하고 발견해서 쫓아내야 합니다.

이미 전쟁에서 패배하였으나 달아나지 않고 숨어서 은밀하게 활동하고 있는 악한 영들의 세력을 찾고 발견하는 것은 아주 즐거운 일입니다. 왜냐하면 하나 씩 하나 씩 그들을 발견해서 부숴버릴수록 우리의 삶에는 자유함과 풍요함이 증가되기 때문입니다.

당신이 하나님의 나라에 소속되어 있다는 사실을 새삼 감사하십시오. 그리고 당신에게 주어진 권세, 하나님 나라에 속한 사람들에게 주어지는 영적 권세를 깨달으십시오. 그리고 사용하십시오.

당신은 이제까지 알지 못했던 풍성한 삶을 살 수 있게 될 것입니다.

이제 시작입니다. 더욱 더 놀라운 세계를 향하여 전진해 나가십시오. 할렐루야.

4. 대적하는 기도의 적용 순서

우리는 하나님의 왕국에 속해 있습니다. 이 나라는 은혜의 나라이며 행복과 자유와 사랑의 나라입니다.

우리는 이 나라에 속해 있지만 이 나라의 백성 중에는 우리를 살며시 숨어서 공격하는 악한 영들의 존재에 대해서 잘 모르는 이들이 많습니다. 그러므로 우리는 어두운 곳에 숨어서 공격하고 있는 그들의 전략을 발견하고 분별해야 하며 대적하는 기도를 통해서 그들을 쫓아내어야 합니다. 그렇게 할 때 진정 이 나라에 속한 기쁨과 은총을 누릴 수 있게 될 것입니다.

대적하는 기도의 원리는 이제 앞으로 좀 더 다룰 것입니다. 그런데 우리는 어떤 순서로 그 원리를 적용해야 할까요?

그 시작은 우리 자신에서부터입니다.

주님은 승천하시면서 제자들에게 온 세계에 복음을 전할 것을 분부하셨습니다. 그리고 성령님의 임하심으로부터 그들은 복음의 전파를 시작할 수 있을 것을 말씀하셨습니다. 그런데 거기에 복음을 전하는 순서에 대한 언급이 있는 것을 볼 수 있습니다.

"오직 성령이 너희에게 임하시면 너희가 권능을 받고 예루살렘과 온 유대와 사마리아와 땅 끝까지 이르러 내 증인이 되리라 하시니라" (행1:8)

예루살렘에서 시작하며 유대, 사마리아, 그리고 땅 끝까지.. 이것은 어떤 순서를 의미하는 것일까요? 간단합니다. 그것은 가까운데서 먼 곳으로 이어지는 것을 말합니다.

복음 전파의 순서, 영적 사역의 순서는 바로 이것입니다. 가까운 데서부터 시작하여 차츰 먼 곳으로 나아가는 것입니다.

대적기도의 적용도 같은 원리를 가지고 있습니다. 즉 먼저 가장 가까운 곳에서부터, 나 자신의 변화와 해방에서부터 적용이 시작되어야 하는 것입니다. 먼저 우리는 우리의 삶 가운데 역사하고 있는 악한 영의 정체를 깨달아야 하며 우리에게 주어진 영적 권세를 통하여 그들을 분쇄해야 합니다.

그렇게 할 때 우리의 감정과 생각은 새로워집니다. 우리의 대인관계도 새로워집니다. 우리는 더 이상 억압되고 눌리지 않으며 풍성한 삶을 누리게 됩니다. 끊지 못했던 악한 습관에서도 해방되고 마음과 생각을 스스로 다스릴 수 있게 됩니다. 여태껏 가지고 있었던 많은 묶임들이 하나 둘 사라지기 시작합니다.

그렇게 자신에 대해서 풍성함을 누리기 시작할 때 우리는 대적 기도의 영역을 넓혀 나갈 수 있습니다. 우리는 우리에게 맡겨진 사람들, 맡겨진 영역 안에서 역사하고 있는 어두움의 기운들을 발견하고 그것들을 결박하고 깨뜨리게 됩니다. 먼저 자신의 어두움을 처리하고 난 후에 우리는 주변에 있는 어두움들을 처리합니다.

우리는 우리의 가정에 있는 흑암의 세력을 결박하고 초토화시키며 우리의 직장에 있는 어두움들을 깨뜨립니다.

물론 우리의 주변에 있는 이들이 아직 주를 영접하지 않고 세상의 왕국에 속해 있을 때 우리는 그들이 가지고 있는 어두움들을 완전하게 해결할 수 없습니다. 그러나 우리가 그들을 결박하기 시작할 때 우리는 우리의 주변에서, 직장에서, 마주하는 대인관계에서 어떤 변화들이 일어나는 것을 경험하기 시작합니다. 그리고 그것은 아주 놀라운 변화들입니다. 우리는 일상의 삶에서 어두움의 공격과 숨어있는 악한 기운들을 점점 더 쉽게 감지하게 됩니다. 우리는 우리에게 주어진 권세로 그것을 깨뜨리며 우리의 삶은 점점 더 밝아지게 됩니다.

그리고 나서 우리는 이 대적기도의 적용을 좀 더 광범위하게 할 수 있습니다. 우리는 우리가 살고 있는 광범위한 지역을 위해서 기도할 수 있습니다. 그리고 우리나라를 위해서 기도합니다. 주님께서 말씀하시기를 '내가 천국 열쇠를 네게 주리니 네가 땅에서 무엇이든지 매면 하늘에서 매일 것이요 네가 땅에서 무엇이든지 풀면 하늘에서도 풀리리라' 고 하셨습니다. (마16:19)

이 말씀은 가톨릭 신자들이 해석하는 대로 베드로에게만 주어진 말씀과 권능이 아닙니다. 이것은 바로 우리들, 주님을 믿고 주님을 시인하는 자들에게 주신 권세에 대한 말씀입니다. 우리가 대적하는 기도를 사용할 때 우리는 우리에게 이 권세가 있는 것을 깨닫게 됩니다. 우리는 땅과 하늘을 움직일 수 있습니다. 묶고 풀 수 있는 것입니다. 우리는 악의 권세를 결박하고 하늘의 생명의 풍성함을 풀어놓을 수가 있습니다.

그렇게 하여 우리는 나라를 위하여 중보하고 이 나라의 배후에 있는 악한 세력들을 결박하고 초토화시킬 수 있습니다. 우리의 소망은 그렇게 하여 우리나라뿐만 아니라 온 세상, 모든 세계를 기도하고 결박하여 원래의 모습대로 주님께 돌려드리는 것입니다.

이 지구와 세상의 모든 것의 주인은 바로 주님이십니다. 그렇게 우리는 마귀 왕국을 초토화시키고 주님의 영광과 존귀하심이 온 세상에 가득하도록 하는 것입니다. 그것이 우리가 사역하는 목적입니다. 그리고 그것이 하늘에서 이루어진 하나님의 뜻이 이 땅에서도 이루어지는 것입니다.

하지만 우리의 사역을 넓게 확장하기 전에 먼저 우리는 우리의 삶에서 승리를 경험해야 합니다.
오늘날의 사역자들은 흔히 충분한 무기도 갖추지 못한 채 사역에 뛰어듭니다. 그들은 자기가 가지고 있는 무기의 성능을 충분히 이해하고 경험하지 못하고 있습니다. 그들은 대적의 정체를 잘 알지 못하며 무기를 사용해서 그 대적들을 초토화시키는 것이 무엇인지 잘 모릅니다. 자기의 삶에 승리와 기쁨과 영광과 누림이 없는 상태에서 세상에 대한 일종의 도피로서 사역에 뛰어드는 이들도 적지 않습니다. 그들은 세상을 두려워합니다. 그들은 복음사역을 상대적으로 쉬운 것으로 생각합니다. 그것은 오해입니다. 만약 영적 사역에서 성공할 수 있는 사람이라면 세상의 그 어느 분야에서도 그는 성공할 수 있을 것입니다. 교회 사역, 복음 사역이야말로 마귀의 가장 치열한 공격이 있는 곳이기 때문입니다.

그러므로 우리는 사역을 하기 전에 먼저 힘을 길러야 하며 우리의 권세를 확인하고 적용해야 합니다.
많은 이들이 선교 사역에 대한 열망을 가지고 있습니다. 그러나 외국에 나가기 전에 먼저 권능과 힘으로 충만해야 합니다.
어떤 사람이 있습니다. 그는 아주 힘이 셉니다. 그래서 동네의 깡패들을 소탕합니다. 이제 그가 있는 곳에 더 이상 깡패들이 얼씬거리지 못합니다. 그래서 그는 원정을 갑니다. 다른 먼 지역에 가서 역시 그 곳에서 행패를 부리고 있는 이들을 찾아서 박살을 냅니다.

그것이 바른 순서입니다.

만약에 그 반대의 경우라면? 그것은 우스운 일입니다.

어떤 사람이 있는데 그는 아주 약하고 소심합니다. 그는 아주 사소한 일에 낙담하며 깡패를 두려워합니다. 그는 바깥에 나갔다가 깡패를 만나면 두드려 맞습니다. 아직 그는 충분한 무기를 개발하지 못했기 때문입니다. 그는 그러한 상태에서 먼 곳으로 갑니다. 동네 깡패는 이기지 못했지만 다른 지역에 있는 깡패들은 이길 수 있을 것이라고 생각합니다. 하지만 그는 역시 그 지역에 있는 깡패들에게 또 두들겨 맞습니다. 그는 온 세상을 돌아다니며 깡패들에게 얻어터지고 있는 것입니다. 그것은 아주 비참한 일입니다.

유감스러운 일이지만 나는 그러한 선교사들을 많이 보았습니다. 그들은 사역의 어려움과 상처와 고통으로 인하여 좌절하고 낙담합니다. 그렇게 중도하차한 사역자들을 나는 많이 보았습니다. 적지 않은 이들이 원수의 사역과 정체를 알지 못하고 있으며 원수를 파악하고 깨뜨리는 훈련과 준비가 부족한 상태에 있습니다. 그들은 순수하고 열정적이지만 충분히 강건하지 않으며 무기로 무장되지 않은 상태에 있습니다. 주님은 사역 이전에 우리에게 먼저 기다리라고 하셨습니다. 성령님이 임하시고 그의 권능으로 우리를 사로잡을 때까지 기다리라고 하셨습니다. 그러므로 사역을 하기 이전에 그 복음에 대한 능력과 권능으로 온 몸과 영혼이 충만하고 강건해질 때까지 우리는 기다려야 합니다.

우리는 가까운 동네에서 얻어터지고 온 세상에서 얻어터지라고 부르심을 받은 것이 아닙니다. 오늘날의 사역자들 가운데는 너무 여리고 힘이 없고 무장되어 있지 않은 이들이 많이 있습니다.

그것은 하나님의 나라와 권능과 자유함을 선포하고 나누어주는 것이 아닙니다. 그것은 자신이 가지고 있는 연약함을 나누어주는 것입니다. 그러한 사역은 명목상의 하나님의 나라일 뿐입니다.

우리는 있는 곳에서 마귀를 부수어야 하며 또한 가는 곳마다 그곳에 있는 마귀와 악한 영들을 부숴버려서 사람들에게 천국이 무엇인지 가르치고 실제로 경험하게 해 주어야 합니다. 실제로 사람들을 묶임에서 해방시켜야 합니다. 하지만 그 이전에 먼저 자신이 승리를 경험하여야 하는 것입니다.

그러므로 우리는 먼저 자신의 삶에서 전투를 발견해야 합니다. 그리고 주님이 주신 권세와 능력으로 마귀의 진을 허물어야 합니다.

우리는 승리할 수 있습니다. 우리는 자유케 될 수 있습니다. 우리에게는 원자력보다 더 강한 주님의 말씀과 권세가 있습니다.

자, 이제 그것을 사용하기 시작하십시오. 이제 시작입니다. 마귀는 패주할 것이며 당신은 예전에 알지 못했던 기쁨을 경험하기 시작하게 될 것입니다. 할렐루야.

"그런즉 너희는 하나님께 순복할찌어다 마귀를 대적하라 그리하면 너희를 피하리라" (약4:7)

"마귀의 궤계를 능히 대적하기 위하여 하나님의 전신갑주를 입으라" (엡6:11)

"내가 너희에게 뱀과 전갈을 밟으며 원수의 모든 능력을 제어할 권세를 주었으니 너희를 해할 자가 결단코 없으리라" (눅10:19)

5. 깨달음과 스며들기

적용을 하기 위해 중요한 것은 영적 진리에 대하여 충분히 인식하고 깨닫는 것이며 그 인식과 깨달음이 우리 안에 충분히 스며드는 것입니다. 단순히 지적이고 피상적인 이해로는 충분하지 않습니다. 또한 대충 대적기도를 시도해본 후 생각대로 잘 되지 않았을 때 쉽게 실망하고 대적하는 기도를 포기할 수도 있습니다. 그러므로 영적 진리와 그로 인한 충격과 깨우침이 우리 안에 깊이 뿌리를 내려야 합니다.
다시 한 번 이 진리를 분명하게 인식하고 그것이 자신의 안에 깊이 스며들 수 있도록 소화하시기를 바랍니다.

1) 마귀가 이 세상의 주인이며 온 세상이 악한 자에게 속해 있다는 것 - 그로 인하여 세상에 온갖 재난과 고통이 멈추지 않는다는 것입니다.
"또 아는 것은 우리는 하나님께 속하고 온 세상은 악한 자 안에 처한 것이며" (요일 5:19)

이 사실을 분명하게 인식하십시오. 모든 악을 일으키고 인간을 괴롭히고 파괴하는 것은 마귀이며 그의 부하인 악한 영들입니다. 이 사실을 분명하게 인식한다면 사람들 자체를 미워하고 원수를 맺으며 억울해하고.. 그런 식으로 반응하지 않게 될 것입니다.

2) 마귀와 악한 영들은 이 세상의 주인이지만 그러나 이제는 더 이상 우

리와 상관이 없습니다. 우리는 이제 마귀의 왕국에서 벗어나서 주님의 왕국에 속하게 되었기 때문에 더 이상 마귀로부터 저주와 재앙을 당해야 할 이유가 없는 것입니다.
"그가 우리를 흑암의 권세에서 건져 내사 그의 사랑의 아들의 나라로 옮기셨으니" (골1:13)

분명하게 깨달으십시오. 마귀는 우리와 상관이 없습니다. 우리는 그의 권세로부터 벗어났습니다. 마귀에게 몇 백 번이고 큰 소리로 외치십시오.
"마귀야! 나는 너와 상관이 없다! 나는 이제 주님의 나라에 속해 있다! 나는 주님의 왕국에 속해 있다!"
그 외침이 당신의 속에 아주 깊이 스며들게 하십시오. 마귀는 더 이상 당신을 괴롭힐 수 없을 것입니다.

3) 또한 놀랍고 중요한 사실은 주님이 당신을 마귀의 왕국에서 구원하셨을 뿐 아니라 당신에게 그들의 왕국을 초토화시킬 수 있는 권세를 주셨다는 사실입니다.
"예수께서 그 열 두 제자를 부르사 더러운 귀신을 쫓아내며 모든 병과 모든 약한 것을 고치는 권능을 주시니라" (마10:1)
"내가 너희에게 뱀과 전갈을 밟으며 원수의 모든 능력을 제어할 권세를 주었으니 너희를 해할 자가 결단코 없으리라" (눅10:19)

이 사실을 선포하십시오.
"나에게 권세가 있다! 나에게 권세가 있다! 주님이 나에게 권세를 주셨다!"

그렇게 큰 소리로 외치십시오. 계속 계속 반복해서 외치십시오.
주님은 우리에게 권세를 주셨습니다. 우리는 그 사실을 받아들이고 믿어야 합니다.
잘 믿어지지 않는다면 상상의 기도를 사용해보십시오.
주님의 빛과 능력이 당신에게 임하는 장면을 마음속으로 그리십시오. 그 능력이 당신 안에서 불타오르고 힘있게 역사하는 모습을 마음속으로 바라보십시오. 주님의 능력은 우리 안에서, 당신 안에서 역사합니다. 우리 모두는 주님의 용사이며 그의 놀라운 도구가 될 수 있습니다. 그 말씀이 우리 안에 더 깊이 스며들수록 말입니다.

4) 마귀는 도둑이며 거짓말쟁이입니다. 그들은 주님께 속한 자에게 더 이상 권리가 없습니다. 그런데도 그들은 아직도 속이며 우리를 공격하고 있습니다. 그러므로 우리는 그들을 때려 부수고 초토화시켜야 합니다. 우리는 이 사실에 대해서 분명히 깨달아야 합니다.

"너희는 너희 아비 마귀에게서 났으니 너희 아비의 욕심을 너희도 행하고자 하느니라 저는 처음부터 살인한 자요 진리가 그 속에 없으므로 진리에 서지 못하고 거짓을 말할 때마다 제 것으로 말하나니 이는 저가 거짓말쟁이요 거짓의 아비가 되었음이니라" (요8:44)
"나보다 먼저 온 자는 다 절도요 강도니 양들이 듣지 아니하였느니라" (요10:8)
"도적이 오는 것은 도적질하고 죽이고 멸망시키려는 것뿐이요 내가 온 것은 양으로 생명을 얻게 하고 더 풍성히 얻게 하려는 것이라" (요10:10)

마귀는 도둑이며 거짓말쟁이입니다. 그들은 우리를 속여서 우리의 삶을 파괴해왔으며 우리가 주님의 나라로 소속을 옮긴 뒤에도 우리를 계속 속이며 은밀하게 숨어서 공격하고 있습니다. 그러므로 우리는 그들의 세력을 발견하고 파괴해야 합니다.

5) 우리는 악한 영들을 쫓아내고 깨뜨리며 마귀의 왕국을 파괴하고 이 땅에 하나님의 나라, 하나님의 왕국을 세우도록 부르심을 받았습니다. 그러므로 이 영적 전쟁은 우리의 거룩한 사명이고 사역인 것입니다.

"그러나 내가 하나님의 성령을 힘입어 귀신을 쫓아내는 것이면 하나님의 나라가 이미 너희에게 임하였느니라" (마12:28)

"너희는 먼저 그의 나라와 그의 의를 구하라 그리하면 이 모든 것을 너희에게 더하시리라" (마6:33)

우리는 먼저 이러한 기초에 대해서 충분히 이해하고 깨닫고 그 메시지가 우리 안에 스며들어야 합니다. 충분히 스며들었다면 그 말씀은 우리 안에서 능력과 권세가 나타나게 합니다.

당신이 이러한 진리에 대해서 단순히 머리로만 이해를 했다면 당신에게는 별로 충격이 없을 것입니다. 그러나 충분히 묵상하고 바라보고 시인하고 선포하면서 그 말씀이 속으로 스며들게 했다면, 그것은 당신에게 여러 반응을 일으킬 것입니다.

당신은 주님께 속한 자가 되었다는 것이 얼마나 놀라운 일인지 흥분하게 될 것입니다.

그리고 주님이 우리에게 권세를 주셨다는 말씀을 계속 반복할 때 속에서 어떤 것이 팽창하듯이 강하게 올라오면서 자신감과 감동이 일어나는 것을 느끼게 될 것입니다.

또한 마귀의 숨은 공격과 괴롭힘에 대해서 분노가 치밀어 오르게 될 것입니다. 그동안 마귀에게 속아서 어둡고 비참하게 살아왔다는 것을 깨닫고 정말 화가 날 것입니다.

그러한 상태라면 이제 당신은 원수의 진을 허물 수 있습니다. 구체적으로 우리에게 주어진 권세와 능력을 사용해서 그 왕국을 무너뜨리고 주님의 왕국을 세워나가며 그 안에서 자유와 행복을 누릴 수가 있는 것입니다.
만일 당신이 지금까지 많은 묶임 속에 있었다면 어쩌면 이 글을 읽을 때 고통스러울지도 모릅니다. 이상하게 불쾌감이 느껴질 수도 있습니다. 그것은 악한 영들의 방해공작입니다.

부디 이 간단한 메시지가 당신의 안에 충분히 자리 잡게 하십시오. 깨달음이 충분하면 마귀는 더 이상 속일 수 없습니다. 충분한 깨달음이 깊숙이 스며든다면 우리는 놀라운 권세를 행하게 됩니다.
부디 당신에게 주어진 권세를 사용하십시오. 그리고 마귀를 초토화시키십시오. 당신은 천국에 속한 자로서 이 땅에서도 천국의 기쁨과 영광을 맛볼 수 있게 될 것입니다. 할렐루야.

6. 어둠 속의 존재를 드러내기

주님은 빛이십니다. 그분은 세상을 비추는 유일하고 영원한 참 빛입니다. (요1:9) 그러므로 주님의 빛을 받고 주님께 속한 사람은 빛의 자녀입니다. (엡5:8)
반면에 마귀와 악한 영들은 어두움에 속한 존재입니다. 그들은 어두움 속에서 움직이며 일합니다.
그들은 자신의 정체가 드러나는 것을 좋아하지 않습니다.
바퀴벌레들은 어두움 속에서 움직입니다. 그들은 사람이 사는 집에서 같이 살지만 사람이 활동할 때, 밝은 때에는 돌아다니지 않습니다. 그러나 사람이 집의 불을 끄고 잠자리에 들면 그 어두움 속에서 움직이기 시작합니다. 이렇게 어둠 속에서 움직이는 존재들은 악한 영들의 속성을 잘 보여주고 있는 것입니다.

그러므로 악한 영들은 항상 숨어서 그리스도인들을 공격합니다. 그들이 가장 바라는 것은 그들의 활동에 대해서 그리스도인들이 모르는 것입니다.
그들은 그리스도인들이 경험하게 되는 모든 어려움들이 영적인 문제가 아니라 사회적인 문제이고 심리적인 문제이며 환경적이고 문화적인 문제로 생각되기를 바랍니다. 그래야만 그들은 마음놓고 활동하며 그리스도인들의 삶을 파괴할 수 있기 때문입니다.
그렇기 때문에 영적으로 깨어있지 않은 많은 그리스도인들은 악한 영들의 활동에 대해서 잘 모르고 있습니다. 그들로 인하여 많은 고통과 피해를 입고 인생이 망가지고 있으면서도 이에 대해서 감지하지 못합니다.

이 시대는 서구 기독교의 영향으로 믿음의 세계를 합리적이고 논리적인 체계로 이해하게 되었고 그래서 귀신이나 악한 영들의 활동에 대한 이야기를 하면 수준이 낮은 사람으로 생각하는 경향이 있습니다. 그러한 이 시대의 경향성은 어쩔 수 없는 문제입니다. 영적인 문제는 이해에 대한 문제가 아니며 말로 설명할 수 있는 것도 아니며 이는 신령한 세계가 열려야 하기 때문입니다.

"우리가 이것을 말하거니와 사람의 지혜의 가르친 말로 아니하고 오직 성령의 가르치신 것으로 하니 신령한 일은 신령한 것으로 분별하느니라" (고전 2:13)

근본적인 문제의 원인을 알지 못하는 이들은 어떤 문제가 있어도 그것을 해결할 수 없습니다. 우리는 영적 각성을 통해서 그 영들의 활동과 움직임을 이해할 수 있어야 합니다.

은밀함은 마귀의 중요한 능력의 원천입니다. 그들은 숨어있는 것을 좋아하며 드러나지 않게 속일 때 효과적으로 일할 수 있습니다.

일반적으로 음란죄와 같은 것은 좀처럼 승리하기 어렵습니다. 그것은 대부분 다른 죄에 대해서는 고백과 표현이 쉽지만 이것에 대해서는 잘 드러내지 않고 속으로 감추고 있기 때문입니다. 다른 죄와 마찬가지로 이것도 드러낼 때 자유함을 얻게 됩니다. 물론 음란죄의 고백은 그 속성상 이성 앞에서 해서는 안 됩니다.

어떤 이들은 자신을 잘 포장하며 외식하는 것을 좋아합니다. 그들은 자신의 죄와 잘못을 감추며 드러내고 싶어 하지 않습니다. 그러한 기질의 사람들은 죄에 대해서 승리하기가 아주 어렵습니다. 왜냐하면 그러한 외식과 숨김은 은밀하게 숨어서 공격하는 마귀에게 힘을 주기 때문입니다. 대부분의 죄들은 어두운 그늘 속에서 자라는 이끼나 곰팡이와 같아서 햇볕 앞에 노출되면 소멸되기 마련입니다. 이와 같이 은밀함은 마귀의 중요한 활동무대인 것입니다.

우리는 마귀에 비해 월등한 무기와 화력을 가지고 있습니다. 권세를 가지고 있습니다. 그러나 우리가 눈을 감고 있어서 그들을 볼 수 없다면 우리는 그들을 이길 수 없을 것입니다.
어떤 아주 강한 펀치의 소유자가 권투 시합을 한다고 합시다.
그는 아주 강한 주먹을 가지고 있어서 한 방에 상대방을 쓰러뜨릴 수가 있습니다. 하지만 그가 눈을 감고 있어서 상대방을 보지 못한다면 그는 이길 수 없을 것입니다. 상대방이 아주 약한 존재라고 하더라도 그가 뒤에 살며시 와서 그를 때린다면 그는 오히려 그 약한 펀치에 쓰러지게 될 것입니다.

그러므로 우리는 우리가 월등한 무기와 화력을 가지고 있는 것으로 만족하지 말고 그들의 위치를 드러내야 합니다. 그들을 숨어있는 곳에서 나오게 해야 합니다. 그렇게 한다면 우리는 이길 수 있습니다. 악한 영들은 오직 숨어있을 때에 승리할 수 있으며 그들의 정체가 노출된다면 이미 지기 시작하는 것입니다.
우리가 아직 그들이 어디에 숨어있는지 잘 모른다면 우리는 아직 이길 수 없습니다. 그러나 그들의 위치를 알게 된다면 우리는 곧 승리하게 됩니다. 우리는 어떻게 그들을 숨어있는 곳에서 밖으로 나오게 할 수 있을까요? 다음 장에서 계속 살펴보기로 하겠습니다.

7. 이름 부르기

주님의 이름을 부르는 것은 놀라운 일입니다. 로마서 10장 13절은 '누구든지 주의 이름을 부르는 자는 구원을 얻으리라'고 말씀하고 있습니다.
그 구원은 피상적인 것이 아닙니다. 먼 훗날에 맛볼 수 있는 것이 아닙니다. 지금 이 시간에 이 공간에 놀라운 은총과 역사가 주를 부르는 자에게 임하는 것입니다. 주의 이름을 부를 때 주님의 임재가 나타나게 되며 주의 사랑과 자비를 맛보게 됩니다.
그래서 주를 부른다는 것은 믿는 이들이 가질 수 있는 가장 놀라운 특권인 것입니다.

절망에 빠졌을 때, 낙심했을 때, 마음이 상할 때, 어려움에 처했을 때, 주님이 그리울 때, 화가 났을 때, 외로울 때, 그리고 그 외의 모든 상황에서 우리는 주를 부를 수 있습니다.
그리고 우리는 그 효과를 느끼게 됩니다. 분노는 사라지며 외로움도 물러가고 낙심된 마음은 힘을 얻으며 우리는 주님의 임재가 바로 지금 자신에게 나타나는 것을 느낄 수 있게 됩니다. 그래서 많은 기도의 경험자는 수시로 주의 이름을 부르게 되며 바로 그것이 승리하는 삶의 비결이 되는 것입니다.

그러나 이상하게 주의 이름을 불러도 별로 효과가 없을 때가 있습니다. 여전히 마음이 답답하고 속이 상하고 눌리는 느낌이 들며 주를 불러도 여전히 무엇인가 막혀 있는 것 같을 때가 있는 것입니다.

이러한 상태는 대체로 악한 영이 개입되어 있을 가능성이 많이 있습니다. 이럴 때는 어떻게 해야 할까요? 그래도 계속 주님의 이름을 불러야 할까요? 아닙니다. 이때도 이름을 불러야 합니다. 하지만 이때는 주의 이름을 부르는 것이 아니라 다른 이름을 불러야 합니다.

이 책의 초반부에서 여러 번 강조하였거니와 우리가 주님께 나아가는 것은 주님을 가까이 경험하는 것입니다. 우리가 주님께 나아갈 때 주님이 우리에게 오십니다. 그러나 그것이 자동적으로 마귀를 멀리하는 것은 아니라는 것입니다.

또한 마귀를 부수고 악한 영을 쫓아낸다고 해서 자동적으로 우리가 주님께 가까이 나아가게 되는 것은 아니라는 것입니다. 마귀는 마귀대로 대적하고 쫓아내야 하며 주님께는 또 다시 나아가야 합니다. 신앙에는 마귀에 대한 부분과 주님께 대한 부분이 같이 있는 것입니다. 그리고 우리는 어느 한쪽에 치우쳐서는 안 됩니다.

마귀를 대적하는 것을 알지 못하고 주님만 부르고 찾는 이들은 대체로 영이 막혀 있고 눌려 있는 것이 보통입니다.

마귀가 그를 아무리 괴롭히고 박살을 낸다고 하더라도 그 사람은 울면서 주님께 하소연만 하고 있기 때문에 아무리 많이 기도해도 마귀는 여전히 도망하지 않고 웃으면서 그를 괴롭힙니다. 유감스럽게도 이러한 사람들이 아주 많이 있습니다. 그것은 영적 무지 때문입니다.

또한 마귀만 대적하고 귀신만 쫓으면서 주님을 별로 구하지도 부르지도 않는 이들이 많이 있습니다. 이러한 이들은 신앙을 항상 전쟁으로만 생각하며 긴장되어 있기 때문에 주님을 누리고 맛보는 것을 알지 못합니다. 그래서 살벌하고 사나운 모습을 많이 가지고 있으며 인격의 아름답고 사랑스러운 모습을 별로 보여주지 못합니다. 이것도 역시 신앙의 불균형적인 모습인 것입니다.

그러므로 주님을 추구하고 사모하는 부분과 마귀를 분별하고 대적하여 박살을 냄으로써 자유함을 얻는 부분이 신앙의 두 방면이며 두 기둥인 것을 기억하시기 바랍니다. 하나의 기둥으로 집이 온전히 세워질 수 없는 것처럼 우리는 두 개의 기둥을 조화롭게 해야 하는 것입니다.

주의 임재가 필요할 때 우리는 주의 이름을 부릅니다. 그러나 우리를 괴롭히는 악한 영들을 대적할 때 우리는 악한 영의 이름을 불러야 합니다. 악한 영을 불러낼 때 어둠 속에서 숨어있던 그들은 정체가 드러나게 됩니다. 이처럼 악한 영의 이름을 부르는 것은 영적 전쟁의 승리를 위한 중요한 요소입니다.

선생님이 아이들을 가르치고 있습니다. 그런데 어떤 학생 하나가 숨어서 짓궂은 장난을 치고 있습니다. 그러면 선생님이 어떻게 할까요? 그의 이름을 부르면서 '너 이리로 나와!' 하겠지요. 그 다음에 앞에 나온 학생을 혼내줄 수 있을 것입니다.

악한 영의 이름을 부르는 것은 분별과 승리의 시작입니다. 우리가 우리에게 주어진 권세를 바르게 인식하고 있다면 그들의 이름을 부르는 것, 그것 하나로 이미 악한 영들의 세력은 무너지기 시작하는 것입니다.

어떻게 그들의 이름을 불러야 할까요? '마귀야!' 해야 할까요? 아니면 '악한 영들아!' 하고 불러야 할까요?

여기에는 어떤 정답은 없는 것 같습니다. 그것은 개인적인, 각자의 취향에 따라서 다르게 부를 수 있겠지요. 경험적으로 보면 나는 '귀신아!

하고 부르는 것이 가장 효과가 있는 것을 발견하였습니다.
성경에도 흔히 등장하는 것이 귀신을 부르는 것입니다. 주로 '악하고 더러운 귀신아!' 하고 부르는 것이 성경의 사례입니다. 성경에는 '악하고 더러운' 이라는 묘사가 꼭 따라다니는데 그러한 묘사는 귀신의 힘을 제한하고 무력화시키는 의미가 있는 것 같습니다.

악한 대적의 이름을 부르는 것을 어떤 특별한 능력이나 기술이라고 생각하지 마십시오. 그리고 악한 영을 대적하고 내어 쫓고 하는 일이 목회자나 기도를 많이 해서 영적인 능력을 많이 받은 이들만 할 수 있는 특별한 일이라고 생각하지 마십시오.
그것은 정말 단순하고 간단한 일입니다. 주님은 왕이시며 그 분 앞에서 모든 악한 세력은 십자가에서 깨어졌고 그러므로 지금 물러갈 수밖에 없다는 아주 단순한 믿음 외에는 별로 필요한 것이 없습니다.

앞으로 계속 다루겠지만 악한 영들이 공격하고 있다는 느낌이 있을 때에는 악한 영을 불러내십시오. 입으로 소리를 내도 좋고 아니면 속으로 불러도 됩니다. 그저 '귀신아!' '이 더러운 영들아!' '마귀야!' 어떤 쪽도 상관없습니다. 상대가 누구인줄을 분명히 알고 있을 때에는 '이 나쁜 놈들아!' 하고 불러도 됩니다.
하지만 '귀신아!' 하고 부르는 것이 가장 일반적이고 효과도 직접적인 것 같습니다.

몸의 상태와 느낌의 변화를 조용히 의식하면서 '귀신아!' 하고 말해보십시오. 몸 안에서 어떤 느낌이 일어나는지 느껴보십시오.
어느 정도 영의 경험이 있는 사람이라면, 방언기도를 어느 정도 해오고 있는 사람이라면, 대체로 몸 안에서 무엇인가가 펄쩍! 하고 뛰거나 움직이거나 놀라는 느낌을 받게 됩니다. 온 몸에 전율이 오기도 합니다. 그것은 숨어 있다가 드러나게 된 악한 영들의 반응입니다. 이처럼 귀신의 이름을 부르는 것이 그들에게 큰 충격이 된다는 사실을 아시기 바랍니다.

내 경우에도 대부분 '귀신아!' 하고 외치는 것으로 그 싸움은 거의 끝이었습니다. 그들이 숨어서 나를 공격하고 있다는 사실을 몰랐을 때에나 많은 묶임이 있었지, 아차, 요 놈들이 지금 장난치고 있구나.. 하고 느꼈을 때는 그다지 많은 기도와 전쟁이 필요 없었습니다. 그저 '이 마귀야!' '귀신아!' 하고 외치는 것으로 충분했습니다. 그것으로 많은 경우에 싸움은 끝이었습니다.

왜 그들은 자기의 이름을 부를 때 놀랄까요? 그것은 그들이 도둑이기 때문입니다. 주님도 그들을 도둑이라고 말씀하셨습니다.

"나보다 먼저 온 자는 다 절도요 강도니 양들이 듣지 아니하였느니라" (요 10:8)

도둑은 숨어서 훔치는 자들입니다. 그들은 아무에게도 들키지 않아야 마음놓고 훔칠 수 있습니다. 그러나 누가 그들을 발견하고 '도둑이야!' 하고 외친다면? 그들은 깜짝 놀랍니다. 그리고 재빠르게 도망갑니다. 그들은 도둑이기 때문입니다.

나는 중학교 3학년 때의 여선생님을 기억합니다. 그녀는 생물 선생님으로 처녀였는데 하루는 자기 집에 도둑이 들어온 사건에 대해 이야기하였습니다.

그녀의 집에는 그녀와 어머니 둘 뿐이었습니다. 그런데 밤에 도둑이 그녀의 집에서 움직이고 있는 것을 발견했습니다. 그래서 그녀가 '도둑이야!' 하고 소리치자 그 남자는 재빠르게 도망쳐버렸습니다.

그녀의 집에는 힘이 없는 연약한 두 여성뿐이었습니다. 그러나 남자는 놀라서 그 집에서 도망쳤습니다. 도둑이란 그런 존재입니다. 정체가 발각되면 깜짝 놀라고 도망을 쳐야하는, 그런 존재인 것입니다.

우리는 삶에서 수시로 주의 이름을 불러야 합니다. 그것이 믿는 이들의 특성이며 특권입니다. 언제나 주를 부를 때 우리에게 다가오는 주님의 실제와 임재는 우리의 삶을 풍성하고 아름답게 만듭니다.

그러나 이제 앞으로는 필요할 때에 악한 영들의 이름을 부르시기를 바랍니다. 그것은 또 새로운 자유함의 세계로 당신을 인도할 것입니다. 당신이 여태껏 묶여 왔었고 눌려왔던 많은 것들이 이제 더 이상 그렇게 될 필요가 없을 것입니다. 왜냐하면 도둑은 곧 쫓겨나게 될 것이기 때문입니다.

자주 악한 영의 이름을 불러서 그들을 드러내고 쫓아내십시오. 당신은 승리자가 될 것입니다. 할렐루야.

8. 분리시키기

악한 영들의 주 무기는 은밀한 숨어있기입니다. 그러므로 우리는 빛을 비추어 그들을 드러내야 합니다. 그렇게 드러날 때 그들은 힘을 잃어버리게 됩니다.

악한 영들의 또 다른 주 무기는 동일시입니다. 그들은 우리의 안에 살며시 들어와서 여러 악하고 더러운 생각과 감정을 뿌려 놓으며 그것을 우리 자신이라고 믿게 합니다. 그것이 동일시입니다.

그러므로 우리의 무기는 분리입니다. 그들은 우리에게 들어와 우리와 자신을 동일시하려고 하지만 우리는 우리와 그들을 분리시켜야 하는 것입니다.

그들은 우리에게 두려움을 집어넣고 분노를 집어넣으며 슬픔을 집어넣습니다. 우리는 그들에게 속아서 분노하고 미워하고 시기하며 그렇게 하고 있는 것이 우리 자신이라고 생각합니다. 그런데 그렇게 생각하는 한 우리는 결코 변화될 수 없습니다. 우리는 승리할 수 없고 자유롭게 될 수 없습니다.

어떤 사람이 어리석은 말을 합니다. 그것은 악한 영이 순간적으로 정신을 혼란스럽게 했기 때문입니다. 그러자 다른 사람이 그것을 지적했습니다. "그것은 잘못된 말입니다."라고 했습니다.

그러자 본인은 마구 화를 냈습니다. "내가 뭘 어쨌다고 그래? 내가 무슨 말을 잘못했다고 그래?"

이런 식으로 사람들은 자신을 변호합니다.
하지만 바로 그것이 어리석은 것입니다. 그 악의 주체는 자신이 아니고 악한 영입니다. 그런데 자신이 그 악한 영을 방어하고 변호하기 때문에 그 결과 그 자신과 귀신이 연합이 됩니다. 이것이 얼마나 무서운 일인지 아시겠습니까? 이런 식으로 사람들은 악한 영과 연합하여 악한 삶의 열매를 가지게 됩니다.

그런 경우에 "오, 내가 실수를 했군요. 오, 내가 괜히 마귀에게 속아서 화를 냈군요." 하고 마귀와 나를 분리시키면 그들은 떨어져 나갑니다. 하지만 사람들은 이것을 알지 못합니다. 그래서 마귀가 그들 안에 심어준 모든 쓰레기들을 열심히 붙들고 삽니다. 근심, 두려움, 분노, 상처, 억울함, 증오. 그 모든 것들을 깊이깊이 간직하며 그를 통해서 귀신들과 깊이 연합됩니다.
그리하여 그들은 귀신의 성품을 가지며 귀신의 열매를 맺으며 어두운 성품으로 어둡고 비참한 삶을 삽니다. 그리고 그것이 자신이라고 생각합니다.
어처구니없는 일이지만 이렇게 사는 이들이 얼마나 많은지 모릅니다. 아니, 대부분의 그리스도인들이 삶 속에 이러한 부분들을 가지고 있다고 해도 과언이 아닙니다.

분명하게 깨달으시기를 바랍니다. 우리 안에 악을 심어놓는 것은 악한 영들입니다. 우리는 그것을 거절해야 하며 받아들여서는 안 됩니다. 설사 그들의 속임에 빠지고 넘어졌다고 하더라도 그 시작은 마귀이며 우리는 속은 것임을 알아야 합니다.
많은 이들이 그것을 내가 했다고 생각합니다. 그것은 내 것이라고 생각하며 내 생각이고 내 감동이라고 생각합니다. 그렇게 생각하는 한 그들은 해방될 수 없습니다.

부디 악의 세력과 자신을 분리시키십시오. 분리해야 쫓아낼 수 있습니다. 우리가 악한 자의 이름을 부를 때 우리 안에서 전율과 같은 느낌, 구역질이나 움찔 하는 느낌이 드는 것이 보통이라고 앞에서 이야기했습니다. 그 효과는 어떤 것일까요? 바로 이것을 깨닫게 되는 것입니다.

'아, 내 속에 어떤 내가 아닌 다른 존재가 있구나. 나를 충동질하고 나를 괴롭히는 내가 아닌 다른 존재가 숨어 있었구나. 이건 내가 아니구나. 이제 내 안에서 이놈들을 내 쫓아버려야겠다.' 바로 이런 깨달음이 오면서 분리를 경험하게 되는 것입니다.

악한 영들의 이름을 부른 후, 이렇게 분명하게 선포하십시오.
"악한 영들아, 너는 내가 아니다. 너는 분명히 내가 아니다!"
"너는 여태까지 숨어 있었고 나인 척 했었지만, 너는 내가 아니다!"
"나는 이제 너를 쫓아낼 것이다!"
그렇게 강력하게 선포하십시오. 당신은 당신의 안에서 두려움에 떠는 자들을 느낄 수 있을 것입니다.

당신의 악한 영과의 연합이 좀 더 오래고 깊은 것이라면, 당신이 아직 악한 영들이 좋아하고 있는 것을 많이 가지고 있다면 당신은 아마 아직 그렇게 분리되는 느낌이 없을지도 모릅니다. 그럴 경우 당신은 좀 더 영적 전쟁을 해야 합니다. 아무튼 이렇게 악한 영들을 드러내고 당신과 분리시키는 것이 전쟁의 중요한 요령인 것을 기억해야 합니다.

우리 자신뿐만 아니라 다른 사람들의 안에서 역사하고 있는 악한 영들을 결박할 때도 마찬가지로 분리가 필요합니다.

대체로 사람들은 다른 사람들에게 상처를 입거나 피해를 입을 때 상대방과 상대방의 속에서 움직이고 있는 악령들을 분리할 줄 모릅니다. 그래서 상대방 자신에 대한 적개심과 분노를 가질 뿐, 상대방의 속에 있는 악령들을 초토화시킬 줄 모릅니다.

하지만 그것은 바른 해결이 될 수 없습니다. 당신이 상대방의 속에서 역사하는 영을 알고 부수지 않고 단순히 상대방을 미워한다면 당신은 승리할 수 없습니다. 오히려 상대방의 속에 있는 영들이 더욱 강해지게 됩니다.

그것은 당신이 그 악한 영들에게 효과적으로 화살을 쏘지 못했기 때문입니다. 그렇기 때문에 당신의 분노는 악한 영들을 전혀 위협하지도 못하며 오히려 상대에게 힘을 주게 됩니다. 왜냐하면 마귀는 분노와 혈기와 같은 에너지를 통해서 더 강해지기 때문입니다.

어떤 연약한 사람이 다른 사람들에게 아주 나쁜 대접을 받습니다. 그러나 그는 약하기 때문에 그에게 직접적으로 싫다고 말하지 못합니다. 그래서 그의 마음속에 상대방에 대한 분노가 점점 쌓입니다. 하지만 역시 그 앞에 서면 여전히 꼼짝하지 못합니다. 그러한 자신이 싫지만 힘이 없으므로 계속 그렇게 눌려 살게 됩니다.

그럴 때 상대방은 점점 더 이쪽을 핍박하게 됩니다. 이쪽이 싫어하는 것을 알 수도 있고 모를 수도 있지만 아무튼 이 사람의 속에 있는 분노의 기운이 그 영들을 더 강화시키기 때문에 그 사람은 이 사람을 더욱 더 괴롭히게 되는 것입니다.

하지만 그러한 경우에 이 사람이 그 사람의 속에 있는 영들의 정체를 알고 대적하게 되면 문제는 전혀 달라집니다.

그 속의 영들은 묶여지게 되며 더 이상 공격할 수 없습니다. 그들은 직

격탄을 맞았기 때문입니다.

이와 같이 악한 영의 정체와 활동을 알고 그에게 분노하는 것은 악한 영들을 무너뜨립니다. 그러나 사람에 대하여 분노하는 것은 아무런 효과도 없으며 오히려 상황이 더 나빠질 뿐인 것입니다.

영적 지식은 얼마나 중요한지 모릅니다. 대부분의 그리스도인들이 실질적인 지식을 가지고 있지 않기 때문에 삶 속에서 많은 재앙과 고통을 겪고 있는 것입니다. 바른 지식을 가지고 바르게 적용하면 바로 해방이 오게 되어 있습니다. 마귀는 오직 주의 이름으로 결박되며 다른 방법이 없는 것입니다.

악한 영과 사람을 분리할 수 있을 때 우리는 효과적으로 영들을 묶으며 사람을 대할 수 있습니다.

자신에게 역사하는 마귀는 쫓아내고 자신 자체는 사랑하게 됩니다. 열등감이나 죄책감이 마귀로부터 오는 것을 알게 되면 더 이상 그러한 눌림에 빠지지 않고 그들을 나로부터 분리시키게 됩니다. 또한 대인관계에서도 우리를 괴롭히는 영들은 미워하며 결박하지만 막상 그 당사자는 사랑하며 불쌍하게 여길 수 있습니다. 마귀는 묶어 버리고 사람은 사랑하는, 이러한 관계를 가질 수가 있게 되는 것입니다.

악한 영들의 움직임과 자신을 분명하게 분리시키십시오. 그들의 생각이나 말이 자신의 것이라고 여기지 마십시오. 그것들을 조심스럽게 관찰하고 분리하십시오.

그러한 분리에 성공할수록 우리는 좀 더 승리에 가까워지게 될 것입니다. 부디 이 지식에서 자라가십시오.

9. 대적하기

숨어있는 악한 영들을 이름을 불러서 표출시키고 그것을 나와 분리시 켰다면 그 다음에는 악한 영을 대적해서 쫓아내야 합니다. 나쁜 놈을 박살을 내는 것이 목적이지 그냥 이야기나 하자고 불러내는 것은 아니니까요.

마귀를 대적하고 혼을 내주는 무슨 특별한 비법이 있다고 생각할 필요는 없습니다. 왜냐하면 단순히 그들의 이름을 불러서 그들을 드러나게 하는 것 자체가 이미 그들을 대적하고 혼내주는 것이기 때문입니다.

도둑이 들어왔을 때 "도둑이야!" 하고 외쳤다면 사실 할 말은 다 끝난 것입니다. 도둑이 무슨 연인도 아니고 무슨 할 말이 많이 있겠어요? 그렇게 외치면 거기에 모든 목적이 다 들어있는 것입니다.

도둑이야! 하고 외쳤을 때 "아, 저 부르셨어요? 무슨 할 말이 있으신 가요?" 하고 응답하는 도둑은 없습니다. 왜냐하면 "도둑이야!" 했을 때 거기에는 '도둑이 들어왔으니까 저놈을 잡아야 합니다.' 나쁜 놈이 들어 왔습니다!' 그런 의미가 다 포함되어 있으니까요.

도둑을 향해서 외치는 이유는 그와 같이 한 가지뿐입니다. 도둑의 이름을 부른다고 해서 같이 차를 마시자 거나 대화를 나누자 거나 하는 사람은 없지요.

그러므로 악한 영의 경우에도 '귀신아!' 하고 외치면 거기에 대적하고 쫓아내고 공격하는 의미가 다 포함되어 있는 것입니다. 그렇기 때문에 악한 영들의 이름을 부르는 것은 이미 그들을 공격하고 대적하는 것과 같은 것입니다.

마귀, 악한 영들은 인격을 가지고 있는 존재입니다. 그러므로 그들은 그들을 우대할 때 기뻐하며 힘이 강해지게 되고 그들을 공격하고 대적할 때 불쾌감을 느끼고 고통을 느끼며 도망가게 됩니다.
어떤 이들은 그렇기 때문에 악한 영을 쫓아낼 때 마구 욕을 해야한다고 주장하는 이들도 있습니다.
실제로 귀신들린 이들을 위하여 귀신을 쫓아내는 기도를 하면서 마구 쌍스러운 욕을 하는 이들을 본 적도 있습니다.
하지만 그것은 좋은 방법이라고 할 수 없습니다. 예수님의 경우에도, 주님의 제자들의 경우에도 마구 욕을 하고 인격적인 모욕을 가함으로써 귀신을 쫓아내었다는 이야기는 성경에 기록되어 있지 않습니다. 주님은 그분이 가지고 있는 영적 권세로써 악한 영들을 쫓아내셨으며 그러한 권세를 사용하라고 제자들에게 권세를 주신 것입니다.

악한 영들은 주님의 이름과 영적 권세로 쫓아내는 것이지 더러운 욕을 하면서 쫓아내는 것이 아닙니다. 악한 영들은 주님의 이름과 그분이 부여하신 권세가 두려워서 도망가는 것이지 우리가 화를 내고 욕을 하는 것이 무서워서 가는 것이 아닙니다.
욕을 하는 것은 악한 영을 쫓아내기 이전에 자신의 인격과 성품을 파괴하는 것입니다. 그러므로 그러한 것은 효과도 없으며 오히려 나쁜 결과를 가져온다고 할 수 있을 것입니다.

악한 영을 대적할 때 우리는 성경에 묘사된 대로 악한 영들에 대한 묘사를 사용할 수 있습니다. "이 더러운 귀신아!" "이 악한 귀신아!" "저주받은 영들아!" 이런 식으로 그들을 꾸짖을 수 있는 것입니다. 그러한 표현들은 악한 영들을 낙심케 하고 힘을 빼앗아갑니다.
또한 우리는 그들이 아무것도 아님을 선포할 수 있습니다. 마귀에게 "너는 이미 패배했으며 너는 아무 것도 할 수 없다!"고 선포할 수 있습니다.
"주님은 이미 승리하셨으며 나와 함께 하신다"고 선포할 수 있습니다. 이러한 선포와 승리의 선언은 악한 영들을 무기력하게 만듭니다.

순간순간 악한 영들은 우리의 마음속에 혼란스럽거나 의심스러운 생각을 넣어주기도 합니다. 그것은 우리의 전선을 혼란시키기 위한 것입니다. 마음속에 갑자기 '정말 이렇게 한다고 악한 영들이 나갈까?' 혹은 '내가 너무 지나치게 극단적인 것이 아닐까?' '이러다가 내가 괜히 악한 영들에게 해를 입는 것은 아닐까?' 하는 식의 생각들이 떠오를 수 있습니다.
우리들은 그것을 무시해야 합니다. 그것은 악한 영들이 장난을 치고 있는 것이기 때문입니다. 그러므로 담대하게 꾸짖어야 합니다. '마귀야, 거짓말하지 마라. 너는 패배했으며 너는 악한 자이며 거짓말쟁이다. 나는 주의 이름으로 너를 대적한다!' 이런 식으로 그들의 궤계를 무너뜨리고 깨뜨려야 합니다. 가능하면 예수의 이름을 반복하여 사용하는 것도 좋습니다.

경험해보면 알겠지만 악한 영을 끌어내고 대적하고 쫓아내는 것은 그리 어려운 일이 아닙니다. 복잡한 일도 아닙니다.
대적을 할 때 대적을 무시하는 묘사를 할 수도 있고 그의 무력함과 패배를 선언할 수도 있고 주님께서 그들을 깨뜨리셨다는 것을 선포할 수도 있습니다. 또한 주의 이름을 계속 주장할 수도 있습니다.

하지만 이것은 악한 영들이 빨리 사라지지 않고 끈질기게 버티고 있을 경우에 사용하는 방법이며 대부분 악한 영의 이름을 부를 때 그들은 즉시 도망갑니다.

도둑에게 '도둑아. 너는 이 집에 들어올 권리가 없다. 너는 지금 나가야 한다. 그렇지 않으면 너는 잡히게 될 것이며 감옥에 가게 될 것이고..'
이런 장황한 설명을 하지 않아도 그들은 다 알고 있기 때문입니다. 그렇기 때문에 들키는 즉시 그들은 도망치게 되는 것입니다.

그러므로 그저 단순한 믿음으로 주님의 이름으로 주님을 신뢰하면서 악한 세력을 대적하십시오.
그것으로 충분합니다. 그리고 그 의식은 아주 단순하지만 그로 인하여 아주 놀라운 변화들이 나타나게 될 것입니다.
부디 이 새로운 자유와 풍성함의 세계로 여행을 시작하십시오. 놀라운 은총이 당신과 함께 하실 것입니다. 할렐루야.

10. 악의 근원을 발견하십시오

모든 악의 근원이 마귀라는 것을 충분히 이해하지 못하면 죄와 악에서 승리하는 것은 불가능합니다. 대적이 누구인지 모르면서 어떻게 승리할 수 있겠습니까?
많은 이들이 원한을 품고 있는 대상을 가지고 있습니다. 어떤 대상을 향하여 이를 가는 이들이 아주 많습니다. 그들은 상대방에게 복수하겠다고 다짐합니다. 두고 보자고 합니다. 흔히 말하기를 우리 민족은 한이 많은 민족이라고 합니다.

죽어도 용서할 수 없다고 울부짖는 이들을 나는 본 적이 있습니다. 아무리 권면을 해도 상대방을 용서하지 않겠다고 고백하는 이들을 본 적도 있습니다.
하소연과 원망과 푸념을 마냥 해대다가 듣는 사람이 견디지 못하여 이제 그만 용서하라고 말하면 네가 직접 겪어 보라고, 그 사람이 나에게 어떻게 했는지 아느냐고, 직접 당하고 나면 그런 소리를 하지 않을 거라고 말하면서 우는 사람도 있습니다.
원망하는 이의 눈빛을 본 적이 있는데 젊고 건강한 아가씨였음에도 불구하고 그녀는 정말 추해 보였습니다. 미움은 사람의 아름다움을 소멸시키고 추하게 만듭니다.
하지만 그러한 모든 감정들은 다 속고 있는 것입니다. 그러한 원망과 한과 분노에 빠진 이들은 한 가지 공통점이 있는데 그것은 영적으로 무지하다는 것입니다. 그들은 분노를 터뜨리고 공격을 해야 할 바른 대상이 누구인지 알지 못하고 있는 것입니다.

사람은 우리의 대적이 아닙니다. 그들은 우리의 원망이나 증오의 대상이 아닙니다. 우리가 그렇게 미워해야 할 대상은 오직 한 존재, 마귀이며 악령들뿐입니다.

사람이 죄를 지어 타락하게 된 것도 마귀 때문입니다. 뱀의 유혹 때문입니다. 단란한 가정을 파괴하는 것도 마귀가 하는 짓입니다. 우리의 삶을 깨뜨리는 것도 마귀가 하는 짓입니다.

우리를 실패하게 하고 억압하며 무기력하게 하게 만드는 것도 마귀와 악령들이 하는 짓입니다. 그런데 그들은 가만히 내버려두고 엉뚱한 사람을 미워한다면 그는 본질을 알지 못하고 있는 것입니다.

그러한 무지는 단순히 무지에서 끝나는 것이 아닙니다. 그러한 무지 가운데 있는 이들은 그러한 사실을 깨닫지 못한다면 죽을 때까지 그렇게 마귀에게 속고 눌리고 얻어맞으며 비참하게 살다가 죽을 것입니다. 그러므로 오직 눈을 뜨고 깨닫는 것 외에는 살길이 없습니다.

물론 이 땅에는 마귀의 하수인 노릇을 하는 사람들이 있습니다. 하지만 그들은 졸개이며 근원이 아닙니다. 그들도 피해자이며 속고 있고 이용당하고 있는 것에 불과합니다.

우리는 그들을 미워해서는 안 됩니다. 그래서는 더욱 더 마귀에게 눌릴 뿐입니다.

흔히 영화에서 주인공을 공격하는 사람이 있습니다. 주인공은 멋진 싸움 실력으로 그 악당을 제압합니다. 그리고 나서 꼭 물어보는 말이 있습니다. '누가 시켰지? 너를 나에게 보낸 놈이 누구야?

어쩌면 우리는 그 영화 속에 나오는 사람들보다 더 멍청한 지도 모릅니다. 마귀를 패지 않고 끊임없이 그 졸개들, 하수인만을 미워하고 있으니 말입니다. 하지만 졸개가 아니라 졸개에게 시킨 자를 제거하지 않으면 고통은 절대로 사라지지 않는다는 사실을 알아야 합니다.

분노와 미움이 생길 때는 정말 상대방을 도저히 용서할 수 없으며 저런 인간은 죽어야 하며 내 앞에서 사라질 때 정말 행복할 것이라고 생각합니다. 하지만 막상 그렇게 된다고 하더라도 절대로 행복은 오지 않습니다. 분노하고 복수해보았자 마음은 후련해지지 않습니다. 이상하게 허전하고 후회스럽기도 하고 허무해질 뿐입니다.
액션 영화에는 복수극이 많이 등장합니다.
주인공은 억울하게 부모나 사랑하는 사람을 잃습니다. 그리하여 그는 이를 갈며 원수 갚을 날을 기다립니다. 그리고 영화의 마지막에 그는 악당을 찾아갑니다. 그리고 말합니다.
"20년 전 아버지를 죽인 이 원수! 너는 그 날을 잊지는 않았겠지? 자, 이제 내가 왔다.. 각오해라!"
뭐 이런 식으로 해서 원수를 갚습니다. 하지만 그렇게 복수를 끝내고 석양 속으로 사라져 가는 그들의 어깨는 그리 후련하고 개운해 보이지 않습니다.
그들이 죽인 악당에게도 아들이 있을 것입니다. 그는 다시 20년 후에 나타나서 '내 아버지의 복수!' 하면서 찾아올 지도 모릅니다. 사람에 대한 복수란 문제를 해결하고 행복을 가져다주는 것이 아닙니다. 그것은 속고 있는 것입니다.

마귀는 사람들의 마음을 이간질 시켜서 온갖 악을 심어놓습니다. 그들은 인간관계를 파괴하고 우리 마음을 지옥으로 만들어 놓습니다. 그래서 그러한 마음을 가지고 있을 때는 그 마음이 영원히 지속될 것처럼 느껴집니다. 감히 상대방이 사랑스럽게 보인다거나 상대방과 마음을 터놓고 대화를 나누게 될 것이라고는 생각지 못합니다.
하지만 그것은 기우에 불과합니다. 악한 영들의 정체가 드러나고 쫓겨날 때 정말 거짓말처럼 마음과 생각이 바뀌고 마는 것입니다.
상대방이 사랑스럽게 보이며 같이 포옹하고 사랑을 고백하며 울 때 그 마음은 씻은 듯이 사라져버립니다. 그리고 기쁨과 감격과 행복감만이 가득하게 됩니다.

부디 이 사실을 기억하시기 바랍니다. 악의 근원은 마귀입니다. 사람이 아닙니다. 상대방이 나쁜 것이 아닙니다. 그 배후에 있는 마귀가 나쁜 것입니다. 당신이 나쁜 것이 아닙니다. 당신은 속아서 살아왔을 뿐입니다. 물론 상대방이나 당신에게 전혀 책임이 없다고는 할 수 없습니다. 그러나 반성하고 회개하면서 마귀를 대적함으로 우리는 회복될 수 있습니다.

당신이 진정한 원수를 발견하지 못할 때 당신은 결코 회복될 수 없습니다. 행복해질 수 없을 것입니다. 저 사람이 없어지면 행복해질 텐데.. 하고 생각하는 사람이 있을지 모릅니다. 그러나 기억하십시오. 그 사람이 사라져도 당신은 행복해지지 않을 것입니다.
저 사람에게 분노를 폭발시키고 그 동안 당했던 것들을 복수하면 속이 시원해질 텐데.. 하고 생각하는 이들도 있을 것입니다. 그러나 그렇게 해봤자 여전히 마음은 고통스러울 것입니다.
당신이 가슴 속에 꼭꼭 참았던 말들, 하고 싶은 말을 터뜨려도 당신은 결코 행복하지 않을 것입니다.
누군가에게 실컷 하소연을 하면 후련해지리라 생각하는 사람도 있을 것입니다. 그러나 결코 후련해지지 않을 것입니다. 그들은 대적이 누구인지 아직 모르기 때문입니다.

대적이 누구인지 모르는 사람은 아무리 화를 내고 복수하고 하소연하고 한탄을 해도 마음은 더욱 더 깊은 심연과 허무함 속에 잠기게 됩니다. 복수하고 원수를 갚으라는 말은 귀신들이 속삭이는 말입니다. 그러므로 거기에 순종할 때 더욱 더 비참한 지옥에 가까워지는 것이지 천국에 이를 수는 없는 것입니다.
이런 사람들은 지옥의 영계에 속해 있으면서 자기의 말을 들어주지 않고 자기와 같이 분노하지 않는 사람에게 화를 냅니다. 그것은 다른 이들을 같은 지옥으로 끌고 가고 싶기 때문입니다.

진정한 대적이 누구인지 발견하게 될 때 우리는 자유롭게 될 수 있습니다. 그리고 지옥과 같은 어두움에서 벗어날 수 있습니다.
부디 이 사실을 깨달아야 합니다. 그래야만 당신은 해방됩니다.
그러므로 당신이 가지고 있는 분노와 증오를 오직 한 존재, 마귀에게 쏟으십시오. 마귀를 미워하며 마귀를 증오하며 마귀에게 분노를 터뜨리십시오. 사람에게 터뜨리지 마십시오. 사람은 우리의 원수가 아닙니다. 오직 우리의 유일한 대적은 원수 마귀, 악한 영들뿐입니다.
우리가 그들을 공격하고 그들을 초토화시킬 때 우리는 많은 잘못된 것들, 억울한 것들, 상한 것들을 회복할 수 있게 될 것입니다.
우리는 정말 후련해지고 자유롭게 됩니다.
우리의 마음은 변화되고 새로워집니다.

미웠던 사람이 불쌍하게 느껴지며 용서할 수 없다고 생각하던 사람이 너무나 사랑스럽게 보이게 됩니다. 그것이 악한 영이 물러갔을 때 우리에게 일어나는 변화인 것입니다.

십 여 년 전의 목회 초기에 이런 일이 있었습니다.
내가 부임한 교회는 주로 청년자매들이 많았습니다. 그들 중에는 시골에서 올라와 서울에서 직장 생활을 하면서 자취를 하는 자매들이 많았는데 타지에서 외로운 생활을 하고 있으니까 한 교회에서 신앙생활을 하는 그들은 서로 친밀하게 가족처럼 지내고 있었습니다.
하지만 나는 몇 명의 자매 가운데서 뭔가 이상한 기류가 흐르는 것을 느끼게 되었습니다. 그들은 여럿이 같이 있을 때는 웃고 떠들면서 재미있게 지내는 것 같았지만 말로 표현하기 어려운 어떤 벽이 있는 것 같이 느껴졌습니다.

여러 면으로 알아본 결과 나는 그들의 사정과 관계에 대해서 알게 되었습니다.
같은 방에서 자취를 하고 있는 두 자매가 있었는데 그들은 친자매처럼 아주 친밀하게 지내고 있었습니다.
그런데 문제가 생겼습니다. 교회에 어떤 다른 언니가 오게 되었고 그 두 자매 중의 한 자매가 그 언니와 친밀한 사이가 되었던 것입니다.
남자들은 이러한 관계를 잘 이해하지 못합니다. 대체로 두 사람이 특별하게 친하게 지내고 그러다가 한 사람이 다른 사람과 친해지면 상처를 받고.. 이런 경우는 거의 없지요. 그럴 경우에는 세 사람이 같이 만나서 놀게 됩니다. 아니, 대체로 남자들은 한 둘과 친한 것보다 여럿이 같이 모여서 노는 것을 좋아합니다.

하지만 여성들의 경우는 조금 다른 것 같습니다. 자신과 친하게 지내던 사람이 다른 사람과 가까워지게 되면 그 사람은 몹시 서운하게 느끼거나 버림받았다고 생각하는 것 같습니다. 이 경우에 버림받았다고 느끼는 사람은 조금 더 소극적인 성품의 사람이지요.

이 자매들의 경우가 그러했습니다. 친하던 자매가 다른 언니와 같이 시간을 보낼 때 자취방에서 혼자 있던 자매는 외로움과 서운함을 느끼게 되었습니다. 그리고 나중에는 그 감정이 지독한 증오로 바뀌게 되었습니다. 그런데 그런 상태가 2년이나 지속되었던 것입니다.

그녀들은 교회에 와서는 서로 웃으며 아무 일 없는 듯이 지냈지만 자취하는 집에 오면 서로 한 마디도 하지 않았습니다. 한 방에 살면서 그렇게 말을 하지 않고 지낸 지가 2년이 된 것입니다.

물론 그러한 관계는 악한 영이 개입되어 있는 관계입니다. 겉으로는 멀쩡하게 보여도 마음속의 그러한 증오와 어색함을 없애지 않으면 신앙생활은 회복될 수 없습니다. 주님은 마음의 중심을 보시는 분이기 때문입니다.

나는 사정을 알고 이에 관련된 세 사람을 한 사람씩 불러서 상담을 했습니다. 그것은 미움의 영들이고 악한 영이며 거기에 속아서는 안 된다고 오랜 시간 이야기를 해주었습니다.

언니 자매는 상담을 하는데 약 두 시간 정도가 걸렸습니다. 그 정도 시간을 가지고 설득하고 이야기하자 눈물범벅이 되었고 회개를 했습니다. 다른 자매는 세 시간 정도가 걸렸습니다. 내성적이어서 마음속 깊이 용서하지 않겠다는 마음을 가지고 있던 자매는 다섯 시간이 더 걸렸습니다.

그렇게 해서 세 사람을 한 자리에 모이게 했습니다. 하지만 그것도 쉽지는 않았습니다. 한 사람을 데려오면 두 사람이 도망갔습니다. 두 사람을 붙잡아오면 한 사람이 달아났습니다. 사람의 안에서 분노와 증오를 먹고 사는 악한 영들은 관계가 회복되고 서로 화해하는 것을 결단코 좋아하지 않습니다.

하지만 결국 세 자매를 붙잡아 앉히고 이야기하고 기도하며 악한 영의 세력을 결박하였습니다. 그리고 눈물범벅이 된 한 사람씩 서로 돌아가면서 용서와 사랑의 고백을 나누게 했습니다.

비명에 가까운 울음소리가 그 공간을 가득 채웠습니다. 그들은 서로 포옹하고 울고 또 울었습니다. 언니 미안해.. 내가 잘못했다.. 사랑해 언니.. 그 동안 힘들었지.. 이런 대화들이 한참 동안 오고 갔습니다.

나는 느꼈습니다. 그것은 바로 천국이었습니다. 미움과 증오가 무너지고 어두움의 세력이 무너지는 곳, 그곳이 바로 천국이었던 것입니다. 나는 그 공간에 임하여 계시는 주님의 임재를 느낄 수 있었습니다.

나는 분명하게 깨달을 수 있었습니다. 악한 영들의 정체가 드러나고 그들이 쫓겨났을 때 그 곳은 바로 천국이 된다는 사실을 말입니다.

불과 얼마 전까지의 미움과 억울함과 원망과 한탄은 전혀 찾아볼 수 없었습니다. 거기에는 오직 기쁨과 후련함과 사랑과 행복감으로만 가득했던 것입니다.

오늘날 우리를 괴롭히는 대적을 바로 알지 못하고 속음으로 이러한 원망과 분노와 증오와 억울함 속에서 사는 이들은 얼마나 많은지요!

하지만 그들이 원수의 정체와 계교에 대해서 알게 되고 적용하기 시작할 때 모든 것은 새로워지게 될 것입니다.

부디 이 사실을 깊이 인식하십시오.

사람은 우리의 원수가 아닙니다.
마귀가 우리의 원수입니다.
사람은 우리의 대적이 아닙니다.
마귀가 우리의 대적입니다.
그러므로 사람을 불쌍히 여기며
오직 마귀를 대적하고 결박하십시오.
당신은 자유롭게 될 것입니다.
이 원리를 적용해보십시오.
그리고 일어나는 변화와 역사를 기대하십시오.
이제 당신의 삶은 새로워질 것입니다.
할렐루야.

11. 구체적으로 대적하십시오

어떤 이들은 대적하는 기도를 할 때 너무 막연하고 포괄적으로 기도합니다. '나에게 역사하는 모든 마귀야 다 나가라!' 하는 식입니다.
그런 기도나 명령이 잘못이라고 할 수는 없지만 별로 효과적이라고는 할 수 없을 것입니다. 예를 들어서 '이 지구상에서 움직이는 모든 사탄의 권세는 깨어질 지어다!' 한다면 그것은 너무 애매하지 않습니까? 그러한 명령은 목표가 분명하지 않은 것입니다.

우리는 화살을 쏠 때 과녁을 분명하게 겨누고 쏘아야 합니다. 대강 쏘면서 아무데나 한 군데 맞겠지... 하고 쏘는 것은 별로 좋지 않습니다. 아프리카 초원의 사자가 무리 지어 있는 사슴이나 영양과 같은 동물을 공격할 때도 무턱대고 무리 가운데 뛰어들지는 않는다고 합니다. 미리 자신이 공격할 한 마리를 정해놓고 그를 향해서 달려든다고 합니다.
그렇게 하지 않고 뚜렷한 목표 없이 숫자가 많으니 아무나 한 놈 걸리겠지.. 하고 무리 가운데 뛰어들면 거의 공격에 실패하며 한 마리도 잡지 못한다는 것입니다.

그와 같이 우리가 악한 영들을 대적하고 공격할 때도 구체적으로 분명하게 기도하고 명령하는 것이 좋습니다. 지금 나에게 어떤 공격이 오고 있으며 어떤 증상이 생기고 있으니 이것을 대적해보자.. 그럴 때 어떤 변화와 어떤 반응이 나타나는지 살펴보자.. 하는 마음으로 대적하는 것이 좋습니다.
그렇게 할 때에 대적 기도 전과 후의 변화를 선명하게 느끼게 됩니다. 그리고 기도의 효과나 방법에 대해서도 발전해갈 수 있는 것입니다. 어떤 방법으로 했더니 어떤 승리가 왔고 어떤 때는 잘 되지 않았는데 그 이유가 무엇일까 연구도 하면서 우리의 영감과 능력을 발전시켜 나갈 수 있는 것입니다.

아무튼 이제부터 구체적인 상황에서 어떻게 대적기도를 할 것인가를 살펴보기로 하겠습니다. 그것은 매우 흥미진진한 일이 될 것입니다.
지금껏 많은 그리스도인들은 어둠 속에서 악한 영들이 돌을 던질 때 수없이 상처받고 고통을 받으며 살아왔습니다.
그리고 그것이 마귀가 하는 짓이라고는 꿈에도 생각지 않은 채 사람을 원망하고 하나님을 원망하며 억울해하고 좌절하며 비참하게 살아온 경험이 많이 있을 것입니다.
물론 사탄이 존재하고 있으며 하나님을 대적하고 우리를 괴롭힌다는 사실에 대해서 교리적인 면에서는 어느 정도 알고 있을 것입니다. 그러나 구체적인 실제의 삶에서 적용되지 않는 지식은 피상적인 지식일 뿐이며 우리에게 그다지 도움이 되지 않는 것입니다. 우리에게는 실제로 적용하고 사용할 수 있는 구체적인 지식이 필요합니다.

부디 이 전쟁에 뛰어 들어오십시오.
이것은 무서운 전쟁이 아니라 이미 주님께서 승리하신 전쟁입니다.
엄밀히 말하자면 이것은 전쟁이라기보다 우리 집에 쓸데없이 득시글거리는 바퀴벌레를 약을 뿌려서 박멸하는 것과 같은 것입니다.
이것은 우리에게 있는 엄청난 화력을 사용해서 악한 세력을 박멸하는 작업입니다.
부디 당신의 권세를 사용하십시오.
당신의 무기를 사용하십시오.
더 이상 하나님께 나아가서 징징거리지 말고 당신의 손에 있는 칼을 들어서 원수를 깨뜨리십시오.
당신은 곧 자유와 승리를 맛보게 될 것입니다.
할렐루야.

12. 자신의 안에 어떠한 영이 있습니까?

악한 영들은 바깥에도 있고 우리의 안에도 있습니다.
바깥에 있는 악한 영들도 우리를 공격하고 괴롭게 하지만 정말 우리를 힘들게 하는 것은 우리 안에 거하고 있는 악한 영들입니다.
이것은 간단한 진리입니다. 어떤 사람의 고민이 바깥에 있다고 생각해 보십시오. 그것이 무슨 문제가 되겠습니까? 하지만 그의 안에 고민이 있다면 문제가 되는 것입니다.

두려움이 바깥에 있다면 그것은 괜찮습니다. 그것은 별일이 아닙니다. 그러나 그 두려움이 내 안에 있다면 그것은 심각한 것입니다.
바깥에 쓰레기가 많이 있다면 그것은 그리 즐거운 일은 아니겠지요. 하지만 그럭저럭 살수는 있을 것입니다.
그러나 만약에 우리의 집 안에 쓰레기가 가득하다면? 우리 집의 거실에, 그리고 우리가 잠을 자는 안방에 쓰레기, 각종 오물과 더러운 해충들이 가득하다면 마음 놓고 잠을 자고 마음 놓고 살 수 있겠습니까? 아무리 게으른 사람이라고 하더라도 집안 청소부터 해야 할 것입니다. 이와 같이 정말 중요한 것은 바깥의 상태가 아니고 내 안의 상태인 것입니다.

영혼이 어두운 이들은 모든 문제가 자기 안에 있는 줄을 모르고 오직 바깥에 문제가 있다고 생각합니다. 자기를 괴롭히는 환경이 문제고 자신을 해롭게 하는 다른 사람들이 문제지 자신은 아무 문제가 없다고 생각합니다. 그래서 자기를 괴롭히는 인간이 사라지기만 하면, 환경이 바뀌기만 하면 자신은 행복하게 살 것으로 생각합니다.

그것은 정말 착각입니다. 모든 고통은 자기 안에서 시작하는 것입니다. 우리가 몸이 아플 때도 그 고통의 느낌은 내 안에서 시작되는 것이지 바깥에 있는 것이 아닙니다.

똑같은 상황에 처해도 각 사람의 반응은 아주 다릅니다. 어떤 이는 두려운 상황이 오면 아주 쩔쩔맵니다. 갈릴리 바닷가의 풍파 속에서 벌벌 떠는 제자들처럼 아주 두려워합니다. 그러나 어떤 사람은 여전히 고요하고 평화롭습니다.

어떤 사람은 중요한 문제가 있을 때 그것이 끝나기 전까지는 긴장과 초조 속에서 보냅니다. 그러나 어떤 이들은 아무리 바쁜 일이 있어도 여전히 행복하고 즐겁게 시간을 보냅니다.

어떤 이들은 남들에게 비난을 받으면 견디지 못하고 극심한 고통을 느끼며 자신을 변호하고 상대방을 공격하기 위해서 아주 노력합니다. 그러나 어떤 이는 그저 웃고 지나갈 뿐입니다.

그 차이는 무엇일까요? 그것은 환경이 똑같아도 각자의 느낌은 다 다르다는 것을 보여줍니다. 같은 일을 겪는다고 해서 모든 사람이 동일하게 고통을 느끼는 것은 아닌 것입니다. 그것은 바깥의 환경과 상관없이 그의 반응을 결정짓는 것은 그 사람의 안에 있다는 것을 보여주는 것입니다.

환경은 각 사람의 속에 무엇이 있는지를 보여줍니다. 그 사람의 속을 드러내기 위해서 환경과 고난이 존재하는 것입니다. 그러므로 우리가 변화시켜야 할 것은 환경이나 다른 사람이 아니라 우리 자신이며 우리 자신의 내면입니다.

자기 안에 혈기나 두려움이나 더러움이나 억울함의 영들. 이러한 것들이 다 청소된 사람은 바깥의 환경에 의해서 그러한 것들이 드러나지 않습니다. 그러므로 분노하고 억울해하며 자기를 변호하려고 애를 쓰지 않습니다.

그러나 평소에 그러한 영을 가득하게 가지고 있는 이들은 어떤 비슷한 상황이 생기기만 하면 혈기가 드러나고 억울해서 엉엉 울며 자신을 불쌍하게 여기고 자신의 속에 있는 것을 드러내는 것입니다.

주차 때문에 싸우는 사람은 주차 문제가 아니라도 다른 문제를 가지고도 열심히 싸울 것입니다. 이는 그의 안에 분쟁의 영이 있기 때문입니다. 억울한 영을 가지고 있는 이들은 별로 오해를 받지 않아도 억울하다고 난리를 꾸미게 될 것입니다. 그것은 그의 안에 그 영이 있기 때문입니다. 어떤 사람이 교만한 영을 그의 안에 가지고 있다면 그 사람은 초등학교도 못 나오고 배운 것도 없고 아는 것이 없어도 그래도 교만할 것입니다. 그것은 그의 안에 그 영이 있기 때문입니다.

마찬가지로 속에 겸손의 영이 있는 이들은 지혜가 아무리 뛰어나고 지식이 많고 많은 것을 성취한다고 해도 결코 자신을 높이지 않을 것입니다. 그의 안에는 그러한 영이 존재하지 않기 때문입니다.

또한 그의 안에 평강의 영을 가지고 있는 이들은 어떠한 상황에서도 평강을 유지할 것입니다.

그의 안에 감사의 영을 가지고 있는 이들은 쓰레기 더미에서도 감사할 것이며 은혜를 받은 자가 배반하고 조롱해도 감사할 것입니다. 그것은 그의 안에 그러한 영이 있기 때문입니다.

환경은 그의 안에 무엇이 있는지, 어떠한 영이 있는지를 보여줄 뿐입니다. 그러므로 환경의 탓을 하지 말고 자기 내부의 영적 상태를 변화시키는 것이 그 무엇보다 더 중요합니다.

이 기초를 분명하게 인식하시기를 바랍니다. 우리의 삶과 행복과 영원은 바로 우리의 안에 어떠한 영을 가지고 있느냐에 달려있는 것입니다. 외적으로 성공하고 남들이 알아주고 많은 부를 가지고 있어도 그의 영이 어둡고 교만하고 악하고 더럽다면 그는 실패한 인생입니다. 그의 영혼이 육체를 떠나는 그 순간부터 그에게는 비참하고 비극적인 영원이 시작될 것입니다. 이 세상에서 성화되지 않은 사람이 영원한 곳에 가서 갑자기 성자와 천사가 될 수는 없는 것입니다. 성장과 변화는 이 땅에 있을 때만 가능합니다.

그러므로 우리의 안에 무엇이 있는지, 나의 안에 어떠한 영이 있는지 오직 거기에 관심을 기울이시기를 바랍니다.

당신의 안에 천국의 영이 있다면 당신은 성공자입니다. 그러나 당신의 안에 지옥의 영들이 가득하다면 당신은 실패자입니다. 모든 것은 우리의 안에 무엇이 있느냐로 결정되는 것입니다. 그러므로 당신의 안에 무엇이 있는지를 살펴보십시오. 그리고 악한 것을 발견하게 된다면 어서 청소를 서두르십시오. 당신이 그 내면의 청소에 성공하면 할수록 당신은 천국이 진정 내면으로부터, 내면의 아름다움으로부터 시작된다는 사실을 분명히 알 수 있게 될 것입니다.

"또 여기 있다 저기 있다고도 못하리니 하나님의 나라는 너희 안에 있느니라" (눅17:21)

13. 자기 안에 있는 영들을 표출시키기

사람들은 자신의 안에 악한 영들이 살고 있다는 사실을 잘 모르며 그러한 부분에 대하여 별로 신경을 쓰지 않습니다. 하지만 그것이 자신의 영원한 운명과 관계있는 것이라고 깨닫게 된다면 이것은 단순한 문제가 아닌 것을 알게 될 것입니다.

사람들은 자기 안에 미움의 영이 있고 분노의 영이 있으며 세상 사랑과 탐심, 교만과 온갖 더러운 영들이 있어도 그것을 대수롭게 생각하지 않습니다.

누가 자기를 건드렸으니까 그 상황에서는 화를 내는 것이 당연한 것이며 자기니까 그 정도라고 생각합니다. 어려움이 생기면 근심하는 것이 당연한 것이고 그러니까 사람이 아니냐고 생각합니다. 살다보면 마음에 안 드는 사람을 좀 싫어할 수도 있고 세상이 다 그런 것이지 털어서 먼지 나지 않는 사람이 어디 있느냐고 생각합니다.

그런 식으로 자기에게는 별로 문제가 없다고 생각하는 이들이 많이 있습니다. 심지어 자신은 아주 선하고 좋은 사람이라고 생각하는 이들도 많이 있습니다. 그러한 이들은 영적으로 어둠 속에 있다고 할 수밖에 없을 것입니다. 그들의 영혼이 어두운 곳에 있기 때문에 그처럼 아무것도 보이지 않으며 자신의 비참한 상태에 대해서도 알지 못하는 것입니다.

나는 그 심령 속에 많은 악을 가지고 있으며 쉽게 남을 판단하며 교만한 마음을 가지고 있는 이들이 자신의 악에 대해서 전혀 느끼지 못하며 다른 이들만을 욕하는 것을 많이 보았습니다.

그들은 어두움 속에 거하는 사람들입니다. 빛에 속한 이들은 남의 문제에 간섭할 여유가 없으며 자신의 안에 있는 어두움을 제거하려고 애를 쓰기 때문입니다.

그와 같이 자신의 안에 있는 어두움을 보지 못하는 이들은 마비된 자이며 묶여 있는 자들인 것입니다.

그러나 그러한 이들도 주님의 영광의 빛을 한번 경험하면 그러한 모든 어두움이 다 드러나게 됩니다. 그 빛은 모든 것을 다 드러내기 때문입니다. 그것은 밤에는 더럽고 추한 쓰레기가 보이지 않다가 아침이 되어 찬란한 햇살이 비치면 그 더러움이 나타나게 되는 것과 같습니다.

그러므로 그 주님의 찬란한 빛을 경험한 이들은 자신의 안에 있는 어둠과 죄악 때문에 몹시 놀라고 충격을 받게 되는 것입니다. 그것은 주의 영광 앞에서 엎드러졌던 이사야의 경험과 같은 것입니다.

"그 때에 내가 말하되 화로다 나여 망하게 되었도다 나는 입술이 부정한 사람이요 입술이 부정한 백성 중에 거하면서 만군의 여호와이신 왕을 뵈었음이로다" (사6:5)

자신이 선하고 의롭다는 생각을 가지고 있는 사람들은 그들의 영혼이 주님에게서 멀리 있으며 악한 영들에게 묶여서 살고 있으며 영감이 마비되어 있음을 보여주는 것입니다. 그러한 삶이야말로 어두움 속에 거하는 삶이며 노예생활인 것입니다. 우리가 예수를 믿고 하나님의 왕국에 속한다는 것은 그러한 노예생활과는 전혀 다른 것입니다. 우리 안에 있는 그러한 영들을 제거하지 않게 되면 우리는 평생을 지옥처럼 살게 될 뿐 아니라 영원한 곳에서도 비참한 고초를 겪어야 합니다. 주님은 무익한 종들을 바깥 어두운 곳에 내어 쫓으라고 말씀하시고 있는 것입니다.

"이 무익한 종을 바깥 어두운 데로 내어 쫓으라 거기서 슬피 울며 이를 갊이 있으리라 하니라" (마25:30)

여기서 무익한 종이란 결코 불신자를 말씀하시는 것은 아닐 것입니다. 주님께서 불신자에게 사명을 맡기시지는 않으니까요.
이들은 주님께 사명을 받았으나 제대로 사명을 감당하지 않고 스스로 게으름과 교만에 빠져 주님의 심판을 받는 자들입니다. 누구든지 스스로를 주의 종으로, 믿음이 좋은 자로 생각하여 주님을 간절하게 붙들고 살지 않는다면 언젠가 이런 주님의 심판을 피할 수 없을 것입니다.

우리는 우리 안의 영적 상태를 살펴야 합니다. 우리 안에 어떠한 영이 있는지 우리의 중심은 어떠한지를 항상 살펴야 합니다. 중요한 것은 우리의 외적인 지위가 아니라 우리 안의 내적인 상태인 것입니다.
우리 안에 있는 영들은 어떤 특정한 사건을 통해서 바깥으로 나타나게 됩니다.
예를 들어 혈기와 분노의 영의 경우, 평소에는 사람의 안에 잠복해 있다가 바깥 환경에 혈기를 일으키는 상황이 생기면 바깥으로 나옵니다.
그러므로 이러한 영을 가지고 있는 사람들은 아무 것도 아닌 일에 성질을 내는 것입니다.
그 영들은 갑자기 하늘에서 떨어진 것이 아닙니다. 평소에 그 사람의 속에 살고 있는 영들인 것입니다.

음란한 영들도 마찬가지입니다. 그들도 평소에는 그 사람의 안에 잠복되어 있다가 음란을 자극하는 상황이 생기면 바깥으로 나와서 음란한 생각과 말과 행동을 일으키는 것입니다.

그러므로 어떤 상황이 생겨서 그 영을 처리하려고 하면 그것은 어렵습니다. 예를 들어서 화가 많이 나고 있는 상황이면 이미 분노의 영에게 사로잡혀서 마귀의 도구가 되어 있는 상황이기 때문에 그것을 절제하기가 어렵습니다. 그러므로 평소에 숨어있는 그 영들을 깨워서 일으켜 쫓아내야 합니다.

나의 경험으로 보면 그러한 영들은 대체로 배속에 숨어있는 것 같습니다. 그래서 배 기도를 통해서 그러한 영들은 표출되고 정체가 드러나곤 하였습니다.

예를 들면 부흥사들은 배를 많이 사용합니다. 그들의 음성은 배에서 나오는 경우가 많습니다. 그래서 그들은 대체로 음란이나 탐욕, 혈기성들이 많이 드러납니다.

지적인 성향의 신자들은 그러한 영을 많이 가지고 있지만 잘 드러나지 않는데 그들은 배를 잘 사용하지 않으며 소리를 내어서 기도하거나 찬양하는 것에 익숙하지 않기 때문입니다. 그러한 이들은 생각하는 사람이지 행동하는 사람은 아닙니다.

그렇기 때문에 이러한 이들은 그들의 안에 악한 영들이 많이 숨어있어서 좋지 않은 생각들에게 사로잡히지만 행동에 직접 옮기지는 않기 때문에 그 영들이 드러나지 않고 숨어 있습니다.

이들은 겉으로는 더럽지 않지만 속으로는 더럽습니다. 겉으로 악행을 하지는 않지만 생각과 상상을 통해서 많은 악행을 저지릅니다. 이러한 이들은 겉으로 악행을 하지 않는다고 겉으로 악이 드러나는 사람을 정죄해서는 안 됩니다. 주님은 항상 사람의 중심을 살피시기 때문입니다. 그러므로 겉으로만 깨끗한 것은 별로 의미가 없는 것입니다. 우리는 속도 깨끗이 청소해야 합니다. 주님의 보혈과 주님의 이름으로 온갖 더러운 마귀들을 다 소탕해야 하는 것입니다. 그것이 진정한 정화이며 승리인 것입니다.

우리는 어떻게 우리의 안에 있는 악한 영들, 기운들을 드러내고 청소할 수 있을까요?
자, 이제 이러한 방법으로 우리 안에 숨어있는 악한 영들을 드러내보기로 하겠습니다.
먼저 조용히 눕거나 편안한 자세로 앉습니다. 온 몸의 긴장을 부드럽게 풀어야 합니다. 아무에게도 방해를 받지 않도록 혼자 있는 상황이 좋겠지요. 소음이나 전화벨 소리가 들리지 않도록 해야 합니다.
주위는 약간 어둡게 하는 것이 좋습니다. 밝을 때는 이성이 활동하기에 좋지만 약간 어둡게 되면 영의 감각이 활동하기에 좋아집니다. 영의 감각이 좀 더 부드럽고 예민해지게 되지요.
그런 상태로 조용히 주님께 기도를 드립니다.
이것은 속으로 드려도 좋고 나직한 목소리로 드려도 좋습니다. 누워서 기도한다고 해서 불경하다고 생각하지는 마십시오. 주님은 잠잘 때나 식사할 때나 언제 어디서나 우리와 함께 하시기 때문입니다.

조용히 주님의 사랑과 임재하심이 온 전신에 임하시도록 초청하고 기다리십시오.
"오, 주님. 지금 이 시간에 저에게 임하여 주십시오."

조금 후면 전신에 묵직하게 주님의 임재가 느껴지게 될 것입니다. 그러나 그렇게 선명한 느낌이 들지 않아도 상관은 없습니다.

그리고 계속 기도합니다.

"주님. 지금 이 시간에 주님의 이름으로 내 안에 있는 악한 영들을 드러내고 쫓아낼 것입니다. 주님께서 저에게 권세와 능력을 주신 것을 믿습니다."

그리고 대적기도를 합니다.

"내 안에서 숨어있는 악한 영들아. 내가 예수의 이름으로 명한다. 너는 내게서 떠나가라!"

긴장하거나 크게 할 필요는 없습니다. 오히려 속의 느낌을 감지하기 위해서 조용히 차분하게 하는 것이 더 좋을 것입니다.

이 모든 기도와 명령은 마음속으로 해도 상관이 없습니다. 악한 영들은 영물이기 때문에 그것을 잘 듣습니다.

내용이 복잡하면 그저 마음속으로 "귀신아!" 하고 불러도 됩니다. 어떤 단어나 문장, 형식이 그다지 중요한 것은 아닙니다.

그렇게 계속하여 몇 번 정도 되풀이합니다. 몇 분 동안 그렇게 할 수도 있습니다. 그러면서 속에서 일어나는 반응을 보는 것입니다.

아마 대체로 여러 느낌이 일어나게 될 것입니다.

이것을 조용하게 하는 이유는 그렇게 할 때 악한 영들이 더 드러나기 쉽기 때문입니다. 아주 조용한 공간에서 모든 사람이 침묵을 지키고 있을 때 누군가가 말을 한다면 크게 들리겠지요. 그처럼 조용히 주의를 기울이고 있을 때는 속에서 움직이는 악한 영의 기운을 느낄 수 있습니다. 그러나 마음이 바쁘고 혼란스러운 상태에서는 그러한 느낌들을 감지할 수 없습니다. 대체로 영감이 없고 둔한 사람들은 조용하고 깊은 사람이 아니고 성질이 급하고 충동적인 사람들이라고 할 수 있습니다.

그렇게 대적할 때 일어나는 느낌은 주로 전율입니다. 대적을 할 때 소스라치는 느낌이 생깁니다. 내 속에서 무엇인가가 벌떡! 하고 움직이는 것이 느껴지기도 합니다. 또한 구역질이 일어나기도 합니다. 트림이 나오기도 합니다. 가래와 침이 나오기도 합니다. 드물게는 방귀가 나오거나 배가 아파져서 화장실에 가고 싶은 마음이 들기도 합니다. 물론 이러한 현상들은 악한 영들이 밖으로 빠져나가는 과정입니다. 머리가 아프거나 묵직한 느낌, 또한 신체 부분적으로 어떤 고통의 느낌이 생기기도 합니다.

대체로 계속 대적하는 기도를 하면 조금씩 시원해지기 시작합니다. 그것은 악한 영들이 공격을 받고 고통스러워서 빠져나가게 되자 영혼이 자유롭게 되는 현상과 느낌입니다. 악한 영들이 빠져나갈수록 몸과 영혼은 아주 가볍고 맑고 기분 좋은 상태가 됩니다.

혼자서 하는 이러한 훈련이 아니고 어떤 구체적인 상황에서 갑자기 두려움이 왔다든지, 분노가 치밀어 올랐다든지.. 할 때에도 대적기도를 하면 이와 비슷한 느낌이 생기게 됩니다. 시원해지거나 부르르 떨리면서 가슴에 있던 나쁜 기운이 사라지는 느낌을 얻게 되지요.

처음에는 이것이 우연이 아닐까 하는 생각이 들지만 대적을 할 때마다 그러한 현상이 나타나는 것을 경험하게 되면 '아, 이것이 악한 영들이 빠져나가는 것이구나.' 하고 알게 됩니다.

악한 영들을 공격할 때 표출되는 느낌과 현상은 사람마다 다릅니다. 단순히 몸으로 느낄 수 있는 현상뿐 아니라 여러 정서적인 변화도 생길 수 있습니다. 갑자기 두려움이 생긴다든지, 갑자기 이상하게 짜증이 난다든지 하는 것들입니다. 이러한 것들은 악한 영들이 저항을 하고 있는 것입니다.

그리스도인들은 인식하지 못하고 있지만 사실 오랜 시간 동안을 악한 영들과 같이 동고동락하고 살아왔기 때문에 그들을 발견하고 쫓아낸다는 것이 쉽지만은 않습니다. 이것은 테크닉의 문제가 아니라 삶의 중심 목표와 중심 동기와도 관련된 문제이기 때문입니다.
아무튼 이제 시작일 뿐이지만 자기 안에서 그러한 영들의 존재를 느끼고 그러한 움직임들을 감지할 수 있다는 것은 아주 좋은 시작입니다. 계속하여 싸워나갈수록 분별력은 증가하게 되며 이제는 무조건 어떤 충동이 올 때마다 그대로 움직이는 것이 아니라 자신의 속을 살피게 되니까요.

자기 안에 숨어있는 적군들을 잘 발견하여 소탕할수록 우리는 내적인 변화를 경험하게 됩니다. 나 인줄 알고 살아왔던 많은 어두운 생각, 습관, 충동, 감정 등이 나에게서 분리되고 사라지기 시작하는 것입니다. 그것은 얼마나 놀라운 일인지! 이전에 전혀 알지 못했던 새로운 세상이 펼쳐지게 되는 것입니다.
부디 이 싸움에서 발전하여 나가십시오.
모든 행복과 기쁨은 우리의 내면에서 일어나는 것입니다.
그러므로 당신이 이 내면의 청소를 좀 더 효과적으로 하면 할수록 당신은 진정한 행복을 경험하게 될 것입니다.

14. 악한 영들이 주는 몸속의 이질감

우리 안에 악한 영들이 들어있을 때 우리는 그것을 어떻게 느낄 수 있을까요? 그들이 주는 느낌은 어떤 것일까요?
그것을 분별할 수 있는 중요한 원리는 악한 영이 있는 곳에 이물감이 있다는 것입니다.
이물감은 무엇일까요? 그것은 내 안에 있으면서도 내 몸이 아닌 어떤 다른 것, 다른 느낌을 말하는 것입니다.
우리 몸 안에 상처가 생기고 병균이 침투해서 속이 곪게 되어 고름이 생겼다고 합시다. 우리는 어떤 느낌을 가질 까요? 아마 이물감을 느끼게 될 것입니다. 즉 우리 안에 우리의 몸이 아닌 다른 것이 있는 이물감을 느끼게 되는 것입니다.

우리는 이러한 이물감이 있을 때 고통을 느끼게 됩니다. 우리 안에 있는 이물질의 느낌은 고통의 느낌입니다. 그것은 우리의 몸과 하나가 되지 않고 혼자 독자적으로 움직이므로 우리는 그것으로 인하여 고통을 느끼게 됩니다.
이 지구상에 많은 생물들이 있지만 지구의 환경을 파괴하는 존재는 오직 인간뿐입니다. 사자든, 호랑이든 어떤 동물도 환경을 파괴하지 않습니다. 그러나 인간의 문화는 지구와 환경을 파괴합니다.
그것은 인간이 하나님이 창조하신 자연물을 그대로 사용하지 않고 화학적인 제품을 만들기 때문입니다. 인간은 생활의 일시적인 편리를 위하여 여러 화합물을 만들어냈습니다. 그런데 그러한 화합물은 분해되지 않습니다. 그래서 지구를 파괴하게 됩니다.

예를 들어서 인간이 만든 비닐이라든지, 나일론이나 플라스틱 같은 것은 분해가 거의 되지 않습니다. 그래서 쓰레기로 버려서 땅 속에 묻어 버려도 그것은 땅 속의 이물질과 같아서 땅과 같이 연합되지도 조화되지도 않습니다. 그래서 그 이물질은 땅을 파괴합니다.
그 이물질은 썩지도 않아서 잘 소멸되지도 않으며 그 이물질이 있는 곳에는 지하수의 흐름도 막히게 되고 식물이나 생물도 잘 자라기 어렵습니다. 결국 인간이 만든 화합물은 땅과 자연과 조화되지 못하여 자연과 환경을 파괴하는 도구가 되는 것입니다.
자연의 물은 누구나 다 마실 수 있습니다. 그러나 그곳에 인간의 도시가 생기고 공장이 생기면, 그러한 인간의 발자취가 있는 곳에는 곧 강물이든 샘물이든 다 죽게 됩니다. 죽음이 가득한 물이 되는 것입니다. 그것도 인간이 만든 화합물 때문입니다. 하나님께서 만드신 것은 아무 해가 없지만 사람이 만든 것은 많은 문제를 일으킵니다.

악한 영은 우리 안에 있는 이물질과 같은 것입니다. 그것은 우리 안에 들어오지만 우리 자체와 조화되지 않습니다. 그래서 고통을 일으키며 파괴를 일으킵니다. 악한 영의 존재는 우리 안에 있지만, 우리가 아닌, 우리와 조화되지 않은 어떤 영적인 에너지입니다.
그러므로 우리는 우리 안에 우리가 아닌 어떤 다른 좋지 않은 느낌을 가지게 됩니다. 불쾌한 느낌을 가지게 됩니다. 그곳은 대체로 악한 영들이 집을 짓고 사는 곳입니다.

인간은 하나님의 형상으로 지어졌습니다. 영혼을 가지고 있으며 하나님을 담을 수 있는 그릇으로 만들어졌습니다.
인간은 바로 그릇입니다. 인간은 여러 종류의 그릇을 가지고 있습니다. 음식을 담을 수 있는 위장이 있고 공기를 담을 수 있는 폐가 있습니다. 그리고 사상을 담을 수 있는 두뇌를 가지고 있습니다. 인간은 그처럼 비워진 그릇으로 무엇인가를 담을 수 있도록 설계되었습니다.
그러나 그 무엇보다도 인간은 하나님을 담을 수 있는 그릇입니다. 인간은 영적인 존재로 지어졌기 때문입니다.
그러므로 인간은 위장에 음식이 가득하고 머리에 지식이 가득하고 폐에 공기가 가득해도 그 심령에 하나님을 담지 못하고 하나님의 임재를 누리지 못하면 그 마음의 중심에 결코 만족이 없습니다. 행복이 없습니다. 인간이란 그런 존재입니다.

인간의 안에 하나님이 들어오셔서 좌정하시는 것은 아주 자연스러운 것입니다. 그것은 이물감을 느낄 수 없는 아주 자연스러운 것입니다. 사람의 안에 하나님이 계실 때 그것은 가장 행복하고 즐거운 상태입니다.
머리에 하나님의 지식이 있을 때 머리는 가장 맑고 개운합니다. 가슴에 하나님의 은혜와 사랑이 있을 때 가슴은 가장 달콤합니다. 손에 하나님의 권능이 임했을 때 그것은 묵직하면서도 아주 편안하고 즐거운 느낌입니다. 그것은 인간이 하나님을 담고 경험하는 것을 가장 자연스럽게 느끼도록 지어졌기 때문입니다.

그러나 악한 영은 인간과 조화되는 존재가 아닙니다. 그들이 올 때 인간은 뭔가 불편하고 괴롭고 고통스럽습니다.

악한 영들이 사람의 안에 생각을 넣어줄 때 대부분 사람의 머리는 빡빡하게 아프고 피곤하고 어지럽고 혼미합니다. 그것은 고통의 느낌입니다. 악한 영들이 사람의 가슴에 들어올 때에는 불안과 초조와 두려움과 공포를 줍니다. 그것은 가슴이 조여드는 것 같고 저린 것 같기도 한 고통스러운 느낌입니다.

악한 영이 사람의 안에 들어올 때 거기에는 그와 같은 이물감이 있습니다. 그리고 독특한 고통의 느낌이 있습니다.

그것은 원래 악한 영들은 인간의 안에 들어올 수 없게 되어 있기 때문입니다.

배가 몹시 고픈 사람은 음식을 먹고 쾌감과 만족감을 느낍니다. 그것은 위장에는 음식이 들어있을 때 즐거움을 느끼도록 만들어졌기 때문입니다. 숨이 막혀서 답답한 사람은 크게 숨을 들이쉴 때 만족감을 느낍니다. 그것 역시 그렇게 설계되었기 때문입니다.

그러나 악한 사람들이 사람을 고문할 때 흔히 사용하는 방법이 있습니다. 그것은 손톱 사이를 찌르는 것입니다. 그것은 고통을 줍니다. 왜냐하면 손톱 사이에는 아무 것도 들어가서는 안 되도록 설계되었기 때문입니다.

그러므로 악한 영들이 인간의 안에 들어올 때 거기에는 고통이 있습니다. 인간은 하나님으로 충만할 때 가장 행복하며 악한 영들이 들어오는 것은 불법이므로 고통스러울 수밖에 없는 것입니다.

오늘날의 그리스도인들은 영적인 실제에 대해서 아주 무지합니다. 그리하여 자신의 안에 악한 영들이 들어와서 온갖 장난을 치고 억압하고 고통을 주어도 전혀 알지 못합니다. 많은 고통의 원인이 그들이 우리 안에 침투한 것 때문이라는 사실 자체를 아는 이들도 거의 드뭅니다.

영감이 둔한 그리스도인들은 자기 안에서 악한 영들이 거주하고 있으며 마음대로 활동하고 파괴해도 아무 것도 느끼지 못합니다.
그러나 그들이 방언을 배우고 호흡기도를 배우며 부르짖는 기도를 배우고 영의 흐름에 대해서 느끼고 이해하기 시작할 때 그들은 차츰 영의 존재를 느끼게 됩니다.
악한 영들의 존재에 대해서 느끼기 시작하며 다른 사람들의 안에 들어있는 영들에 대해서도, 자신의 안에 있는 이물감에 대해서도 점차로 예민해지게 됩니다.
그렇게 분별이 시작될 때 비로소 전쟁은 시작되며 자신에게 있는 권리를 사용하게 됨으로써 이들은 점차로 자유로움과 놓여남을 경험하게 되는 것입니다.

우리가 주의 이름으로 마귀를 대적하고 귀신들을 쫓아낼 때 왜 우리는 행복해질까요?
우리 안에 들어와 있는 이물질이 사라지게 되기 때문입니다.
하나의 시냇물이 있습니다.
이 시냇물은 아주 경쾌하게 잘 흘러갑니다.
그런데 가운데에 시냇물의 흐름을 막는 커다란 돌멩이가 생겼습니다.
시냇물은 이 돌 때문에 흐름이 막혀 버렸습니다.
그래서 한 군데에 웅덩이가 생겼습니다. 그리고 흐름이 끊어진 물은 거기 고여서 서서히 썩어가고 있었습니다.
그런데 어떤 사람이 와서 그 돌멩이를 치웠습니다.
자, 그 다음은 어떻게 되었을까요?
다시 흐름이 회복되었습니다.
썩은 물은 다 흘러서 내려가 버렸고 다시 시냇물은 생명력이 충만해져서 즐겁게 노래를 부르면서 흘러가게 되었습니다.
그래서 주위의 생물들에게 마실 물을 주고 식물을 꽃피우게 하며 풍성한 생명을 공급하게 되었습니다.
악한 영을 대적하고 쫓아내는 것은 바로 이런 것입니다.
우리 안에 거하면서 우리 안의 생명의 흐름을 막고 썩어가게 했던 그 막힘을 발견하고 깨뜨려버리는 것입니다. 그리하여 그 돌멩이를 제거하고 다시 생명의 흐름을 회복하게 되는 것입니다.

악한 영들은 우리가 알지 못했을 때부터 우리 안에 살면서 우리의 생명의 흐름을 막고 있었습니다.
그리하여 그들은 아름답고 행복하고 풍성한 삶을 살지 못하도록 우리를 파괴하고 어둡고 침침한 삶을 살도록 억압하였습니다.
이제 우리 안에서 자리를 잡고 있는 그들, 우리 안에서 움직이고 있는 그들의 존재를 발견하시기 바랍니다.
그 이물감을 느끼시기 바랍니다.
우리 안에 있는 뭔가 굳어 있는 부분, 막혀 있는 부분을 발견하시기를 바랍니다.

사람들은 자신들의 안에 있는 암 덩어리나 종양들, 결석과 같은 것을 두려워하지만 그것을 만들어내는 악한 영들의 존재에 대해서는 잘 모릅니다.
하지만 정말 위험한 것은 그러한 병 덩어리가 아니라 그 병에게 생명을 주고 있는 악한 영들입니다.
왜냐하면 그 악한 병의 생명이 파괴될 때 외형적인 병의 덩어리는 깨지고 말기 때문입니다.

많은 이들이 자기 안에서 이물감을 느낍니다.
음식을 먹은 후에 뭔가 가슴에 막혀 있다고 합니다.
뭔가 뱃속에 막혀 있다고 합니다.
뭔가 목에 막혀 있다고 합니다.
그런 것들이 이물감입니다.
그것이 단순히 물질이라고 생각하지 마십시오.
그러한 것들은 악한 영들에 의해서 만들어지고 유지되는 것입니다.
그 배후에 있는 악한 영의 생명력이 깨어질 때 그 이물질은 사라지게 됩니다.

이제 주의 이름으로
악한 영들의 세력을 대적하십시오.
그들을 발견하고 초토화시키십시오.
당신의 안에 있는 이물감은 사라지게 될 것입니다.
음식을 먹을 때 그것이 체하지 않고 잘 내려가게 될 것입니다.
속에 뭉쳐있는 것들이 풀어지는 것을 느끼게 될 것입니다.
마음속에 불안감이 사라지고 의심이 사라지며 두려움이 사라지고 미움이 사라져 평화로운 마음이 될 수 있을 것입니다.
그 이물감을 대적하십시오.
그것은 점점 더 사라지며 당신의 온 몸과 영혼은
아주 조화롭고 평화로운 상태가 될 것입니다.
할렐루야.

15. 악한 영들이 속에서 움직이는 느낌

악한 영들은 우리 안에서 잠복하고 있습니다. 그러나 평소에는 움직이지 않고 있기 때문에 그것을 감지하기가 어렵습니다. 움직임이 없을 때는 속에 이물질이 있다고 하더라도 잘 드러나지 않기 때문입니다.
빈 도시락 통 속에 돌멩이가 들어있다고 합시다. 그것이 조용히 있을 때에는 그 돌멩이의 정체가 드러나지 않을 것입니다. 하지만 도시락이 움직이기 시작하면? 그 속의 돌멩이는 달그락거리기 시작합니다. 도시락 안에 무엇인가 다른 물질이 있다는 사실이 드러나게 되는 것입니다.

우리 안에 있는 악한 기운들은 그들이 움직일 수 있는 여건이 되면 바깥으로 빠져 나옵니다. 그것은 누가 내 이야기를 하나.. 하고 고개를 삐죽 내미는 것과 같습니다.
그러면 우리 안에 있는 악한 영이 드러날 수 있는 여건은 무엇일까요? 그것은 바깥에 악한 영들이 좋아하는 분위기가 형성되는 것입니다. 분노와 미움은 악한 영들이 드러나기 아주 좋은 상황입니다. 악한 영들은 분노와 미움의 분위기에 접하게 되면 마치 고향 친구를 만난 것처럼 갑자기 튀어나와서 반응을 하게 됩니다.

예를 들어 어떤 사람이 무례하게 행동했다고 합시다. 그 사람은 당신의 비위를 거스르고 기분을 나쁘게 만듭니다. 그 순간에 어떤 일이 일어날까요? 당신의 안에서 배속에서 어떤 기운이 움직이게 됩니다. 속에서 무엇인가가 끓어오르는 것입니다. 그것이 무엇일까요? 그것은 당신 안에서 평소에 집을 짓고 살고 있었던 악한 영들입니다. 평소에 숨어있었고 잠을 자고 있었던 이들이 움직이기 시작하는 것입니다. 그것은 봄이 되면 땅 속에서 겨울잠을 자고 있던 개구리가 바깥으로 나오는 것과 같습니다. 그와 같이 숨어있던 영들은 바깥으로 튀어 나와서 당신을 사로잡기 시작하는 것입니다.

속에서 화가 치밀어 오르는 것은 흔하게 많이 경험하는 일이기 때문에 사람들은 아무런 생각이 없이 이것을 그저 지나칠 것입니다.
그러나 한번 주의를 기울여 그 느낌을 관찰해 보십시오.
그 분노의 느낌, 속에서 끓어오르는 화의 느낌.. 그것이 정말 당신이 맞습니까?
아닙니다. 그것은 당신이 아닌 다른 존재입니다.
그것은 당신 안에서 움직이고 있는 독자적인 존재입니다. 파괴적이고 공격적인 영입니다. 그들은 한 나라와 사회를 파괴하기 위해서 들어온 스파이와 같은 존재입니다. 그들은 당신을 멸망시키기 위하여 당신의 안에 들어와 거점을 잡고 있다가 때가 되면 일어나 독자적으로 활동하고 있는 것입니다.

화를 내는 것을 자연스러운 일이며 누구나 경험하는 일이라고 생각하지 마십시오. 그것은 당신의 안에 악령들이 집을 짓고 살고 있었기 때문에 가능한 일이지 누구에게나 동일하게 이루어지는 일이 아닌 것입니다. 예를 들어서 이 분노의 영들이 처리되고 정화된 사람은 어떻게 반응할까요?
그는 그리 분노하지 않습니다. 그의 안에는 분노의 기운이 없기 때문입니다.

그런데 만약 그 사람의 안에 분노의 영은 없으나 두려움의 영이 있다면 그는 어떻게 반응할까요? 그는 화가 나지는 않지만 두려운 마음이 속에서 일어날 것입니다.

어떤 사람이 무례하게 행동했을 때 분노의 영을 가지고 있는 사람은 화를 내지만 두려움의 영을 가지고 있는 사람은 두려워하게 됩니다.

만약 어떤 사람이 허무의 영이나 자살의 영을 가지고 있는 사람이라면 그는 어떻게 느끼게 될까요?

그는 아마 이렇게 생각할 것입니다. 이렇게 내가 무시를 받을 바에야 살아서 무엇할까.. 이런 마음이 떠오를 것입니다. 어떤 상황에 처했을 때 각 사람에게 나타나는 반응은 그의 안에 어떠한 영이 있는가에 달려 있는 것입니다.

그러니 화를 내는 사람에게 왜 화를 내느냐고 조언하는 것은 아무런 의미가 없습니다. 두려워하는 사람에게 왜 두려워하느냐고 조언하는 것은 아무 의미가 없습니다. 좌절하고 죽고 싶어 하는 사람에게 왜 그렇게 마음이 약하냐고 조언을 해도 그것은 아무런 도움이 되지 않습니다. 그것은 영의 문제이기 때문입니다.

그 사람은 그렇게 하고 싶지 않아도 속에서 그러한 반응이 일어나는 것입니다. 화를 내고 싶어서 화를 내는 사람은 없습니다. 두렵고 싶어서 두려워하는 사람은 없습니다. 그것은 다 속에서 일어나는 것입니다.

그러므로 진정 다른 사람을 돕고 싶다면 그의 영을 분별하며 처리해주어야 합니다. 그에게 영적인 힘을 공급해야 합니다. 그의 영혼의 눈을 뜨게 해주어야 합니다. 그것이 진정한 도움인 것입니다.

환경은 그 사람의 속에 있는 영들을 드러나게 합니다.

어떤 상황이 생길 때 그 바깥의 환경과 비슷한 영들이 가장 먼저 나타나게 됩니다. 화가 날 상황이면 분노의 영이 나오는 것이 일반적입니다. 음란한 분위기의 환경에서는 음란하고 더러운 영이 나오게 됩니다. 물론 음란한 영을 가지고 있지 않은 이들은 음란하고 더러운 것에 대해서 고통을 느끼며 피하는 반응을 보이게 됩니다.

거룩하고 영광스러운 집회의 분위기가 있다고 합시다. 그러한 분위기 속에서는 그 사람의 안에 있었던 사모하는 영이 나오게 됩니다. 그래서 울고 감격하며 은혜 가운데 잠기게 됩니다.

그러나 그 사람의 안에 그러한 영을 가지고 있지 않다면? 그는 그저 집회가 지겹고 따분하며 빨리 끝났으면 하는 마음만 가득하게 됩니다. 그는 극장이나 맛있는 음식을 하는 음식점에서 기쁨과 감격을 느끼게 되는데 그것은 그가 그러한 영을 자기 안에 가지고 있기 때문입니다.

환경은 우리 안에 어떤 것이 있는지 드러나게 하는 것입니다. 우리의 속을 보여주는 것입니다. 그러므로 똑같이 지독한 환란을 경험하더라도 나타나는 반응은 다 다릅니다. 더 깊이 주를 사랑하는 사람도 있고 더 깊은 희생과 헌신을 하는 이들도 있습니다. 원망하고 좌절하는 사람도 있으며 남의 탓을 하며 복수심에 잡히는 사람도 있습니다. 그것은 환경이 그 사람의 중심을 보여주기 때문입니다.

영적으로 둔하고 어린 사람은 대부분 환경의 탓만 하고 남의 탓만 하며 자신의 안을 잘 들여다보지 못합니다.

남들에게 지적을 받고 무례한 대접을 받으면 화를 내는데 이를 통하여 자기의 속에 무엇이 있는지를 확인하지 않고 상대방만 나쁜 사람이라고 화를 내게 됩니다.

해방의 방법은 무엇일까요?

환경이나 다른 사람의 움직임에 주의하지 말고 자신의 안을 들여다보는 것입니다.

바깥에 주의를 기울이지 않고 자신의 내면을 보는 것입니다.

지금 분노가 올라오고 있는지, 지금 슬픔의 느낌이 올라오는지, 지금 두려움이 속에서 움직이고 있는지.. 그러한 자신의 내부 반응에 주의를 기울여야 하는 것입니다.

이 원리는 아주 중요합니다.

자신의 내면을 의식하는 사람은 변화될 수 있습니다. 그들은 문제가 자기의 속에 거주하는 악한 영인 것을 알고 그것을 주의 이름과 보혈로 처리할 수 있으며 점차적으로 자유함을 경험하게 됩니다.

그러나 자신의 내면을 보지 못하고 오직 바깥만을 의식하는 사람들은 결코 변화될 수 없습니다. 그들은 여전히 불평하고 미워하며 자기 잘난 맛에 살다가 그렇게 죽을 것입니다. 자신이 얼마나 남들에게 고통을 주었는지는 전혀 깨닫지 못하고 남을 원망하기만 하다가 죽을 것입니다. 그리고 비참한 곳에서 영원을 보내게 될 것입니다. 영원한 곳에서는 오직 자신의 중심이 드러나게 됩니다. 그가 세상에 살았을 때 얼마나 지식이 많고 얼마나 설교를 잘하며 얼마나 영리한 사람인가 하는 것은 아무런 가치가 없는 것입니다.

가장 변화되기가 어려운 이들은 외식하는 사람들입니다.

세리와 창기는 용서받고 변화되었지만 바리새인들은 변화되지 않았습니다. 그것은 그들이 악하고 더러운 사람들이어서가 아니라 아주 점잖고 경건한 사람들이었지만 외식하는 사람들이었기 때문입니다.

이러한 사람들은 남들에게 잘 보이려고 애를 많이 씁니다.

남들에게 좋은 인상을 주려고 아주 노력합니다. 남에게 흉을 들을 만한 일을 하지 않으려고 아주 애를 씁니다.
자신의 집에 누군가가 방문하면 집안에 먼지 하나 보이지 않게 하려고 노력합니다. 외모에도 많은 관심을 기울입니다.
그들은 자신의 안에 있는 어두움은 감추고 오직 좋은 모습만 보여주려고 노력합니다. 다른 이들에게 인정을 받고 존경받는 것이 그들에게 중요한 목적이 되기 때문입니다.

바리새인들은 이러한 사람들이었습니다. 그랬기 때문에 그들은 바깥에서 많이 존경을 받았습니다. 하지만 그들은 반면에 자신의 내면을 전혀 살피지 않았습니다. 그들은 오직 바깥에 주의하고 사람들의 평판에 주의했을 뿐이었습니다.
그랬기 때문에 그들의 바깥은 회칠한 무덤처럼 아름다웠지만 내면의 악과 더러움들은 하나도 처리되지 않았던 것입니다.

나는 아주 좋은 인상을 주는 외모의 사람들을 많이 보았습니다.
그들을 보는 사람마다 어쩌면 그렇게 인상이 좋으시냐는 말을 듣는 이들을 많이 보았습니다. 그러나 그렇게 좋은 인상을 가지고 있는 이들의 마음속은 지옥과 같은 경우를 많이 보았습니다. 그것은 그들이 바깥의 외모에만 관심을 기울였고 자신의 내면 중심은 그다지 관심을 두지 않았기 때문입니다. 그러한 이들은 영원한 곳에서 가장 비참한 상태에 있게 될 것입니다.
천국은 바깥의 화려함이 아니고 내면의 중심과 관계가 있는 것입니다. 그러므로 외식하는 이들, 주님의 눈보다 사람의 눈을 더 중시하고 두려워하는 이들은 천국과 아주 멀리 있습니다.

당신이 진정 변화를 원한다면, 천국을 원한다면,
당신은 당신의 내면을 주의해야 합니다.
속의 움직임을 주목해야 합니다.
거기에서부터 변화와 새로움은 시작됩니다.

당신의 안에서 어떤 영들이 움직이는지 주의 깊게 살펴보십시오.
당신 안에서 움직이는 이질적인 느낌을 느끼고 분별하십시오.
당신의 안에서 움직이는 이질적인 존재를 발견하십시오.
그 영들의 움직임은 뭔가 다릅니다. 그 움직임은 이물질의 움직임이며 자연스럽지 않고 어색한 것입니다.
도시락 속에 밥이 들어있다면 그것은 움직여도 소리가 나지 않습니다. 그러나 돌멩이가 있다면 그것은 요란한 소리를 냅니다.
우리 안에서 주의 영이 움직이실 때 그것은 아름답고 자연스럽고 평화롭습니다. 그것은 아주 조화로운 움직임입니다. 주님이 우리 안에서 역사하실 때 그것은 우리에게 참된 기쁨과 평화를 줍니다.
그러나 악한 기운이 움직일 때 그것은 어색하고 부자연스럽고 파괴적인 느낌을 주게 됩니다. 그것은 이질적인 느낌이며 우리는 그것을 분별할 수 있습니다.

어떤 사람이 불쾌한 일을 오래 겪은 후에 속으로 결심합니다. '이제 더 이상 못 참겠어. 나도 이제 할 말을 할 거야..'
그런데 바로 그 순간에 심장이 마구 심하게 뛰기 시작합니다. 불안하고 부자연스럽게 됩니다.
그 이유는 무엇일까요? 당신이 그렇게 분노의 마음을 먹을 때 당신의 심장, 당신의 영이 고통을 느끼기 때문입니다.

그것은 당신의 안에서 다른 이물질이 움직였기 때문입니다. 그것은 당신이 아닙니다. 당신이 아닌 다른 존재가 움직였던 것입니다. 그 영은 당신을 괴롭히고 깨뜨리는 영입니다.
부디 그 이물질의 움직임을 주의하고 대적하십시오.
그 느낌을 내버려두지 마십시오.
받아들이지 마십시오.
속이 불편할 때 그냥 넘어가지 마십시오.
한 나라에 다른 나라의 스파이들이 다 사라진다면 그 곳에는 평화가 올 것입니다. 당신도 당신의 안에 있는 스파이들을 다 발견하시고 제거하기 바랍니다.
평소에 당연하게 여기고 지나갔던 것들을 이제 조심스럽게 관찰하십시오. 속에서 무엇이 일어나는지를 조심스럽게 살펴보십시오.
분노가 일어나는지, 미움이 일어나는지, 두려움이 일어나는지, 허무함이 일어나는지 당신의 안에서 일어나는 것을 조심스럽게 관찰해 보십시오.
그러한 인식과 느낌이 분별과 자유함의 시작인 것을 반드시 기억하십시오.
그 드러난 것들을 주의 이름으로 대적하며 소멸하십시오.
주의 이름으로 대적할 때 그들은 사라집니다. 그러한 움직임을 발견하고 대적할수록 당신의 마음에는 놀라운 평안이 오게 됩니다. 당신은 점점 더 깊은 자유를 경험하게 될 것입니다.

16. 생활 속에서 속의 느낌을 주의하십시오

우리가 자신의 내면에 주의를 기울이는 훈련을 하게 되면 우리는 우리 속에서 움직이는 이질적인 느낌을 감지할 수 있게 됩니다.
우리는 점차 우리 안에서 움직이는 여러 파괴적인 느낌들을 분별해내게 됩니다.
분노, 미움, 두려움, 슬픔, 후회.. 그러한 것들은 우리가 그동안 의심하지 않고 우리 자신이라고 받아들였던 것이었습니다. 그러한 것들이 우리를 파괴하기 위하여 우리 안에 들어온 스파이라는 의식을 가져본 이들은 별로 없었을 것입니다.
하지만 이러한 파괴적인 느낌을 감지하고 대적하고 우리 자신과 분리시키다 보면 우리는 이들의 존재가 우리가 아니었고 우리는 다만 속았을 뿐이었음을 점점 더 분명하게 알게 됩니다.

우리는 처음에 고요한 상태에서 우리의 마음속에 있는 것들을 관찰합니다. 조용히 속의 이질적인 느낌에 대해서 관찰하고 그 느낌의 정체가 무엇인지 관찰합니다.
그리고 차츰 그 이질적인 느낌이 분노라든지, 슬픔이라든지, 후회라든지.. 하는 것을 감지하게 됩니다.
그것은 우리 몸 안을 주의 깊게 관찰함으로 느낄 수 있습니다. 예를 들어서 분노가 일어날 때 속에서 어떤 부위가 뜨거워진다든지 그 느낌이 점점 올라와서 어디까지 뜨거운 느낌이 치솟는다든지, 두려움이나 불안이 느껴질 때 심장에 어떤 느낌이 드는지, 그것은 저린 느낌인지, 차가운 느낌인지.. 후회할 때 그 움직임과 느낌은 심장에 어떤 고통을 주는지.. 그러한 것들은 어느 정도 관찰한다면 누구나 자기 나름대로의 느낌을 가지게 됩니다.

이러한 훈련은 아주 좋은 훈련입니다. 왜냐하면 대부분의 사람들의 관심은 항상 외부에 대한 것이며 자신의 안에서 일어나는 내적인 느낌에 대해서는 잘 모르기 때문입니다. 그래서 자신을 모르고 자신의 마음을 모르며 자신의 영을 알지 못합니다. 하지만 이러한 훈련을 하다보면 점점 내적인 감각이 생기게 됩니다.
전에는 자기도 모르게 분노가 치밀어 올라서 화를 터뜨리고 나중에 후회를 했다면 이제는 화가 나기 전에 그것이 오는 느낌을 감지하게 되고 다스릴 수 있게 됩니다. 슬픔이나 우울한 기분에 빠지지 않고 그 느낌이 일어나려고 하고 움직이려고 하는 것을 분별할 수 있게 됩니다. 자신 안에 있는 이질적인 존재를 점점 더 인식하게 되며 그것들을 자신과 분리할 수 있는 능력을 가지게 되는 것입니다.

이제 우리 안의 이질적인 느낌을 분별하고 그 느낌이 움직이는 것도 느낄 수 있게 되었다면 이제는 삶의 모든 환경에서 직접 그것을 훈련해야 합니다. 즉 우리의 시선을 바깥에 두지 말고 항상 안에 두는 훈련으로 나아가야 하는 것입니다.
그러므로 당신은 항상, 자주 자주 당신의 속에서 올라오는 느낌을 주의해야 합니다.
언제 화가 났는지, 왜 화가 나는지, 그 올라오는 분노가 누구인지.. 조심스럽게 관찰해보십시오.

상대방이 말을 할 때 화가 난다면, 상대방의 말에 주의를 빼앗기지 말고 자신의 속에서 일어나는 움직임에 주목해야 합니다.

'저 사람이 나를 화나게 했어' 라든지 '그런 말을 듣고 어떻게 참으란 말야?' 한다면 그 사람은 변화될 수 없습니다. 이제 이 훈련을 시작한 사람은 바깥의 작용이 아니라 내 몸 안에서의 작용에 관심을 기울여야 합니다.

TV의 뉴스를 보고 불안해졌다면 그 뉴스의 내용에 주의를 기울이지 말고 자기 속의 어떠한 부위에서 불안감이 움직였으며 어떻게 일어났는지, 어떤 압박을 주고 있는지 그러한 부분을 관찰해야 합니다. 그런 식의 훈련을 통해 평소에도 악한 영들의 활동을 감지하고 느낄 수 있는 것입니다.

그리고 당신의 안에서 일어나는 이질적이고 불쾌한 느낌을 주는 그 영, 그 기운을 대적하고 쫓아내시기를 바랍니다. 대적은 당신의 안에 있으며 바깥에 있는 것이 아닙니다. 아니, 그들은 그렇게 조용히 그들의 움직임을 지켜보기만 해도 몹시 충격을 받고 달아나게 됩니다. 그들은 은밀함 속에서만 움직일 수 있기 때문입니다. 아무튼 그렇게 그 영들을 대적하고 쫓아냄으로 당신의 안에서 그 기운이 사라지면 당신은 그만큼 자유롭게 되는 것입니다.

이러한 훈련이 반복되면 차츰 당신은 언제 어떠한 상황에서도 냉정을 잃지 않고 어떤 충동이나 느낌에 끌려들지 않는 자유함을 경험하게 됩니다. 대부분의 사람들은 항상 바깥의 일에 집중하고 흥분하지만 당신은 그러한 것에서 벗어나 조용히 자신의 내부를 살필 수 있게 되는 것입니다.

그리고 이러한 훈련을 통해서 악한 영들이 당신의 평화를 깨뜨리기 위해서 얼마나 노력하고 있는지를 알게 됩니다. 그리고 자기 안에 숨어있는 대적의 정체를 분명하게 인식하게 되고 그들을 대적함으로 더 깊은 자유의 세계로 나아가게 되는 것입니다.

누군가 당신을 비난하고 있는데 당신의 속에서 그 영들이 소멸되었기 때문에 전혀 상대방이 밉지 않을 때, 그것이 얼마나 행복하고 자유로운 느낌인지 아십니까? 그것이 바로 자유입니다.
온 세상에 온갖 두려움과 흉흉한 소문이 있어서 사람들이 염려하고 걱정할 때 당신의 안에 그러한 두려움의 영들이 다 청소되어서 당신은 전혀 두렵지 않고 기쁘고 평화로운 상태가 될 때 그것이 얼마나 행복하고 즐거운지 아십니까? 그것이 바로 정화된 이들의 행복이며 천국인 것입니다.
부디 이 훈련을 계속 하십시오. 당신의 내면을 분별하며 이질적인 움직임을 발견하고 그들을 대적함으로 소멸시키십시오.

우리는 날마다 모든 환경 속에서 우리 안에서 움직이는 이질적인 느낌에 주의해야 합니다. 악한 영들이 일어나고 움직이는 느낌을 감지해야 합니다.
당신은 당신의 안에서 악한 영들이 오랫동안 살아왔으며 당신을 노예처럼 부렸으며 당신을 사용했음을 인식하시기를 바랍니다. 그 영들은 당신으로 하여금 원망하게 만들고 분노하게 만들고 미워하게 만들었습니다. 이제 더 이상 속으며 살아서는 안 됩니다. 아무리 당신이 속고 살아왔다고 해도 책임과 심판은 당신에게 내려집니다. 무지라고 해서 용서되는 것은 아닙니다.

그 영들, 그 움직임, 그 기운은 당신이 아닙니다. 부디 당신의 안에서 일어나는 부자연스러운 이질감을 분별하시고 느끼시기를 바랍니다. 그리고 더 이상 그 움직임에 끌려 다니지 마십시오.
항상 조용히 당신의 속을 주의하며 악한 기운의 움직임을 분별하고 대적하십시오. 지속적으로 대적할 때 당신의 안에서 그 기운은 점점 더 사라지게 됩니다.

삶 속에서 계속 자신의 안을 살펴보십시오.
자신의 내면을 주의하십시오. 그렇게 계속 대적하고 청소하면서 하루를 보내십시오. 환경이 더러운 것은 괜찮지만 당신의 마음속이 더럽다면 그것은 정말 비참한 문제입니다.
부디 승리하십시오. 꾸준히 분별하고 대적하고 마음의 중심을 바깥 환경이 아닌 자신의 안에 둔다면 당신은 점점 더 성장하고 변화될 수 있을 것입니다. 할렐루야.

17. 부르짖어서 표출시키기

자신의 안에 있는 악한 기운을 발견하고 분별하는 것은 아주 중요한 일입니다. 영적인 해방은 거의 여기에 달려 있습니다.
하지만 그것은 그리 쉬운 것은 아닙니다. 악한 영들은 오랫동안 우리 안에서 활동해왔으며 그들은 쉽게 눈에 띄지 않으려고 노력하고 계속 숨어서 살아가려고 합니다.
악을 미워하고 진리를 구하며 영적 성장을 추구하는 이들은 그들의 성품과 그들의 안에 있는 악한 영들이 서로 조화되지 않기 때문에 악한 영들이 쉽게 드러납니다. 이러한 이들은 한번 화를 내거나 악한 말을 하거나 하게 되면 몹시 고통을 느끼게 되며 그 후유증이 심합니다.

그러나 악을 그리 미워하지도 않으며 자신의 안에 있는 악들을 청소하여 거룩하고 성결한 영으로 주님과 연합하기를 사모하지도 않고 자신의 입장이나 체면이나 기분을 더 중시하는 사람들은 그들의 안에 있는 악한 영들과 깊이 연합되어 있습니다. 그러므로 그 악한 영들은 잘 드러나지 않으며 그들과 분리되기가 어렵습니다.
그러므로 이러한 이들은 그들이 행한 악한 말과 행동에 대해서 지적 받을 때 몹시 분노하며 자신을 방어합니다. 화를 내기도 하고 울기도 하고 여러 이유로 자신의 억울함을 강변하기도 하는데 그것은 그들이 자신과 악한 영을 동일시하기 때문입니다. 그것은 그들이 악한 영들과 깊이 연합되어 있음을 보여주는 것입니다.

그러므로 이러한 이들은 자신의 안에 있는 악한 영의 존재를 잘 느낄 수 없습니다. 악한 기운과 분리가 되어야 그들과의 전쟁이 시작되며 그들을 쫓아내고 자유함을 경험할 수 있는데 그러한 분리가 아주 어려운 것입니다. 이러한 이들은 내적인 감각이 부족함으로 내면의 느낌을 통해서 깨달음을 얻기도 어렵습니다. 반면에 바깥에 대한 감각은 예민하게 발달되어 있으므로 이러한 이들은 내적인 경험을 통한 변화보다는 바깥 환경의 고통에 의해서 변화되기가 쉽습니다.

즉 환경에서 오는 여러 실패, 고통, 좌절 등이 극에 이를 때 그의 한계가 오면 비로소 조금씩 내면으로 들어가게 되는 것입니다. 그렇게 되면 그는 이때부터 조금씩 자신의 안에 있는 다른 기운, 이질적인 존재를 느낄 수 있는 감각이 생기게 됩니다. 그때 비로소 자유와 해방으로 가는 길이 열리기 시작하게 됩니다.

자신의 안에 있는 자기가 아닌 악한 기운을 느끼고 그들이 드러나게 하는 것이 자유함으로 가는 가장 중요한 과정인 것을 이해하시기를 바랍니다.

일단 악한 영들이 드러났다면 그것은 거의 승리한 것이나 마찬가지인 것입니다. 그것은 어둠 속에 숨어서 움직이던 바퀴벌레가 불이 환하게 켜질 때 주방 속으로 숨어버리는 것과 같습니다.

이러한 악한 영의 드러내기에는 상반된 두 가지의 방법이 있습니다.
앞에서 언급한 방법은 고요한 묵상, 내면의 관찰을 통해서 내면에 있는 이질적인 존재를 느끼고 분리하는 방법입니다.
또한 이와는 반대로 요란하고 강한 방법으로 이 영들을 드러내게 할 수도 있습니다. 이것은 아주 강력한 방법입니다.

그렇게 강력하게 드러내는 방법의 대표적인 것이 부르짖는 기도의 방법입니다.

이 부르짖는 기도는 아주 강력한 기도입니다.
오늘날 현대의 그리스도인들은 이 기도에 익숙하지 않습니다. 그러나 이 기도는 성경에서 아주 많이 언급하고 있는 기도입니다.
한국 교회는 예전에 이 강력한 기도를 가지고 있었습니다. 이 기도를 통해서 한국 교회는 과거에 놀라운 부흥을 이루었습니다.
그러나 부르짖는 기도가 사라지고 지적인 패턴의 신앙으로 바뀌게 되면서 그리스도인들은 점점 더 약해지고 악한 영들에게 눌리게 되었습니다. 아는 것은 많지만 삶에는 자유와 승리와 활기가 없는 연약한 그리스도인들이 되었던 것입니다.

이 부르짖는 기도는 내면적인 기도에 못지않게 각 사람의 속에 있는 악한 기운을 나타나게 합니다.
사람들이 강력하게 부르짖을 때 그의 속에서 나타나는 중요한 현상이 구토, 구역질입니다.
어느 정도 부르짖는 기도의 경험이 있는 이들은 속에서 침이나 가래가 자꾸 올라오는 것을 느끼게 됩니다. 부르짖을 때 강렬한 진동이나 전율이 생기기도 하며 어지럽고 구토가 나기도 합니다.
그것은 무엇일까요? 바로 속에 있던 악한 영들이 분리되어 고통을 느끼고 빠져나가는 현상인 것입니다.

부르짖는 기도를 할 때 그 기도는 강력한 불이 되어 사람의 속 안에 자리를 잡고 있는 악한 영들의 집을 허물어버립니다. 부르짖는 기도는 곧 초토화기도이기 때문에 그 기도는 속에 있는 악한 영들의 집을 부숴 버립니다.

평소에 악한 영들은 사람의 안에 집을 지어놓고 그 속에 숨어있기 때문에 찬송을 하거나 기도를 해도 그럭저럭 잘 버틸 수 있습니다. 찬송을 해도 성경을 읽어도 별로 감흥이 없고 느낌이 없는 이들은 대체로 이 악한 기운이 집을 견고하게 짓고 있는 경우가 많이 있습니다.

하지만 이 악한 영들의 집이 무너져버리면 그들은 말씀이나 기도와 찬송을 견디지 못합니다. 그 기도와 찬송의 능력이 그들에게 직접 부딪치기 때문에 너무나 고통스럽기 때문입니다. 그것은 지렁이에게 소금을 뿌리는 것과 같은 것입니다.

그래서 그들은 밖으로 일단 도피하게 됩니다.

기도하는 중에 침이나 가래가 나오는 것은 그렇게 집이 무너진 영들이 갈 곳이 없어서 달아나는 하나의 현상이라고 할 수 있습니다. 악한 영들은 평소에 가래와 같이 더러운 곳에 거하는 것을 좋아하는데 그들은 그러한 더러운 곳의 속에 있을 때 편안함을 느끼며 그러한 악취를 즐거워하기 때문입니다.

이런 경험을 하는 이들이 가래침을 뱉는 것을 보고 더럽다고 싫어하는 이들이 많이 있습니다. 하지만 그렇게 싫어하는 사람들의 속에도 역시 그러한 악한 기운이 있으며 속에 있는 악한 것을 버리는 사람보다 그들이 더 깨끗하다고 볼 수는 없는 것입니다.

물론 언제까지나 그렇게 계속 구토를 하고 침을 뱉는 것이 좋은 것은 아닙니다. 그것은 하나의 정화 과정일 뿐이며 점차 내적인 변화를 통해서 그러한 것들이 근원적으로 소멸되는 것이 좋은 것입니다.

가래나 구토 자체가 좋은 것이라고 할 수는 없지만, 일단 그러한 배출의 경험을 할수록 영이 맑아지고 예민해지게 됩니다.

부르짖는 기도를 하고 나쁜 기운을 배출하기 전에 하는 찬양과 그 후에 하는 찬양은 느낌부터가 완전히 다릅니다. 전의 상태가 그저 맹숭맹숭한 경험이라면 후의 상태는 찬양을 할 때 아주 놀라운 감격과 기쁨과 주님의 임재를 경험하게 됩니다. 그것은 악한 기운의 배출을 통해서 영감이 예민해졌기 때문입니다. 그것은 더러운 유리창을 깨끗이 닦은 후에 사물이 잘 보이는 것과 마찬가지입니다.

부르짖는 기도는 강력한 능력의 기도이며 이 기도는 악한 영들을 괴롭게 합니다. 그래서 그들은 견디지 못하고 밖으로 분리되고 표출됩니다. 그래서 부르짖고 나면 이상하게 분노가 표출되거나 허무해지거나.. 하는 현상이 나타날 수 있는데 그것은 그들의 안에 있는 악한 기운이 그런 식으로 표출되는 것입니다. 그렇게 악한 기운이 표출될 때는 그 영을 대적하여 쫓아내야 합니다.

악한 영을 드러내고 소멸시키기 위하여 부르짖고 외치는 기도를 자주 사용하십시오. 그렇게 하면 자신의 안을 좀 더 확실하게 느끼고 청소할 수 있습니다.

대부분의 사람들은 부르짖는 기도가 어려우며 잘 되지 않습니다.
어색하기도 하고 잘 나오지도 않습니다. 억지로 하려고 해도 아주 힘든 경우가 많은데 그것은 속에서 악한 기운이 그것을 방해하기 때문입니다. 악한 영들은 부르짖는 기도가 몹시 고통스럽기 때문에 이것을 막으려고 아주 노력합니다.

그래서 특히 죄를 짓거나 세상의 악한 문화 속에서 즐기고 살았을 때에는 부르짖는 기도를 하는 것이 더욱 어렵게 됩니다. 마치 무엇이 막힌 것처럼 소리가 나오지 않으며 소리를 내는 것이 아주 힘이 듭니다. 하지만 어려움에도 불구하고 계속 시도를 해서 부르짖는 기도가 뻥 뚫리는 듯한 느낌이 들 때에는 심령이 아주 후련해집니다. 그것은 악한 영과의 전쟁에서 승리한 상태이며 악한 영이 방해를 포기하고 달아난 상태인 것입니다.

부르짖는 기도 못지않게 큰 소리로 성경을 읽는 것도 좋은 방법입니다. 큰 소리로 말씀을 외치는 것도 속에 있는 나쁜 기운을 드러나게 합니다. 이것도 역시 속에 있는 악한 영으로부터 방해를 많이 받게 됩니다. 말씀을 큰 소리로 외치는 것은 영을 풀어놓는 것이며 그러한 외침은 부르짖는 효과와 비슷하게 악한 영들에게 충격을 주게 됩니다.
그렇기 때문에 악한 영들은 이러한 강력한 성경 읽기를 방해합니다. 그러나 그러한 방해에도 불구하고 포기하지 않고 시도해서 말씀을 크게 강력하게 계속 외치게 되면 심령이 후련해지게 됩니다. 이 방법을 통해서도 악한 영들은 빠져나가며 속에서 가래나 침이 나올 수 있습니다. 한숨이나 구역질이 나오기도 하는데 그것도 역시 악한 영들이 빠져나가는 현상입니다.

이러한 강력한 부르짖음의 기도나 강력한 말씀의 외침도 악한 영들을 드러내고 초토화시키는 데에 큰 효과가 있는 것입니다.
악한 영들을 드러내기 위해서 이 기도에 익숙해지시기를 바랍니다.
그들의 정체가 더 많이 드러날수록 우리는 그들과의 전쟁에서 더 많은 승리를 경험할 수 있을 것입니다. 할렐루야.

18. 호흡기도로 표출시키기

악한 영들도 영이며 영의 특성을 가지고 있습니다. 그러므로 그들은 바람과 호흡과 같은 존재입니다. 영이란 바람과 호흡과 같은 것이므로 악한 영들은 악한 바람, 악한 호흡과 같은 것입니다.

그러므로 그들은 의식, 생각을 통해서도 일하지만 또한 호흡을 통해서도 들어오고 나가며 움직입니다. 그들은 흔하게 사람의 코로 들어옵니다. 그들이 들어올 때 오싹! 하는 느낌이 드는 것이 보통입니다. 영적인 감각이 예민해지면 좀 더 분명하게 느낄 수 있을 것입니다.

그들은 처음에 기체의 형태를 가지고 있지만 들어와서 조금 지나면 음식물 등과 반응하여 가래와 같은 액체의 형체로 바뀌게 됩니다. 더 시간이 지나면 암이나 결석과 같은 고체의 형태로 바꿉니다.

이것은 가래나 암과 같은 것이 악한 영 자체라는 것이 아니라 악한 영들이 그 안에 숨어있을 수 있다는 것입니다.

악한 영들은 영적인 존재로서 물질의 형태를 가지고 있지 않습니다. 그것은 생각이 물질이 아닌 것과 같습니다. 그러나 공기와 호흡, 바람과 같은 기체는 그러한 영적 존재를 운반하는 통로가 될 수 있습니다. 기체는 물질계와 영계가 접촉하는 하나의 통로입니다.

이것은 모든 바람이 영들의 움직임을 보여준다는 의미는 아닙니다. 다만 그 바람, 호흡의 안에 어떤 영들이 움직일 수 있다는 의미입니다.

암과 같은 것의 속에는 악한 생명이 존재합니다. 그렇기 때문에 그들은 전이가 되며 움직이고 퍼지는 것입니다. 그것에 생명을 주는 것이 악한 영입니다. 그들은 파괴하는 생명입니다.

그러므로 암의 속에 들어있는 악한 영의 세력이 파괴되거나 쫓겨나면 그 암은 생명과 역동력을 상실하게 됩니다. 그리하여 더 번질 수 없으며 스스로 소멸하게 됩니다.

나는 호흡기도를 통해서 여러 가지 질병이 치유되었다는 이야기를 많이 들었습니다. 이미 저술한 〈호흡기도〉의 배출호흡에서 충분히 설명하였지만 배출호흡은 자신의 몸 안에 들어있는 나쁜 기운을 밖으로 내보내는 것으로서 이를 통하여 병의 원인이 되는 악한 영들이 빠져나갔기 때문입니다. 나는 모든 병들이 악한 영들 때문에 생기는 것으로는 생각하지 않습니다. 병에는 자연적인 원인도 있고 영적인 원인도 있다고 생각합니다.

간단하게 이렇게 설명할 수 있을 것입니다.
어떤 사람이 배가 아픕니다.
그런데 나쁜 것을 먹어서 아픈 경우도 있고 오랫동안 굶어서 아픈 경우도 있습니다.
나쁜 것을 먹어서 식중독에 걸려 아픈 경우에는 설사를 하든지 위세척을 해서 속에 있는 나쁜 것을 내보내야 합니다. 그러나 속이 비어서 아픈 것은 속을 채워야 합니다.
나는 이와 같이 사람의 병은 속에 나쁜 것이 들어있어서 아플 때가 있고 속이 비고 에너지가 모자라서 아플 때가 있다고 생각합니다. 그러므로 전자의 경우는 나쁜 것을 내보내야 하며 후자의 경우에는 충전을 해주어야 하는 것입니다. 모든 경우에 마귀만 쫓는다고 해결될 것이라고는 생각하지 않습니다. 그러나 악한 영의 침입을 통해서 아픈 경우가 적지 않게 많이 있다고 생각합니다.

고요한 관찰과 묵상을 통해서 악한 영들을 드러나게 할 수 있습니다. 또한 부르짖는 기도를 통해서 자기의 안에 있는 이질적인 존재를 드러나게 할 수 있습니다.
그리고 호흡기도를 통해서도 이 악한 영들, 그 기운들을 드러나게 할 수 있습니다. 그리고 내보낼 수 있습니다.
이 호흡은 조용히 잔잔하게 하는 것보다는 강하게 크게 힘 있게 하는 것이 좋습니다. 이것은 숨어있는 영들을 억지로 쫓아내는 방법입니다. 그들은 바람이고 호흡 속에 숨어있기 때문에 그들을 대적하면서 힘차게 호흡을 하면 할 수 없이 빨려나가게 됩니다.

먼저 주의 이름을 부르며 그 영으로 충만하도록 구하면서 숨을 크게 들여 마시십시오.
"오, 주님. 내 안에 지금 충만하게 임하여주십시오."
그렇게 기도합니다.
그러면서 반복하여 숨을 크게 들여 마십니다.
그렇게 반복하면 가슴이 시원해집니다. 그러면서 충만한 느낌이 들게 됩니다.
또한 이와 동시에 속에서 어떤 전율이 일어납니다. 이것은 느낌으로 알 수 있습니다. 이것은 주의 영을 충분하게 마실 때 숨어있는 악한 영들이 놀라고 당황해서 드러나는 것입니다.
먼저 충분히 숨을 크게 들여 마실 때 악한 기운들은 드러나게 됩니다.
이렇게 충분히 했다면 다음에는 그 드러난 존재들을 대적하며 바깥으로 몰아냅니다.

주의 이름으로 악한 영들을 대적하십시오.

"내 안에 숨어있는 더러운 영들아. 예수의 이름으로 명한다. 지금 나가라!" 이런 식으로 명령하면서 숨을 훅 내쉬면 됩니다.

말을 하면서 숨을 쉬는 것이 어려우면 속으로 말하고 코로는 강력하게 숨만 내쉬면 됩니다.

배에 힘을 주고 반복적으로 계속 하는 것이 좋습니다. 마치 100미터 달리기를 힘차게 하는 것처럼 심장이 두근거리게 될 정도로 하는 것이 좋습니다.

이것은 시원한 느낌을 줍니다. 온 몸에 오싹.. 하는 전율과 함께 악한 기운이 빠져나가는 느낌이 들게 됩니다. 이 과정에서 머리가 어지럽거나 구토가 올라올 수도 있습니다. 그 모든 것이 악한 영들이 도주하는 과정입니다.

어느 정도 했는데 머리가 어지럽고 힘이 든다면 이제는 조용히 편안한 자세로 앉거나 누운 상태에서 조용한 호흡기도를 하면 됩니다. 비워진 공간에 주님을 채우는 기도로서 주님을 마시는 기도를 드리는 것입니다.

"오, 주님. 당신의 임재로 저를 채워주십시오."

이렇게 기도하면서 조용히 숨을 들여 마시면 됩니다.

이렇게 5분 정도 하면 마음이 달콤해지고 평안해지게 됩니다.

호흡은 영의 움직임과 관련된 것입니다. 그러므로 평소에 호흡의 움직임에 주의를 기울이는 것이 좋습니다.

화가 난 사람은 씩씩거리면서 말을 하게 됩니다. 남을 비난하는 사람의 입에서는 악한 기운이 나오는데 그것들은 다 악한 영들입니다.
불평하고 원망하는 사람의 옆에 있을 때는 그 기운이 내 코로 들어오지 못하도록 조심해야 합니다. 그것은 악한 영들이므로 그 기운을 받아들이면 영혼이 엉망이 되기 때문입니다.
그러므로 그러한 이들과 대화를 해야 하는 상황이라면 숨을 일시적으로 멈추거나 적게 들여 마시는 것도 하나의 방법입니다.
그러한 이들은 항상 자기의 속에 있는 악한 영들을 남들에게 나누어주고 있는데 본인은 그것을 전혀 인식하지 못하고 있습니다. 그렇기 때문에 그러한 이들을 피하면 화를 냅니다.
하지만 그렇다고 그들의 이야기를 다 들어주는 것은 위험합니다. 조심하지 않고 있으면 그들의 입과 코에서 나오는 기운들을 받아들이게 되어 가슴이 답답해지게 됩니다.

바람직한 것은 항상 웃으며 감사하며 사랑하는 사람과 대화하고 교제를 하는 것입니다. 그러한 이들은 좋은 기운, 좋은 영을 가지고 있습니다. 하지만 유감스럽게도 이 세상에는 그러한 이들을 찾는 것이 쉽지 않습니다.
그리스도인이라고 하더라도 입으로 푸념하고 원망하고 짜증을 내고.. 하는 이들이 훨씬 더 많은 것입니다. 그러한 이들은 명목상으로만 그리스도인이며 악한 영들에게 사로잡혀 있는 이들이기 때문에 우리는 그러한 이들을 조심해야 합니다.

호흡기도를 적절하게 사용한다면 이것은 악한 영들을 드러나게 하고 쫓아내는 데에 큰 도움이 됩니다.
마음이 답답하고 근심이 있을 때에는 깊은 한숨을 토해내면서 기도하십시오.
"이 근심의 영아, 불안한 영아. 예수의 이름으로 나가라!"
이렇게 명령하며 크게 숨을 내뿜습니다. 그렇게 반복하면 속이 시원해지게 됩니다. 그 후에는 다시 숨을 들여 마시며 주님의 임재를 구하고 채우면 됩니다.

호흡기도는 단순한 배출로도 악한 영들을 내보내는 효과가 있습니다. 하지만 그렇게 주의 이름으로 명령하는 기도를 하면서 배출하면 더 효과가 크게 나타납니다.
자주 호흡기도를 통하여 악한 영들을 배출하시기를 바랍니다.
이러한 경험을 통해서 자유와 후련함을 경험할수록 우리는 우리 내부의 영적 청소가 무엇보다도 더 중요하다는 것을 깨닫게 됩니다.
그리고 악한 영, 악한 마음, 어둡고 부정적인 말과 생각이 얼마나 우리를 파괴하는지 깨닫게 되는 것입니다.
호흡기도를 통해서 악한 영들을 드러내고 배출하십시오.
내 속이 편안해지고 자유롭게 된다면 그것은 우리가 충분히 승리한 것입니다. 그 때에는 외부에 어떤 문제와 어려움이 있어도 별로 대수로운 것이 아닌 것을 우리는 깨닫게 될 수 있을 것입니다.

19. 소리의 중요성

앞에서 부르짖는 기도를 통해서 악한 영들이 드러나고 쫓겨날 수 있다는 이야기를 했습니다. 그 중요한 이유는 악한 영들이 소리를 싫어하기 때문입니다.

악한 영들은 소리를 싫어합니다. 특히 그리스도인들의 기도소리와 찬양의 소리를 아주 싫어합니다. 그것은 그 소리 가운데 영적인 힘과 능력이 흘러나오기 때문입니다.

우리 아이들이 어렸을 때 이 아이들은 영안이 열려 있었습니다. 집회 가운데에 주님의 임하심과 기름부음의 역사가 강했기 때문에 아이들은 그러한 예배에 항상 참석하다보니 그러한 분위기에 익숙해 있었고 영적으로도 예민해지게 되었습니다.

어른들의 눈에 안수를 하면 별 변화가 일어나지 않았지만 아이들에게 기도를 해주면 영안이 열리는 일이 곧잘 있었습니다. 그것은 아이들의 눈이 아직 악한 것들을 별로 보지 않고 순수하기 때문에 그런 것 같았습니다.

그래서 우리 아이들은 영안이 열려서 천사를 보고 귀신을 보곤 했습니다. 천국을 보기도 하고 지옥을 보기도 했습니다. 아직 말을 잘 하지 못해서 표현하는 것이 어려울 때였기 때문에 그들이 보고 온 천국과 지옥의 모습을 그림으로 그리곤 하였습니다.

찬양을 하면 천사들이 춤을 추고 있는 것을 보았습니다. 화를 내거나 아플 때는 귀신들이 많이 와서 움직이고 있다고 말하기도 했습니다.
우리 집에는 찬양을 틀어놓고 있을 때가 많습니다. 나는 그것이 영적인 분위기를 형성하는 데 도움이 된다고 생각합니다. 그런데 하루는 아들인 주원이가 말했습니다.
"아빠.. 시끄럽대요. 찬양 소리를 껐으면 좋겠대요."
나는 물었습니다.
"누가 그러는데?"
"저기. 방구석에 있는 시커먼 옷을 입고 있는 애들이 그래요. 시끄럽다고 귀를 막고 있어요. 머리가 아파 죽겠대요. 그러니까 얼른 찬양 소리가 나지 않게 해 달래요."
나는 대답했습니다.
"음. 그건 귀신들이란다. 그럼 찬양 소리를 더 크게 해야지.. 이 집에는 주님의 영만 충만해야 하니까.."
그러면서 나는 찬양의 볼륨을 높였습니다.
그러자 다시 주원이가 말했습니다.
"아빠.. 걔네들이 못 살겠다고 가 버렸어요."

그처럼 악한 영들은 찬양의 소리를 싫어합니다. 기도와 하나님의 말씀을 큰 소리로 선포하는 것을 싫어합니다.
영적으로 약하고 마음이 여리고 자주 상처를 받고 눌리는 이들은 대체로 목소리가 약합니다. 발성의 훈련이 잘 되어 있지 않습니다. 그래서 말도 분명하지 않고 우물거리며 큰 소리로 기도하는 것에 익숙하지 않고 찬송을 불러도 입술만 달싹거립니다.
이러한 이들은 대체로 능력이 부족합니다. 담대함이 부족하며 의지가 약합니다. 그들은 주님을 모시고 있고 능력의 말씀을 가지고 있지만 그것은 자기 안에만 있을 뿐 바깥에 영향력을 행사하지 못합니다.
소리가 약한 사역자들은 요란한 것을 싫어합니다. 그들은 묵상과 차분한 가르침을 좋아합니다. 하지만 그들은 영적 전쟁에서 유능하지 않습니다. 아주 성품이 부드럽고 착한 사람들만 다룰 수 있을 뿐 강하고 거친 이들을 다룰 수 없습니다.

악한 영들은 소리를 두려워합니다. 그러므로 우리는 큰 소리로 복음을 선포하고 큰 소리로 기도하며 큰 소리로 신앙을 고백하는 것이 좋습니다. 그러한 선포와 외침은 악한 자들의 집을 무너뜨리는 것입니다. 오늘날 교회가 너무나 조용하고 그리스도인들의 모임이 너무나 조용하기 때문에 악한 영들은 별로 위협을 느끼지 않습니다. 그러나 그리스도인들이 소리를 회복하게 된다면 그들은 큰 고통을 느끼게 될 것입니다. 그리스도인들이 큰 소리로 방언으로 기도할 때 악한 영들은 마치 몇 만 볼트의 고압전류에 접촉한 것처럼 고통을 느낍니다. 그렇기 때문에 그들은 두려워서 그러한 이들의 곁에 잘 오지 않으려고 합니다.

그리스도인들은 영적 승리를 위해 그들이 가지고 있는 진리를 큰 소리로 선포해야 합니다. 악한 영들과 싸울 때도 큰 소리로 꾸짖는 것이 좋습니다. 흥분하고 욕을 하고.. 할 필요는 없지만 큰 소리의 꾸짖음은 그들의 기를 죽게 합니다.
자신 있게, 담대하게 큰 소리로 악한 영을 꾸짖으십시오.
주의 이름으로 그들을 대적하고 꾸짖으며 내쫓으십시오.
그들에게 호통을 치십시오.
그것은 그들에게 충격을 줍니다.
강한 영적인 용사가 되기 위하여 발성을 훈련하십시오.

당신이 큰 소리로 기도하는 것에 거부감을 가지고 있다면 그것은 이미 당신의 영이 눌려 있거나 악한 영들에게 속고 있을 가능성이 많습니다. 사람들의 안에 있는 악한 영들은 쫓겨 가기가 싫어서 큰 소리로 발성기도하는 것에 대한 불쾌감을 그 사람에게 일으키기 때문입니다. 그러한 것은 악한 영들의 작전에 속하는 것입니다.

큰 소리로 외치는 이들은 무식하고 천박한 사람들이 아닙니다. 성경에는 부르짖어서 기도하라는 많은 명령이 있으며 다윗이나 모세나 세례 요한과 같은 하나님의 사람들은 큰 소리로 부르짖어 기도하는 사람들이었습니다.

주의 이름과 은총으로 구속함을 받은 이들은 그 주의 은혜와 영광을 큰 소리로 외칠 때 그 심령에 놀라운 감격과 행복감을 느끼게 됩니다. 그의 영은 강건해지며 그는 하나님의 임재와 권능으로 가득 채워지게 됩니다.

당신의 영혼을 강건하게 하기 위하여 큰 소리, 분명한 발성을 훈련하십시오. 크고 강하게 외쳐서 기도하십시오.

강하고 분명한 소리에 익숙해질수록 당신은 점점 더 강한 영력과 자신감을 얻을 것이며 영적 전쟁에서 승리할 수 있게 될 것입니다. 할렐루야.

20. 눈을 강화시키기

악한 영들을 대적하고 쫓아내는 것은 전쟁입니다. 전쟁에 필요한 것은 바른 진리와 지식이며 또한 영적인 힘입니다.
영적인 힘과 권능이 충만하게 되면 영적 전쟁의 원리와 지식을 좀 더 효과적으로 사용할 수 있을 것입니다.
부르짖음을 통한 소리의 강건함과 눈의 강건함은 권능의 중요한 요소입니다. 그리스도인들은 영적 전쟁에 있어서 눈의 힘을 기르는 훈련을 반드시 해야 합니다.
〈심령이 약한 자의 승리하는 삶〉이라는 나의 저서에서도 나는 눈의 훈련, 눈의 기도를 많이 강조하였습니다. 이 전쟁에서도 눈의 힘이 많이 필요합니다.

눈이 흐리멍덩한 사람은 악한 영들의 밥이라고 할 수 있습니다. 그들은 의지의 힘이 부족하여 원치 않는 일에 끌려가거나 멍청하게 있다가 악한 영들이 넣어주는 생각에 사로잡힙니다. 공상이 많은 이들은 대체로 눈이 흐린 사람들입니다.
겟세마네의 마지막 밤에 주님께서 필사의 기도를 하고 계실 때 마귀는 마지막 치열한 공격을 하고 있었으며 주님께서는 제자들에게 깨어있으라고 부탁하셨습니다.
하지만 제자들은 밀려드는 졸음을 감당할 수 없어서 깨우고 깨워도 계속 잠이 들어버렸습니다. 그것을 성경은 이렇게 표현합니다.

"다시 오사 보신즉 저희가 자니 이는 저희 눈이 피곤함일러라" (마26:43)

이것을 자연스러운 피곤함으로 여기지 마시기를 바랍니다. 이 날밤에 마귀의 역사는 아주 치열하였습니다. 주님은 피와 땀을 흘려 기도하셨으며 천사들이 와서 주님의 기도를 도왔습니다.

"가라사대 아버지여 만일 아버지의 뜻이어든 이 잔을 내게서 옮기시옵소서 그러나 내 원대로 마옵시고 아버지의 원대로 되기를 원하나이다 하시니 사자가 하늘로부터 예수께 나타나 힘을 돕더라" (눅22:42,43)

제자들이 눈이 피곤해서 잠이 들었던 것은 단순한 몸의 피로가 아니었습니다. 단순한 육체의 피곤이었다면 주님의 여러 번에 걸친 그 간절한 부탁에도 불구하고 잠이 들지는 않았을 것입니다. 그것은 그들의 영적인 연약함을 보여줍니다. 그들은 그 날 밤 마귀의 치열한 공격에 정신을 잃고 쓰러져 잠이 들어 버린 것입니다.
악한 영들은 사람의 눈을 공격하며 그 눈을 사로잡게 되면 그 사람을 사로잡는 것을 잘 알기 때문입니다.
그렇기 때문에 악한 영들은 삼손과 다윗의 눈을 사로잡아서 넘어뜨리려고 했습니다. 삼손은 들릴라의 아름다움에 빠졌고 다윗은 목욕하는 여인을 보면서 그 영혼의 감각이 일시적으로 망가졌습니다. 오늘날 이 시대에 많은 영상문화가 발달하여 사람들의 눈을 사로잡아 가고 있는데 그 배후에는 악령의 공격이 있는 것이며 그것은 이 시대의 혼미한 정신과 어두운 영의 상태와 많은 관련이 있는 것입니다.

악한 영에게 사로잡힌 이들을 보면 눈에 힘이 없습니다. 그리고 초점이 불명확합니다.

묵상기도만을 하고 발성기도를 하지 않는 이들은 대체로 영이 약합니다. 그래서 성경을 읽다가도 졸며 기도를 하다가 자기도 모르게 어느덧 잡념에 사로잡혀 졸다가 잠이 들어버립니다.

그것은 자연적인 졸음이 아니라 영이 눌려서 자게 되는 것입니다. 그렇게 자는 잠은 휴식이 아니라 혼미함 속에 들어가는 것입니다. 영이 밝아지게 되면 가장 먼저 눈이 빛나게 되고 잠도 줄어들게 되며 맑고 깊은 잠을 자게 됩니다. 은혜를 사모하는 이들이라고 해도 영이 약한 사람들은 예배시간에도 쉽게 졸음에 빠집니다. 그것은 그들의 정신과 영이 혼미함을 보여줍니다. 물론 설교와 예배가 끝나면 곧 눈이 초롱초롱해지게 됩니다.

또한 주일날의 예배를 드리기 전에 토요일에 주말의 명화라든지 그런 영화를 열심히 즐기고 온 이들은 예배시간에 내내 잠을 자게 되는데 그것은 단순한 피곤이 아니고 악한 영들에게 눈과 의식을 빼앗겼기 때문에 오는 졸음입니다. 악한 영들은 그들의 안에서 마음대로 움직이기 때문에 그들이 싫어하는 소리를 들을 때는 그 소리를 듣지 못하게 정신을 가져가 버려서 졸게 하고 자게 하는 것입니다. 흔히 이런 것을 졸음마귀가 역사한다고 표현하는데 이것은 비유적인 묘사가 아니고 실제적인 악령들의 장난입니다.

이미 눈의 기도와 훈련에 대해서 〈심령이 약한 자의 승리하는 삶〉에 충분히 썼기 때문에 더 이상 자세하게 언급하지는 않겠습니다. 다만 영적 전쟁에 있어서 눈을 강화시키는 것이 꼭 필요하다는 것을 반드시 기억하시기를 바랍니다.

눈을 강화시키기 위해서 이런 정도의 훈련을 하는 것이 좋을 것입니다. 눈에 힘을 주고 깜박거리십시오.

눈에 힘을 주고 한 곳을 응시하십시오.

눈을 부릅뜨고 거울을 보면서 눈에 붙어 있는 모든 악한 기운은 예수의 이름으로 사라지라고 명령하십시오.

눈을 크게 뜨고 좌우로 운동을 하듯이 움직이십시오.

눈을 크게 뜨고 나쁜 기운이 사라지라고 명령하면서 눈을 감지 마십시오. 눈물이 흘러내리게 되는데 이것은 나쁜 기운이 빠져나가는 눈물입니다. 이 훈련을 통해서 시력이 많이 회복되기도 합니다.

눈물이 어느 정도 흘러내리면 눈이 아주 시원해집니다. 하지만 너무 많이 하게 되면 눈이 충혈될 수 있으니 어느 정도 한 후에 눈이 시리게 느껴지면 다시 충분히 눈을 깜박거리십시오.

악한 영에게 괴롭힘을 당하는 자들에게서 악령을 대적할 때 보면 그들은 거의 이쪽을 응시하지 못하는 것을 알게 되었습니다. 그들은 항상 눈을 피하고 다른 곳을 쳐다보거나 아니면 눈을 뒤집고 흰자위만 보이거나 하는 것이었습니다. 그 이유는 눈을 통해서 그들이 드러나는 것을 두려워해서 그런 것 같았습니다.

또한 다른 사람의 눈을 잘 쳐다보지 못하는 이들도 많은데 그것은 이들의 영적인 힘이 약하기 때문입니다. 그러한 이들의 삶에는 많은 묶임이 있는 것이 보통입니다.

부디 눈에 힘을 주고 강건하게 하시기를 바랍니다. 이것은 아주 중요한 훈련입니다. 수시로 손으로도 눈을 안수하고 문질러 주십시오.

자주 눈을 위해서 기도하며 주님의 기름 부으심이 눈에 임하기를 구하십시오. 당신의 눈이 강해지고 빛이 나게 될 때 당신은 삶에서도 많은 자신감을 얻게 될 것이며 악한 영들과의 전쟁에서도 승리할 수 있게 될 것입니다.

21. 함부로 시인하지 마십시오

악한 영들은 수시로 우리에게 속이는 생각을 넣어줍니다. 그런 생각을 함부로 받아들이는 것도 좋지 않지만 더욱 나쁜 것은 그러한 생각을 인정하고 입으로 시인하는 것입니다.
그것은 정말 좋지 않습니다. 그것은 우리의 삶 속에서 악한 영들의 힘을 강하게 해줍니다.
우리는 우리를 숨어서 공격하는 악한 영들을 발견하고 그들을 대적하여 충격을 주고 쫓아내야 합니다. 그러나 우리가 미처 그들의 공격을 인식하지 못하고 그들의 작전에 동조를 한다면 우리는 그들을 오히려 강화시키게 됩니다. 전쟁에 있어서 상대방을 강하게 한다니, 그것처럼 어리석은 일은 없을 것입니다.

부디 기억하시기를 바랍니다. 어떤 말들은 악한 영들의 힘과 권세를 강건하게 한다는 것을 말입니다.
우리 자신을 비하하는 말은 악령들을 강하게 합니다.
예를 들어 이런 말입니다.
"나는 혈기가 참 많아…."
"나는 참을성이 없어.."
"나는 할 줄 아는 것이 하나도 없어."
"나는 정말 못된 사람이야."

이러한 말들은 정말 잘못된 말입니다.

그러한 말은 그 내용도 나쁘지만 더 나쁜 것은 아직 악한 영들과 자신을 분리시키지 못하고 있는 것입니다. 그리하여 자기의 입으로 악한 영들을 강하게 하고 도와주는 것입니다.

혈기가 일어나는 것은 악한 영이 심어주는 것입니다. 인내가 부족한 것도 악한 영이 자꾸 충동질하고 속이기 때문입니다. 우리가 아무 것도 할 수 없다는 것, 우리가 악한 사람이라는 것들도 거짓말입니다.

그것은 악한 영들이 심어주는 속임수입니다. 우리가 그러한 말들을 시인하게 되면 우리는 악한 영들을 쫓아낼 수 없습니다. 그러므로 우리는 입으로 무엇인가를 시인하기 전에 그 말이 어디에서 왔는지를 분별해야 하는 것입니다.

미래에 대한 부정적인 고백도 마귀에게 능력의 기름을 붓는 것입니다.
"왜 이렇게 내 삶은 제대로 되는 것이 없는지.."
"난 아무래도 안 될 것 같아."
"난 원래 되는 일이 없어. 지지리 복도 없는 팔자야."
"내가 그럴 줄 알았다니까.."
"신앙생활을 하는 것이 얼마나 피곤하고 힘든지 몰라.."
"내가 이렇게 힘든 것은 아무도 모를 거야."

이것은 주님을 바라보고 시인하는 언어가 아닙니다. 이러한 부정적인 말을 하게 되면 우리의 삶을 돕는 선한 천사들은 떠나게 되며 악한 영들이 무더기로 와서 우리의 삶을 지배하고 망가뜨리게 됩니다.

그것은 우리의 말로 우리가 그러한 재앙들을 끌어당기는 것과 같습니다. 그러니 우리가 스스로 선택한 재앙들이 기도한다고 사라지는 것은 아니며 우리가 끌어당긴 마귀들은 우리가 가라고 해도 가지 않게 되는 것입니다.
그러므로 이러한 부정적인 언어는 영적 전투에 있어서 치명적인 약점이 됩니다. 상대방에게 강력한 무기와 권세를 주고 나서 싸운다는 것은 어리석은 바보짓이기 때문입니다.

마귀의 충동에 넘어가 남을 비판하거나 비난하고 정죄하는 말을 하는 이들도 많이 있습니다.
"저런 바보 같은 사람이 있나."
"뭐, 저런 인간이 다 있지?"
"나 같으면 저렇게 하지 않을 텐데.. 정말 답답한 사람이네.."
"도대체 어떻게 사람이 저럴 수가 있지?"
이러한 말은 마귀를 기쁘게 하는 말입니다.
하나님의 속성은 죄가 있는 곳에 용서와 긍휼을 베푸시지만 마귀는 그것을 보고 정죄하고 비난하는 속성을 가지고 있기 때문입니다.

그러므로 비난하고 정죄하고 비판하는 이들은 악한 영들과 깊이 연합하게 됩니다. 그들의 성품은 마귀와 조화를 이루게 됩니다. 그렇기 때문에 이러한 언어의 습관을 가지고 있는 이들은 아무리 마귀를 대적해도 별로 효과를 보기 어렵게 됩니다.
이들은 마귀의 도구가 됩니다. 그래서 남들을 미워하고 아프게 하며 남에게 상처를 주는 사람이 됩니다. 점차로 대부분의 사람들이 싫어지고 단점만이 보이게 됩니다.
가까이에 있는 모든 사람들에게 상처를 주기 때문에 주변에는 사람들이 점점 사라지게 되어 외로워지게 되는데 그럴수록 더 원망하며 분노하는 마귀의 사람이 되어 가는 것입니다.
이러한 이들은 자신의 언어를 돌이켜보며 반성하고 회개해야 하며 그렇게 함으로써 마귀와의 연합을 단절하고 깨뜨려야 합니다. 모든 미움과 판단과 비난은 마귀로부터 오는 것입니다. 다른 사람들이 사랑스럽게 보이지 않는 것은 그 영혼에 문제가 있는 것입니다. 어떤 이들은 자신이 선지자의 영을 받았다고 하면서 사역자나 교회를 함부로 비난하기도 하는데 그러한 이들은 악한 영들에게 속고 있는 것입니다.

자신을 높이며 하나님께 영광을 돌리지 않는 언어도 있습니다. 그러한 언어에는 아주 강력한 마귀의 능력이 임하게 됩니다. 그래서 그들의 영혼은 혼미해지고 마비됩니다. 그리하여 그들의 영적 감각은 아주 둔해져서 하나님과 교통할 수 없으며 많은 시간을 기도해도 주님의 깊으신 임재와 달콤함을 느낄 수 없게 됩니다.
자신을 대단하다고 생각하는 자는 주님께로부터 온 자가 아니며 마귀로부터 온 자입니다. 그리스도인들은 결코 이러한 상태가 되어서는 안 됩니다. 마귀는 오직 자신만을 높이며 남들을 항상 시기하고 질투하며 심지어 하나님까지도 질투하며 대적합니다.
그러므로 자신을 높이는 곳에 천사는 사라지며 그 공간에는 오직 마귀만이 가득하게 됩니다. 그것은 마귀의 힘을 강건하게 합니다.

그러므로 자신을 드러내고 높이는 자는 마귀에게 이길 수 없습니다. 그러한 이들은 일시적으로 마귀에게 승리하는 것 같아도 결국은 마귀의 종이 됩니다.
우리는 영적 전쟁 중에 있습니다. 그러므로 우리의 대적인 마귀를 약하게 해야 합니다.

어떠한 말은 주님을 기쁘시게 하며 우리의 영혼에 기름부음과 권능으로 충만케 하며 마귀를 소멸시킵니다. 어떤 말은 주님의 임재를 떠나게 하고 천사를 떠나게 하며 마귀에게 능력과 권세를 부여합니다.
그러므로 우리가 전쟁에서 승리하려면 결코 마귀에게 기름을 붓는 언어를 사용해서는 안 됩니다.
우리의 언어가 마귀를 기쁘게 하는 것이라면 마귀는 우리에게 권세를 가지게 되며 합법적으로 우리를 지배하게 됩니다. 우리의 언어는 우리의 신앙고백이며 우리는 그 열매를 먹게 되는 것입니다.

오늘날 그리스도인들이 외형적으로는 예수를 믿고 기도하며 예배를 드리지만 실제 삶에 있어서의 말과 행동은 마귀를 기쁘게 하는 것이 많이 있습니다. 그것은 예수의 영으로 살아가는 것이 아니라 악한 영으로 살아가는 것입니다. 그러한 것은 명목상의 믿음이며 자기 영혼의 안전을 보장하지 못합니다.
우리는 결코 마귀가 주는 생각과 말을 입으로 시인해서는 안 됩니다. 남에게 위로를 받기 위해서 스스로 약한 언어를 계속 사용해도 안 됩니다. 그것도 우리 영혼을 어둡고 비참하게 만듭니다.

어떤 말은 아주 강하게 한 말도 아닌데 그 언어를 통해서 주위에 천사로 가득하게 하며 심령을 시원케 하고 성령님의 기름부음이 넘치게 합니다. 이런 말을 하는 이들은 항상 주위에 있는 영혼들을 기쁘게 하고 생명과 소망을 공급합니다.
어떤 말은 주위를 피곤하고 살벌하게 만들며 천사들을 쫓아버리고 악령들을 수 없이 끌어들입니다. 이러한 말을 하는 이들은 항상 어두움과 악한 영들을 공급합니다.

우리는 입의 시인이 영들을 끌어당긴다는 것을 이해해야 합니다.
어떤 이들은 부정적인 언어들, 다른 이들에 대한 비방과 자기 연민과 자기의 입장을 계속 이야기하는데 이러한 이들은 항상 마귀의 영에게 눌리게 됩니다. 이들은 많이 마귀를 대적한다고 해도 별로 효과가 없습니다. 그것은 그들의 상태가 마귀가 연합하여 활동하기 좋기 때문입니다.

언어에 항상 주를 높임이 있고 사랑과 격려가 있으며 감사하는 이들은 항상 그들의 주위에 천사들이 가득하며 그들이 말할 때 생기와 충만함의 기름부음이 있습니다. 그러므로 우리는 항상 입술을 통하여 주님께 영광을 돌려야 하며 입술을 주님께 의탁해야 합니다.
부디 당신의 입술을 마귀에게 주지 마십시오. 마귀를 대적하기 위해서는 마귀에게 힘을 부여하지 마십시오.
항상 생각을 분별하며 말을 분별하십시오.
마귀가 한 것을 자신이 했다고 시인하지 마십시오. 그것은 속고 있는 것이며 그래서는 악령을 쫓아낼 수 없습니다.

우리는 분명한 언어로 마귀를 대적하며 악한 영들을 결박하고 쫓아내야 합니다. 구체적으로 마귀를 대적하지 않을 때에도 우리는 평소에 악한 영들이 싫어하는 말을 해야 합니다.
평소의 고백과 언어를 통해 주님을 기쁘시게 하며 주님의 임재가 나타나므로 마귀가 도망치도록 해야 합니다.
오직 감사하며 주를 높이며 사랑하고 찬미하는 이들의 입술에는 능력이 있습니다. 우리가 그렇게 고백할 때에 우리의 주위에서 악한 영들은 점점 더 멀리 사라지게 될 것입니다.
우리는 승리하게 될 것입니다. 할렐루야.

22. 악한 영들에게 먹이를 주지 마십시오

사람들은 잘 인식하지 못하지만 우리는 수시로 악한 영들을 접합니다. 그리고 그 영들은 우리의 안으로 들어옵니다.
그것은 자연스러운 일이며 하나도 특별한 일이 아닙니다. 그렇게 우리 안으로 들어오는 영들은 극단적으로 악하고 이상한 영들도 있지만 대부분은 우리가 흔하게 보고 접할 수 있는 악한 기운들입니다.

그 영들이 들어오는 경로에는 여러 가지가 있습니다.
우선 악한 영들을 가지고 있는 이들과 접촉할 때 우리는 그들이 가지고 있는 영을 쉽게 받게 됩니다. 예를 들어 분노나 미움의 영을 가지고 있는 사람들의 옆에 있을 때 우리는 그들의 영향을 받게 됩니다. 그들이 말할 때 오싹하는 느낌이 들 때도 있습니다. 그것은 그들의 입에서 나오는 기운이 우리 안으로 들어오는 것입니다.
누군가 비판하는 말을 하고 있을 때 그 말을 듣고 있는 영이 여린 이들은 그 기운을 받아들이게 됩니다. 그런 식으로 영들은 사람들과의 교류, 대화를 통해서 들어옵니다.

이단에 빠진 사람들은 대부분 그들 서로 간에 깊은 교류를 가지고 있습니다. 어떤 한 사람이 강력한 사상이나 강력한 영을 가지고 있을 때 그것은 전염성이 높습니다. 이단에 빠진 사람들의 가족이나 주위에서 그들을 이단에서 떼어놓으려고 아무리 노력을 해도 본인은 끄떡도 하지 않는 경우를 더러 본 적이 있습니다. 그것은 그 사람이 거기에 속한 사람과 깊은 결속력을 가지고 있기 때문입니다.

사람은 영적인 존재이며 사람의 입에서 영적 기운이 나올 때 영적 파장이 맞는 사람은 그 영을 받아들이게 됩니다. 그러한 사람과 계속 접촉을 가지면 지속적으로 그 영에 사로잡히게 되는 것입니다.
그래서 이단에 속한 무리들은 자기들 단체 외의 다른 사람들과 일체 만나지 못하게 하고 고립된 생활을 시키는 경향이 있습니다. 이것은 그들이 다른 영을 받아들이지 않고 오직 그들의 속이는 영만을 받아들이도록 하기 위해서입니다. 그런 경우 그곳에 속한 이들은 그 영에 사로잡혀 있으므로 그곳을 떠나면 죽을 것 같이 느끼게 됩니다.

어머니들은 온순하던 자녀들이 거칠고 반항적이며 성실하지 않은 아이들과 같이 있다 보면 어느 새 비슷하게 물이 들어버리는 것을 많이 보게 됩니다. 이러한 영적 전이현상을 어머니들은 경험적으로 흔하게 느낍니다. 그래서 어머니는 자녀에게 말합니다.
"너, 절대로 걔하고 놀면 안 된다."
자녀들은 대체로 납득하지 않습니다.
"걔가 얼마나 좋은 애인데 그래요?"

이것은 자녀들과 부모들의 오랜 싸움입니다. 그것은 사람을 보고 느끼는 감각이 서로 다르기 때문입니다. 자녀들은 부모의 간섭을 받지 않고 자유롭게 친구들을 사귀기를 원하지만 그것을 그대로 내버려두면 자녀들을 너무나 무서운 위험에 방치하는 것과 같은 것입니다. 거기에는 분별과 지혜와 사랑의 조언이 필요합니다.

이 기본적인 사실을 주의하시기를 바랍니다. 사람과의 교류를 통해서 영은 교류됩니다. 영이 들어오고 나갑니다. 그러므로 어떤 사람을 접하고 교제해야 하는가 하는 것은 아주 중요합니다.

어떤 어리석은 사람은 상대방이 가지고 있는 악을 제압할 영적인 힘도 없으면서 상대가 불쌍하다고 가까이 지냅니다. 그런 경우 그러한 사람은 얼마 가지 않아 비슷한 악한 영에 잡히게 됩니다.

사람뿐이 아니고 모든 문화적인 매체도 영이 들어오는 경로로 사용됩니다. 사상과 감정과 욕망을 자극하는 어떤 매체와 만날 때 그것은 영이 들어오는 통로가 됩니다.

어떤 사람이 드라마를 보았습니다. 아주 재미를 느끼고 감동을 받았습니다. 처음에는 별 생각이 없이 보다가 나중에는 그 드라마를 방영하는 시간을 손꼽아 기다리게 되고 다른 일을 하는 중에도 그 드라마의 장면이 자꾸 눈앞에 어른거립니다.

이것이 무엇일까요? 바로 그 영이 들어온 것입니다. 그 드라마의 영, 기운이 그들의 안에 들어온 것입니다.

배우가 연기를 잘 한다는 것은 자신의 안에 있는 영적 기운을 좀 더 잘 나누어주고 사람들을 사로잡는 것을 의미합니다.

시청자들은 아무 경계 없이 배우가 화를 내고 울고 웃는 모습을 바라보며 공감하고 감동합니다. 그 때 배우를 통해서 나오는 영들은 시청자들의 안으로 들어오게 됩니다.

그 영들은 세상의 영들입니다.

물론 그 영들이 들어왔다고 해서 아주 비극적인 일이 생기지는 않을 것입니다. 그것은 그리 심한 악령이 아니기 때문입니다.

그러나 분명한 것은 그것이 주의 영이 아닌 세상의 영이라는 사실입니다. 그 세상의 기운들은 영혼을 누르고 억압하며 악한 기운을 심게 됩니다. 이로 인하여 영혼은 허무함을 느끼게 됩니다. 그리고 주님과 멀어지게 됩니다. 드라마나 그러한 오락에 빠지면서 깊은 기도로 나아갈 수 있는 사람은 별로 없습니다.

어떤 재미있는 컴퓨터 게임이나 더러운 그림에 접한 이들은 그것을 즐기다가 나중에는 수시로 그러한 것들이 마음속에 떠오르게 됩니다. 그것이 바로 영이 들어온 것입니다. 내성적이고 조용한 사람들은 그러한 영들이 더 자리를 잡기 쉽습니다. 그리고 잘 나가지 않습니다.

어떤 영들이 들어왔을 때 강하게 사로잡힐수록 사람은 하루 종일 그 생각에 빠지게 됩니다. 상사병과 같은 것도 일종의 영에 잡힌 것입니다. 그것은 연애와 집착의 영이며 일종의 질병입니다. 그러한 것을 온전한 사랑이라고 하기는 어렵습니다. 그것은 성격이 어둡고 폐쇄적인 사람에게 집착하는 영이 들어간 것입니다.

스토커와 같은 짓을 하는 이들도 마찬가지입니다. 그러한 사람들은 그런 비참한 영에 사로잡혀서 하루 종일 상대방을 생각하며 거기에 모든 것을 겁니다. 다른 아무 일도 할 수 없습니다.

중독도 마찬가지입니다.

아무리 그만 두려고 해도 계속 그 생각이 나며 그것이 없이는 살 수 없습니다. 그래서 지옥처럼 노예처럼 살게 됩니다.

일단 어떤 영들은 우리의 안에 들어오면 나가고 싶어 하지 않으며 우리의 주인 노릇을 하기 원한다는 것을 기억해야 합니다. 그들은 자기가 자리 잡은 곳에서 계속 살기를 원합니다.

자신의 안에 많은 영들이 살고 있으며 그들은 계속 끊임없이 이것저것을 요구하고 욕망을 일으키며 우리는 그들에게 먹을 것을 주고 먹여 살리고 있다는 사실을 이해하고 있는 이들은 드뭅니다. 그러나 아주 많은 사람들이 그 사실을 모르면서도 그렇게 살고 있습니다.

사람의 안에 있는 악한 영들은 어떻게 그 생명을 유지할까요? 그것은 그들에게 맞는 음식, 에너지를 요구하는 것입니다. 그래서 그것을 먹고 살게 됩니다.

예를 들어 포르노의 영이 들어왔을 경우를 봅시다.

어떤 사람이 우연히 음란한 그림에 접하게 되었습니다. 그리고 아주 충격을 받습니다. 그때 그 더러운 영이 들어옵니다.

그런데 조금 후에 다시 그 더러운 그림을 보고 싶은 마음이 일어납니다. 그것이 속에 들어온 악령이 밥을 달라고 하는 것입니다.

그는 망설이지만 그 생각과 충동이 자기라고 생각하지 자기 안에 더러운 영들이 자리를 잡았다고는 꿈에도 생각하지 않습니다.

그래서 그는 그림을 봅니다. 그리고 일시적인 만족과 쾌감을 느낍니다. 그렇게 해서 그는 주기적으로 더러운 그림에 접하게 됩니다.

그 영을 잘 먹여주면 그 영은 더욱 살찌고 강해져서 더욱 더 강한 자극과 많은 더러움들을 요구하게 됩니다. 이런 영들을 가지고 있으면 삶이 황폐해지는 것은 당연한 일입니다.

이것은 한 예일 뿐입니다. 대부분의 영들의 침입과 활동은 거의 비슷합니다. 드라마나 영화에 중독되면 속에서 그 영들이 계속 먹을 것을 달라고 아우성을 칩니다. 물론 영화나 드라마를 보여 달라고 하는 것이지요. 영들은 실제로 음식을 먹는 것이 아니고 에너지를 먹기 때문입니다. 이런 것을 하나의 문화현상으로 '마니아'라고 말을 하는데 그것은 곧 영들입니다.

모든 이러한 영들이 다 사악하고 나쁜 것은 아닙니다. 어떤 것은 삶을 파괴할 정도로 심각한 영들이 있고 어떤 것은 삶을 지속하는 데 별 무리가 없는 것도 있습니다. 영들은 많은 종류가 있으나 그들의 악한 정도는 다 다릅니다.

어떤 영들이 어떤 경로로 들어왔다고 합시다. 만약에 그들이 들어오기는 했지만 밥을 달라고 아우성을 치는 그들의 요구를 들어 주지 않으면 어떻게 될까요?

예를 들어서 마약의 영이 들어와서 어느 정도 시간이 지나면 마약을 달라고 요구하는데 마약을 먹이지 않는다면요?

자위도 영입니다. 어떤 자위의 영은 한 주일 만에, 어떤 심한 영은 날마다 그것을 하기를 원하고 요구합니다. 이 경우에 그들의 요구를 거절하고 하지 않는다면 어떻게 될까요?

탐식의 영이 있습니다. 그들은 수시로 필요하지도 않는 음식을 집어넣으라고 아우성을 칩니다. 물론 여기에 굴복하고 음식을 함부로 집어넣음으로써 몸을 망치고 건강을 망치는 이들이 많지요. 그런데 그 영들의 요구를 들어주지 않으면 어떻게 될까요? 게임의 영들의 요구를 들어주지 않는다면?

그것은 한 마디로 전쟁입니다. 그 영들은 결코 가만히 있지 않습니다. 당신 같으면 당신이 죽는 상황에 처한다면 조용히 죽겠습니까? 물에 빠져서 숨이 넘어가는데 조용히 미소를 지으면서 죽겠습니까? 아마 사람 살리라고 소리를 지르고 몸부림을 치겠지요. 악한 영들도 마찬가지입니다.
그들은 몸 안에서 난리를 칩니다. 계속 자기가 요구하는 것을 달라고 충동을 계속해서 일으킵니다. 마약을 끊으면 사람이 다 죽어가게 됩니다. 담배를 끊어도 속에서 담배의 영이 온갖 공격을 합니다. 허무하게 만들고 불안하게 만들고 온갖 공격을 합니다.
음란의 영도 마찬가지입니다. 난잡한 삶을 살다가 행동을 깨끗하게 하려고 하면 며칠은 악령들이 봐줍니다. 그러나 지속적으로 가만히 내버려두지는 않습니다. 그들도 살아야 하기 때문입니다. 그래서 강력한 음란함의 충동을 계속 끝없이 일으킵니다.

왜 사람들은 악한 습관을 가지고 있다가 이제는 그것을 버리고 새롭게 살기를 원하지만 그렇게 살 수 없는 것일까요? 왜 작심삼일이라는 소리를 듣는 것일까요? 어떤 사람은 다시는 도박을 하지 않겠다고 양 손목을 잘라버렸다고 합니다. 그러나 나중에 그는 발로 도박을 하게 되었다고 합니다. 도대체 그 이유는 무엇일까요?
그것은 다 영들 때문입니다. 악령들은 아주 잔인한 존재이며 한 번 들어온 내 집에서 나가기를 원하지 않습니다. 그들은 끊임없이 충동을 일으키고 사람을 공격하며 거의 죽이다시피 합니다.
영적 세계를 알고 주의 이름과 권세에 대해서 알며 이들을 결박하고 파괴하는 능력을 가진 이들 외에는 이들에게서 자유로울 수 있는 사람이 거의 없습니다. 오직 주 예수의 이름과 영적 진리와 지식만이 우리를 자유롭게 합니다.

우리는 처음부터 세상의 영들, 악한 영들과 접하는 것을 피해야 합니다. 악한 문화와 접촉을 하면서 악한 영들에게 피해를 받지 않기를 기대할 수는 없습니다.
언젠가 어떤 분이 술집에 가서 전도를 하겠다고 하였습니다. 나는 그에게 대답했습니다.
"가지 마십시오. 그곳은 악한 영들의 소굴입니다. 우리는 적진에서 싸우는 것보다 홈그라운드에서 싸우는 것이 좋습니다."
어쩔 수 없이 가야할 상황에서 우리가 기도하면 주님은 우리를 지켜주실 것입니다. 그러나 그러한 전쟁의 전략은 일반적인 방법이 아닙니다.

어쩔 수 없이 악한 영들과 접촉을 해야 하는 경우에 우리는 그것을 대적해야 합니다. 깨어있어야 합니다. 그 영, 그 기운이 우리 안에 들어오지 못하도록 우리는 주의 이름으로 악한 영들을 결박해야 합니다.
또한 우리 안에 이미 들어와 있는 영이 있을 때 우리는 그들에게 밥을 주어서는 안 됩니다. 그들이 요구하는 욕망에 굴복해서는 안 됩니다. 그들이 어떤 공격을 하더라도 거기에 굴복해서는 안 됩니다. 왜냐하면 그렇게 해주면 당장은 편하지만 그것은 그 때 뿐이고 그들의 요구는 점점 더 커지기 때문입니다.
보통의 사람들은 그들의 요구를 이길 수 없지만 우리는 주의 이름으로 그들을 대적함으로 충분히 이길 수 있습니다. 그들은 속에서 알짱거리다가 풀이 죽어서 잠잠해지게 됩니다.

악한 영을 가지고 있는 사람을 만나는 것, 교류하는 것, 악한 문화에 접촉하는 것, 악한 행동을 하는 것, 그러한 일들이 당신의 안에 있는 악한 영들에게 밥을 주고 그들을 키우는 일이라는 것을 반드시 기억하시기를 바랍니다. 그렇게 할 때 악한 영의 세력은 점점 더 커집니다.
어떤 이가 아주 강력한 폭발하는 분노의 영을 가지고 있습니다. 어떤 이는 깊은 시름에 빠지고 툭하면 자살의 충동을 심하게 느낍니다. 어떤 사람은 사소한 일에 깊은 자기 연민에 빠집니다.

그러한 것들이 하루아침에 이루어졌을까요? 아닙니다. 그것은 오랜 시간 동안에 형성된 것입니다. 그 사람이 오랫동안 분노의 영을 먹이고 키우고 자살의 영을 먹이고 키우고 자기 연민의 영을 먹이고 키워왔기 때문에 그 동안 형성된 것입니다.

가장 좋은 방법은 처음부터 그 영들이 들어오지 못하게 깨어있는 것입니다. 그러면 나중에 그들을 쫓아내려고 고생할 일이 없습니다.

가능하면 처음부터 그들에게 문을 열어주지 마십시오.

악한 영과 악한 기운을 가지고 있는 사람이나 매체에 가능하면 접촉하지 마십시오. 그들의 유혹이 있을 때 주님의 이름으로 그들을 결박하고 대적하십시오.

또한 당신의 안에 이미 악한 영들이 들어있다고 할지라도 그들을 계속적으로 먹이는 일을 결코 하지 마십시오.

충동이 일어날 때 주의 이름으로 그것들을 대적하십시오. 지속적으로 싸우면 그 충동은 사라지게 됩니다.

악한 영들도 생명이 있는 존재입니다.

그들은 오랫동안 먹이를 주지 않으면 더 이상 살수가 없습니다. 그들은 점점 더 기력이 떨어집니다.

그러므로 그들은 할 수 없이 살아남기 위해서 다른 곳으로 이사를 가게 됩니다. 나중에 다시 돌아올 생각을 할지는 모르지만 일단은 너무나 배가 고프니까 살기 위해서 떠나게 되는 것입니다.

부디 이 싸움을 치열하게 하십시오.
악한 영들이 사라질 때 그것은 바로 천국입니다.
악한 영을 물리치십시오.
그들에게 먹이를 주지 마십시오.
오직 당신의 삶을, 말과 생각과 행동을 아름답고 청결하게 하십시오.
오직 주님께 영광을 돌리십시오.
당신은 승리하게 될 것입니다.
그리고 비로소 예수 안에 거하는 것, 천국의 영광이 이처럼 놀랍고 아름다운 것이라는 사실을 깨닫고 경험할 수 있게 될 것입니다. 할렐루야.

23. 악한 영들에게 분노하십시오

암몬 사람 나하스가 길르앗 야베스를 침공하자 힘이 없는 야베스는 전의를 잃고 항복을 선언했습니다.
"이르되 우리와 언약하자 그리하면 우리가 너희를 섬기리라" (삼상 11:1)
항복하고 종이 되는 것은 수치스러운 일이었지만 그들은 그래도 죽는 것보다는 낫다고 생각했던 것입니다.
그러나 암몬은 그들의 항복을 받아주지 않고 오른 눈을 다 빼어야 그들과 언약을 맺겠다고 모욕을 하였습니다.
"내가 너희 오른 눈을 다 빼어야 너희와 언약하리라 내가 온 이스라엘을 이같이 모욕하리라" (삼상 11:2)
비참한 처지에 빠진 야베스의 장로들은 힘없이 그들에게 제안합니다.
"우리에게 이레 유예를 주어 우리로 이스라엘 온 지경에 사자를 보내게 하라 우리를 구원할 자가 없으면 네게 나아가리라 하니라" (삼상 11:3)

그것은 야베스 사람들의 마지막 희망이었습니다. 하지만 이스라엘이 그들에게 과연 희망이 될 수 있었을까요? 이스라엘의 반응은 이러했습니다.
"이에 사자가 사울의 기브아에 이르러 이 말을 백성에게 고하매 모든 백성이 소리를 높여 울더니" (삼상 11:4)
기브아의 이스라엘 백성들은 그 소식을 듣고 울었습니다. 왜 그랬을까요? 두렵고 슬펐기 때문입니다.

그들의 동족 야베스의 입장은 몹시 안타까웠지만 그들은 암논의 나하스와 싸워서 이길 자신이 없었습니다. 힘도 없었습니다. 야베스 거민들도 불쌍하고 또한 그들을 도울 능력이 없는 자신들의 처지도 한심스러웠습니다. 야베스 사람이나 그들이나 별로 다를 것도 없었던 것입니다. 그래서 그들은 그저 울 수밖에 없었습니다.

그런데 이 상황에서 화를 내는 한 사람이 있었습니다. 모든 사람이 울고 있었을 때 오직 한 사람이 분노를 터뜨렸습니다.
"마침 사울이 밭에서 소를 몰고 오다가 가로되 백성이 무슨 일로 우느냐 그들이 야베스 사람의 말로 고하니라 사울이 이 말을 들을 때에 하나님의 신에게 크게 감동되매 그 노가 크게 일어나서 한 겨리 소를 취하여 각을 뜨고 사자의 손으로 그것을 이스라엘 모든 지경에 두루 보내어 가로되 누구든지 나와서 사울과 사무엘을 좇지 아니하면 그 소들도 이와 같이 하리라 하였더니 여호와의 두려움이 백성에게 임하매 그들이 한 사람 같이 나온 지라" (삼상 11:5-7)

사울이 그들의 말을 듣는 순간 하나님의 영이 임하셨고 그는 머리끝까지 화가 났습니다. 그는 크게 분노한 상태에서 그가 몰고 가던 소를 죽여서 나눈 다음 그것을 온 이스라엘에 보내었습니다.
그렇게 보내면서 말하기를 온 이스라엘은 전부 모여서 싸우자고 강력하게 제안했습니다. 내 말을 듣고 나오지 않으면 당신들의 소들도 내가 조각을 내버린 소 같은 꼴이 될 줄 알라고 전했습니다.
놀래버린 온 이스라엘의 백성들이 모여들었고 사울은 그들을 지휘하여 암몬과 싸워서 대승을 거두었습니다.
여기서 사울이 터뜨린 분노의 의미는 무엇이었을까요? 그것은 곧 능력이었습니다.

두려워하고 약한 자들은 문제가 닥치게 되면 울고 탄식합니다. 그러한 이들은 결코 대적을 이길 수 없습니다. 그들은 싸우기도 전에 이미 져 있는 것입니다. 그러나 강한 자들은 울지 않고 분노합니다. 그들은 원수들에 대한 적개심으로 가득합니다. 그들은 이미 전쟁 이전에 이기고 있는 것입니다.

이스라엘이 블레셋의 지배 가운데 있었을 때 삼손이 이스라엘의 사사가 되어 한 동안 블레셋을 격파하였습니다. 그런데 블레셋의 종노릇을 하던 이스라엘 사람들과 삼손의 태도는 분명하게 차이가 있었습니다.

유다 사람들은 삼손에게 이같이 말했습니다.

"너는 블레셋 사람이 우리를 관할하는 줄 알지 못하느냐 네가 어찌하여 우리에게 이같이 행하였느냐" (삿15:11)

그들은 블레셋의 밑에서 종노릇을 하는 것을 당연시 여기고 있었습니다.

그러나 삼손의 태도는 이와 달랐습니다.

"여호와의 신이 삼손에게 크게 임하시매 삼손이 아스글론에 내려가서 그 곳 사람 삼십 명을 쳐 죽이고 노략하여 수수께끼를 푼 자들에게 옷을 주고 심히 노하여 아비 집으로 올라갔고" (삿14:19)

"삼손이 그들에게 이르되 너희가 이같이 행하였은즉 내가 너희에게 원수를 갚은 후에야 말리라 하고 불레셋 사람을 크게 도륙하고" (삿15:7,8)

사울에게도, 삼손에게도 하나님의 영이 임하였을 때 강한 분노가 일어났습니다. 그것은 인간적이고 개인적인 분노가 아니라 원수들에 대한 의롭고 강력한 분노였습니다. 이 분노의 힘을 통해서 삼손은 대적들을 이기고 초토화할 수 있었습니다.

분노는 영적 권능에 속한 것입니다. 대체로 마음이 온유하고 겸손한 이들은 성품이 선하기는 하지만 담대함이 부족합니다. 그래서 쉽게 두려워하며 전쟁을 싫어합니다. 문제가 생기면 그냥 도망가 버리려는 마음이 많으며 싸워야 할 때 눈물을 흘립니다.

하지만 강한 이들은 문제가 있을 때 도피하지 않고 싸웁니다. 그들은 분노합니다. 그들은 문제와 정면으로 부딪쳐서 승리하기를 원합니다.

블레셋 사람들은 삼손이 분노하며 싸울 때에는 그를 이길 수 없음을 알았습니다. 그래서 그들은 삼손을 사랑에 빠지게 하고 그의 강력한 분노를 누그러뜨린 다음에 계교를 써서 그를 사로잡는 방법을 택했습니다. 이것은 오늘날에도 마귀가 사용하는 비슷한 방법입니다.

악한 영들에 대하여 분노하는 자들은 마귀를 깨뜨리고 그들의 진을 멸할 수 있습니다. 그렇게 되면 마귀는 정면 승부를 피하고 부드러운 방법으로 유혹하는 것입니다. 세상의 쾌락과 타락의 즐거움을 맛보게 하여 전투적인 정신을 마비시키는 것입니다.

꼬마 아이들이 싸울 때 어떤 아이가 이기는가 하는 것은 덩치가 크고 작은 것에서 결정되는 것이 아닙니다. 그것은 그 아이들의 눈을 보면 알 수 있습니다.

덩치가 크더라도 눈에 힘이 없는 아이는 이기지 못합니다. 그러나 덩치가 작아도 눈에 힘이 있고 분노로 충천한 아이는 이깁니다. 그것은 기세에 달려 있는 것입니다.

두려워하고 겁을 먹고 있는 사람은 이미 진 것입니다. 그러나 분노하고 싸우려고 하는 이들은 이미 이긴 것이나 마찬가지입니다.

오늘날 마귀에 대한 이야기, 귀신에 대한 이야기를 들으면 두려워하는 그리스도인들이 아주 많습니다. 그들은 괜히 공연한 전쟁에 뛰어들었다가 마귀에게 해코지를 당하는 것은 아닐지 불안해합니다.
이스라엘 백성은 모세가 그들을 구출해주려고 하자 내버려두라고 비웃었습니다. 나중에 그들은 불평합니다.

"그들이 또 모세에게 이르되 애굽에 매장지가 없으므로 당신이 우리를 이끌어 내어 이 광야에서 죽게 하느냐 어찌하여 당신이 우리를 애굽에서 이끌어 내어 이같이 우리에게 하느냐
우리가 애굽에서 당신에게 고한 말이 이것이 아니냐 우리를 버려 두라 우리가 애굽 사람을 섬길 것이라 하지 아니하더냐 애굽 사람을 섬기는 것이 광야에서 죽는 것보다 낫겠노라" (출14:11,12)

유감스럽게도 오늘날에도 이와 같은 그리스도인들이 많이 있습니다. 그들은 마귀를 두려워합니다. 우리 안에 있는 엄청난 능력과 권세에 대해서 알지 못하고 마귀를 두려워하며 비위를 맞추기에 급급합니다. 그들은 이미 진 것입니다.

분노는 영적 전쟁에서 필수적인 것입니다. 우리는 마귀에게 대하여, 악령에게 대하여 분노해야 합니다. 우리가 알지 못해서 오랫동안 그들에게 종노릇하고 속고 살았던 것에 대해서 분노해야 합니다.
우리는 마귀가 우리의 사랑하는 사람들을 아프게 하고 고통을 주고 괴롭혔던 것을 보아야 합니다. 그가 우리에게 너무나 많은 피해를 주었던 것을 보아야 합니다. 바르게 깨닫고 바르게 알게 되면 분노가 일어나는 것이 정상입니다.

그 분노가 마귀를 깨뜨리는 데에 큰 힘이 되는 것입니다. 사람들에게 분노하는 것은 아무런 가치가 없는 일이지만 마귀에게 분노하는 것은 그들을 패주시키며 영적 전쟁에서 승리하게 만드는 중요한 원동력이 됩니다.

당신이 만일 악한 영들을 두려워한다면 당신은 아직 속고 있는 것입니다. 당신은 아직 충분히 깨달은 것이 아닙니다.

당신은 우리에게 주어진 권세에 대해서 더 배워야 합니다. 익히고 자신의 것으로 만들어야 합니다. 당신은 아직 싸울 때가 아닙니다.

오래전에 제자 훈련으로 유명한 교회에 다니시던 집사님들에게 영적 전쟁에 대해서 가르쳤던 적이 있었습니다. 모임을 마치면서 한 분씩 돌아가면서 악한 영을 꾸짖으라고 말했습니다.

한 분이 기도하는데 벌벌 떨면서 악한 영들에게 명령을 하는 것이었습니다. 그래서 내가 말했습니다. 그래서는 효과가 없다고, 마귀를 미워하라고, 증오하라고, 그들은 우리의 원수라고 말했습니다.

사울이 그랬듯이 삼손이 그러했듯이 주의 성령이 우리에게 강력하게 임하실 때 우리는 마귀에 대한 분노로 가득하게 됩니다. 그들이 얼마나 많은 사람들을 파괴하고 하나님을 대적했는지 알게 되기 때문입니다. 그리고 그렇게 증오가 일어날 때 그들은 두려워하며 숨게 됩니다.

우리가 마귀를 두려워하면 그들은 우리를 공격할 것입니다. 그러나 우리가 그들에게 분노하기 시작하면 그들은 도망하기 시작합니다. 그들은 전면전이 그들에게 승산이 없다는 것을 잘 알고 있습니다.

악한 영들은 강한 존재가 아닙니다. 더럽고 치사하며 속이는 존재들입니다. 그들은 숨어서만 움직일 수 있으며 빛 가운데 드러나면 견디지 못합니다.

우리는 충만한 승리를 위하여 그들에게 분노해야 합니다. 그만큼 우리는 이길 수 있습니다. 그들을 깨뜨릴 수 있습니다.

사람에게 분노하지 마십시오.

주님께 원망하거나 화풀이하지 마십시오.

오직 마귀를 대적하며 악령들을 미워하고 공격하십시오.

오늘도 많은 그리스도인들이 기브아 사람들이 그랬던 것처럼 문제가 있을 때 울고만 있을 것입니다. 울고 하소연하면서 낙심하고 푸념을 할 것입니다. 그러나 그래서는 아무 해결책이 없습니다. 실컷 울고 나면 가슴은 조금 후련해질지 모르지만 마귀는 그것으로는 전혀 도망갈 마음이 없기 때문입니다. 그들은 아무런 위협을 느끼지 않고 마음껏 그리스도인들을 짓밟을 것입니다.

울지 말고 마귀를 대적하십시오.

마귀에게 분노하십시오.

우리에게는 권리가 있으며 능력이 있으며 권세가 있습니다.

그들에 대하여 분노하며 권세를 사용할 때 마귀는 물러갈 것입니다. 악령의 진들은 파괴될 것입니다. 그리고 그에 비례하여 우리는 자유를 얻게 될 것입니다.

기억해두십시오.

마귀와 악한 자들에 대하여 분노하는 것 - 그것은 승리의 중요한 비결이라는 것을 말입니다.

24. 대적하는 기도를 드린 후의 증상

얼마 전 나의 홈페이지에 대적하는 기도의 간단한 원리와 요령에 대하여 쓰고 이것을 실제의 삶에 적용할 것을 권하였습니다.
여기에 대한 회원들의 반응은 놀라웠습니다. 많은 회원들이 악한 영들의 공격에 대해서 깨닫게 되었으며 그들을 대적하는 순간에 거의 즉각적인 많은 변화와 열매들을 경험하게 되었습니다.
오랫동안 권유했으나 교회에 출석하지 않았던 사람이 대적 기도 이후에 교회에 나오기도 했고 부분적으로 아팠던 몸이 회복되기도 했습니다.
말을 잘 듣지 않던 유치원의 아이들이나 학생들이 대적기도 이후에 수업태도가 현저하게 달라지기도 했고 중보하며 대적기도를 드렸던 사람들의 태도가 많이 달라지기도 했습니다.
많은 회원들이 영적 자유함을 느끼게 되었으며 자신감을 가지게 되었습니다.

나의 독자님들은 월요일마다 모여서 같이 기도하며 나의 책에 있는 여러 가지 영성 훈련의 방법들을 함께 훈련하고 적용하고 있습니다. 이 모임을 인도하고 있는 자매가 대적기도를 적용하는 내용을 간단하게 요약해서 설명한 후에 한 주일 후에 그 결과를 보고하도록 했습니다. 한 주일 후의 간증도 대부분 놀라운 것들이었습니다. 삶의 묶임들은 풀어지고 불편한 인간관계는 자유로워졌으며 그동안 하지 못했던 여러 일들을 할 수 있게 되었습니다. 훈련에 참석했던 40여 명의 회원 중에서 여러 가지 바쁜 일로 시간이 없어서 적용을 하지 못했던 한 두 명의 회원 외에는 거의 전체가 몇 가지의 놀라운 경험들을 했습니다. 그들은 마귀의 공격이 이처럼 실제적이며 그들을 부수고 대적하는 기도의 능력이 이처럼 실제적이고 쉬운 것임을 깨닫고 놀라워했습니다.

하지만 한 가지 주의해야 할 사항이 있었습니다. 그것은 이러한 승리를 경험한 이들이 대부분 일시적인 무기력증, 힘이 빠지는 증상을 경험했던 것입니다. 어떤 이들은 아주 힘이 빠져서 말을 하는 것이 힘들고 자꾸 누워있고 싶은 상태가 되었습니다.
그것은 어떤 이유에서 나타나는 것일까요? 그것은 나쁜 증상일까요?
아닙니다. 그것은 정말 좋은, 아름다운 현상입니다.
다만 그 현상의 의미를 이해하지 못하면 괜히 걱정하거나 몸살이 난 줄로 알고 약을 먹거나 할 수 있습니다. 그러한 것은 별로 좋지 않은 것입니다.
어떤 영을 만나고 그 영이 사람의 몸 안에 들어오는 것은 대부분 그 영의 느낌을 즐기고 있을 때입니다.
TV속의 어떤 내용을 즐기고 있을 때, 책 속의 어떤 내용을 즐기고 있을 때 그에 관련된 영들이 들어오게 됩니다. 그것은 연애하는 것과 비슷합니다.

어떤 사람에 대해서 좋은 인상을 받고 호감을 가질 때 상대방의 영이 들어오게 됩니다. 악한 영만이 사람의 안에 들어오는 것이 아닙니다. 사람의 영, 사람의 기운도 들어옵니다.
그 영이 아주 깊이 들어오면 수시로 그 사람의 생각이 나게 됩니다. 그리고 자꾸 같이 있고 싶어지며 같이 있는 시간이 즐거워집니다. 이런 것을 흔히 사랑에 빠진 것이라고 합니다.

그런데 그 사랑에 문제가 생겼습니다. 그래서 오랫동안 서로 사랑했지만 헤어지기로 결정합니다. 흔히 실연 당했다고 말하기도 합니다.

그러면 어떤 느낌이 있을까요?
가슴의 한 쪽 부분이 에어지는 것 같은 느낌이 듭니다.
한 동안 아주 무기력해지고 살고 싶지도 않고 입맛도 없고 의욕도 없어지며 아주 비참해지는 것입니다.
이러한 현상은 왜 생기는 것일까요?
사랑과 연애를 통해서 상대방의 영이 내 안에 들어왔는데 이별을 하고 나니 이제 더 이상 상대방의 영과 에너지를 취할 수 없습니다. 그래서 자신의 안에 들어왔던 상대방의 기운이 빠져나가게 되고 그 비워진 부분 때문에 극도의 공허함을 느끼게 되는 것입니다. 이혼이나 사별과 같은 경우에도 마찬가지입니다.
흔히 이런 경우에 '시간이 약이다' 라는 말을 합니다.
그것은 시간이 흐르면서 그 비워진 곳에 다른 에너지, 다른 영이 들어오면서 그 공허감을 채우기 때문입니다.

이러한 헤어짐과 비슷한 증상이 악한 영이 빠져나간 후에 나타나는 증상입니다. 담배를 끊든, 술을 끊든, 아무튼 오랫동안 그 사람을 지배하고 있었던 영이 빠져나가면 그 사람은 극도의 공허감을 느끼게 됩니다. 그래서 사람이 무기력해지는 것입니다.
악한 영들은 대부분 들어올 때 사람들에게 쾌감과 즐거움을 주고 들어옵니다. 그렇기 때문에 사람들은 그 악을 끊지 못하는 것입니다.

그렇기 때문에 그 영이 밖으로 나갈 때 그들은 곱게 나가지 않습니다. 그들이 즐거움을 준만큼 최대한 고통을 주고 나갑니다. 그래서 더 심한 무기력감과 고통을 느끼게 되는 것입니다.

어떤 사람이 아주 악한 영들, 그리고 그 영이 주는 즐거움을 오랫동안 즐기다가 그 영을 쫓아버렸다면 그는 극심한 고통을 겪게 됩니다. 아마 그리스도인들이 악한 영들이 주는 즐거움은 나중에 반드시 몇 배의 고통과 함께 토해내야 하는 것이라는 것을 알면 쉽게 악한 영들의 유혹에 빠지지 않게 될 것입니다.

악한 영들을 대적할 때 그들은 어느 정도 버티려고 하지만 결국은 견디지 못하고 도망치게 됩니다. 그리고 나면 그 공간에 탈진과 허무함이 옵니다.

하지만 그것은 탈진이기는 하지만 즐거운 탈진입니다. 그것은 감미로운 탈진입니다. 그것은 마귀에게 눌려서 힘이 빠지고 묶여 있는 그러한 상태와는 다릅니다.

어린 아이가 떼를 쓰다가 어른에게 야단을 맞고 울 때 악을 바락바락 쓰면서 우는 경우가 있습니다. 또한 풀이 죽어서 훌쩍거리며 우는 때가 있습니다. 전자의 경우에는 반항과 고집의 악한 영들이 그 아이의 안에서 악을 쓰는 것입니다. 이때에 달래주면 그 악한 영이 그 아이를 사로잡게 됩니다. 그러나 후자의 경우는 악한 영들이 빠져나가서 힘이 없고 허탈한 상태에서 우는 것입니다. 이때는 사랑으로 안아주면 따뜻한 애정과 위로가 아이에게 공급되므로 아이가 아름답고 좋은 상태로 바뀌게 됩니다.

악한 영을 대적한 후에 힘이 빠지는 것은 좋은 상태입니다. 이것은 그 동안 자리를 잡았던 영들이 사라지고 비워진 상태입니다.

이때 주님의 영을 초청하고 주님께 사랑과 헌신을 고백하며 예배를 드린다면 주님은 그 영혼을 사로잡으실 수 있습니다. 예배는 마음의 중심이 중요한 것이므로 힘이 빠져 탈진한 상태로 누워있는 자세 그대로 조용히 주를 부르고 사랑을 고백하면 됩니다. 그것이 바로 예배입니다.
이때는 대체로 아주 달콤하고 아름다운 주님의 향취를 느끼게 됩니다. 그러므로 이때는 힘이 없기는 하지만 아주 행복하고 포근한 느낌이 들며 그 영혼이 새로워지는 시간이 되는 것입니다.

악한 영이 사람을 사로잡고 있을 때, 홀로 기분이 좋고 흥겨운 상태나 긴장되고 날카로운 상태에서는 주님의 영이 사람에게 임하고 사로잡기가 어렵습니다. 그러나 이렇게 악한 영이 빠져나가고 탈진했을 때는 영적으로 아주 흡수성이 높아진 상태이며 이때는 주님의 영과 은혜가 스며들어오기 아주 좋은 상태가 됩니다.
성경에도 이러한 사례가 여러 번 기록되어있습니다. 주님께서 악한 영들을 쫓아내실 때 악한 영들은 곱게 나가지 않고 그 사람을 거의 죽게 만들어놓고 나갑니다. 그 사람은 탈진 상태가 됩니다.
악한 영들이 오랫동안 그 집을 주장했기 때문에 마치 집의 기둥이 빠지는 것처럼 힘이 빠지는 것입니다.
사람들은 그것을 보고 저 사람이 죽은 것이 아니냐고 하지만 주님은 그때 그 사람의 손을 잡아 일으키십니다.

"예수께서 무리의 달려 모이는 것을 보시고 그 더러운 귀신을 꾸짖어 가라사대 벙어리 되고 귀먹은 귀신아 내가 네게 명하노니 그 아이에게서 나오고 다시 들어가지 말라 하시매
귀신이 소리지르며 아이로 심히 경련을 일으키게 하고 나가니 그 아이가 죽

은 것 같이 되어 많은 사람이 말하기를 죽었다 하나
예수께서 그 손을 잡아 일으키시니 이에 일어서니라" (막9:25-27)

악한 영을 쫓아낼 때는 주님은 손을 대지 않으셨습니다. 하지만 악한 영이 나가고 힘이 빠져서 탈진했을 때 주님은 비로소 손을 잡아 일으키시는 것입니다. 이와 같이 악한 영을 대적하고 그들이 쫓겨나갔을 때 그 탈진한 상태가 비워진 상태이며 주님이 임하시는 상태가 되는 것입니다.

그러므로 이러한 현상을 이해해야 합니다. 악한 영을 대적하고 그 영들이 나간 후에는 일시적으로 탈진 상태가 오는 것입니다.

이렇게 힘이 빠진 상태에서는 조용히 안식하며 쉬는 것이 좋습니다. 기도와 찬양을 하더라도 강력한 것을 하지 말고 부드럽고 감미로운 사랑의 고백이나 잔잔한 형태의 기도가 좋습니다. 이때는 대적이 물러갔으므로 전투의 기도가 아니고 주님께 대한 사랑의 기도와 안식의 기도, 연합의 기도를 드려야 합니다.

어떤 이들은 악한 영들을 대적한 후에 나타나는 놀라운 결과를 보면서 한꺼번에 모든 악령들을 다 쫓아내려고 합니다. 자신의 안에 살고 있는 모든 악한 영들을 다 한꺼번에 없애버리려고 합니다.

하지만 너무 서두르지 마시기를 바랍니다. 그것은 심각한 후유증을 가져올 수도 있습니다.

만약 어떤 혈기가 아주 심한 분이 있습니다. 그분은 화를 아주 잘 내고 항상 자기주장과 고집이 세며 남을 비판하고 자기만이 옳다고 합니다. 만약 이런 분이 아주 강력하게 악한 영을 대적한다면 어떻게 될까요? 심하게는 죽을 수도 있습니다. 그러한 이들은 명목상으로만 예수를 믿는 사람이며 실제로는 악한 영의 힘과 능력으로 살아가는 사람입니다. 그렇게 마귀의 힘으로 평생을 살아온 사람에게서 그 영을 한꺼번에 쫓아내면 심하게 앓는 정도를 넘어서 죽을 수도 있습니다.

그러므로 한꺼번에 하지 말고 조금씩 조금씩 악한 영을 몰아내고 회개하며 주 예수의 영으로 정결하고 거룩하고 아름답게 사는 삶을 시작해야 합니다.

뒤 부분의 실제적인 적용에서 좀 더 다루겠지만 상대방의 안에 있는 악한 영을 대적하는 기도를 드릴 때 상대방이 갑자기 앓아눕는 것을 보고 놀라는 사람들이 많이 있었습니다. 하지만 그것은 보편적인 일입니다. 우리가 어떤 사람의 속에 있는 악한 영을 주의 이름으로 결박하고 묶으면 그 사람은 대체로 아프게 됩니다. 악한 영들이 빠져나가면서 그가 힘을 잃어버리기 때문입니다.

물론 이런 기도는 충분한 지식과 분별이 없이, 별로 바르지 않은 동기에서 하면 안 됩니다. 그러므로 좀 더 충분한 지혜와 지식과 분별과 사랑의 영이 필요합니다.

아무튼 이 기본적인 사실을 기억해두시기 바랍니다. 악한 영을 대적한 후에는 악한 영이 나가면서 탈진과 무기력감이 일시적으로 오게 되는 것이 보통이며 이 시간은 마귀와 이별을 하고 주님과 새롭게 결혼을 할 수 있는 아름답고 풍성한 시간이라는 것을 말입니다.

이 무기력과 탈진의 시간을 잘 사용하면 놀라운 풍성함을 경험하게 되는 것입니다.

부디 악한 영과의 결혼 생활을 청산하십시오. 비록 일시적으로는 괴롭더라도 그들과 이혼을 하고 주님을 실질적인 새 남편으로 맞아들이십시오.
어떤 이는 이렇게 생각할지 모릅니다.
'나는 악한 영들과 결혼을 한 적이 없다' '나는 그들과 연합을 한 적이 없다'
그렇게 생각하는 이들을 위해서 한 마디만 더 하겠습니다.
인간의 모든 열매는 영들과의 연합의 결과로 나옵니다. 당신이 쉽게 혈기를 부리는 사람이라면 당신은 혈기의 영들과 결혼한 것입니다. 혈기는 그 자식이며 열매인 것입니다.
당신이 쉽게 두려움에 빠지는 사람이라면 당신은 두려움의 영과 부분적으로 연합되어 있는 것입니다.
당신이 사람들을 사랑하고 친절하게 섬기는 사람이라면, 당신이 사람들을 볼 때 주님의 시선으로 보고 있다면, 당신은 주님과 연합된 것입니다. 이처럼 그 사람의 열매는 그 사람의 실제적인 남편이 누구인지를 보여주는 것입니다.

그러면 주님과 상관없이 인간적으로 선하고 친절한 사람은 누구와 결혼한 사람일까요? 그 대답은 역시 악령이라는 것입니다. 그것은 자기의의 악령이며 간음하는 자나 도적질하는 자들보다 나을 것이 없습니다. 스스로 선한 이들은 주님께 가까이 나아가기 어렵습니다.

다시 한 번 이것을 기억하시기를 바랍니다.
인간은 혼자서는 어떤 열매도 맺을 수 없습니다. 인간은 영적으로는 여성이기 때문입니다. 그러므로 인간은 주님의 신부가 되어서 주님의 열매를 맺든지 세상의 영, 악령의 신부가 되어서 악령의 아이를 배고 열매를 맺든지 그 둘 중의 하나밖에 없는 것입니다. 그 태의 열매가 우리의 영원을 결정합니다. 주님은 항상 우리에게 열매를 요구하시기 때문입니다. 당신의 인식과 상관없이 당신의 삶과 인격에서 나타나는 열매는 당신의 남편이 누구인지를 보여줍니다.
그러므로 우리는 살아있는 동안에 악한 영과 이별을 해야 합니다. 그리고 주님의 신부가 되어야 합니다.

주님의 신부가 된다는 것은 흥분된 감정에 들떠서 고백하고 표현하는 피상적인 개념이 아닙니다. 주님의 신부가 되고 주님과 연합된 자들은 아름다운 사람들입니다. 그들은 거룩함과 아름다움과 친절과 사랑과 향취가 무엇인지 아는 사람들입니다. 그들은 그러한 삶의 열매를 맺고 있기 때문입니다.

악한 영을 대적할 때 탈진이 있습니다. 그것은 악한 영들과의 이별을 의미합니다. 그 축복된 시간에 주님과 깊이 연합하십시오.
하지만 일시적으로 악한 영들이 나갔다고 너무 좋아하지 마십시오.
우리가 살아있는 한, 육체를 가지고 있는 한 이 전쟁과 유혹은 계속 됩니다.

부디 주님과 깊이 연합하십시오.
그리고 마귀를 대적하십시오.
지속적으로 주님을 붙들고 전쟁에 참여하는 자는 점점 더 깊고 충만한 승리에로 나아가게 될 것입니다. 할렐루야.

25. 채워짐의 중요성

마태복음 12장 43-45절의 내용을 보면 악한 영들의 활동에 대한 의미심장한 언급을 볼 수 있습니다.

"더러운 귀신이 사람에게서 나갔을 때에 물 없는 곳으로 다니며 쉬기를 구하되 얻지 못하고 이에 가로되 내가 나온 내 집으로 돌아가리라 하고 와 보니 그 집이 비고 소제되고 수리되었거늘 이에 가서 저보다 더 악한 귀신 일곱을 데리고 들어가서 거하니 그 사람의 나중 형편이 전보다 더욱 심하게 되느니라 이 악한 세대가 또한 이렇게 되리라" (마12:43-45)

이 말씀을 보면 몇 가지의 사실이 분명해집니다.

첫째로 귀신들은 사람을 자기 집으로 여긴다는 것입니다. 그들은 사람의 안으로 들어와서 집을 짓고 사는 것을 좋아합니다.

둘째로 귀신들은 사람의 밖으로 쫓겨나게 되면 힘을 잃어버리며 쉬지를 못한다는 것입니다.

셋째로 그렇기 때문에 귀신들은 일단 사람에게서 쫓겨나갔다 하더라도 다시 돌아오기를 원한다는 것입니다.

넷째로 귀신들도 등급이 있는 것이 분명해집니다. 저보다 더 악한 귀신이 있다는 것입니다.

다섯째 그 집이 깨끗하게 청소가 되었기 때문에 그곳에 먼저 살고 있었던 귀신은 자기 혼자의 힘으로는 다시 들어가기가 어려웠습니다. 모기가 악취가 나는 곳에서 활동하는 것을 좋아하듯이 귀신들은 더러운 곳을 좋아하기 때문입니다. 그래서 그 귀신은 자기보다 더 악하고 강한 영들의 도움을 받아서 같이 들어오게 되었습니다.

여섯째 그 결과 처음에 귀신을 하나만 가지고 있었던 그 사람은 결국 귀신 여덟을 소유하게 되었는데 그 결과 상황이 전보다 더 나빠졌다고 했습니다. 그것은 귀신, 악령의 숫자가 많을수록 더 많은 고통과 문제에 빠지게 되기 때문입니다.

이 말씀은 이와 같이 영적 세계의 여러 원리들을 보여주고 있습니다. 그러나 여기에서 무엇보다 중요한 메시지는 바로 이것입니다. 즉 귀신들은 빈집을 좋아한다는 것입니다.
이 귀신은 더러운 귀신이었습니다. 귀신은 흔히 더럽다고 불리워지며 더러운 것을 좋아하고 더러운 장소에 있는 것을 좋아합니다.
그래서 귀신의 영을 받은 사람은 더러운 것을 좋아하게 됩니다. 말이 더럽고 행동이 더러우며 생각이 더럽습니다. 대부분의 음란하고 더러운 말이나 생각들은 귀신들로부터 오는 것입니다.

주님께서는 당시의 세대를 악하고 음란한 세대라고 말씀하셨는데 이 시대는 그 당시보다 훨씬 더 악하고 더럽고 음란한 세대입니다.

지금은 사람들이 음란하고 더러운 것을 숭상하고 높이고 즐거워하며 거기에 예술의 이름을 붙이고 사랑의 이름을 붙입니다. 많은 사람들에게 음란함과 더러움을 나누어주고 타락시키는 이들은 거부가 되고 스타가 됩니다. 여성들은 벌거벗고 다니면서도 수치가 무엇인지 모릅니다. 지금 이 시대는 훨씬 더 더럽고 음란한 세대입니다.

이 더러운 귀신이 그 사람에게서 쫓겨나가게 되었습니다. 그리하여 그 사람은 자기의 마음을 청소하고 소제하고 깨끗한 삶을 살게 되었습니다. 그의 집, 즉 그의 마음은 정화되었습니다. 그의 집이 소제되었다는 것은 정화된 것을 의미하며 수리되었다는 것은 상한 마음이 건강하게 치유되었다는 것을 말하는 것입니다.
그에게서 나간 더러운 귀신은 다시 그 곳으로 돌아오고 싶었으나 그 곳이 더 이상 더럽지 않고 추악하지 않았고 상처도 이미 회복이 되어서 강해졌기 때문에 다시 오는 것이 힘들었습니다. 그래서 그는 다른 영들의 도움을 받아야만 했습니다.

하지만 어떻게 그 악령들은 다시 돌아올 수 있었을까요? 악한 영들이 이 사람에게서 나간 것은 그만한 이유가 있었기 때문에 나갔을 것입니다. 그런데 어떻게 귀신들은 다시 돌아왔을까요?
이 사람이 귀신을 쫓아내고 그의 마음을 정결하게 하였습니다. 그의 마음은 치유되고 건강해졌습니다. 하지만 그는 더 많은 귀신들이 그의 안으로 들어오는 것을 막을 수 없었습니다.
그 이유는 무엇일까요? 그의 문제는 무엇이었을까요?
그것은 그의 마음, 그의 집이 빈집이었기 때문입니다.
그의 마음은 깨끗하게 청소가 되기는 하였으나 주인이 없었습니다.

그의 마음이 청소되고 깨끗하게 된 후에 그의 마음의 집에 좌정하서서 주인노릇을 할 분은 누구일까요?

물론 예수님입니다. 주님만이 유일하게 인간의 마음을 지으셨으며 그 마음의 중심에 자리 잡으실 수 있는 분이신 것입니다. 하지만 그의 마음에는 아직 주님이 그 중심에 좌정하시지 않았습니다.

아마 어떤 사람이 그에게서 능력으로 귀신을 쫓아주었을지 모릅니다. 그리고 마음을 깨끗하게 할 것을 가르쳐주었을지 모릅니다.

하지만 가장 중요한 것이 있었습니다.

그의 마음속에 살고 있던 귀신이 나가고 집이 비워졌을 때에 다른 분으로 그의 마음을 채워야 했었습니다.

아마 그는 그것에 대해서 배우지 못했을지 모릅니다. 어쩌면 그가 배웠음에도 불구하고 자신이 주인이 되고 싶어서 그것을 거부했을지도 모릅니다.

아무튼 우리는 이 사실을 명백하게 인지하고 있어야 합니다. 귀신을 쫓는 것은 좋은 일입니다. 그러나 그것으로 충분한 것은 아닙니다. 그것으로 다 된 것은 아닙니다.

비워지는 것 못지않게 중요한 것은 채워지는 것입니다.

나쁜 것을 쫓아내었다면 좋은 것으로 채워야 합니다. 나쁜 것은 악령들이며 좋은 것은 바로 주님의 영, 주님의 말씀, 주님 자신입니다.

인간의 마음은 오직 그 중심에 주님으로 채워져야만 진정한 행복과 만족을 얻을 수 있는 것입니다.

영계에는 공백이 없습니다. 어떤 사람의 마음의 중심에 주님이 임재하시지 않는다면 그 공간에는 악령들이 들어오게 됩니다. 그러므로 자신의 마음을 비운 채로 내버려두는 것은 아주 위험한 일입니다. 그는 자신의 마음속에 주님을 받아들이든지 아니면 악령을 받아들이든지 선택을 해야 합니다. 그 중간은 없기 때문입니다.

나는 마음이 비어있는 이들을 많이 보았습니다. 여성들, 처녀들이 그러한 경향을 많이 가지고 있었습니다.
그들은 쉽게 외로워했습니다. 고독하고 센치해지고 무기력하고 낙담에 잘 빠졌으며 누군가가 자신을 채워주기를 원했습니다. 주로 이성을 통해서 그 빈 마음을 채움 받기 원했습니다.
그것은 흔히 볼 수 있는 현상이지만 위험합니다. 사람 마음의 중심에 계실 분은 오직 주님 한 분이시기 때문입니다.
기혼 여성들도 남편에게 실망한 후에 그렇게 마음이 비워지는 경우가 많이 있습니다. 남성들도 마음이 여린 이들은 자신을 채워줄 여성을 찾습니다. 그것은 허무한 일입니다.
그러한 경우 그들은 사랑이 아니라 집착과 묶임에 사로잡히게 됩니다. 그것은 부자유함을 가져다주는 것입니다. 그들은 사랑을 구하고 그들의 마음이 채워지기를 원하지만 결국 마음속에 허무함만이 가득하게 됩니다. 주님 외에는 영혼의 깊은 곳에 만족과 안식을 주실 수 있는 분이 없는 것입니다.

오직 주님의 영으로 그 심령이 채워진 이들은 그 만족감이 무엇인지를 알게 됩니다. 그리하여 사랑에 대한 집착과 환상에서 벗어나 자유로운 사랑과 섬김 속에 있게 됩니다. 주님의 영이 실제적으로 그의 중심에 자리 잡게 될 때 그것은 살아있는 사람보다 더 선명하게 만족감과 행복을 주는 것입니다.

귀신을 쫓아내는 것은 신앙의 중심이 아닙니다. 그것은 하나의 과정입니다. 그것은 마음속에 있는 더러운 것들을 쫓아내고 비우는 것입니다. 그 이유는 그렇게 깨끗하게 된 마음의 집 속에 진정한 왕이신 주님을 모시기 위한 것입니다.

어떤 이들은 마귀를 대적하고 부수지 않고 하나님께 울부짖고 하소연만 하고 있습니다. 그들의 영혼은 눌리고 약해지며 비참해집니다.

또한 어떤 이들은 반대로 마귀를 부수고 귀신을 대적하고 쫓아내고 하루 종일 그것만하고 있습니다.

그러한 이들의 영혼은 유약하지는 않지만 거칠고 사나와집니다. 그들은 처음 단계에서 머물러 있기 때문입니다.

귀신을 쫓아내는 것은 좋은 일입니다. 그러나 그 다음의 단계로 넘어가야 합니다. 그 빈집에 주님을 모시고 그분을 사랑하고 순복하며 그의 영으로 그의 힘으로 사는 것입니다. 거기에는 기쁨과 사랑과 초월적인 평화와 천국의 영광과 기쁨이 있습니다.

이 사랑의 행복을 아는 이들은 사람의 애정에 목을 매지 않게 됩니다. 그는 너무나 넘쳐 오르는 만족감과 생명을 느끼게 되기 때문에 자신의 생명을 즐거이 주를 위해서 남을 위해서 줄 수 있기 때문입니다.

부디 이것을 기억하십시오. 마귀를 쫓아낸 다음에 당신의 마음을 주님의 말씀과 임재와 그 영으로 가득 채우시기 바랍니다. 그렇게 될 때 마귀는 더 이상 당신의 마음, 당신의 집을 엿보지 못할 것입니다.

아마 말씀은 이렇게 될 것입니다.

"더러운 귀신이 사람에게서 나갔을 때에 물 없는 곳으로 다니며 쉬기를 구하되 얻지 못하고 이에 가로되 내가 나온 내 집으로 돌아가리라 하고

와 보니 그 집이 깨끗이 소제되고 수리되었을 뿐 아니라 진정한 왕, 주인이 자리 잡고 있거늘 다시는 그 근처에도 오지 못하니 그 사람의 나중 형편이 충만한 행복과 기쁨으로 가득하게 되었더라.."
이 얼마나 멋진 일일까요!

당신의 마음에 오직 주님이 좌정하시게 하십시오.
그 분을 위해서 당신 마음의 중심과 보좌를 내어드리십시오.
그분이 당신 안에서 편안하게 거하실 수 있도록 주의를 기울이십시오.
그것은 귀신을 쫓아내는 일보다 더 중요한 일입니다.
그렇게 당신의 마음이 오직 주로 채워지고 주님께 대한 사랑으로 채워질 때 당신은 진정한 승리자가 될 것이며 진정한 행복자가 될 것입니다. 왜냐하면 주님은 바로 천국의 주인이시기 때문입니다. 할렐루야!

2부

개인적인 공격들에 대한 대적기도

지금까지 배운 원리들을
실제적으로 사용할 수 있도록
구체적인 상황에 대하여 다루었습니다.
이것들을 꼭 실제의 삶에서 적용해보십시오.
당신은 자유와 해방을 경험할 수 있게 될 것입니다.

1. 우울함을 대적하십시오

이상하게 마음이 우울해질 때가 있습니다.
특별한 문제가 있는 것도 아닌데 그냥 마음이 심란하고 우울해집니다. 무기력해지고 약해집니다.
마귀의 공격이라면 갑자기 큰 사고가 나고 난리가 나는 것으로 알고 있는 사람이라면 좀 납득이 안 가겠지만 악한 영들은 이렇게 사소한 것을 통해서 공격하는 것이 보편적인 것입니다.
앞에서 이미 언급한 것처럼 이러한 우울함의 영들은 사실 바깥의 환경을 통해서 오는 것이 아닙니다. 그럴 때도 있지만 주로 이미 내 안에 들어와 있는 우울한 기운이 조용한 환경을 통해서 표면으로 드러나는 것에 불과한 것입니다. 사실 바쁘고 시간에 쫓길 때에는 우울할 여유가 없을 것입니다.

물론 중요한 것은 그 우울함이 속에서 나오느냐 바깥에서 왔느냐가 아닙니다. 그 우울함의 기운은 악한 영의 세력으로부터 오는 것이며 우리는 그 기운에 사로잡히지 말고 그것을 대적해야 한다는 것입니다. 그것이 중요합니다.
그러므로 우울한 마음이 들 때에 주의 이름으로 이 우울함과 어두움의 영을 대적하면 곧 놀라울 정도로 마음의 어두움과 우울함이 씻겨나가며 마음이 회복되는 것이 보통입니다.
기도의 방법은 이미 설명한 대로 어렵지 않고 간단합니다. 이런 정도로 할 수 있습니다.

"이 우울함을 가져다주는 악한 영들아. 나는 주 예수의 이름으로 너를 대적한다. 너를 받아들이지 않겠다. 어서 물러가라!"

큰 소리로 대적해도 좋습니다.

또한 나지막하지만 분명한 어조로 한 마디씩 또박또박 말하는 것도 좋습니다.

아니, 소리를 내어서 말을 하는 것이 조금 불편한 상황이라면 속으로 그렇게 선포해도 좋습니다.

아무튼 그런 식으로 명령을 하면 됩니다. 한 두 번 할 수도 있고 좀 더 오래 5분이나 10분쯤 계속 할 수도 있습니다.

아무튼 그렇게 명령한 다음에 조용히 기다려 보십시오.

아마 놀라실 것입니다.

전율이 느껴지기도 합니다. 아니, 아무런 느낌이 없을 수도 있습니다. 하지만 얼마 가지 않아서 그 우울한 기분이 사라지는 것은 거의 분명할 것입니다. 이런 경험을 처음 한다면 아마 대단한 일이 될 것입니다. 아마 이 정도의 경험만 하시더라도 악한 영들의 장난이 실제이며 그 동안 얼마나 많이 이놈들에게 속아서 살아왔는지를 깨닫게 되겠지요.

어떤 사람들은 이러한 우울함 속에 빠져드는 것을 좋아하기도 합니다. 그들은 일부러 어둡고 침울한 음악을 듣고 어두운 생각을 하며 어두운 분위기 속에 잠겨듭니다.

하지만 그것은 좋지 않습니다. 그것은 스스로 자기의 영혼을 어둠 속에 던지는 것과 같은 것입니다. 그것은 어둠의 악령들을 자신의 삶에

초청하는 것과 같습니다. 그러므로 정상적인 그리스도인들은 밝고 맑게 살아야 하며 이러한 어두운 마음과 우울한 마음을 대적하고 쫓아내야 합니다.

오래전에 목회를 하고 있을 때의 일입니다.
우리 교회에 나오는 두 자매가 있었는데 이 둘은 고등학교 동창으로 친한 친구였습니다.
하루는 한 자매가 몹시 마음이 심란하고 어둡고 우울한 상태에 있었습니다. 친구인 자매는 그녀를 도와주고 싶었지만 잘 되지 않았습니다. 이 자매는 지금 친구가 가지고 있는 우울함과 눌림이 악한 영으로부터 오는 것 같다고 느꼈습니다. 하지만 그 자매는 영적 현상이나 영적 전쟁에 대해서 잘 수긍하는 편이 아니었기 때문에 그러한 이야기를 직접 하기도 어려웠습니다.
이 자매는 직접 친구에게 말로 하는 것보다는 기도로 악한 영을 결박하기로 했습니다. 그래서 친구가 잠깐 화장실에 간 사이에 그 자매에게 역사하고 있는 우울함과 어두움의 영을 결박하였습니다.
잠시 후에 친구가 화장실에서 나왔습니다.
그녀의 모습은 눈에 띄게 밝아져 있었습니다.
그녀는 말했습니다. 오늘은 아침부터 이상하게 기분도 우울하고 자꾸 낙심이 되는 생각만 떠올랐는데 조금 전에 화장실에 갔을 때부터 이상하게 기분이 회복되더라는 것입니다.
그리고 아무 것도 걱정할 일이 없고 앞으로는 다 잘될 것 같은 마음이 든다고 하면서 웃는 것이었습니다.

이 자매는 친구에게 자기가 악한 영을 결박하였다는 이야기를 하지 않았습니다. 친구가 받아들일지에 대해서 확신할 수 없었던 것입니다. 대신에 그녀는 나에게 와서 "목사님이 가르쳐주신 결박기도가 정말 효과가 있네요.." 하고 말하면서 놀라운 표정을 지었습니다.

그렇습니다. 그것은 정말 효과가 있습니다.

당신도 한번 시도해보면 그 효과를 확실하게 느낄 수 있을 것입니다.

마음이 이유 없이 우울하고 눌리는 느낌이 들 때 악한 영을 대적하십시오.

그냥 "귀신아!" 해도 됩니다.

그저 "우울함의 악한 영들아. 떠나가라!" 그렇게 명령해도 됩니다.

아무튼 어떤 식으로든 주의 이름으로 이 영을 대적할 때 그들은 곧 사라지게 될 것입니다. 당신은 더 이상 쓸데없는 우울함 속에 빠지지 않게 될 것입니다.

2. 불안감을 대적하십시오

1부를 충분히 이해하셨다면 우리의 문제는 환경이 아니라 우리의 마음 속이며 우리의 안에 어떠한 영이 있느냐에 달려있다는 것을 인식하게 되었을 것입니다.

우리 안에 주님의 임재가 충만하다면 우리의 삶에는 아무 문제가 없습니다. 하지만 주님의 임재가 선명하지 않고 우리가 그분의 지배 안에서 살지 않는다면 그것은 정말 문제가 됩니다.

대부분의 그리스도인들은 자기 안에 많은 악한 영들을 가지고 있습니다. 그 영들은 우리 안에서 살면서 많은 불편함과 고통을 일으킵니다. 그 악한 영들이 활동하고 움직이는 중요한 표식중의 하나가 바로 불안함입니다.

갑자기 마음이 불안해질 때가 있습니다. 정상적이고 자연적인 이유가 없이 이상하게 마음이 불안해지는 것입니다.

이러한 것은 대체로 악한 영들의 활동인 경우가 많습니다. 악한 영이 있는 곳에는 항상 불안함이 따르기 때문입니다.

이 불안한 영도 바깥의 환경에서 올 때가 있고 이미 내재되어 있는 영이 표출되는 경우도 있습니다. 어느 쪽이든 대적하고 쫓아내야 하는 것은 마찬가지입니다.

오늘날의 그리스도인들은 대부분 어느 정도의 불안한 마음과 쫓김을 가지고 있습니다. 어떤 이들은 거의 항상 그러한 상태에 있기 때문에 그러한 느낌에 대해서 마비되어 있기도 합니다. 즉 불안함에 빠져 있는 자신의 상태를 알지도 못하는 것입니다.

그러한 이들은 기도 중에 주님의 임재와 특별한 평안을 체험할 때나 주님의 평강을 누리고 있는 사람을 만날 때에 비로소 자신이 그동안 얼마나 불안감 속에서 살아왔었는지를 느끼게 됩니다. 물론 그것은 잠시 뿐이고 다시 혼자 있게 되면 그들은 다시 불안감 속에서 살 것입니다.

사소한 불안감이 오더라도 그것을 대적해야 합니다. 대적을 하게 되면 그 불안한 느낌은 곧 사라지게 되며 마음에 평안이 오게 됩니다.

대적해서 그 불안한 느낌이 소멸될 때까지 다소 시간이 걸릴 수도 있습니다. 이 경우에 조금 더 대적하는 기도를 오래 하는 것도 좋습니다. 물론 그렇다고 하루 종일 아무 일도 안 하고 대적기도만을 하는 것은 좋지 않습니다. 삶과 신앙에는 균형이 필요하니까요.

그러한 불안감을 아주 심하게 느끼는 이들도 있습니다. 이들은 혹시라도 나쁜 일이 생기지나 않을까 걱정하면서 불안감 속에서 전전긍긍합니다. 가슴에 심한 압박감을 느끼기도 합니다.

이러한 불안감은 해야 할 일을 하지 않았을 때 오기도 합니다. 이럴 때 이들은 불안감에서 벗어나기 위해서 TV를 본다든지 아니면 다른 사소한 일에 몰두함으로써 불안감을 잊으려고 하기도 합니다.

하지만 그것은 어리석은 일입니다. 그렇게 한다고 해도 불안감은 사라지지 않기 때문입니다. 또한 그러한 압박감을 가지고 고생을 하는 시간에 주의 이름으로 그 불안감을 주는 영들을 쫓아버리는 것이 훨씬 더 경제적이고 간단하고 쉬운 일인 것입니다.

또한 주의해야 할 사항이 있습니다.

이렇게 불안감이 있을 때 사실 바로 그 시간에 별로 좋지 않은 일이 생기는 경우가 많이 있기 때문입니다.

그러한 불안감은 악한 영들이 무슨 짓을 꾸미고 있는 것인데 그것을 우리의 머리는 알지 못하지만 우리의 가슴, 우리의 심령은 느끼기 때문에 이에 대해서 경고하고 있는 것입니다.

머리는 눈에 보이고 나타난 것만을 알고 느끼지만 가슴과 심령은 모든 것을 알고 있는 것입니다. 미래에 일어날 일과 먼 곳에서 일어나는 일과 악한 영들의 움직임과 공격을 알고 있는 것입니다.

그러므로 그러한 심령의 경고와 정보의 제공에 대해서 바르게 반응하는 것이 좋습니다. 바른 반응이란 바로 주 예수의 이름으로 그러한 불안감을 주는 영들을 결박하고 쫓아내는 것입니다. 그렇게 할 때 좋지 않은 사건도 일어나지 않으며 문제도 생기지 않고 마음에 평화가 찾아오게 됩니다.

나는 이러한 불안감의 경고를 통해서 그 영들을 느끼고 쫓아내지 않았을 때 여러 번 좋지 않은 일들을 겪곤 했었습니다. 중요한 것을 잃어버리게 되었다든지, 건물에 물이 가득 차게 되었다든지.. 하는 일이었습니다.

오래 전의 어느 날, 저녁 내내 마음이 불안해서 견디기가 어려웠던 적이 있었습니다. 느낌이 아주 좋지 않았지만 다른 바쁜 일이 있어서 그렇게 불안한 느낌이 있는 채로 지나가버렸습니다.

그런데 그 다음날에 교회에 가보니 교회가 물바다가 되어 있었습니다. 그 전날에 누가 교회에 와서 기도하다가 수돗물을 틀어놓고 가는 바람에 교회에 물이 사람의 무릎까지 올 정도로 가득 차게 되었던 것입니다. 그런데 그렇게 물이 쏟아지기 시작한 시점이 바로 그 불안감이 엄습하던 시간이었습니다.

내가 그 불안감이 있었을 때에 그것을 대적하였다면 어떻게 되었을까요? 아마 교회에 문제가 있다는 것을 깨달았을지 모릅니다. 아니면 다른 사람이 가서 그것을 발견하게 되었을지 모릅니다. 어떻게 되었든 간에 그 문제는 해결되었을 것입니다. 이와 같이 불안함은 영혼의 경고이며 악한 영들의 장난에 관련된 경우가 많은 것입니다.

얼마 전에 나는 이 〈대적하는 기도〉를 쓰고 있다가 적지 않은 분량의 원고를 잃어버렸습니다. 이 책을 쓰면서 여기저기에서 많은 영적인 방해와 공격을 받았지만 이런 일은 처음이었습니다.

그러나 그 때도 역시 이러한 불안감이 있었습니다. 그 때 내가 좀 더 조심했다면 원고를 잃어버리지 않았을 것입니다.

이런 경우에 그 불안감을 대적하고 소멸시켜버리면 아무런 문제도 생기지 않는 것을 나는 여러 번 경험하였습니다. 그러나 시간에 여유가 없어서 그러한 느낌을 무시하고 있다가 어처구니없는 실수를 해서 내가 워드에 쓴 원고를 다 삭제해버렸던 것입니다. 정말 기가 막힌 일이었습니다.

불안감은 우리의 삶을 직접 공격하는 악한 영들의 대표적인 공격입니다. 이 불안감에 시달리는 사람은 무엇을 해도 잘 되지 않습니다. 사업을 해도 망하고 장사를 해도 잘 되지 않습니다. 공부를 해도 잘 안되고 항상 무엇을 해도 일이 막히고 꼬입니다. 그것은 악한 영들이 장난을 치고 있기 때문입니다.

불안감은 악한 영들이 움직이고 있다는 표식입니다.

더운 여름날 밤에 우리의 주변에서 '앵~' 하는 소리가 들리면 우리는 모기가 주변에서 우리를 공격하기 위해서 알짱거린다는 것을 알게 됩니다. 그래서 모기를 잡는 매트향을 켜게 됩니다. 그와 같이 불안감이 올 때 우리는 그것이 악한 영들의 공격이라고 생각하고 그것을 예수의 이름으로 제거해야 합니다.

그러므로 이러한 불안감이 올 때에 그것을 무시하고 억지로 참으면서 넘어가지 마십시오. 주의 이름으로 꾸준하게 대적하십시오.
한번 그 느낌이 사라졌다고 완전히 안심하지는 마십시오. 그들은 조금 있으면 다시 옵니다. 그러면 그 때 다시 대적하십시오. 이것을 반복하면 그들은 함부로 오는 것이 어렵게 됩니다.

악한 영을 대적하는 사람들은 많은 삶의 자유와 열매를 가지게 됩니다. 그 중에서 대표적인 것이 놀라운 마음의 평화입니다.
악한 영들이 숨어 있다가 발각이 되고 쫓겨나가면 세상이 얼마나 평안하게 느껴지는지 모릅니다. 가슴을 억누르고 있던 심령의 감각이 회복되면서 주님의 임재가 가깝게 느껴지고 말로 표현하기 어려운 달콤한 행복감과 평강이 흐르게 됩니다. 문자 그대로 평강의 강이 내면에서 흘러나오는 것같이 느껴집니다.
이러한 평안을 경험한 이들은 웬만한 사소한 사건에는 전혀 요동하지 않고 평화로운 마음속에서 살게 됩니다. 그러므로 항상 마음의 긴장과 분주함 속에서 살아가고 있는 세상 사람들이 보기에는 참 이상한 사람으로 느껴지게 되는 것입니다.
학생이 시험이 있거나 중요한 문제가 있을 때 긴장하거나 불안감이 어느 정도 있는 것은 일반적인 일입니다. 하지만 그러한 환경의 문제를 타고 악한 영이 속일 수도 있습니다.
그러므로 그러한 때에도 불안감이 오게 되면 악한 영을 대적하십시오.
시험 중에도, 중요한 일을 처리하면서도 마음의 평화와 여유로움을 가지고 일을 할 수 있게 됩니다.

불안감이 올 때 대적하십시오.
그 답답한 느낌, 가슴이 조여드는 느낌이 들 때 그대로 넘어가지 마십시오. 주의 이름으로 악한 영들을 대적하십시오.
이러한 대적기도를 계속 하면 할수록 그 불안감이 생기는 회수와 불안감의 강도는 줄어듭니다.
처음에는 잠재되어 있는 영들이 한꺼번에 일어나 많은 공격을 하게 될 수도 있습니다.
그러나 충분히 우리의 권세를 깨닫고 이해한 후에 마귀를 지속적으로 대적하면 그 불안의 기운은 점점 더 약해지기 시작합니다.
다윗의 집안과 사울의 집안이 계속 전쟁을 하고 있었을 때 점점 사울의 집이 약해지는 것처럼 마귀는 예수의 이름으로 하는 전쟁을 견디어내지 못합니다. 그들은 점점 더 약해지고 소멸됩니다.

부디 주의 이름으로 불안감을 대적하십시오.
당신은 점점 더 깊은 평화를 누리게 될 것입니다.
그리고 예수를 실제적으로 믿는다는 것이 어떤 것인지 예수의 이름이 어떤 것인지, 복음이 어떤 것인지 당신은 바로 체험하게 될 것입니다.

3. 외로움을 대적하십시오

외로움을 느끼게 하는 것도 악한 영들이 자주 사용하는 무기입니다. 주로 내성적인 사람들, 혼자 있는 시간이 많은 이들이 자주 이런 상태에 빠집니다. 바쁘게 일을 하다가 일이 끝나고 피곤에 지쳐있을 때 갑자기 외로운 마음이 파도처럼 몰려오기도 합니다.
갑자기 '나는 혼자다' 라는 느낌, 온 세상에 혼자만이 버려진 것 같은 느낌이 전신을 휩쓸고 지나가기도 합니다.
많은 이들이 이러한 외로움을 피하여 술이나 다른 탐닉의 대상을 찾기도 합니다. 대체로 여성들이 외로움을 많이 느끼며 이성을 의지함으로써 여기에서 벗어나려고 하기도 합니다.

그러나 사람은 사람의 외로움을 해결해 줄 수 없습니다. 그리고 어떤 것에 잠시 마음을 쏟는다고 해도 그 외로움이 사라지는 것은 아닙니다. 여기에도 영적 전투가 필요합니다. 그 가슴이 저린 것 같은 느낌, 외롭고 고독한 느낌은 마귀로부터 오는 경우가 많기 때문입니다. 가장 일상적으로 보이는 것 가운데 악한 영들의 장난이 있는 경우가 아주 많은 것입니다.
주의 이름으로 그 외로움과 고독감을 대적하십시오. 그리고 사람을 통해서 위안을 얻으려고 하지 마십시오. 당신은 더욱 더 노예가 될 뿐이며 결코 외로움에서 벗어날 수 없게 됩니다.
외로움의 영들이 처음 들어오는 것은 주로 어렸을 때입니다. 부모로부터 충분한 관심과 사랑을 받지 못했을 때 가슴에 공허감이 생기면서 그 공백을 통하여 악한 영이 침투하는 것입니다. 일단 이 영이 들어오면 이 사람은 나이가 들어서도 수시로 외로움에 잠기게 됩니다.

또한 기질적으로도 정서적인 사람들에게 외로움의 영이 쉽게 들어옵니다. 지성적인 성향이 많거나 활동적인 성향이 많은 이들은 상대적으로 이 영들에게 잘 붙잡히지 않습니다.

이 영을 대적해야 하지만 근본적으로 외로움이 해결되는 것은 그 사람이 주의 영으로 온전히 사로잡히고 주님의 사랑가운데에서 사는 것입니다. 그 때에 진정한 만족이 오며 외로움의 느낌이 사라지게 됩니다.

영적인 실제를 모르는 이들은 주님을 저 멀리 계신 분으로 알며 하나의 개념처럼 생각합니다. 그것은 그의 영이 막히고 닫힌 것입니다.

그러나 영이 실제적으로 훈련된 이들은 주님이 너무나 가까우신 분이며 주님과 함께 있을 때는 실제적으로 외로움과 슬픔이 사라져버리는 것을 알게 됩니다. 거기에는 더 이상 굶주림이 없기 때문입니다. "주님은 피와 살을 가지신 사람이 아니잖아요." 하는 이들은 그들의 영이 어둠의 기운으로 꽉 막혀서 주님이 가까이 임하시지 못하고 있다는 것을 알아야 합니다. 문제는 그러한 이들의 영이 마비되고 막힌 것이지 주님이 육체가 아니라는 점이 아닙니다. 주님은 사람보다 더 실제적인 분이십니다.

노인들은 혼자 있는 경우가 많으므로 흔히 외로운 것이 당연하다고 생각합니다. 그러나 그것도 속임입니다. 외로움은 근본적으로 환경의 문제가 아니고 영혼의 문제입니다.

대다수의 영혼들이 외로움을 느끼고 있는 것은 그들이 어두움의 기운을 많이 가지고 있기 때문입니다. 그것은 다른 고통과 마찬가지로 환경에서 기인하는 것이 아닙니다. 악한 영의 정체와 공격에 대해서 알고 실제적인 영의 움직임을 통해서 주님과 교류하는 이들은 별로 외로워할 일이 없습니다. 그들은 여럿이 같이 있어도 즐거우며 혼자 있어도 여전히 행복하고 즐겁습니다.

그러므로 악한 영들이 외로움의 기운을 가지고 가까이 다가올 때 그것을 받아들이지 마십시오. 그들의 이야기를 듣지 마십시오.
악한 영이 '너는 혼자다. 너는 이 세상에서 가장 쓸쓸하고 외로운 존재다.' 이렇게 속삭일 때 이렇게 외치십시오.
"마귀야. 물러가라. 나는 혼자가 아니다. 나는 외롭지 않다. 주님이 나와 함께 하신다. 더러운 속이는 영들아. 떠나가라!"

이렇게 대적을 해보면 당신은 놀라게 됩니다.
갑자기 가슴이 저미는 것 같은 외로움의 느낌이 사라지고 마음이 평화로워지고 행복감이 느껴지게 되기 때문입니다.
아마 직접 경험하지 않고는 이러한 변화들이 믿어지지 않을지도 모릅니다. 그러나 시도해보십시오. 당신은 영의 실제에 대해서 알게 됩니다.
외로움이 찾아올 때 그 영을 대적하십시오. 그리고 주님의 영을 받아들이십시오.
당신은 더 이상 그 영에 눌리지 않을 것이며 실제적인 주님의 임재 속에서 행복하게 살 수 있게 될 것입니다.

4. 분노를 대적하십시오

어느 정도 분노의 영을 가지고 있지 않은 이들은 없을 것입니다.
분노는 영혼의 중요한 속성이며 그 자체가 나쁜 것은 아닙니다. 주님도 성전을 정화시킬 때 분노하신 적이 있었습니다. 성전에서 물건을 파는 이들에게 주님은 분노하시며 채찍을 휘두르셨던 것입니다.

사랑이 어떤 대상을 끌어당기는 성질을 가진 것이라면 분노는 이와 반대되는 성질을 가진 것으로서 대상을 공격하고 밀어내는 것입니다. 이 분노의 기능은 다른 것을 밀어냄으로써 자신을 방어하는 것입니다. 그러므로 이 분노의 기능을 가지고 있지 않은 이들은 자신을 지킬 수 없습니다.
분노의 기능은 악하고 더러운 것을 파괴하고 소멸시키며 그러므로 거룩함과 아름다움과 선함을 유지하고 자신을 방어하는 것입니다.
이와 같이 분노의 기능은 한 나라의 국방을 담당하는 군대와 같은 것입니다.

그러나 분명하게 깨달아야 할 것은 악한 영들로부터 오는 분노의 영이 있다는 것입니다. 그것은 분노의 기능을 잘못 사용하게 합니다.
분노는 적들을 파괴하기 위하여, 자신을 방어하기 위하여 사용하는 것인데 악한 영들은 이것을 잘못 사용하게 합니다. 즉 적들이 아닌 이웃, 사랑해야 할 사람에게 이것을 사용하게 만들며 그 분노의 영을 다스리는 것이 아니라 거기에 사로잡히게 만듭니다.
의롭게 사용하여야 할 무기인 분노를 개인적인 이기심과 취향에 따라 마음대로 사용하게 만듭니다. 이러한 것들이 악한 영들로부터 오는 분노입니다.
분노는 아름다움과 거룩함을 유지하기 위하여 영혼에 부여된 기능입니다. 그러나 영혼이 충분히 성숙되지 않은 이들은 악한 용도로 이 분노의 기능을 사용하며 악한 분노의 영들에게 잡혀 있는 것이 보통입니다.

분노는 아주 강한 감정입니다. 이것은 파괴의 영으로서 분누가 가는 곳에는 항상 무엇이든지 깨지고 부서집니다.
분노의 영은 시기와 질투와 같은 작은 분노에서부터 살인의 영에 이르는 아주 강한 분노에까지 그 힘의 크기가 다양합니다.
사소한 분노든 살인의 영과 같은 심각한 분노든 근원은 마찬가지입니다. 그것은 상대방을 해롭게 하고 상처를 주고 파괴하는 것입니다. 악한 영으로부터 오는 분노는 우리 자신과 상대방의 영혼에 심각한 상처와 고통을 줍니다.

분노의 기운은 상대방을 고통스럽게 하는 것을 원합니다. 그것은 분노가 상대방을 파괴하는 속성을 가지고 있기 때문입니다. 그러므로 분노의 영은 상대방이 충격과 고통을 겪을 때까지 공격을 퍼붓게 됩니다.
약간의 분노는 말로써 상대방을 찌르고 그것으로 인하여 상대방이 상처를 받고 울거나 할 때 그 정도로 만족하고 풀어집니다.
말로 찌르는 것도 영적으로 보면 실제의 칼로 상대의 가슴을 찌르는 것과 비슷한 것입니다. 분노가 담긴 말에는 독이 있어서 그것은 영혼에 깊은 충격을 줍니다.

조금 더 강한 파괴의 영을 가지고 있을 때 그 사람은 좀 더 강렬한 증오와 분노에 사로잡힙니다. 그는 상대방을 직접 때리거나 피를 흘리게 하고 싶어집니다. 아이들이 서로 싸우다가 한쪽이 코피를 흘리면 싸움을 멈추게 되는데 그것은 상대방이 피를 흘리고 다치게 됨으로써 파괴의 영이 만족감을 느끼기 때문입니다.

물론 파괴의 영이 아주 강한 경우 그 정도로 만족을 느끼지 않고 더욱 더 잔인하게 괴롭힐 수도 있습니다. 이 때 이 영에 잡힌 이들은 상대방의 고통이나 비명 소리를 통해서 기쁨과 만족감을 얻게 됩니다.

선한 사람은 고통의 소리를 통해서 불쌍히 여기는 마음을 가지지만 악한 영들과 악한 영에 속한 사람은 상대방의 고통과 비명의 소리를 즐겁게 느낍니다.

사랑의 영은 건설의 영이며 창조의 영입니다. 그러나 미움과 분노는 파괴의 영입니다. 그것은 지옥으로부터 오는 것입니다.

대부분의 사람들은 분노의 영에 쉽게 잡힙니다. 분노의 기운을 경험하지 않는 이들은 없습니다. 그 힘의 정도에 차이가 있을 뿐입니다.

어떤 사람은 분노를 표면에 드러내지만 어떤 이들은 힘이 부족해서 속에 감추어 둡니다. 그래서 표면에 분노를 드러내는 이들은 다른 이들을 죽이고 파괴하며 속에 감추고 있는 이들은 속이 썩게 되어 자신을 죽이고 파괴하게 됩니다. 분노는 곧 죽이는 영이기 때문에 분노가 있는 곳에는 항상 파괴가 있습니다.

분노를 다스리는 것은 쉬운 일이 아닙니다. 분노는 불이며 그 불의 기운은 곧 온 몸을 사로잡게 됩니다.

분노의 기운이 강하게 역사할 때 사람들은 쉽게 그 기운에 잡히게 됩니다. 목소리는 커지고 조리없이 말을 더디게 됩니다. 처음에는 어떤 이유로 분노를 시작했지만 나중에는 다른 사소한 문제에도 같이 폭발을 하게 됩니다. 사소한 분노가 나중에 아주 강력한 분노가 되며 사소한 싸움이 크게 번지는 것은 흔한 일입니다. 그것은 작은 불씨가 커다란 불을 일으키는 것과 같습니다.

잠언 16장 32절에 '노하기를 더디하는 자는 용사보다 낫고 자기의 마음을 다스리는 자는 성을 빼앗는 자보다 나으니라'는 말씀이 있습니다. 그 정도로 분노를 다스리는 것은 어려운 일입니다. 누구나 처음에는 사소한 분노로 시작했다가 나중에는 거기에 사로잡혀서 '어, 내가 왜 이러지..' 했던 경험이 한 두 번은 있을 것입니다.
분노에 잡혀 있을 때 우리를 지배하는 것은 악한 영입니다. 분노의 영입니다. 우리는 거기에 결코 빠져서는 안 됩니다.
우리는 분노를 다스려야 합니다. 그리고 그 기운의 근원을 발견하고 대적해야 합니다.

분노하는 이들은 결코 심판을 피할 수 없습니다. 남들에게 함부로 찌르는 말을 하고 아프게 하는 이들은 많이 있지만 그것을 기억하는 이들은 거의 없습니다.
하지만 그들이 반성하고 회개하며 자신이 아프게 한 사람으로부터 용서를 받지 못했다면 그러한 이들은 이 땅에서 그 대가를 지불하게 되거나 영원한 곳에서 반드시 심판을 받게 됩니다. 이 땅이 겉으로 보기에는 무질서하기 때문에 하나의 사건은 그냥 지나가 버리는 것이라고 생각하는 이들이 많이 있습니다. 그러나 그렇지 않습니다.
억울하거나 불공정한 일이 그대로 끝나는 일은 없습니다. 언젠가는 반드시 갚음이 이루어집니다.

남을 아프게 한 사람은 언젠가는 그 대가를 받게 됩니다. 거기에는 예외가 없으며 호리라도 남김없이 갚기 전에는 그 재앙이 사라지지 않게 됩니다.

나는 남들에게 많이 짜증을 내고 화를 내고 상처를 준 이들이 그것에 대해서는 전혀 기억하지 못하고 자기의 상처와 슬픔에만 빠져 있는 것을 많이 보았습니다. 그러나 영계는 공평한 세계입니다. 그러한 이들은 아무리 기억 속에는 없어도 언젠가는 자신이 심은 것을 받게 됩니다. 반성하고 회개하는 사람만이 그 고통의 기간을 단축시킬 수 있습니다.

살아있는 동안에 우리는 그러한 잘못을 처리하고 해결해야 합니다. 그렇지 않으면 그 분노의 영들이 결코 나가려고 하지 않을 것입니다.

우리의 안에 분노, 미움의 영이 나가지 않고 계속 내 안에 살아서 나의 일부분이 된다는 것, 나의 성품이 되고 영원한 운명이 된다는 것, 그것처럼 무서운 것은 없습니다.

우리가 살아있는 동안에 그 분노의 기운과 분리되지 않으면 그것은 영원히 우리 안에서 사라지지 않습니다.

당신은 반드시 당신의 안에 있는 이 분노의 영을 소멸시켜야 합니다. 그렇지 않으면 당신은 다른 사람들에게 고통의 존재가 될 것입니다. 당신이 분노의 영을 가지고 있으면 직접 화를 내지 않는다고 해도 영이 예민한 사람은 그 기운과 에너지를 느끼고 고통을 겪게 됩니다.

당신이 이 영을 소멸시키지 않을 때 가장 큰 피해를 겪는 사람은 첫째 당신이며 그 다음에는 당신의 가장 가까이에 있는 사람, 당신이 가장 사랑하는 사람들이 됩니다. 당신이 미워하는 사람이 피해를 입는 것이 아니라 당신과 당신이 사랑하는 사람이 피해를 입게 됩니다.
그 이유는 분노라는 영의 특성은 대상을 구별하지 않기 때문입니다.
분노의 영에는 눈이 없습니다.
예를 들면 다른 사람에게 피해를 입었는데 그 결과로 화가 나서 집에 와서 가족들에게 퍼붓게 되는 식입니다.
가족들은 가해자와 아무 상관이 없는데도 분노의 영에 의해서 피해를 겪게 됩니다. 그러므로 이 기운을 소멸시키지 않는다면 이 사람은 항상 남들에게 고통과 피해를 줄 수 있는 것입니다. 가만히 있기만 해도 남들에게 고통을 줄 수 있습니다. 그러므로 당신의 안에 있는 파괴의 영을 내보내야 합니다.

당신이 그러한 경험을 한 적이 있다면, 애매하게 가까이에 있는 사람들에게 화풀이를 한 적이 있다면 당신은 다른 사람을 아프게 한 것에 대해서 반성과 회개를 해야 합니다.
비록 그것이 마귀에게 속아서 한 것이라고 하더라도 당신이 책임을 피할 수 있는 것은 아닙니다. '그 때는 화가 났으니 그럴 수밖에 없었지..' 하는 사람은 좀 더 많은 고생이 기다리고 있습니다. 그런 식으로 합리화하고 있다가는 영원히 악령에게서 벗어날 수 없습니다.
그러므로 과거의 잘못을 시인하고 반성하십시오.
할 수 있다면 관련된 이들에게 사과하고 용서를 받아야 합니다. 그렇지 않을 때 그 사람들에게도 분노나 복수심과 같은 기운이 들어가게 됩니다. 결국 당신은 악한 영을 전파하고 나누어주는 통로가 되는 것입니다. 그것은 곧 지옥의 도구, 지옥의 사자가 되는 것과 같습니다.

분노의 악령들은 언제 어떤 이유로 처음 들어오게 되는 것일까요?

분노의 영이 침입하는 데는 유전적인 요소와 환경적인 요소가 모두 작용합니다.

그의 부모가 혈기를 많이 가지고 있는 사람이라면 그는 유전적으로 분노의 영을 가지고 태어나거나 분노의 영이 들어오기 쉬운 상태로 태어나게 됩니다. 혹은 분노의 영을 가지고 있는 가족들과 같이 생활할 때 가족들의 영향을 통해서 그 기운이 들어올 수도 있습니다.

또한 억울한 대접을 받았을 때에도 분노의 영이 들어오게 됩니다. 인간은 합리적인 존재이므로 자신이 잘못한 일에 대해서 꾸짖음을 받았을 때는 그것이 그리 상처가 되지 않습니다. 그러나 부당하게 공격과 고통을 받을 때 그것은 분노의 영이 들어올 수 있는 요인을 제공하게 됩니다. 그러므로 아이들이 어렸을 때 자녀들을 억압하는 것은 아주 나쁜 일입니다. 비록 부모라고 하더라도 양심에 비추어서 바르지 않은 행동을 한 것은 잘못을 시인하고 용서를 구해야 합니다. 그래야 부모의 권위가 바르게 서게 되며 자녀들에게 악한 영들이 들어가지 않게 됩니다.

특별하게 아무 것도 아닌 일에 쉽게 분노하고 화를 내는 이들이 있습니다. 이러한 사람들은 이미 분노의 영이 깊이 자리를 잡고 있는 것입니다. 주차 문제라든지, 아주 사소한 일에 크게 폭발하고 분노하는 이들이 있습니다.

이러한 사람들은 과거에 겪었던 억울한 일을 통해서 그 영들이 그에게 들어와 자리를 잡고 있을 가능성이 많이 있습니다. 그러므로 그러한 이들은 억울한 일을 겪었던 과거로 돌아가서 그 영들을 계속 결박하고 대적하여 쫓아내야 합니다. 어린 시절에 겪었던 억울한 일이나 상처가 있다면 그 때로 돌아가 그 영을 결박하고 대적하여 억울함과 분노의 기운을 소멸시켜야 합니다.

나는 사람들이 가지고 있는 대부분의 병들은 이 분노에서 기인된 것이 아닌가 생각합니다. 표출되지 않은 분노, 속에 남아있는 적개심, 용서하지 않은 마음 그것이 각종 질병으로 나타나게 될 수 있는 것입니다. 분노는 곧 죽이고 파괴하는 영이기 때문입니다.

한국 사람들은 특히 이 분노의 영을 많이 가지고 있습니다. 이야기를 하거나 웃을 때는 괜찮지만 가만히 있으면 꼭 화가 난 사람들처럼 보입니다. 그리고 실제로 아무 것도 아닌 일에 화를 냅니다. 농담을 해도 화를 내는 사람들도 있습니다.
그것은 한민족이 과거에 외적으로부터 많은 침략을 받고 많은 고통스러운 일들을 겪었기 때문입니다. 우리의 유전자에는 부모의 유전자가 있고 부모님의 유전자에는 조부모의 유전자가 있습니다. 이런 식으로 한민족의 5천년 한은 우리에게 영향을 줍니다. 우리는 해방을 얻기 위해서 그들을 용서하고 축복해야 합니다. 그것이 사는 길입니다. 분노를 가지고 있는 이들은 지속적으로 자신을 파괴하며 자신의 사랑하는 사람들, 주변에 있는 이들을 파괴하게 됩니다.

백인들 중에는 유머를 즐기며 삶을 향유하는 이들이 많이 있습니다. 그들은 웃는 것을 좋아합니다.
그러나 한국인들은 별로 여유가 없는 경향이 있습니다. 그들은 웃는 것을 싫어합니다. 남자가 웃으면 값이 떨어진다고 생각합니다. 성직자가 웃으면 가볍다고 생각합니다. 그러한 경직된 사고방식도 그 배후에는 분노의 영들이 자리 잡고 있는 것입니다.
분노의 기운이 우리 민족의 중요한 속성이기에 많은 이들은 이러한 느낌과 감각에 익숙해져 있습니다. 그래서 참된 기쁨과 평화에 대해서 잘 모르고 마음이 바쁘고 급하고 쫓깁니다. 그러한 경직됨도 분노와 관련이 있는 것입니다.

사람들이 분노 자체에 빠져있을 때는 분노의 대상에 대하여 화를 표출하게 됩니다. 하지만 그 분노를 일으키는 악한 영들에게 분노를 하는 이들은 거의 없습니다. 그 분노 자체에 분노하는 이들은 거의 없다는 것입니다. 하지만 이것이 바로 그 분노의 영에서 벗어날 수 있는 놀라운 방법입니다.
분노가 올라올 때 이렇게 대적하십시오.
"이 분노의 영아. 분노를 일으키는 악한 영아. 내가 예수의 이름으로 너를 대적한다!"
그렇게 외치십시오.
그 분노에 대해서 분노하십시오.
당신을 사로잡으려고 가까이 온 그 분노의 영에게 분노를 터뜨리십시오. 당신에게 갑자기 놀라운 일이 생기게 됩니다.
이상하게 조금 전까지 머리끝까지 올라왔던 화가 갑자기 사라져버리는 것입니다.
그리고 이성이 돌아옵니다.
'아니. 이상하다. 내가 왜 화가 났지? 이게 화를 낼 일인가? 이상하네.. 내가 왜 그랬을까..'
그런 생각이 들게 됩니다. 그것은 분노의 영이 이미 도망쳐버린 것을 의미합니다. 악한 영이 사라지면 누구나 다 제 정신이 돌아옵니다.
이것은 아주 쉬운 일입니다. 이 방법을 몰라서 많은 이들은 분노의 영에게 자기의 몸과 마음을 맡깁니다. 사단의 도구가 되는 것이지요. 그런 이들은 그러면서도 마귀를 전혀 의심하지 않습니다. '나는 성질이 원래 이래. 참아야 되는데.. 그게 잘 안 돼..' 이렇게 말합니다. 하지만 그렇게 생각한다면 당신은 분노의 영에서 벗어날 수 없습니다.

앞에서 악한 영들과 자신을 분리시키라고 했었습니다. 그렇게 분노와 자신을 분리시켜야 합니다.
그리고 악한 영에게 분노해야 합니다.
'아, 이것은 나의 분노가 아니다. 이것은 마귀가 가져다주는 것이다. 속지 말자. 이 영을 대적하자. 악한 영아. 너는 내가 아니다. 예수의 이름으로 너를 대적한다. 나에게서 나가라!'
그렇게 대적할 때 마음속에 일어나는 분노의 기운은 서서히 사라지게 됩니다.

처음에는 분별하고 대적기도를 하고 그러기도 전에 벌써 폭발을 했을지도 모릅니다. 그리고 나서야 '아차, 속았구나..' 하는 느낌이 들지도 모릅니다. 하지만 대적하는 기도를 반복하여 드리다보면 나중에는 분노가 올라오기 전에 그 기운을 느낄 수 있게 됩니다. 나중에는 마음속에 조금만 분노의 기운이 오려고 해도 그것을 느끼고 대적할 수 있습니다. 그런 식으로 서서히 분노의 영을 발견하고 컨트롤할 수 있게 되는 것입니다. 속은 것을 깨닫게 된다면 이기는 것은 그리 어렵지 않습니다. 그 분노의 기운이 자신이 아니고 마귀의 속임이며 침투인 것을 선명하게 깨달아야 합니다.

이것은 치열한 싸움입니다. 한 두 번의 싸움으로 여기에서 벗어날 수 있는 것이 아닙니다. 꾸준히 반복하여 싸울 때 당신은 이 영들로부터 벗어날 수 있게 될 것입니다.

다시 강조하지만 자신의 분노를 합리화시키는 것은 어리석은 일입니다. 그 상황에서는 그럴 수밖에 없었다느니, 나니까 그 정도라느니, 그 때는 몰랐었다느니.. 하는 식으로 변명하는 것은 바보와 같은 짓입니다. 그렇게 하는 이들은 어리석은 자들입니다.

그러한 이들은 악한 세력과 분리되지 않으며 계속 악한 영의 도구로 쓰여지게 됩니다. 계속 남들에게 상처를 주고 아픔을 주는 도구로 쓰여지게 됩니다. 지금 마귀의 도구가 된다면 그의 영원한 미래가 어떻게 될 것인지는 말하지 않아도 알 수 있는 것입니다.

분노는 불길과 같은 강한 기운입니다. 그러므로 이 영을 대적할 때는 흥분하는 것보다 차분하고 안정된 마음을 가지는 것이 좋습니다.

분노가 일어날 때 조용히 그 영의 기운을 관찰해보는 것도 좋은 방법입니다. 분노가 일어날 때 당신의 속 어느 부분에서 분노가 일어나는지 주의 깊게 관찰해보십시오. 배 근처에서 뜨거운 기운이 일어날 것입니다. 그것은 불쾌한 열이며 그것이 곧 분노의 영이 일으키는 것입니다. 그 기운을 주의 이름으로 대적하십시오. 그러면 그 분노의 기운이 멈칫하는 것을 느끼게 됩니다.

그리고는 놀랍게도 분노의 힘이 현저하게 약해지게 됩니다. 악령들은 그들의 정체가 발견될 때 그 즉시 힘을 잃어버리기 때문입니다.

이러한 경험이 반복되어 분노의 불길이 점점 더 약해지면 사람들은 비로소 깨닫게 됩니다. 마음의 평화로움이 이렇게 행복한 것이라는 것을 말입니다. 예전 같으면 화가 났을 상황에서 마음이 여전히 평온하여 흔들림이 없는 것을 경험하게 되면 그들은 자신이 해방되었음을 느끼게 될 것입니다.

분노의 영들이 차츰 소멸될수록 그 사람의 눈에는 다른 이들이 사랑스럽게 보이게 됩니다. 그리고 전에는 잘 하지 못했던 다른 사람에 대한 칭찬이나 격려, 사랑의 고백도 쉽게 하게 됩니다. 부드러운 표현을 잘 하지 못하고 남에게 인사치레라도 좋은 말을 하려고 하면 어색한 느낌이 일어나는 것도 분노의 영에 관계된 것입니다. 대인관계를 잘 못하게 하는 것도 분노의 영과 관련이 있습니다.

분노의 영이 사라지면 당신은 여간해서는 다른 이들에게 질책의 말을 하지 않게 되며 격려해주고 칭찬해주고 위로해주고 싶은 마음이 자꾸만 일어나게 됩니다. 당신의 주위에는 자꾸 사람들이 모이게 되며, 당신의 대인관계는 자연스럽게 풍성해지고 아름다운 것으로 바뀌게 되는 것입니다.

분노, 혈기는 넘치는 악입니다. 그것은 당신의 몸과 영혼을 파괴합니다. 건강을 파괴하고 삶을 파괴합니다. 아름다운 관계를 파괴하는 것입니다.

부디 당신의 몸을 마귀에게 빼앗기지 마십시오. 당신의 마음과 목소리와 건강과 생명을 마귀에게서 되찾으십시오.

여태까지 악한 영들에게 당신이 그러한 많은 것을 빼앗겼다면 당신은 이제 그 영들을 대적함으로 그 모든 것들을 다시 찾아올 수 있습니다. 분노의 영을 대적하고 소멸시킬 때 그 모든 풍성함들은 회복될 수 있을 것입니다.

그리하여 당신은 꽉꽉하고 경직된 삶에서 벗어나 따뜻하고 아름답고 풍성한 삶을 누릴 수 있게 될 것입니다. 할렐루야.

5. 슬픔을 대적하십시오

슬픔은 흔히 경험할 수 있는 감정입니다.
우리는 누구나 슬픈 감정이 올라오는 것을 느낄 때가 있습니다.
이런 경우 마음속에 그 느낌을 묻어두기도 하지만 눈물을 흘림으로써 그 감정을 표현하기도 합니다. 심리학자들은 대체로 눈물을 흘리는 것을 권유하는 경향이 있습니다. 감정을 묻어두지 말고 그렇게 자신의 느낌을 표현하라고 합니다.

그리스도인들도 일반적으로 눈물을 흘리는 것에 대해서 좋은 이미지를 가지고 있는 것 같습니다. 누군가가 집회에서 울면 은혜 받았다고 이야기합니다.
목회자들은 자신이 설교를 할 때 성도들이 설교를 듣고 울면 좋아합니다. 아마 주님께서 애통하는 자는 복이 있다고 말씀하셨기 때문에 우는 것은 다 좋은 것이라고 생각해서 그런지도 모릅니다.
울고 나면 일시적으로 감정의 눌림이 해소되며 후련한 느낌을 갖게 됩니다. 그래서 흔히 눈물은 치유의 도구로 인식됩니다.

하지만 그 근원이 별로 좋지 않은 눈물도 있습니다. 흘리면 흘릴수록 속에서 더 깊은 슬픔이 치밀어 올라오는 눈물도 있습니다.
주님께 기도하면서 한없이 울면서 하소연하는 이들도 많이 볼 수 있습니다. 묘하게도 이러한 것을 부러워하는 이들도 있습니다.

나는 침울한 눈물을 흘리는 이들을 많이 보았습니다. 어떤 이들은 기도할 때마다 울었습니다. 항상 눈물과 하소연의 기도를 드렸습니다. 하지만 그 뒤끝은 개운하지 않았습니다. 어둡고 누추하고 눌려 있는 느낌이었습니다.

목회 초기에 예배를 인도할 때 예배 중에 우는 자매들이 많았습니다. 처음에는 '은혜를 받는 모양이다.' 하고 생각하고 내버려두었지만 점차로 그러한 눈물이 어두움의 표현이며 주님이 기뻐하시는 것이 아니라는 것을 알게 되었습니다.

그러한 눈물은 신세한탄이나 원망과 하소연이 포함되어 있는 눈물이었습니다. 그것은 악한 영을 끌어당기고 우리의 삶과 미래를 더 비극적으로 만들게 됩니다. 나는 그래서 그러한 눈물을 대적하라고 가르쳤습니다. 그러자 곧 자매들 속에 있는 슬픔과 눌림의 기운이 사라지고 얼굴이 환하게 밝아지게 되었습니다.

우리는 슬픔이나 눈물을 분별해야 합니다. 속에서 나온다고 그대로 내버려두거나 감정에 휩쓸려 가서는 안 됩니다. 우리는 우리 감정의 주인이 되어야 하며 그것을 통제할 수 있어야 합니다.

마귀를 대적해야 할 때 울고 있는 이들을 나는 많이 보았습니다. 그것은 정말 한심스러운 일입니다.

악한 마귀는 믿는 백성들을 조롱하고 누르고 짓밟고 있는데 신자들은 그저 울고 있습니다. 하나님께 나아가서 하소연하면서 슬피 울고만 있는 것입니다.

부디 기억하십시오. 울고 하소연하는 것은 약자가 하는 것입니다. 눈물은 필요할 때가 있지만 아무 때나 울어서는 안됩니다.

지금은 구약 시대가 아닙니다. 이제 주님은 우리와 함께 계십니다. 주님은 우리에게 권세를 주셨습니다. 우리는 이제 무기를 가지고 있으며 마귀를 분쇄할 수 있습니다. 그러니 울고 슬퍼하는 시간에 마귀를 부수는 것이 훨씬 더 나은 것입니다. 또한 그렇게 마귀를 박살내게 되면 울어야 할 일이 별로 없어집니다. 주님께 대한 감사와 감격의 눈물 외에는 말입니다.

슬픔은 결코 좋은 것이 아닙니다. 우리는 그러한 감정에 빠져 있어서는 안 됩니다. 우리는 그 슬픔의 근원을 분별해야 합니다.
많은 슬픔과 눈물이 어두운 곳에서 옵니다. 우리는 자신의 감정에 그대로 휩쓸려 가지 말고 그 감정을 대적해야 합니다. 그 감정이 주님께로부터 온 것이라면 주의 이름으로 대적할 때 그것은 사라지지 않습니다. 그러나 악한 영들로부터 온 것이라면 그 슬픔은 대적할 때 순식간에 사라집니다.

나도 예전에 수시로 슬픔의 느낌에 잠길 때가 많았습니다. 그러나 이러한 것을 깨닫고 주의 이름으로 대적하자 그러한 느낌과 감정에서 벗어날 수 있었습니다. 그리고 많이 웃고 삶을 즐거워할 수 있게 되었습니다.
슬픔의 감정이 올라올 때 그것을 분별하십시오. 그리고 악한 영들로부터 오는 것을 대적하십시오.

슬픔의 영도 외부나 환경을 통해서 들어오기도 하지만 대체로 속에서 잠재된 것이 나오는 경우가 많습니다.
이러한 슬픔의 영도 역시 기질적인 원인에 의한 것도 있고 과거의 충격적인 상황에서 그 영이 들어와 자리를 잡음으로써 시작된 것도 있습니다. 어느 쪽이든, 그것이 외부에서 들어온 슬픔이든, 속에서 잠재된 것이 나오는 슬픔이든, 건강하지 않고 어두운 감을 주는 슬픔은 대적해야 합니다. 그 슬픔의 기운은 영혼의 힘을 약화시키고 무기력하게 만들기 때문입니다.

부디 꾸준하게 이 영들을 대적하십시오. 그것이 당신의 마음을 차지하도록 허용하지 마십시오.
계속 투쟁하여 나갈 때 당신의 마음은 점점 더 밝아질 것입니다. 그리고 주님의 구원과 임재의 기쁨을 느끼고 찬송하게 될 것입니다.
기억하십시오.
천국은 슬픔과 눈물의 장소가 아니고 기쁨과 행복이 가득한 공간인 것을 말입니다. 그리고 당신은 그 천국을 누릴 수 있게 될 것입니다.

6. 복수심을 대적하십시오

우리나라 사람은 한이 많습니다. 그것은 일종의 복수심입니다. 과거의 억울한 일에 대한 분함입니다.

그것은 약자들의 특성이기도 합니다. 강한 사람이라면 억울한 일을 당하고 가만히 있지 않을 것입니다. 마음속에 담아두고 참지 않을 것입니다. 하지만 힘이 없고 용기가 없기 때문에 대적하지는 못하고 속으로만 그것을 삭이고 있는 것입니다.

폭력영화나 폭력적인 스포츠가 만연하여 있는 것도 사람들이 복수심을 많이 가지고 있기 때문입니다. 그들은 복수심을 가지고 있으나 현실에서는 그것을 이룰 수 없기 때문에 그러한 복수와 공격의 충동을 속으로 간직할 뿐입니다. 그러한 이들은 폭력적인 영화나 폭력적인 스포츠를 즐김으로써 대리 만족을 얻는 것입니다.

복수심은 악한 영들이 넣어주는 것입니다.
그것은 사람의 영혼을 어둡게 하며 마귀의 소유로 만듭니다. 복수심을 가질 때 그 영혼의 기능은 점점 더 약해지기 때문입니다.
나는 언젠가 어떤 자매에게 복음을 전했을 때 그녀가 그것을 거부하면서 어떤 사람을 용서할 수 없기 때문에 신앙을 가지지 않겠다고 말하는 것을 보았던 적이 있습니다.
복수심에 가득 찬 그녀의 모습은 참으로 무섭게 보였습니다. 그녀는 그 복수하고자 하는 마음이 자신의 것이라고 생각하겠지만 그것은 마귀가 그녀를 사로잡는 하나의 계략에 불과한 것입니다. 악한 영은 이처럼 연약한 사람의 심리를 이용해서 복수심을 자극합니다.

그들은 성격이 강한 사람에게는 약한 사람에게 잔인한 말과 행동을 하도록 충동질합니다. 그리고 약한 사람에게는 자신이 당한 일을 결코 잊지 않도록 그 기억을 자극합니다.

어떤 사람이 혼자 어둠 속에서 앉아있습니다.

그가 이 생각, 저 생각에 빠져 있는데 갑자기 과거에 겪었던 억울한 일이 떠오릅니다. 아주 오래 전의 일인데도 불구하고 어제 겪은 일처럼 아주 선명하게, 뚜렷하게 떠오릅니다. 상대방의 얼굴 표정, 그 때의 억울한 감정, 그 때의 슬픔이 지금의 일과 같이 느껴집니다. 그 사람의 얼굴은 일그러집니다. 그는 갑자기 분노와 복수심에 사로잡힙니다.

어떻게 이런 일이 가능할까요? 어떻게 그렇게 오래 된 일이 그처럼 선명하게 잊혀지지 않고 떠오르는 것일까요?

기억하시기 바랍니다. 바로 그 공간, 바로 그 사람의 옆에 어떤 영적 존재가 있는 것입니다. 그는 기억을 일으킵니다. 그는 속삭입니다. 그는 감정을 자극하고 기억을 자극합니다. 그는 아주 가까이에서 어두움의 에너지를 지금 공급하고 있는 것입니다.

이럴 때 그 악한 영들을 대적해야 합니다. 그들이 주는 생각과 감정에 속아서는 안 됩니다. 그 영들이 하라는 대로 생각하고 느끼면 영혼이 망가지고 병들게 됩니다. 그러므로 그들의 공작을 가만히 내버려두어서는 안 됩니다.

그 속이는 영들을, 어두움을 심어주는 영들을 주의 이름으로 대적하십시오. 주의 이름으로 분명하게 꾸짖으십시오.
당신의 안에 복수를 원하는 영들이 계속 거주하게 해서는 안 됩니다. 그것은 당신의 마음에 평화를 빼앗아가고 당신의 인상을 험상궂게 만듭니다. 사람들은 당신을 점점 피하고 멀리하게 될 것입니다.

항상 자신이 과거에 겪은 억울한 일들을 계속하여 하소연하고 호소하는 이들이 있습니다. 그들은 상대방이 자기에게 얼마나 못된 짓을 하였는지, 자신이 얼마나 억울하게 고통을 당했는지, 그 때문에 자기의 인생이 얼마나 비참하게 되었는지를 거듭 반복하여 이야기합니다. 그러한 이야기를 상대방이 들어주지 않고 공감하지 않으면 화를 내거나 속상해 합니다.

그것은 정말 바보 같은 일입니다. 그러한 이야기는 하면 할수록 자신이 악령들에게 사로잡히는 것 외에는 아무 좋은 일이 없습니다. 그런 이야기를 하는 시간에 마귀를 박살내는 것이 훨씬 더 낫습니다. 우리의 원수는 사람이 아니며 마귀라는 것을 알지 못하면 그는 계속 마귀의 꼭두각시가 됩니다.

복수심이 올라올 때 그것을 대적하십시오.
그 영에 속지 마십시오. 더 이상 당신의 인생을 마귀에게 빼앗기지 마십시오. 더 이상 그 영들에게 속아서는 안 됩니다.
부디 반복하여 주의 이름으로 이 영들을 대적하십시오.
이것을 반복할 때 당신은 복수를 다짐하게 했던 상황에 대한 많은 기억들을 잊어버리게 될 것입니다.

당신은 기억하고 싶어도 도무지 기억이 나지 않게 될 것입니다. 왜냐하면 억울한 기억을 계속 일으키고 자극하는 영들이 사라져버렸기 때문입니다.

영들의 세계, 그 영들의 활동에 대해서 알지 못하는 이들은 그들의 꼭두각시에 가까울 정도로 속고 끌려 다닙니다.

부디 깨달으십시오.
그리고 주님의 빛 가운데 거하십시오.
밝고 맑고 아름다운 생각과 감정으로만 충만하십시오.
대적하고 싸우고 물리칠수록 점점 더 당신의 마음과 감정은 복수심에서 벗어나 자유로움과 평안이 가득하게 될 것입니다. 할렐루야.

7. 과거의 아픈 기억을 처리하십시오

어린 시절이나 지나간 날의 아픈 기억은 두고두고 고통의 근원이 됩니다. 그것은 과거에서 끝이 나지 않고 지금 현재에도 많은 부정적인 영향을 끼칩니다. 그래서 내적 치유와 같이 과거의 기억에 대한 치유 사역이 많이 행해지고 있습니다. 이 기억의 치유에 있어서도 대적하는 기도는 아주 효과적입니다. 그것은 고통이 생기는 시점에서 악한 영이 침투하는 경우가 많기 때문입니다.

어린 시절에 당한 성적인 상처 때문에 오랫동안 고통을 겪는 이들을 나는 많이 접하였습니다. 이성에 대한 두려움과 증오와 함께 자신에 대한 혐오감, 그럼에도 불구하고 느껴지는 성적인 충동들로 인하여 고통스러워하는 경우를 많이 보았습니다.
그것은 그러한 사건을 통해서 악한 영이 들어와서 그때부터 같이 살고 있기 때문입니다. 일단 그렇게 들어온 영은 자신의 의지와 상관없이 그 영의 독특한 작용을 합니다. 그러므로 이것은 다른 치유도 필요하지만 그 영과 기운을 밖으로 내보내야 하는 것입니다.

기억을 통하여 그 당시의 시점으로 돌아가서 주의 이름으로 그 영을 불러내고 대적하면 그 영들이 반응합니다. 그리고 계속 공격할 때 나가기 시작합니다. 나갈 때는 몸에서 어떤 것이 빠져나가는 느낌을 받게 됩니다. 그리고 나면 후련한 느낌이 들며 과거에 대한 생각을 하더라도 별로 마음이 아프지 않고 자유롭게 됩니다. 그것은 악한 영향을 지속적으로 주고 있던 기운이 사라졌기 때문입니다.

어떤 고통스러운 기억이든 우리는 대적함으로 다 우리의 몸에서 내보낼 수 있습니다. 과거의 고통을 이야기하면서 슬픔이나 고통의 느낌을 그대로 가지고 있는 이들이 있는데 이들은 아직 자유로운 것이 아닙니다. 아직 그 때의 영이 그대로 속에서 살아있는 것입니다. 그 기운을 모두 밖으로 토해내야 합니다.

사람이 나쁜 음식물을 먹으면 속에서 탈이 납니다. 그래서 설사를 하거나 심하면 병원에 가서 위세척을 해서 씻어냅니다. 하지만 생각과 기억은 좀 더 깊은 곳에 자리를 잡고 있기 때문에 그것을 내보내지 않고 오랜 시간동안 지속적으로 고통을 받고 사는 이들이 많은 것입니다. 이런 것들은 시간이 오래 지났다고 하더라도 반드시 내보내야 합니다. 대적기도를 통해서 그들이 완전히 빠져나가면 과거의 고통스러운 경험에 대한 이야기를 하면서도 웃으면서 오히려 감사하는 마음으로 그러한 경험들을 나눌 수 있습니다.

어떤 일이라도 보기에 따라서는 긍정적인 의미를 발견할 수 있기 때문입니다. 악한 영들은 그러한 일을 통해서 우리를 파괴하려고 하지만 주님께서는 오히려 그 일을 통해서 우리에게 은혜를 베푸시고 주님 앞으로 가까이 나아오도록 도우시기 때문입니다.

과거의 아픈 경험을 통해서 악한 영들이 침투하는 것은 흔한 일입니다. 그런데 이와 관련하여 정말 어리석은 짓이 있습니다.

그것은 다른 사람에게 과거의 상처나 상황에 대해서 이야기할 때입니다. 어떤 이들은 별로 좋지도 않은 이야기를 너무 감정을 실어서 아주

리얼하게 이야기합니다. 상대방이 이런 목소리로 마구 화를 냈다고 하면서 상대방의 악한 목소리를 그대로 흉내 냅니다. 자기가 그 때 얼마나 마음이 상하고 억울했는지.. 고통스러웠는지.. 아주 생생하게 재현을 하는 것입니다.

이것은 정말 나쁩니다. 왜냐하면 그런 식으로 나쁜 기억을 선명하게 묘사할 때 그 때 들어왔던 동일한 영들이 다시 들어오고 역사할 수 있기 때문입니다. 그렇게 하면 한번 치유된 것이라도 다시 나쁜 증상이 재발하게 됩니다.

그러므로 과거의 슬픔이나 고통에 대해서 이야기를 해야 할 상황이라면 침착하고 차분하게 주님께 감사를 드리는 마음으로 해야 합니다. 흥분은 금물입니다. 그것은 악한 영들을 다시 불러들입니다.

부디 당신의 안에서 살고 있는 악한 기억을 대적하시고 쫓아내십시오. 우리의 기억 속에 아픔으로 남아있는 것은 관련된 악한 영들이 아직도 여전히 살아있는 것입니다. 단순히 잊으려고 해서 해결이 되는 것은 아닙니다.

당신을 괴롭히고 있는 좋지 않은 기억을 대적하십시오.

그 상황으로 가서 그때 들어온 악한 영들을 부르고 대적하고 초토화시키십시오. 그것들을 깨끗하게 내보내십시오.

여태까지 네 멋대로 이곳에서 숨어서 살아왔지만 이제는 더 이상 안 된다고 나가라고 선언하십시오. 주인은 당신이며 그들에게 방을 빼라고 하면 그들은 나갈 수밖에 없습니다.

주의 이름으로 충분히 대적하십시오. 그것들은 모두 다 사라지게 될 것이며 당신은 더 이상 과거의 기억으로 인하여 고통을 겪지 않게 될 것입니다. 할렐루야.

8. 영의 침투를 당했을 때

어느 자매를 보았는데 그녀를 보는 순간 가슴에 심한 통증이 왔습니다. 이유를 물었더니 어떤 사람과 대화를 하다가 방심을 한 틈을 타서 심한 말이 가슴에 꽂혔다고 했습니다.

가슴이 많이 아팠습니다. 단순한 느낌이 아니라 심장 근육이 칼을 맞은 것처럼 실제적으로 아팠습니다. 그 내용에 대해서는 잘 모르지만 아픈 것은 선명한 느낌이었습니다.

그녀에게 가슴에 꽂힌 부분을 대적하는 기도를 통해서 빼내라고 했습니다. 그것은 다른 사람의 말을 통해서 그녀에게 악한 영이 침투한 것이기 때문입니다.

그녀는 대적을 하자 트림을 하더니 토하기 시작했습니다. 그리고 나서 조금 후에 회복이 되었습니다.

흔히 쓰는 표현 중에 '말이 비수같이 꽂힌다' 는 말이 있습니다.
영으로 볼 때 그 말은 사실입니다. 사람의 언어에는 어떤 형태의 에너지가 있습니다. 부드럽고 따뜻한 말을 할 때는 구름과 같은 몽실몽실한 에너지의 형태가 상대방의 영혼을 부드럽게 감싸줍니다. 그래서 행복감을 줍니다. 사람이 어떤 말을 하게 되면 영적 에너지가 움직이게 되며 그 주위의 공간에 영적 파동이 일어나게 되는 것입니다.

그러나 비난하며 공격하는 악한 말은 문자 그대로 비수와 같습니다. 날카로운 화살이나 칼과 같은 것이 상대방의 가슴을 그대로 관통하거나 찢어놓습니다. 실제로 상대의 가슴은 피를 흘리게 되고 당사자는 깊은 통증을 느낍니다. 가슴이 찢어진다는 말은 단순한 상징적인 묘사가 아니고 영적인 실제입니다.

어떤 이들은 입에서 나오는 말이 그대로 비수입니다.
그래서 가까이 있는 사람을 항상 찌릅니다. 물론 이러한 사람은 그 사실에 대해서 전혀 모르는 것이 보통입니다. 그래서 그러한 사람을 피하게 되면 화를 내고 욕을 하며 고독하다고 비난하는 것이 보통입니다. 그들은 자기가 아무리 남들을 찌르고 고통을 주더라도 상대방은 그냥 가만히 칼을 맞고 그들의 입장을 들어주고 위로를 해주기를 바랍니다.

세상에는 이런 사람들이 아주 많습니다. 그들은 지옥에 속한 사람들입니다. 이런 이들은 아무리 많이 기도하고 오랫동안 신앙생활을 해왔다고 하더라도 실제적으로는 지옥의 영으로 삽니다. 신앙이란 삶의 열매로 나타나는 것이며 주님과 천국의 영으로 사는 것이지 몸이 교회에 있는 것으로 다 끝나는 것이 아닙니다.

악한 영들은 항상 사람을 통해서 일합니다. 그들은 하늘에서 벼락을 쳐서 사람을 괴롭히지 않습니다. 항상 사람을 통해서 혼란스러운 영을 공급하고 악한 말을 통하여 상처와 충격을 일으킵니다.
악한 영들의 공격은 크게 두 가지입니다.
한 방면은 머리를 공격하는 것입니다. 그리고 다른 방면은 심장을 공격하는 것입니다.
생각이 많고 복잡한 사람들은 머릿속에 어두움이 많습니다. 이들은 머리가 많이 아픕니다. 영이 민감한 사람은 이러한 이들을 대하면 머리에 심한 통증을 느끼게 됩니다.
반면 심령이 약한 사람들은 가슴이 자주 아프게 됩니다. 그것은 다른 사람들에게 영적으로 눌리고 공격을 받기 때문입니다. 영이 예민한 이들은 이러한 이들을 보면 가슴에 통증을 느낍니다.

나는 영이 예민한 편이라 사람들을 접하면 고통을 많이 느끼는 편입니다. 어떤 사람들을 보면 머리가 아팠습니다. 또한 어떤 사람들을 보면 가슴이 아팠습니다. 전자는 주로 지적인 사람들이었고 후자는 대체로 단순하거나 본능적인 사람들이었습니다. 하지만 당사자들은 그것을 잘 느끼지 못했습니다.
그래서 나는 사람들을 만나게 되면 영을 강화시키고 나의 영을 보호하는 장치를 하게 됩니다. 주로 호흡기도를 통하여 나의 영혼에 방어벽을 치곤합니다. 그렇게 준비를 하고 있으면 상대방의 상태를 느낄 수는 있지만 그 기운들이 나의 영혼에까지 침투해 들어오지는 못했습니다.

영을 발전시키고 주님의 임재로 가까이 나아가게 되면 점점 영적 감각이 예민해지게 됩니다. 사고가 나기 전에 그것을 느끼고 어떤 사람을 만나기 전에 그 사람의 기운과 영을 느끼게 됩니다. 상대방의 마음을 쉽게 느끼게 되며 겉으로 말하는 것과 상대방의 마음속에 있는 것이 다른 것을 느끼게 됩니다.

하지만 이렇게 예민해지게 되면 피해를 보기가 쉽습니다. 많은 이들이 순결하고 맑은 영으로 살기보다는 혼탁하고 어둡고 더러운 기운을 가지고 살고 있기 때문입니다. 그러므로 그들의 근처에 가게 되면 그러한 기운과 에너지가 흘러 들어오기 때문에 조심하고 자기 방어를 하는 것이 필요합니다. 음식은 우리가 입으로 먹고 위장에 집어넣을 때에 비로소 우리 몸으로 들어오지만 사람이 가지고 있는 영과 에너지는 가까이 있기만 해도 우리의 속으로 들어오기 때문입니다. 그렇기 때문에 어떤 사람을 만나느냐, 어떤 영적 분위기 속에 있느냐 하는 것은 아주 중요합니다.

대적기도와 충분한 발성기도와 호흡기도의 충전은 자신의 영을 강하게 합니다. 그러므로 다른 이들을 통해서 오는 악한 에너지를 차단할 수 있습니다.
하지만 일단 우리 안에 그 기운이 들어왔다면 대적하는 기도를 통해서 그것들을 밖으로 내보내야 합니다.
머리가 아플 때는 머리에 흑암이 침투한 것이므로 눈을 크게 뜨고 대적기도를 하면서 강하게 호흡으로 배출을 합니다. 한동안 그렇게 하고 있으면 머리가 시원해지게 되며 이것은 악한 영들이 나가는 것입니다.
가슴에 칼을 맞았을 때는 대적기도를 하면서 강한 호흡으로 배출을 하고 트림을 통해서 내보냅니다. 그렇게 한동안 하면 트림이 나오고 구역질이 나오면서 속이 점차로 편해지게 됩니다.

사람들의 영을 잘 분별하는 것이 중요합니다. 어떤 사람이 습관적으로 원망을 하거나 불평을 하거나 남을 비난하거나 잘난 척을 하는 사람이라면 그 사람은 흑암에 속한 사람입니다. 신앙경력이나 지위에 상관없이 그러한 사람의 옆에 있어야 한다면 항상 긴장하고 주의하여 자신의 영을 지켜야 합니다. 그러한 사람은 항상 어두움의 기운을 남들에게 공급하기 때문입니다.
그러한 사람은 기도할 때도 역시 악한 영이 나오기 때문에 기도를 듣고 있는 것도 조심해야 합니다. 한숨과 한탄의 기도는 주님이 임하시지 않고 오히려 악한 영이 그러한 고백을 통해서 역사하기 때문입니다. 그러므로 그러한 때도 역시 조심하여 자신의 영을 잘 지키고 방어해야 합니다. 그렇지 않으면 남의 기도를 한참 듣고 있다가 영이 아주 눌리게 됩니다.

설교를 듣는 것을 통해서도 영이 눌릴 수 있고 영이 어두운 사람이 하는 찬양을 들어도 영이 망가질 수 있다는 사실을 알아야 합니다.

영이 예민해질수록 사람의 외형보다 그 사람의 중심에서 흘러나오는 것에 주의하게 됩니다.

외형적인 경건함보다 그 사람이 빛과 아름다움과 사랑에 속한 사람인가, 아니면 이기심과 미움과 원망과 비난의 사람인가를 감지할 수 있어야 합니다. 그래야만 자기의 영을 보호하며 내면에 있는 실제적인 천국의 기쁨을 경험하고 유지할 수 있습니다.

한 사람 한 사람은 그 자체가 곧 지옥이며 천국이기 때문입니다.

우리가 대적하는 기도를 배우는 것도 우리 안의 지옥의 영을 결박하고 쫓아내고 천국의 영으로 가득해져서 천국에 속한 사람이 되기 위한 것입니다.

항상 영을 분별하고 사람을 분별하여 당신의 영을 아름답고 건강하게 지키십시오. 나쁜 것이 들어왔다면 신속하게 그것을 대적기도로 내보내십시오. 그렇게 할 때 우리는 항상 천국의 빛 속에서 즐겁고 행복하게 살 수 있을 것입니다. 할렐루야.

9. 근심을 대적하십시오

항상 근심에 잠겨서 사는 이들이 있습니다. 이들은 얼굴에도 그것이 바로 드러납니다. 이들의 안색은 수심으로 가득 차 있습니다.
이들은 모든 상황에서 모든 여건에서 근심거리를 발견합니다.
이들은 항상 한두 가지의 근심거리를 가지고 있습니다. 하지만 그 문제가 사라지게 되면 다시 다른 근심거리를 찾아냅니다. 그리하여 그 문제에 사로잡히고 다시 근심과 염려를 쏟아 붓습니다.
그들은 항상 그들의 근심을 입으로 시인하고 전파하며 그 근심의 기운을 온 세상에 전파합니다.

이들은 어두움의 창조자들입니다. 이들은 근심의 영을 가지고 있기에 항상 나쁜 일을 끌어당겨, 어디에 가든지 안 좋은 일을 만나게 됩니다. 또한 그러한 경험으로 인하여 더 많은 근심에 사로잡힌 채 평생을 살아갑니다. 우리 집에는 들어오는 문에 번호 키가 달려 있어서 열쇠가 필요 없기 때문에 편하게 다닙니다. 그런데 같은 건물에 사는 다른 몇몇 집에서는 그것만으로는 부족한지 육중하게 생긴 잠금 장치를 추가로 설치해 놓은 것을 보았습니다. 불편을 감수할 정도로 두려움이 컸던 것이었겠지요. 이와 같이 두려움과 근심에 잡혀서 사는 이들이 적지 않습니다.
오래전에 아내에게 어떤 아주머니가 보낸 편지를 보았습니다. 보험 설계사 일을 하시는 아주머니였습니다. 그녀는 보험을 들라는 제안에 아내가 별로 반응을 보이지 않자 아주 애절한 편지를 보내왔습니다. 당시 우리는 생존 자체가 힘들 정도로 경제적으로 어려웠기 때문에 보험을 들 생각을 할 여유가 없었습니다. 미래를 걱정하기보다는 당장 먹고 사는 것이 중요했으니까요.

그런데 그 편지를 읽어보니 내용이 정말 애절했습니다. 얼마 전에 어떤 부인이 갑자기 남편이 사고를 당했는데 아무런 대책이 없이 그저 울고만 있었다는 예를 자세하고도 처절하게 묘사하면서 미래에 대한 대책이 정말 필요하다고 주장하는 것이었습니다.

나는 웃고 말았지만 이러한 이야기들이 쉽게 잘 먹혀 들어간다는 것을 알게 되었습니다. 정말 세상에는 미래에 대해서 근심하고 있는 이들이 너무 많이 있는 것 같습니다.

사람들에게 두려움을 심어주는 것은 아주 쉬운 일입니다. 평안과 안심을 심어주는 것은 쉽지 않은 일이지만 불안과 두려움을 조성하는 것은 정말 쉬운 일입니다. 그만큼 사람들은 두려움과 근심을 받아들이기에 좋은 마음을 가지고 있는 것입니다.

근심은 지옥에서 옵니다. 천국에는 근심이 없습니다. 천국에는 우리를 지으시고 이 우주를 지배하시며 통치하시는 주님에 대한 무한한 사랑과 신뢰가 있을 뿐입니다.

마귀는 항상 두려움과 의심과 근심을 넣어줍니다. 이러한 마귀의 사역을 전혀 갈등 없이 받아들이는 명목상의 그리스도인들이 너무 흔하게 많이 있다는 것은 슬픈 사실입니다.

노인들은 더 많은 근심을 가지고 있는 것 같습니다. 그래서 '노파심'이라는 단어도 있습니다. 그들은 미래의 불행에 대해서 너무나 많은 것을 염려합니다. 그러한 이들은 그것이 자기의 경험으로 입증되었기 때문에 조심해야 한다고 말합니다.

하지만 그러한 그들의 경험은 '네 믿음대로 될지어다' 라는 말씀이 현실에서 이루어진 것에 불과합니다. 즉 그들의 근심과 부정적인 믿음이 각종 재난과 사고를 끌어당기고 일으키게 된 것입니다.

모든 말과 생각은 하나의 에너지이며 그것은 비슷한 형태의 에너지를 끌어당깁니다. 그렇기 때문에 근심을 가지고 있는 사람에게는 항상 불운한 사건이 따라다니게 되는 것입니다.

근심의 영에 잡힌 이들은 다른 사람들에게 그 근심의 기운을 전파하는 것을 사명으로 압니다. 그래서 그들은 듣는 사람들을 항상 불안하게 만듭니다.

그들의 말이 잘 먹혀 들어가지 않으면 그들은 화를 냅니다. "너는 그러고도 속이 편안하니?" 하고 그들은 말합니다. "저렇게 세상을 모른다니까" 하고 그들은 말합니다.

이들 앞에서는 웃으면 안 됩니다. "그렇게 웃음이 나와?" 하고 말할 것이기 때문입니다. 이들은 다른 이들도 자신들처럼 근심과 두려움에 잠기게 하기를 원하기 때문에 다른 사람들이 행복하게 지내면 그것으로 고통을 느낍니다. 다른 이들이 웃고 행복해할 때 그들은 더욱 더 심한 고독을 느끼며 분노하게 됩니다. 그들은 다른 이들이 즐겁게 지내는 모습을 보면 다른 이들은 좋은 팔자를 타고났다고 생각하며 미워합니다. 그들은 지옥을 만들어내는 것은 바로 자기 자신이라는 사실을 알지 못합니다.

이들은 지옥에 가까운 사람들이며 지옥의 에너지에 항상 영향을 받고 사는 사람들입니다. 그러므로 그들은 항상 지옥을 전파합니다.

그들이 불행한 이유는, 표면적으로는 예수의 이야기를 하고 복음에 대한 이야기를 하고 신앙에 대한 이야기를 한다고 해도 실제로 그들의 영혼은 지옥에 가까워 지옥의 기운을 항상 느끼고 있기 때문입니다. 그러므로 그러한 이들이 있는 곳에는 감사와 찬양과 기쁨이 흘러나오지 않고 어두움과 근심과 짜증과 분노가 나타나게 됩니다.

부디 기억하시기를 바랍니다. 자기 속에 근심의 영을 가지고 있는 이들에게는 미래가 없습니다. 근심하는 사람들에게는 미래가 없습니다. 그들은 재난을 창조하며 항상 어두움의 영들이 그들을 따라다닙니다.
이런 이들은 마음과 입술의 시인을 바꾸지 않으면 평생 자기의 불운을 탓하면서 살게 되며 영원한 곳에서는 어두운 곳으로 떨어질 것입니다. 교회에 평생 다닌다고 자기의 영원한 미래를 낙관하는 것은 어리석은 것입니다. 정말 중요한 것은 중심이 변화되는 것이며 생각과 입술의 고백과 삶이 변화되는 것입니다.
이러한 이들을 만날 때는 정말 조심하는 것이 필요합니다. 재난의 에너지가 이들로부터 공급되기 때문입니다. 조심하지 않으면 당신에게도 그러한 불운의 기운이 들어올 수 있습니다.

반드시 이 근심의 영을 대적하시기를 바랍니다. 악한 영들은 믿음이 부족한 어리석은 사람들에게 항상 근심을 공급하여 그들의 영혼을 사로잡으려 하기 때문입니다.
그러므로 조금이라도 근심이 마음속에 들어오려고 한다면 그 즉시로 그것을 대적하십시오.
'사탄아. 내가 예수의 이름으로 너를 대적한다. 내게서 사라져라. 나는 아무 대책이 없지만 주님이 나의 주인이시고 왕이시고 나의 후견자이

시다. 그러므로 나는 근심이 없다. 근심의 영아. 물러갈지어다!'
그렇게 계속 선포하십시오. 당신이 그렇게 계속 믿고 시인하면 근심의 기운은 당신의 안에 들어올 수 없습니다.

TV의 뉴스를 보면 항상 세상의 온갖 근심거리를 열심히 전파합니다. 그들은 온 세상으로 하여금 두려움에 빠지게 하려고 작정을 하고 있는 것처럼 보입니다. 그래서 믿음이 약한 사람들은 뉴스를 보면서 걱정 근심에 사로잡힙니다. 그러므로 우리는 깨어있어야 합니다. 깨어 있어서 근심의 영이 우리 안에 들어오지 못하게 해야 합니다.
욥은 재앙을 겪은 후에 '나의 두려워하는 것이 내게 임했다'고 말했습니다. (욥3:25) 당신은 그렇게 고백하지 마십시오. 평소에 두려움과 근심이 임할 때에 그것을 시인하고 고백하지 말고 그것을 물리치십시오.

우리가 살고 있는 세상에는 날마다 끊임없이 사고가 일어나고 나쁜 일이 생깁니다. 불운한 일을 겪는 이들은 어디에서나 볼 수 있습니다. 그러나 근심의 영을 대적하고 물리치며 주님을 온전히 신뢰하고 감사하고 찬양하는 주님의 사람들에게는 결코 나쁜 일이 생기지 않을 것입니다.
우리가 사는 이 세상의 문화들, 그리고 우리가 만나는 사람들의 말을 통해 근심의 영들은 끊임없이 우리의 속으로 침투하려고 한다는 사실을 부디 잊지 마시기를 바랍니다.
일단 그들이 침투하면 가슴이 답답해집니다. 그리고 온갖 염려와 근심의 생각들이 하루 종일 떠오릅니다. 그것은 이미 악한 영이 마음속에 침투한 것입니다. 영적으로 무지한 사람들은 그것이 지옥의 공격이며 악한 영이 들어와서 자리를 잡고 자신을 지배하려고 하는 것임을 모르고 그들이 심어주는 이야기를 입으로 시인하고 전파합니다. '큰일 났다. 어떡하면 좋지.. 너 어쩌려고 그러니..' 이러한 말들이 근심의 영들을 고착시키는 것입니다.

부디 기억하십시오. 근심을 한번 받아들이면 그 귀신들은 당신의 안에서 아주 살림을 차리고 살게 됩니다. 그리고 당신의 영혼까지 사로잡게 됩니다. 당신의 얼굴은 시커멓게 되고 자신의 능력을 전혀 발휘할 수 없게 되며 주변에 온갖 나쁜 일이 일어나게 되는 것입니다.

부디 근심의 영을 대적하십시오. 아주 조금만 근심이 생겨도 주의 이름으로 그들을 대적하십시오.
주님이 우리와 함께 하시고 우리의 가는 길을 인도하십니다.
마귀는 우리를 해롭게 할 수 없습니다.
그러므로 절대로 마귀가 좋아하는 말들을 하지 말고 마귀를 끌어당기는 말을 하지 마십시오.
결코 당신의 입으로 근심의 소리를 발하지 마십시오.
꾸준하게 근심의 기운을 대적하고 소멸하십시오.
근심이 올 때마다 주의 이름으로 그들을 저주하고 쫓아내십시오.
그렇게 할 때 그들은 사라질 것입니다.
그리하여 당신은 항상 마음의 기쁨과 안식을 누리며 평화롭게 살 수 있게 될 것입니다. 바깥세상에는 두려움과 근심이 가득하고 세상 사람들은 항상 두려워 떨겠지만 당신의 마음은 주님 안에서 깊은 평안을 누리게 될 것입니다. 할렐루야.

10. 무력감을 대적하십시오

무력감도 악한 영이 공격하는 단골 메뉴 중 하나입니다. 이상하게 전신이 나른하고 기운이 없을 때가 있습니다. 몸이 찌뿌듯하고 움직이는 것조차 귀찮습니다. 게다가 몸 뿐 아니라 마음과 생각도 무기력해집니다. 갑자기 '나는 아무 것도 할 수 없다'는 마음이 들어옵니다. '내가 무엇을 할 수 있겠어..' 하는 생각도 듭니다. 사소한 실패를 경험하고 난 후에 이런 생각이 흔히 떠오릅니다.

주로 내성적이고 조용한 기질의 사람들이 이런 악한 영들의 공격에 쉽게 주저앉게 됩니다. 악한 영들은 이런 식의 공격을 하는 것을 즐기며 이런 방식으로 주님께 속한 멀쩡한 사람을 수도 없이 잡습니다.

이들이 위로를 얻기 위해서 그렇게 떠오르는 생각을 다른 이들에게 푸념을 하듯이 표현을 한다면 그것은 더욱 좋지 않습니다.
'나는 아무 것도 할 수 없어..' '아니야. 그렇지 않아. 너는 할 수 있어..' '하지만 그게 얼마나 어려운데.. 너는 나를 몰라서 그래. 나는 정말 무능해..'
이런 식의 대화를 나누고 있다면 그것은 스스로를 바보로 만들고 마귀에게 바치고 있는 것입니다.
그러므로 그런 시인을 하지 말아야 합니다.

대개의 경우 이런 무력감은 시간이 지나면 어느 정도 회복됩니다. 하지만 그러한 생각을 습관적으로 받아들이는 사람은 오랫동안 그 영에게 눌리게 됩니다. 그러한 이들은 당연히 평생 재능을 발휘하지 못하고 무기력하고 비참한 삶을 살게 됩니다. 평소에는 잘 하던 것을 꼭 중요한 순간에는 아주 무력해져서 하지 못하게 됩니다.

이러한 증상을 자연적인 것으로 보기도 하고 스트레스 때문이라고 하기도 하는 등 여러 해석들이 있지만 영적으로는 악한 영들이 누르기 때문에 생기는 것이 보통입니다.

다른 사람과 잠시 같이 있다가 상대방이 가지고 있는 무기력한 기운이 전달되어서 갑자기 무력해지기도 합니다.

특별한 이유도 없이 삶이 무기력해지며 인생의 모든 의욕을 잃게 되는 경우도 있습니다. 이것도 무기력의 영들을 아무 제어 없이 받아들였기 때문입니다. 이들은 모든 것을 귀찮아합니다. 아무런 목표도 없으며 무슨 이야기를 해도 그거 하면 뭐하냐고 반문합니다.

무기력한 영들을 받아들이다 보면 나중에는 이와 같이 인생의 모든 것들에 대해서 무기력해집니다. 무능력해지며 비참해집니다. 이처럼 생기가 없어지고 무기력해진 이들은 마치 시체와 같습니다. 이들은 살아있으나 살아있는 것이 아닙니다.

이러한 상황에서 벗어나는 것은 아주 간단합니다. 그것은 이러한 무기력이 악한 영들의 공격이라는 것을 깨닫고 대적하는 것입니다.

그것은 너무 간단하고 쉬운 기도입니다. 무기력감이 몰려 올 때 주 예수의 이름으로 그 영을 꾸짖고 쫓는 것입니다.

"나를 지치고 무기력하게 하는 악한 영아. 내가 주 예수의 이름으로 너를 대적한다. 지금 나에게서 나가라!"

이런 정도로 몇 번 명령하면 됩니다.

하지만 이렇게 간단한 기도를 하고 나면 그 후의 변화에 놀라게 됩니다. 갑자기 힘이 회복되고 갑자기 멀쩡해지기 시작하는 것입니다.

갑자기 속에서 새 힘이 일어납니다. 권태는 사라지고 의욕이 생기게 됩니다. 무기력의 영들이 나가면 바로 이렇게 됩니다.

주님의 은총은 온 우주 안에 가득합니다. 모든 만물이 그 하나님의 생명과 생기로 살아가게 됩니다.

악하고 누르는 영이 나가고 나면 우리는 그 기운과 생명을 항상 믿음으로 취할 수 있습니다. 하나님의 영으로 인하여 활기차고 풍성한 생명의 삶을 누리고 가질 수 있습니다.

그러므로 악한 압제하는 영들을 결박하고 대적하시기를 바랍니다.

몸에 힘이 빠지고 무력해질 때 마음이 낙심이 되고 무력해질 때, 주의 이름으로 악한 영을 대적하시기를 바랍니다. 그들에게 속아서 침체된 상태로 살아서는 안 됩니다.

무기력해질 때마다, 의욕이 사라지고 생기를 잃어버릴 때마다 거기에 빠지지 말고 대적하십시오.

당신은 곧 힘을 얻게 됩니다. 당신은 곧 자신이 지금까지 너무 오랜 세월을 속아왔음을 알게 될 것입니다. 새로운 활력이 생기는 것을 느끼게 될 것입니다.

한번만 시도해보면 당신은 그 열매를 얻게 될 것입니다. 할렐루야.

11. 교만한 영을 대적하십시오

교만은 지옥의 중심에 속하는 악입니다. 모든 종류의 죄를 짓는 사람들이 구원을 받고 주님께 가까이 나아갈 수 있으나 교만한 사람들은 아주 어렵습니다. 그것은 마귀의 본질과 아주 흡사하기 때문입니다.

세리와 창기는 죄인이기는 했으나 구원과 천국에 이를 수는 있었습니다. 그러나 바리새인들은 주님으로부터 마귀의 자식이라는 평가를 받았습니다.

바리새인들은 거룩하고 경건하고 신앙에 열정적이고 기도도 많이 하고 금식도 하고 말씀을 깊이 있게 연구하며 가르치고 모든 선행에 앞장섰으며 모든 사람들에게 인정을 받고 존경을 받았지만 오직 주님께는 인정을 받지 못했습니다. 그것은 주님이 다른 사람들처럼 사람의 외모를 취하지 않으시고 마음의 중심을 보시기 때문이며 그들의 중심에 있는 교만을 보셨기 때문입니다.

모든 질병에 자각증상이 있지만 교만에는 자각 증상이 없습니다. 그들은 신앙생활에 열심이므로 자신의 믿음이 우월하다고 생각합니다. 그들은 세리를 보고 자기는 그들과 다르다고 고백합니다. 그들은 항상 자기는 남들에게 가르칠 것이 있다고 생각하며 높은 자리에 앉고 남들의 인정을 받으며 존경을 받기를 원합니다. 이러한 이들의 영혼은 지옥에 아주 가까이 있지만 이들은 평생을 신앙적으로 존경을 받고 살아왔기 때문에 자신의 교만과 악을 느끼지 못합니다. 자신이 지옥에 가까이 있다는 사실을 알지 못하는 것입니다.

교만처럼 무서운 죄는 없습니다. 이에 비하면 살인죄나 간음죄는 가벼운 죄에 속하는 것입니다.

그러한 죄들은 인간적인 죄이지만 교만은 하나님을 향하여 대적하는 것이며 오직 자기를 높이는 것이기 때문입니다.

지적인 사람들 가운데는 교만한 이들이 많이 있습니다. 또한 영적이고 은사적인 경험을 많이 한 이들 중에도 교만한 자들이 많이 있습니다. 그들은 자신들이 하나님을 대적한다는 사실을 꿈에도 알지 못합니다. 이들은 하나님께서 그들을 특별하게 사랑하신다고 생각합니다. 그러므로 지식이 부족하고 체험이 부족한 자들을 무시합니다.

교만한 이들은 밭에 심겨진 가라지와 같은 존재입니다.

"예수께서 그들 앞에 또 비유를 베풀어 가라사대 천국은 좋은 씨를 제 밭에 뿌린 사람과 같으니 사람들이 잘 때에 그 원수가 와서 곡식 가운데 가라지를 덧뿌리고 갔더니 싹이 나고 결실할 때에 가라지도 보이거늘 집 주인의 종들이 와서 말하되 주여 밭에 좋은 씨를 심지 아니하였나이까 그러면 가라지가 어디서 생겼나이까

주인이 가로되 원수가 이렇게 하였구나 종들이 말하되 그러면 우리가 가서 이것을 뽑기를 원하시나이까

주인이 가로되 가만 두어라 가라지를 뽑다가 곡식까지 뽑을까 염려하노라 둘 다 추수 때까지 함께 자라게 두어라 추수 때에 내가 추숫군 들에게 말하기를 가라지는 먼저 거두어 불사르게 단으로 묶고 곡식은 모아 내 곳간에 넣으라 하리라" (마13:24-30)

이 말씀은 유명한 천국 비유의 말씀입니다.

밭은 교회라고 할 수 있습니다. 신앙생활을 하는 터전입니다. 그런데 그 곳에는 곡식만 있는 것이 아니고 가라지도 있습니다. 가라지는 잡초를 말하는 것입니다.

주님은 그의 종들을 시켜서 씨를 뿌립니다. 하지만 주님의 종들만 씨를 뿌리는 것이 아닙니다. 원수들도 끊임없이 씨를 뿌립니다.

그리고 그 결과 싹이 났는데 곡식도 있지만 가라지도 생겼습니다. 곡식은 주님을 사랑하며 주님만을 높이는 사람을 말합니다. 이들의 삶에는 열매가 있으며 아름다움과 사랑스러움과 향기가 있습니다.

그러나 가라지는 자신을 드러내는 사람입니다. 가라지는 걷보기에는 곡식과 같지만 알곡과 다른 점은 그 속이 비어있다는 것입니다. 즉 열매가 없는 것입니다.

이와 같이 가라지에 속한 이들은 삶의 열매가 없습니다. 그들은 자기중심입니다. 그들은 주님보다 자기의 위치와 체면과 기분을 더 중시합니다. 이들이 있는 곳에는 소란스러움이 있고 원망, 불평, 미움이 있고 분파가 있습니다.

종들은 천사를 말합니다. 천사들이 교회에서 가라지를 제거하겠다고 하자 주님은 말리십니다. 아직은 심판 때가 아니라고 하십니다. 또한 함부로 가라지를 제거할 경우에 곡식까지 상할 수 있다고 하십니다. 그러므로 심판 때까지 미루자고 하십니다.

가라지, 잡초는 일반적으로 곡식보다 뿌리가 깊습니다. 그리고 생명력이 끈질깁니다.

그래서 함부로 잡초를 뽑다가는 곡식까지 같이 뽑힐 수가 있습니다. 그러므로 곡식을 보호하기 위하여 가라지를 내버려 두는 것입니다.

가라지의 뿌리가 깊듯이 어두움에 속한 이들은 현실의 세계에서도 깊은 뿌리를 가지고 있습니다. 그들은 항상 높은 지위를 얻고 남들의 인정을 받으려 합니다. 그래서 대체로 눈에 띄는 위치에 있습니다. 이들은 권세를 잡는 것을 좋아하며 체면을 중시합니다. 그러므로 주님으로부터 외식하는 자라는 꾸짖음을 듣는 것입니다.

만일 이러한 이들이 심판을 받으면 그들을 신앙이 좋은 사람으로 우러러 보던 모든 이들은 같이 실족할 수가 있을 것입니다. 그러므로 주님은 심판을 미루십니다.

왜냐하면 마지막 날에는 그러한 자들이 뽑히더라도 이미 곡식들은 천국에 있기 때문에 실족할 수 없기 때문입니다.

마지막 날의 심판 때에 그리스도인들은 아마 깜짝 놀라게 될 것입니다. 그들은 대단하게 여겨지던 이들이 비극적인 심판을 받는 것을 보게 될 것입니다. 그리고 평소에 무식하고 부족하다고 업신여김을 받던 사람이 높은 곳에 주님과 함께 앉아있는 것을 보게 될 것입니다. 이러한 결과는 이미 성경의 많은 곳에서 이야기되고 있습니다.

주님께 속한 사람들은 결코 자신이 드러나는 것을 좋아하지 않습니다. 그들은 남들의 사랑과 존경을 부담스러워합니다. 그들은 목숨을 바쳐 주님께 충성하고 보이지 않는 곳에서 섬기면서도 우리는 무익한 종이라, 마땅히 해야할 일을 했을 뿐이라고 말합니다. 그들은 감히 면류관을 기대하지 않습니다. 그것이 주님께 속한 사람의 특성입니다.

나는 어디서 영성훈련을 받고 어디서 무엇을 배웠다는 이들이 자신의 믿음이 좋은 줄 알고 거들먹거리는 것을 많이 보았습니다. 회개하지 않으면 그들은 심판을 면할 수 없을 것입니다.

여기저기서 훈련을 받고 책을 많이 읽고 지식을 가지고 있는 이들이 교만한 것을 많이 보았습니다. 그들은 아직 살아있을 때에 회개해야 주님께 버림받지 않을 수 있습니다.

성실하게 교회에서 봉사하던 이들이 여러 영적인 단체에서 훈련을 받으면 높은 마음을 가지게 되고 그 다음에는 사역자를 비판하며 결국 교회를 떠나거나 분파를 만드는 것은 흔한 일입니다. 그 모든 것이 다 교만에서 시작되는 것입니다.

나는 믿음도 좋고 참 신실하던 사람들이 신학교에 들어가고 나면 사람이 참 이상해지고 강퍅해지는 것을 많이 보았습니다. 평신도였을 때는 참 좋던 사람들이 말입니다. 그것 역시 신학을 하면서 높은 마음이 들어왔기 때문입니다. 자신이 특별하게 기름 부음을 받은 특별한 사람이라는 인식을 가지게 되면 교만한 영이 들어와서 사람이 망가지게 됩니다.

이 부분을 주의하시기 바랍니다. 주님의 종들이 왜 가라지가 생겼느냐고 묻자 주님은 대답하셨습니다. '원수가 이렇게 하였구나..' (마13:28)
주님은 사랑과 빛과 진리와 아름다움을 심는 분이십니다.
그러나 원수가 뿌리는 것이 있습니다. 그것은 각종 악인데 가장 무서운 것이 교만입니다. 그리고 그 씨를 받아먹으면 가라지가 됩니다. 그는 지옥 백성이 되며 하나님을 대적하는 자가 됩니다.

어떤 이들은 하나님의 교회를 대적하고 판단하며 교회를 대표하는 사역자를 비난하고 비판합니다. 그러면서 자신들은 영적으로 높고 깊은 경지에 있기 때문에 괜찮다고 합니다. 분명한 것은 그러한 이들은 주님께 속한 사람들이 아니라는 것입니다. 그들은 마귀에게 속고 있는 자들입니다. 아직 생명이 있을 때에 회개하지 않으면 그들에게는 다시는 기회가 없습니다.

왜 그렇게 많은 이들이 마귀에게 속는가 하면 마귀의 음성은 사람을 기분 좋게 해주기 때문입니다.

마귀는 하와에게 선악과를 먹으면 지혜가 임하고 하나님과 같이 된다고 유혹하였습니다.

하와 입장에서 생각하면 그것은 하나님의 말씀보다 훨씬 더 유리한 것입니다. 하나님께 꼼짝 못하고 순종하는 것보다 대등한 위치에 설 수 있고 놀라운 지혜를 얻게 된다는데 어찌 혹하지 않겠습니까. 마귀의 유혹은 그와 같은 것입니다.

마귀는 속삭입니다.

'너는 진리를 깨달았다. 네가 알고 있는 것을 아는 사람은 전 세계에 없다.'

'너는 정말 대단한 종이다. 내가 너를 나의 깊은 보좌에 이끌리라.'

'너를 알아주지 않는 것은 다 사탄이다. 저 목사는 너를 핍박하고 있는 것이다.'

'내가 너를 세계적인 사람으로 크게 사용하고 높이리라'

'저 교회는 잘못된 교회다. 바른 교회라면 너를 무시하지 않을 것이다.'

그러한 마귀의 유혹은 아주 유치한 것이지만 자신이 충분히 주님께 드려지지 않고 자신이 영광을 받기 원하는 이들에게는 아주 매력적인 것으로 느껴집니다. 그러므로 그들은 점차로 마귀의 종이 되어 가는 것입니다.

어떤 이들은 다른 사람들의 칭찬과 높여줌을 아주 즐깁니다. 그들은 자신을 높여준 사람들의 말을 길이길이 기억하고 간직합니다.

누가 나에게 이렇게 말했고 이렇게 인정해주었다고 그들은 사람들에게 전파합니다.

그러한 이들은 마귀에게서 벗어나기 어렵습니다. 마귀는 그런 식으로 사람을 유혹하고 높여서 그 영혼을 사로잡기 때문입니다. 그러한 사람은 주님보다 자기를 더 생각하기 때문에 마귀의 계략을 분별할 수 없습니다.

마귀가 뿌려주는 교만의 씨앗, 그것을 처음부터 원초적으로 단절해야 합니다. 오늘날 교회들은 마치 학원에서 자격증을 주듯이 제자훈련을 하고 온갖 세미나와 훈련을 하면서 그것을 이수한 사람들을 높여줍니다. 그 결과 그러한 것들을 이수한 이들은 실제적인 삶의 변화나 주님께 속한 열매도 없으면서 오직 높은 마음만을 갖게 됩니다.

선교 단체에서 오랫동안 훈련을 받았거나 선교사의 사역에 종사하는 이들이 높은 마음을 가지고 악한 영들에게 속는 것은 아주 흔한 일입니다. 그러나 목회자든 선교사든 자신의 신앙을 높은 것으로 생각하는 이들은 주님 앞에서 악한 것입니다. 낮아지지 않을 때 그들은 악한 영들에게서 벗어날 수 없습니다.

'나는 이런 놀라운 것을 체험했다.'
'나는 이런 수준에 있다..'
'*** 은 아직 멀었다..'
이런 식으로 말을 하는 이들을 나는 많이 보았습니다.
말 속에 은근한 교만이 들어있는 이들을 나는 많이 보았습니다.
그들은 위험한 사람들입니다. 그들은 주님에게서 아주 멀리 있습니다.

주님께 속하고 천국에 속한 이들은 자신을 가장 부족하고 낮은 자라고 생각하게 됩니다. 그러므로 그들은 다른 이들에 대한 비판을 거의 하지 않습니다.

그리고 사람들의 찬사와 칭찬으로 인하여 고통을 느끼게 됩니다. 그들은 오직 모든 영광을 주님께 드려야 함을 알고 있습니다. 그들은 사람들의 인정과 영광을 얻느니 차라리 지옥을 선택할 것입니다.

천국에 속한 사람은 오직 항상 주님께 영광과 경배를 드리며 거기에서 힘과 능력을 얻기 때문에 그들이 주님의 영광을 가리게 되면 몹시 고통을 느끼게 되기 때문입니다. 이것이 천국인과 지옥인의 차이입니다.

지옥인은 사람에게서 높임을 받기 원하기 때문에 외식을 하게 되는 것이며 천국인은 중심을 보시는 주님을 알기 때문에 사람의 시선이나 체면에는 그다지 신경을 쓰지 않고 오직 주님을 기쁘시게 하기를 원하는 것입니다.

부디 기억하시기 바랍니다. 마귀는 항상 가라지를 뿌립니다. 사람의 마음에 가라지를 뿌립니다. 할 수만 있다면 사람들을 교만하게 만들려고 노력합니다. 그래서 조금이라도 먹혀 들어가면 그 영혼을 사로잡아 지옥으로까지 이끌고 가려고 합니다.

교만을 증오하십시오.
교만을 저주하십시오.
사람에게 높임 받는 것은 하나님께 미움을 받는 것입니다.
오직 순결하게 깨어있으십시오.
마귀를 대적하십시오.

마귀가 당신을 높여줄 때 선포하십시오.
"마귀야! 물러가라! 나는 이 세상에서 가장 비천하고 부족한 주님의 종이다!"
그렇게 외칠 때 마귀들은 물러갈 것입니다. 마귀는 겸손한 자를 당할 수 없기 때문입니다.

교만한 영을 대적하십시오. 거기에서 모든 재앙이 오기 시작합니다.
당신의 영혼을 교만에서 지키십시오. 천국에서 떨어지지 않고 주님께 버림받지 않기 위해서 오직 교만을 주의하십시오.
하나님을 대적하지 마십시오.
교만은 하나님을 대적하는 것입니다.
하나님의 영광을 빼앗지 마십시오.
교만은 하나님의 영광을 빼앗는 것입니다.
부디 이 영들과 대적하며 싸우고 승리하십시오.
당신이 교만의 영을 물리치고 이길 수 있다면 당신은 다른 대부분의 마귀의 공격을 잘 분별하고 물리칠 수 있을 것입니다. 그리하여 진정한 승리자가 될 수 있을 것입니다. 할렐루야.

12. 비판의 영을 대적하십시오

항상 남의 잘못을 발견하는 사람들이 있습니다. 누구는 이것이 틀렸고 저 사람은 이 부분을 잘못하고 있으며 이 사람은 저것이 옳지 않다고 말합니다.
이러한 이들은 지도자에 대한 비판도 서슴지 않는 것이 보통입니다. 목회자의 설교에 대해서 비판하기도 하고 목회의 방침이나 방향에 대해서도 서슴지 않고 판단합니다.
이러한 사람이 유일하게 비판하지 않는 대상이 있다면 오직 자기 자신 뿐입니다. 결국은 모든 이들이 다 옳지 않고 자신만이 옳다는 것입니다. 물론 이것은 마귀의 영입니다. 이들은 마귀로부터 비판의 영을 받았으며 그 악한 기운이 그 사람의 안에 자리를 잡고 있는 것입니다.

주님께로부터 온 사람은 남을 판단하는 것을 두려워합니다. 그들은 남에 대하여 함부로 말하지 않습니다. 그들은 주님으로부터 오지 않는 판단의 생각이나 말에 심판이 있다는 것을 잘 알고 있습니다.
예를 들어서 "저 사람은 나쁘다." 라고 말했을 때 만약 그 말이 옳지 않다면 자신이 심판을 받아서 죽게 된다고 합시다. 그러한 원리를 알고 있다면 함부로 비판하는 사람이 있겠습니까? 사소한 비판에 자기의 목숨을 걸어야 한다면 말입니다.
모든 비판에는 최종적인 주님의 심판이 있습니다. 그러므로 비판을 하고 싶으면 목숨을 걸어야 합니다. 그렇지 않고 함부로 말하는 것은 겁이 없는 것입니다. 우리의 모든 말은 주님 앞에서 하는 것이기 때문입니다. 만약에 어쩔 수 없이 판단을 해야 하는 입장에 서게 된다면 그들은 두려워하며 '오, 주님.. 저의 마음과 생각을 붙들어 주십시오' 하고 조심하면서 다른 이들의 유익을 위해 감히 선악을 분별해낼 것입니다. 지도자의 위치에 있어서 그에게 맡겨진 사람들을 이끌어야 하기 때문에 판단을 해야만 하는 사람이라면 선악의 분별을 해야 하는 경우를 피할 수 없을 것입니다. 그러나 그러한 상황에서도 판단을 하는 데 있어서는 많은 기도와 조심이 필요합니다. 만약 그가 틀렸다면 그는 심판을 피할 수 없는 것입니다. 진정한 심판자, 판단자는 오직 주님이시기 때문입니다.

두려움이 없이 함부로 자기가 모든 것을 아는 듯이 이야기하는 이들은 양심이 화인 맞은 사람이며 영감이 마비된 사람들입니다.
자신이 선지자의 사명을 받은 듯이 말하는 사람들도 있습니다. 만약에 혹시라도 그것이 사실이라면 무사하겠지만 그 사람이 선지자의 영을 받은 것이 아니라면 그는 심판을 면할 수 없습니다.
대부분 그러한 비판의 영은 마귀로부터 오는 것입니다. 다만 그러한 이들은 영이 마비되어서 그 사실을 알지 못하는 것입니다.
이러한 이들의 논리는 일견 그럴듯해 보입니다. 왜냐하면 마귀가 그러한 깨달음을 주기 때문입니다.
이들은 사람들의 잘못을 아주 예리하게 지적해냅니다. 자기라면 그렇게 하지 않을 것이라고 말합니다. 그러한 이들은 오직 영광을 자기가 얻기를 원합니다.

항상 비판을 입에 달고 있는 이들은 자신이 비판을 하고 있다는 사실을 모릅니다. 재래식 화장실에서 오래 있던 사람이 자기 몸에서 악취가 나는 것을 모르는 것과 같습니다. 그러나 다른 사람은 그 악취를 느끼고 도망가게 됩니다.

저 설교는 이래서 좋지 않고.. 저 사람은 성품이 어때서 나쁘고.. 이렇게 하면 안 되고.. 그렇게 말하는 것이 비판입니다. 사람들이 물어보지도 않는데 자기가 공연히 평가를 하는 것이 비판입니다. 하지만 그렇게 무심코 이야기하고 있는 동안에도 자신의 말에 대한 심판의 시계는 돌아가고 있습니다.

어떤 사람이 그러한 비판자들에게 조언을 하며 조심시키려 하더라도 비판의 영을 가지고 있는 이들은 그것을 받지 않습니다. 그들은 귀가 멀었고 눈이 닫혀있기 때문에 그들의 비위를 맞춰주지 않는 한 진리를 듣지 않습니다.

이러한 사람들은 남들의 약점에 대해서 정확하게 파악하는 능력이 자기에게 있다고 생각합니다.

그리고 그 사실에 대해서 자부심을 가집니다.

기억하시기 바랍니다. 그러한 인식은 마귀에게서 나오는 것입니다.

주님의 시각은 법이 아니고 사랑입니다. 주님의 시선으로 보게 되었을 때 거기에는 옳고 그름보다 사랑의 관점으로 상대방의 약점을 보완하고 덮어주고 싶은 마음이 생기게 됩니다.

만약 당신이 사람들의 잘못과 약점이 수시로 눈에 보이며 지도자의 잘못하고 있는 점이 자꾸 눈에 띄며 견디기가 힘들다면 당신은 조심해야 합니다.

당신은 좋지 않은 영들에게 속고 있을 가능성이 아주 많습니다.

나는 어떤 이들이 기도 중에 지도자가 범죄하는 환상을 보았다는 이야기를 많이 들었습니다. 지도자가 은밀하게 간음하고 있는 것을 보았다는 사람, 지도자의 머리 위에 뱀이 있는 것을 보았다는 사람, 지도자의 몸이 시커멓게 보였다는 사람.. 등 여러 사람들의 이야기를 들었습니다. 머리는 환하게 빛이 나고 있는데 몸은 아주 까맣게 보였다는 환상을 보았다는 이야기도 들었습니다.

그런 경우에 나는 말하는 이에게 정신을 차리라고 말합니다. 회개하고 반성하고 주님을 찬양하고 마귀를 대적하면 더 이상 헛것이 보이지 않을 것이라고 이야기합니다. 주님께서 성도들에게 그런 추한 모습을 보여줄 가능성은 거의 없기 때문입니다. 그러한 것들은 대부분 악한 영들의 장난입니다. 그런 환상을 본 이들이 있으면 얼마 가지 않아서 그 교회는 갈라지거나 무너지게 됩니다.
왜냐하면 그러한 것을 본 사람은 자신의 영이 깊어서 그러한 것을 보았다고 생각하기 때문입니다. 그러므로 그들은 주님께서 자기에게 중요한 비밀을 보여주셨다고 믿고 자신이 본 것을 교회에 퍼뜨리게 됩니다. 그렇게 되면 교회에는 급속도로 혼미한 영이 퍼지게 되며 갈라지거나 무너지게 되는 것입니다. 이것은 마귀가 교회를 파괴하기 위하여 흔하게 하고 있는 일입니다.

주님이 허락하신 영적인 경험이라면 그와 같은 경우에 지도자에 대한 간절한 사랑과 기도의 영을 보내십니다. 그렇지 않고 그 교회에서 떠나기를 원하신다면 다른 감동으로 인도하십니다. 주님께서 추잡한 꼴을 보여주시면서 인도하시지는 않습니다. 그런 악한 기운을 남들에게 전파하고 소문내라고 하시지도 않습니다.
주님의 영이 임하실 때는 항상 아름다움과 기쁨과 순수한 감동이 오는 것이 보통입니다. 그러나 마귀가 주는 것에는 그러한 감동이 없습니다. 그러한 환상에 속는 사람들은 너무 지식이 없이 순진하거나 교만한 것이 보통입니다. 그러한 이들은 교만을 내려놓아야 하며 좀 더 분별력에서 자라가야 합니다.

우리는 남의 약점과 죄와 잘못된 것을 보는 것이 악한 일이라는 것을 알아야 합니다. 우리는 그 영을 대적해야 합니다. 남들의 죄가 자꾸 눈에 띤다면 우리의 눈을 잡고 있는 악한 영을 대적해야 합니다. 그 영을 대적하게 될 때 우리는 사람의 결점을 보지 않게 됩니다. 다만 우리가 사랑하고 섬겨야 할 부분이 보일 뿐입니다.

기억하십시오. 비판의 영은 마귀에게서 옵니다. 높은 마음을 가지고 있는 이들은 남들을 함부로 비판하면서 자기의 미래에 아무 일도 없을 것이라고 생각합니다. 그러나 그러한 이들은 악한 영의 도구이기에 그들에게는 결코 행복이 기다리지 않습니다. 그들도 똑같이 다른 이들에 의해서 비판을 받으며 버림을 받을 것입니다. 마귀는 그에게 충성하는 자를 복 주는 것이 아니라 이용만 하고 버리기 때문입니다.

비판의 도구가 되지 마십시오. 사랑하고 격려하는 주님의 통로가 되십시오. 자꾸 남의 잘못과 죄가 보일 때 대적하십시오. 비판하고 싶은 마음이 들 때 그것을 대적하십시오. 주님께서 특별하게 당신에게 다른 사람을 바로 잡아주어야 할 사명을 맡기셨다면 당신은 상대방에 대한 사랑과 환경의 인도하심을 통한 확인을 얻을 수 있을 것입니다. 그렇지 않은 상태에서는 입을 다무십시오.

오직 사람을 축복하고 격려하며 모든 심판을 주님께 맡기십시오.

비판의 영을 대적하십시오. 그렇게 할 때 당신의 영혼은 안전하게 주님 안에 거할 수 있게 될 것입니다.

13. 비난의 영을 대적하십시오

비난의 영은 비판의 영보다 한 걸음 더 나아간 것입니다. 교만과 비판이 하나님을 대적하고 자신을 높인 것이라면 비난은 스스로 심판자가 되어서 영을 죽이는 것입니다. 모든 비난은 사람들의 영혼을 죽입니다. 그것은 날카로운 창과 같고 화살과 같아서 사람들의 가슴과 영혼에 깊은 상처와 충격을 남깁니다.
비판도 악한 것이며 사람을 아프게 하는 것입니다.
그러나 비판은 주로 논리에서 끝나는 경우가 많으며 힘이 큰 것은 아닙니다. 하지만 비난은 비판의 위에 정죄가 더해지는 것이며 감정이 더해지는 것입니다. 그것은 아주 강하고 날카롭게 찌르는 것입니다. 그것은 비난당한 이의 영혼을 억압합니다.

비난의 영을 받은 이들의 옆에서는 누구도 편안하게 있을 수가 없습니다. 그들은 항상 누군가를 욕하고 있기 때문입니다. 그러한 이들은 자신의 비난에 대해서 동조하지 않는 사람들까지도 비난합니다. 그러므로 그들의 옆에서는 잠시도 편안할 수가 없는 것입니다. 어떤 사람의 잘못에 대해서 비난하는 것은 좋지 않은 것입니다. 그것은 옳지 않습니다. 차분하고 지혜롭게 사랑하는 영으로 어떤 잘못에 대해서 바로잡고 가르치는 것이 좋은 것입니다.
그런데 잘못 자체보다 사람 자체에 대해서 비난하는 이들이 많이 있습니다. 그것은 정말 파괴하고 죽이는 영입니다.

나쁜 행동과 그 사람 자신은 다른 것입니다. 그러므로 어떤 사람이 잘못을 했다고 하더라도 그 사람 자체를 비난하는 것은 좋지 않습니다. 예를 들어 어린아이에게 "너 잘못된 행동을 했구나." 하고 말하는 것과 "너 나쁜 아이구나." 하고 말하는 것은 다릅니다. 후자는 그 영혼 전체를 정죄하는 것입니다.

비난은 저주하는 것과 같습니다.
그것은 능력을 가지고 있습니다. 그것은 긍정적인 능력이 아니라 파괴하고 죽이는 능력입니다.
정말 비극적인 것은 비난하는 영을 가지고 있는 이들의 밑에서 자라는 자녀들입니다.
그러한 부모들은 쉽게 자녀를 비난합니다. 사소한 잘못을 해도 비방합니다. 그것은 자녀를 저주하는 것과 같은 것입니다. 자녀들이 악령에게 사로잡히도록 악한 영을 나누어주는 것과 같습니다.
비난하는 부모들의 밑에서 자라는 자녀들은 영혼이 눌리고 무기력해져서 자신의 재능을 발휘하지 못하게 됩니다. 그렇지 않으면 분노와 적개심에 가득 차게 되어 그들 역시 남을 비난하는 사람으로 성장하게 됩니다.

이러한 부모들은 자신의 영을 보지 못하므로 그러한 말을 할 때 나오는 어둠의 기운을 느끼지 못합니다. 악한 영들을 쏟아 부어 놓고도 '너 잘 되라고 그런 거야' 하고 생각합니다. 그러나 비난하고 저주해서 잘 되는 사람들은 없습니다. 그러한 이들은 만약 본인이 비슷한 톤으로 비난을 당하게 되면 아마 견디지 못할 것입니다.
이 땅의 부모들은 자녀들을 많이 비난하는 편입니다. 이는 얼마나 안타까운 일인지요! 그것은 양육이 아니고 저주입니다.
자녀들은 사랑스럽고 아름다운 존재입니다. 그들을 원수라고 말해서는 안 됩니다. 그것은 자신의 책임입니다.
자녀들에게 악한 기운이 역사하면 그들을 대적하고 분리시켜야 합니다. 절대로 비난해서는 안 됩니다.
"넌 왜 애가 그 모양이니?"
"자식이 아니고 상전이야, 상전.."
"넌 뭘 하나도 잘 하는 게 없니?"
"너는 엄마 속을 뒤집어 놓으려고 태어났니?"
이런 말들은 이 땅의 어머니들이 흔하게 하는 비난입니다. 이와 비슷한 언어의 사례를 들자면 지면이 부족할 것입니다.
이러한 말은 말 그대로 저주입니다. 이런 말을 듣고 그 자녀가 자라서 아름다운 사람이 되기를 기대하는 것은 어리석은 일입니다.

기억하십시오. 그러한 비난의 영은 마귀에게서 오는 것입니다. 지옥에서 오는 것입니다. 당신을 축복을 주는 도구가 아닌 저주 하는 도구, 파괴의 도구로 쓰기 위해서 악한 영들이 영감을 불어넣고 있는 것입니다. 부디 비난의 영을 대적하십시오. 당신은 오직 축복하는 사람이 되어야 합니다.
비난의 영을 많이 가지고 있는 이들은 아주 예리하고 날카로운 칼을 가진 사람과 같습니다. 그들은 사람의 약점에 대해서 기가 막히고 정교하게 찌릅니다. 하지만 그것은 죽이는 칼입니다.
어떤 이들에게는 남들의 잘못과 부족한 부분이 너무나 잘 보입니다. 그냥 순식간에 보입니다. 어떤 이들은 자기는 사람을 한번 보면 안다고 자랑스럽게 말하기도 합니다.

하지만 남들의 잘못이 자꾸 보이는 것은 당신의 안에 악한 기운, 정죄와 비난의 영이 있음을 보여주는 것입니다.

주의 영, 사랑의 영이 있는 사람은 남의 약점을 잘 보지 못합니다. 남들의 잘못을 잘 발견하지 못합니다. 그들은 자신의 실수와 잘못에 대해서만 잘 느낄 수 있을 뿐입니다.

그들은 다른 사람에 대해서는 남들이 보지 못하는 아름답고 사랑스러운 부분들이 그들의 안에 있는 것을 쉽게 보게 됩니다. 그러므로 그들은 모든 사람이 악인이라고 보는 사람에 대해서도 사랑스럽게 느끼게 되는 것입니다.

그러므로 남의 약점이 자꾸 보인다면 반성을 하는 것이 좋습니다. 목사님의 설교를 듣고 그 설교의 문제점을 한 시간 동안 이야기할 수 있는 사람과 그저 단순하게 듣고 기뻐할 수 있는 사람과 누가 더 행복할 수 있겠습니까? 나쁜 점을 보는 것은 스스로의 삶을 어둠 속에 던지는 것과 같은 것입니다.

약점을 잘 보는 것은 똑똑한 것이 아니고 악한 영에 잡혀 있는 것입니다. 아름다운 영을 받으면 아름다운 것만을 보게 됩니다.

점치는 귀신이 들리면 공수를 한다고 합니다. 무당이 귀신같이 맞추는 것입니다. 하지만 맞춘다고 좋아할 것은 없습니다. 점치는 귀신이 들어 있어서 무당을 해야 한다면 그게 얼마나 무서운 일이겠습니까? 중요한 것은 귀신같이 맞추는 것이 아니라 사랑하는 것이며 사랑의 시선으로 보는 것입니다.

부디 기억하십시오. 비난은 악한 자들에게서 온다는 사실을 말입니다. 미움과 비난은 악한 영들로부터 오는 것입니다. 그것은 자신이 아닙니다. 마귀가 주는 것을 자신이 받아들이는 것입니다.

악한 영들은 하나님이 지으신 인간을 미워합니다. 그러므로 인간을 저주하고 파괴하고 싶어 합니다. 하지만 자신이 직접 그렇게 할 수 없기 때문에 사람에게 미움과 비난의 마음을 심어주는 것입니다.

어떤 이가 하나님의 마음으로, 주님의 마음으로 사람을 보게 된다면 그는 사람을 아름답게 보게 됩니다. 아비가 자식을 보듯이 불쌍하게 보게 됩니다. 그것이 주님의 시각입니다.

그러나 마귀의 영을 받아들이면 사람이 꼴 보기가 싫어집니다.

어떤 이들은 남들을 비난하면서 그것을 열심히 합리화시킵니다. 비난하지 말라고 하면 화를 내면서 비난할 수밖에 없는 이유를 열심히 대기 시작합니다. 그것은 속고 있는 것입니다.

그것은 자신을 마귀의 종으로 만드는 것입니다. 자기를 변명하고 있는 사람은 마귀에게서 벗어날 수 없습니다. 깨닫고 반성하고 그 영으로부터 멀어져야 합니다.

그러므로 그 비난의 영을 대적하십시오. 남의 약점이 보이고 잘못이 자꾸 보일 때 그 영을 대적하십시오.

큰 소리로 외치십시오.

"이 비난의 영아! 예수의 이름으로 명한다! 내게서 떠나가라! 나는 아무도 비난하지 않겠다. 오직 예수의 이름으로 자녀를 축복하고 배우자를 축복하고 목회자를 축복하고 교회를 축복할 것이며 이 나라를 축복할 것이다!"

그렇게 자주 대적하고 외치십시오.

우리는 어디에 가더라도 비난하는 자들을 만납니다. 그들은 영혼을 파괴하며 가정을 허물고 교회를 깨뜨리는 자들입니다.

그들이 지혜롭게 말한다고 해도 믿지 마십시오.
그들이 아는 것이 많다고 해도 믿지 마십시오.
주님께로부터 오는 사람, 천국에 속한 사람은 무엇을 보아도 아름답고 사랑스럽게 보는 사람입니다. 잘못과 악을 보아도 마귀를 대적하며 자신이 짐을 지고 중보기도하지 그것에 대해서 비난하지 않습니다. 그러므로 어떤 사람이 비난을 한다면 그들은 주님의 사람이 아니므로 그러한 이들을 멀리해야 합니다.

오직 주님의 도구가 되시기를 바랍니다.
주님은 사랑의 영이시며 용서와 긍휼의 영이십니다.
그러므로 아무도 비난하지 마십시오.
비난의 마음이 생길 때 그 영을 대적하십시오.
비난의 영을 대적하고 저주하며 당신에게서 아주 멀리 떨어지게 하십시오.
모든 사람, 모든 것을 주님의 사랑의 시선으로 볼 수 있게 해달라고 기도하십시오.
점점 더 당신은 그 영들에게서 벗어나게 되며
사랑과 격려와 축복의 사람이 될 수 있을 것입니다. 할렐루야.

14. 사소한 짜증을 대적하십시오

성격이 날카로운 사람들이 있습니다. 이러한 이들은 항상 긴장이 되어 있으며 아무 것도 아닌 일에 신경질을 부립니다. 조금만 일이 꼬이거나 자기의 원하는 대로 되어가지 않으면 마구 짜증을 냅니다.
이러한 사람들의 옆에 있으면 항상 긴장을 할 수밖에 없습니다. 이들의 신경질이나 짜증은 항상 옆에 있는 사람들에게까지 불똥이 튀기 때문입니다. 이러한 사람은 마치 날카로운 송곳을 가지고 있는 것과 같아서 그 근처에 가서 살짝 닿기만 해도 몸이 송곳에 찔리게 됩니다. 그러므로 주의하지 않으면 손상을 입을 수 있습니다.

이러한 이들은 시급하게 처리해야할 일이 있거나 중요한 일이 있을 때 더 심하게 짜증을 냅니다. 마음이 급해지고 바빠지면 더 긴장을 하기 때문입니다. 이런 사람들의 옆에서 여유 있게 일을 하라고 유머를 던지거나 하면 그것은 정말 큰일입니다. 그들은 자기가 그렇게 팔자가 좋은 줄 아느냐고 대답하며 당신을 실없는 사람이라고 여겨서 더 화를 내거나 미워할 것입니다.

조금 나은 사람은 상황이 끝난 후에 다른 사람들에게 사과를 하기도 합니다. 그 때 내가 너무 마음이 급해서 화를 냈다고 말하기도 합니다. 그러한 사람은 조금은 변화될 가능성이 있습니다. 그러나 대부분 이러한 종류의 사람들은 그 상황이 지나가면 자기가 말하고 행한 모든 것을 다

잊어버립니다. 바쁘고 급하면 그럴 수도 있지 그게 뭐 대수냐고 생각하고 지나가버리는 것이 보통입니다.

만일 당신이 그러한 사람이라면 당신은 변화되어야 합니다. 그렇게 쉽게 짜증을 내는 것이 죄가 아니라고 생각해서는 안 됩니다. 당신은 다른 사람들을 불편하게 하고 있는 것입니다. 당신은 자신의 문제점을 알아야 합니다.

변화를 위해서, 달라지기 위해서 정말 알아야 할 중요한 것이 있습니다. 그것은 짜증을 일으키는 것이 당신의 안에 있는 영들이라는 것입니다. 그들은 짜증을 먹고 삽니다. 그들은 당신이 수시로 짜증을 내고 신경질을 부릴 때 그 에너지를 먹고 사는 존재들입니다. 그러므로 당신이 짜증을 내는 것을 당연하게 여긴다면 그 존재들은 당신의 안에서 지속적으로 잘 먹고 잘 살며 당신의 삶을 지배하게 될 것입니다.

당신이 그들을 잘 입히고 먹이고 있는데 그들이 다른 곳으로 이사를 가겠습니까? 그들은 당신의 안에서 계속적으로 거할 것입니다. 그렇게 되면 당신은 점점 더 짜증이 많아질 것이며 신경질의 사람이 될 것입니다. 나중에는 하루에도 수없이 짜증을 내게 될 것입니다. 그것을 원치 않는다면 그 영들을 대적하고 내쫓아야 합니다.

이 짜증을 일으키는 영들을 대적하시기를 바랍니다. 계속 여유가 없고 쫓기고 살며 남들에게 기피인사가 되고 싶지 않다면 그 영들을 대적하십시오. 당신의 안에 거하는 그 영들이 더 이상 당신의 안에서 살지 못하도록 그들에게 거처를 제공하지 마십시오.

그들을 쫓아내려면 무엇보다도 반성이 필요합니다.

당신이 계속 짜증을 합리화시키고 있으면 그것은 악한 영들을 안전하게 거하게 만듭니다.

기도하고 대적하며 악한 영들을 결박하십시오. 그 영들에게 이렇게 말하십시오.

"이 악한 영들아. 짜증의 영아. 짜증을 일으키는 영들아. 너희는 내 안에서 오랫동안 살아왔다. 나는 알지 못해서 그동안 너희들에게 속고 살았다. 그러나 이제 더 이상 너희들은 내 안에서 살 수 없을 것이다. 이곳은 주님이 거하시는 전이다. 이 악한 영들아. 내가 예수의 이름으로 명한다. 이곳에서 나가거라!"

그렇게 지속적으로 대적하십시오.

어느 정도 영의 느낌이 있는 사람이라면 대적기도를 하는 순간 속에서 어떤 전율과 같은 것이 일어나며 구토가 나든지 아니면 순간적으로 몸이 가볍게 되는 것을 느끼게 될 것입니다. 그러나 영감이 둔하여 아무것도 느낄 수 없다 하더라도 상관은 없습니다. 일단 대적하면 그들은 피할 수밖에 없으니까요.

그러므로 이 영들을 대적해보십시오. 당신은 달라질 것입니다.

주위 사람들은 당신이 왜 짜증을 내지 않는지 이상하게 여길 것입니다. 그리고 계속 당신이 짜증을 내지 않을 때 주위 사람들은 당신이 변화된 것을 알고 놀라게 될 것입니다.

부디 이 악한 영을 대적하면서 변화되며 성장하여 가십시오. 그들이 사라진 후의 자유함을 경험해갈수록 당신은 예전에 자신이 정말 노예상태에 있었음을 깨닫게 될 것입니다.

15. 학대당하는 영을 대적하십시오

항상 학대를 당하는 사람들이 있습니다.
학대는 조금 심한 경우겠지만 아무튼 이러한 사람들은 가는 곳마다 다른 사람들에게 미움을 받고 왕따를 당합니다. 아마 천덕꾸러기라고 표현해도 될 것입니다.
본인으로서는 이런 대우를 받을 때마다 참으로 억울할 것입니다. 가는 곳마다 사람들이 싫어하고 구박하고 왕따를 시키니 사는 것이 괴롭겠지요.
이러한 사람들 중에는 특별한 이유도 없이 그저 미움을 받는 경우가 많습니다. 본인은 어떻게든 다른 사람들에게 잘 보이려고, 사랑을 받으려고 애를 쓰기도 합니다. 하지만 그러한 의도와는 반대로 계속 다른 이들에게 밉보이게 되는 것입니다.

그 이유는 무엇일까요? 그것은 그 사람의 안에 문제가 있는 것입니다.
이러한 이들은 학대를 당하는 영을 가지고 있는 것이 보통입니다. 그 영은 다른 사람들의 미움과 공격을 끌어당기는 영입니다. 그래서 이상하게 가는 곳마다 사람들의 미움을 받게 됩니다. 그 곳을 피해서 다른 곳을 가도 마찬가지입니다.
이러한 사람의 경우만이 아니라 각 사람이 경험하고 당하는 것은 대부분 자신의 안에 있는 영의 기운이 끌어당기는 것입니다. 그러므로 속에 있는 영적 기운이 좋지 않으면 좋지 않은 일이 생기게 되는 것이지요.

아무리 팔자타령을 해보아도 그 영이 바뀌지 않으면 외부의 상황은 바뀌지 않습니다. 창조는 우리 안에서부터 일어나는 것이니까요.
그러니 학대의 영을 가지고 있는 사람은 억울하기는 하겠지만 자신의 안에 있는 영적인 문제를 해결해야 합니다.

본인은 인식하지 못하겠지만 이러한 이들은 꼭 남들에게 미움 받을 말을 하게 됩니다. 자기도 모르게 분위기와 상황에 맞지 않는 멍청하고 어처구니없는 말을 해서 남들의 분노를 사는 것이지요. 하지만 이러한 이들은 자신이 그러한 말을 했는지, 상대방을 화나게 했는지를 모르는 것이 보통입니다. 그것은 그가 아니라 그의 안에 있는 학대를 끌어당기는 영이 시키는 것이니까요.
그러니 이러한 사람을 부모나 학교 선생님, 직장 상사, 군대의 고참 등이 아무리 혼을 내고 때리고 한다고 해도 나아지는 것은 없을 것입니다. 이것은 그의 영에 문제가 있는 것이므로 가르치거나 고통을 주어서 될 문제가 아니기 때문입니다.

대부분의 어두움의 영들이 다 그렇지만 이렇게 학대를 당하는 영이 형성되는 것은 부모님의 과도한 꾸지람에서 비롯되는 경우가 많습니다. 영적인 세계를 이해하지 못하는 부모들은 사람의 마음이나 영을 모르기 때문에 자신의 지적 수준에서 사람을 평가하며 자신의 기호 수준에서 사람을 좋아하기 마련입니다.
그러므로 그런 차원에서 보면 자기 마음에 드는 자식이 있고 자기의 마음에 전혀 들지 않는 자식이 있습니다. 자식이 둘이라면 하나는 좋아하고 하나는 싫어하는 것이 보통입니다.
이런 경우에 자기의 기질과 맞지 않는 아이를 미워하며 야단을 치고 자주 잘못을 꾸짖게 되면 그 아이에게 학대를 당하는 영들이 들어가게 됩니다. 그리하여 그 사람은 남은 삶에서 학대를 당하며 살게 됩니다. 부모와 자식의 관계는 인생의 전부라고 할 수는 없지만 인생의 전반부에는 큰 영향을 미치게 되는 것입니다.

부모와의 관계는 그의 평생의 인간관계에 영향을 줍니다. 부모에게 많은 애정을 받은 사람은 그의 영혼에 그러한 사랑 받음의 습관이 형성되어 다른 사람들에게도 사랑을 받게 됩니다. 그러나 부모로부터 비난과 꾸짖음을 받으며 자라는 사람들은 그 안에 미움을 받는 그릇이 형성되어 대부분의 사람들에게 꾸지람과 비난과 미움을 받으면서 살게 됩니다. 그의 영혼에 커다란 변화와 어떤 전환이 생기기 전에는 말입니다.

만약 부모의 입장에서 마음에 들지 않는 자식이 있다면 그 부모는 그러한 마음이 자식을 파괴한다는 사실을 알아야 합니다. 그러므로 부모는 개인적인 취향을 따라 자녀를 사랑해서는 안 되며 그 마음을 주님께 맡겨야 합니다. 주님의 눈과 마음으로 자녀를 사랑할 수 있게 해달라고 구해야 합니다.
그리고 그 미움의 영을 대적하고 쫓아내야 합니다. 그렇지 않으면 아이에게 학대받는 영이 들어갈 수 있기 때문입니다.

학대당하는 영을 가지고 있는 사람은 자신의 안에 학대를 끌어들이는 영이 있는 것을 발견해야 합니다. 그리고 나서 그는 자신의 안에 들어와 있는 그 학대의 영을 대적하고 쫓아내야 합니다.
어떻게 학대의 영이 자신 안에 있는 것을 알 수 있을까요?
그 한 가지 분별기준은 현실입니다.

당신이 가는 곳마다 환영을 받지 못하고 미운 오리새끼 취급을 받는다면 당신의 안에는 그러한 영이 있다고 봐야 합니다. 사람들은 당신이 무슨 말을 하든지 그 말에 대해서 좋지 않게 생각할 것입니다.

둘째의 분별기준은 당신의 마음입니다.
당신의 마음속에 '아무도 나를 좋아하지 않아.' 나는 남들에게 피해나 부담을 줄 거야' '내가 어떤 사람인지 안다면 다들 나에게서 도망갈 거야' 하는 생각이 자주 떠오른다면 당신의 안에는 학대의 영이 있는 것입니다. 그러한 생각을 일으키는 영들이 바로 그 학대의 영이기 때문입니다.

이제 당신은 그러한 생각들을 대적해야 합니다. 그러한 생각을 일으키는 영들을 쫓아내야 합니다.
당신은 주님이 당신을 축복하시며 귀하게 보시고 사랑하시며 아름답게 보신다는 것을 충분히, 충분히, 충분히 묵상해야 합니다. 그리고 시인해야 합니다.
"악한 영아. 내게서 떠나가라! 나는 아름다운 존재다. 나는 귀한 사람이다!"
그렇게 계속 고백해야 합니다.

당신이 그것을 깨닫고 악한 영을 대적할 때 당신은 무엇인가가 당신에게서 빠져나간 것을 느끼게 됩니다. 이상하게 뭔가 가벼워진 느낌을 가지게 됩니다.
그리고 당신은 느끼게 될 것입니다. 당신을 보는 다른 사람들의 시선이 조금씩 달라지고 있는 것을 말입니다. 사람들은 더 이상 당신을 외면하지 않으며 당신에게 미소를 짓게 됩니다. 학대를 받던 사랑을 받던 그것을 끌어당기는 것은 당신의 마음속에 있는 것이기 때문에 당신의 마음, 당신의 영이 바뀌게 되면 바깥의 환경도 바뀌게 되는 것입니다.

나의 경우도 어린 시절, 청년 시절까지 항상 다른 이들에게 미움을 받고 나쁜 인상을 주었다는 것을 고백해야 하겠습니다. 하지만 나는 나의 문제가 무엇인지 몰랐습니다.
나중에 영적인 세계에 대해서 이해를 하게 되고 나의 내면과 영이 달라지기 시작했습니다. 그리고 나서는 정 반대의 상황이 계속 되었습니다. 너무나 많은 사람들에게 넘치는 사랑과 애정을 받게 되었던 것입니다.

나는 당신도 충분히 깨닫고 충분히 대적하는 기도를 적용하면 그러한 변화가 일어날 것이라고 확신합니다. 이 기도는 누구는 되고 누구는 되지 않고 하는 것은 아니기 때문입니다. 예수 그리스도의 이름과 권세는 그분의 은총을 구하는 이들 모두에게 열려 있습니다.

부디 학대받는 영을 대적하십시오. 그리고 쫓아내십시오.
그렇게 할 때 당신은 아름답고 행복한 인간관계를 가질 수 있게 될 것입니다. 할렐루야.

16. 잠자기 전을 조심하십시오

꿈은 영적인 상태를 보여줍니다. 꿈에서 영적으로 눌리거나 억압되는 것은 그의 영에 문제가 있는 것을 보여주는 것입니다.
얼마 전 나는 쫓기는 꿈을 꾸었습니다. 뒤에서 누군가가 끝까지 쫓아왔습니다. 나는 계속 도망을 가다가 막다른 곳에 이르러 할 수 없이 상대와 싸우게 되었는데 그를 쉽게 이길 수 있었습니다. 꿈의 내용이 그리 끔찍한 것은 아니었지만 왜 이런 꿈을 꾸었는지 이상해서 생각을 해보았습니다. 꿈은 항상 나에게 영감을 주고 어떤 메시지를 전달하는 통로였기 때문에 이러한 꿈은 조금 어처구니가 없었습니다.

나는 곧 그 꿈의 이유를 알게 되었습니다. 그 전날 밤에 글을 쓰고 인터넷을 검색하다가 잠시 TV를 보게 되었던 것입니다. 내가 사용하는 컴퓨터의 모니터는 TV도 겸용할 수 있는 것이었습니다.
그런데 그러다가 잠깐 영화를 보게 되었습니다. 어떤 사람이 차를 몰고 달아나고 있는데 악한 사람이 큰 트럭을 타고 계속 쫓아오는 내용이었습니다. 별로 재미도 없고 인상적인 부분도 없었는데 그저 나중이 궁금해서 잠시 그것을 쳐다보고 있다가 다시 TV 기능에서 컴퓨터 기능으로 돌아왔습니다. 그러니까 그 프로를 본 것이 5분 정도 되었을 것입니다. 그런데 잠을 자기 전에 잠시 보았던 그 내용이 그대로 꿈에 나타났던 것입니다.
그 사실을 알게 되자 마음이 불쾌했습니다. 그래서 깨자마자 TV의 프로를 통해서 들어온 영을 대적하고 쫓아냈습니다. 그러자 마음이 곧 개운해지게 되었습니다.

TV의 프로그램은 영들이 우리 안에 침투하는 중요한 통로입니다. 이것은 사탄의 능력을 우리 가정 안까지 들어오게 합니다. 그러므로 TV를 볼 때는 그 프로그램을 선별해야 합니다. 프로그램의 안에서 흘러나오는 영들을 조심하여 분별해야 합니다.
특히 밤에, 잠자기 전에는 더욱 조심해야할 필요가 있습니다. 그 때 우리의 영혼은 흡수성이 많아지기 때문입니다. 우리가 잠이 들기 직전에 보고 들은 것은 우리 영혼의 깊은 곳에까지 이르게 됩니다. 그러므로 잠이 들기 직전의 영성관리가 특히 필요합니다.
어떤 사람이 하루 종일 여러 시간을 기도하고 밤에 자기 전에 악한 영이 나오는 영화를 보았다면 그가 하루 종일 기도한 것은 밤에 영화를 통해서 들어온 영들에 의해서 모두 소멸될 것입니다.

영화에는 그 내용에 따라 여러 다양한 영들이 역사합니다. 괴기영화에는 두려움과 공포의 귀신이, 폭력영화에는 분노와 미움, 복수심의 악령들이 역사합니다. 성적인 영화에는 음란의 영들이, 멜로물에는 애정에 대한 집착의 영들, 조종의 영들이 흘러나옵니다. 그러므로 그러한 영화를 즐기는 이들은 그러한 악령들에 접촉하고 있는 것입니다. 그러한 악령들을 쫓아내면 그들은 그러한 매체를 통해서 다시 들어오게 됩니다.
사람들은 그러한 영화나 드라마를 보면서 그것은 다만 이야기나 상상에 불과한 것이라고 생각합니다. 물질계에서는 그럴 것입니다.
하지만 영계에서는 그렇지 않습니다.
영계에서는 우리가 보고 들은 것이 다 실제이며 현실입니다. 당신이 드라마에서 귀신을 보았다면 그것은 당신의 영혼에 실제가 됩니다. 당신이 영화에서 살인하는 것을 보았다면 그 살인하고 죽이는 영들이 당신을 따라다니게 됩니다. 당신이 음란한 영화를 보았다면 그 더러운 영은 당신을 계속 따라다니게 됩니다.

당신은 그 영들과 관계를 맺은 것입니다. 그러므로 그 영들은 당신이 속한 영계에 침투합니다. 그리하여 그 악한 영들이 속한 지옥계로 당신을 끌어내리려고 합니다.

사실 이 땅에서 문화이며 예술이라고 하는 많은 것들이 사람들의 영혼을 지옥으로 떨어뜨리고 어두운 곳으로 떨어지도록 이끄는 도구가 되는 것입니다.

TV나 영화, 게임 등의 문화매체나 취미생활이 영들의 침입 경로가 된다는 사실을 꼭 기억하시기를 바랍니다. 사람의 영이 둔하면 그것을 인식하지 못하지만 아무런 감각이나 느낌이 없더라도 그 영들은 그 사람의 안에 들어옵니다. 그래서 그를 지배하기 시작합니다.

당신이 보고 들은 것은 하나도 땅에 떨어지지 않습니다. 그 영들은 당신의 안에 들어옵니다. 그리고 당신의 삶과 영원에 영향을 줍니다. 그 모든 것은 생생하게 살아있는 실제입니다.

사람이 육체를 가지고 있을 때에는 꿈은 꿈일 뿐이고 깨어있는 상태가 실제이지만 육체가 사라지고 영혼으로 살 때는 반대입니다. 육체의 삶이 꿈과 같은 것이 되고 지금 우리가 꾸고 있는 꿈이 실제가 되는 것입니다. 그러므로 우리는 우리의 영혼을 보호해야 하며 모든 매체와 접촉하는 것들에서 흘러나오는 영을 분별하여야 합니다. 받아들여야 할 것을 받아들이고 거절해야 할 것을 거절해야 합니다.

어떤 사람이 낮에 좋지 않은 영과 기운을 받아들였지만 밤에 기도를 하고 영을 정화시킨다면 낮의 더러움을 이겨낼 수 있을 것입니다. 또한 밤의 꿈도 아름다울 것입니다. 그러므로 낮보다 밤의 영적 상태가 중요합니다.

잠을 자는 것은 우리의 의식이 쉬고 영혼이 활동하는 것입니다. 영혼은 의식이 고요해지면 움직이기 시작합니다. 그래서 우리가 잠이 든 사이에 우리의 영혼은 영계로 올라가서 영계의 빛을 받으며 에너지를 얻고 영감을 얻게 됩니다. 그러나 잠을 자기 전에 나쁜 영들을 받아들이면 우리 영혼은 빛의 세계로 잘 올라갈 수가 없습니다. 그렇기 때문에 그러한 나쁜 기운을 배설하기 위해서 악몽을 꾸게 되는 것입니다. 그러한 악몽은 다 정화의 과정입니다.

항상 영혼을 지키기 위하여 노력해야 하지만 특별하게 밤 시간에 당신의 영을 돌보십시오. 밤 시간에 당신의 영이 풍성하게 영적 에너지를 취할 수 있도록 영혼을 맑게 하시기를 바랍니다. 그것은 건강한 수면과 건강한 영성에 중요한 것입니다.

무엇보다 더 좋은 것은 자기 전에 기도하는 것이며 기도하면서 잠을 자는 것입니다. 이미 악한 영이 들어와서 악한 꿈을 꾸었다면 깨어나서 그 영들을 대적하십시오. 그 잔재를 청소하시고 털어 내십시오. 악몽을 꾼 후에는 다시 잠들기 전에 기도를 해서 평안한 마음의 상태가 되어야 합니다.

부디 밤에 기도함으로 깨어있으며 맑은 영혼의 상태에서 주무십시오. 당신의 영은 악한 영계를 벗어나 맑고 아름다운 세계를 여행할 수 있게 될 것입니다.

17. 더러운 생각을 대적하십시오

주님께서는 주님이 계시던 당시의 시대를 악하고 음란한 세대라고 말씀하셨습니다. 우리가 살고 있는 이 시대는 그 시대에 비하여 훨씬 더 악하고 훨씬 더 음란합니다.

이 시대의 사람들은 음란에 대해서 부끄러워하지 않으며 더러움과 음란함에 사랑이라는, 예술이라는 이름을 붙입니다. 그것은 양심과 영혼의 감각이 마비되어 스스로를 동물보다 더 낮은 수준으로 떨어뜨렸기 때문입니다.

많은 영혼들에게 음란과 정욕을 일으키고 지옥으로 떨어뜨리는 이들은 스타로서 대접을 받으며 돈과 명예를 얻습니다. 좀 더 많은 사람을 유혹하고 타락시키고 지옥으로 떨어뜨릴수록 그들은 유명해집니다. 그것이 이 세상이며 그러한 이들을 도구로 사용하는 것은 배후에 있는 마귀입니다.

오늘날 음란한 영들은 도처에 충만하여 영혼을 사로잡으려고 강력하게 활동하고 있습니다. 더러운 그림, 더러운 언어, 더러운 소설, 더러운 이야기들이 도처에 횡행합니다. 더러운 말을 즐기면서 그것을 즐거움으로 생각하는 이들도 많습니다.

영으로 보면 그러한 일들은 자신의 몸에 분뇨를 바르는 것과 같은 것입니다. 더러운 영들은 더러운 충동을 일으키며 더러운 행위를 즐거움으로 삼게 합니다. 살아있는 동안에 더러운 영들에게서 벗어나지 못하면 그러한 이들의 영원은 그처럼 비참하게 될 것입니다.

상황이 이렇기 때문에 오늘날 음란함과 더러움의 생각과 충동으로 시달리는 이들이 많이 있습니다.

어떤 이들은 그것을 즐기기도 하지만 양심이 깨끗한 이들은 그러한 영으로 인하여 많은 고통을 겪게 됩니다. 어쩌다 음란한 그림이나 영상을 보고 중독이 되는 이들도 많습니다. 그들은 자주 성적 충동을 느끼며 마음속에 수시로 더러운 생각이 떠오르게 됩니다. 그러한 공상을 즐기는 취미를 가지고 있는 이들도 있습니다.

이에 대한 처방은 간단합니다. 더러운 생각이나 공상을 일으키는 것은 귀신이 하는 짓입니다. 그리고 그것은 죄입니다. 그러한 인식이 분명해야 합니다. 그 인식 위에서 그 음란한 영을 대적해야 합니다.

주님께서는 생각으로만 간음을 하여도 그것은 실제로 간음이라고 가르치셨습니다. 정신이 순결하지 않으면 육체가 범죄하지 않았다고 하더라도 역시 범죄한 것입니다.

"나는 너희에게 이르노니 여자를 보고 음욕을 품는 자마다 마음에 이미 간음하였느니라" (마5:28)

어떤 이들은 이 말씀을 보고 그것이 어떻게 가능할까 하고 생각할 것입니다. 그것은 너무나 완벽함을 요구하는 것이 아닌가 생각할 것입니다. 그러나 악한 충동을 일으키는 것은 우리가 아닙니다. 우리가 그 사실을 깨닫지 못한다면 그 악령은 계속 우리를 괴롭힐 수 있을 것입니다. 그러나 우리가 그들의 정체를 알고 대적하면 그들은 도망갑니다. 그리고 그들이 달아나고 나면 더러운 생각이 떠오르지 않게 됩니다. 더러운 물건을 치우면 냄새가 사라지는 것은 당연한 일입니다.
음란한 생각이나 공상, 충동이 쉽게 사라지지 않는 것은 그것이 은밀한 죄이기 때문입니다. 성적인 충동이나 문제에 대해서 공개적으로 고백하는 것은 곤란한 일입니다. 그것은 그리 바람직하지 않습니다. 그런데 이러한 은밀함으로 인하여 악한 영들은 독버섯처럼 활동하기 쉽게 됩니다. 그들은 은밀함 속에 숨어서 일하는 존재이기 때문입니다.

특히 성품이 소극적이고 내성적인 사람들은 음란함의 영에 사로잡히기가 쉽습니다. 우울하고 어두운 기질은 쉽게 이러한 영에 잡힙니다. 그것은 그러한 기질의 사람들이 영적인 힘이 없어서 자기표현을 잘 못하기 때문입니다. 또한 부끄러움을 많이 타기 때문에 혼자만의 생각에 자주 빠지며 공상도 많이 하게 됩니다. 그런 과정에서 음란한 공상을 즐기게 됩니다. 또한 애정에 민감한 기질도 가지고 있어서 음란성에 사로잡히기가 쉽습니다.

이러한 사람들은 소리 내어서 큰 소리로 발성기도를 하는 것이 좋습니다. 방언기도도 소리 내서 하고 자꾸 자신의 성품을 밝은 쪽으로 이끌어가야 합니다. 음란성은 어두움 속에서 자라는 것이기 때문입니다. 얼굴이 환하고 밝은 사람들은 음란성에 잘 빠지지 않습니다.
주로 우울한 사람들이 하루 종일 더러운 상념으로 인하여 고생하는 경우가 많습니다.
그러므로 그러한 사람들은 배의 기도나 호흡기도를 통하여 영을 강하게 하고 의지를 강하게 해야 합니다. 그럴수록 음란한 영들은 잘 들어오지 못합니다.
나는 과거에 화류계의 경험을 가지고 있던 사람이 주님께로 돌아와서 은혜를 받고 변화된 삶을 살다가 나중에 다시 옛 생활의 범죄로 돌아간 경우를 여러 번 접했습니다. 그것은 안타까운 일입니다.

한번 과거에 그러한 영을 접하게 되면 그 영과 기운이 남아 있다가 어려운 상황이나 유혹이 있는 환경이 되면 다시 들어오기 때문입니다.

그러므로 과거에 대해서 부끄러워하고 그것을 미워하지 않으면 마귀는 언제든지 다시 돌아올 수 있습니다. 그러한 죄를 싫어하고 증오해야 합니다.

나는 과거에 성폭행을 겪은 이들의 메일을 많이 접하였습니다. 오래 전의 이야기라 할지라도 그들에게는 아직도 기억과 고통의 흔적이 있을 수 있습니다. 그것은 자신의 죄가 아니지만 일단 충격을 통해서 그 영이 들어와 있기 때문에 대적하고 그 기운을 내보내야 합니다. 그 영들을 내보내고 나면 마음과 심령이 후련해지며 자유롭게 됩니다. 하지만 그 영을 계속 가지고 있으면 자신이 과거에 고통을 느꼈고 피해자였으면서도 자신도 성적충동을 자주 느끼게 되어 이로 인한 자책이나 자기혐오로 괴로워하게 됩니다. 그것은 충격을 통해서 들어온 영이 아직 완전히 나가지 않았기 때문입니다. 그러므로 그들을 대적하여 몰아내면 거기에서 자유로워지게 됩니다.

어떤 여성도님이 유혹에 빠질 것 같다고 도움을 요청하는 메일을 보낸 적도 있었습니다. 나는 그렇게 살 바에는 죽는 것이 낫다고 대답했습니다. 거기에는 엄한 처방이 필요합니다.

과거의 지난 죄가 있다면 그것은 고백하고 용서받은 후에 그 영을 내보내면 그만입니다. 하지만 중요한 것은 지금입니다. 다시 죄를 짓는 것보다 죽는 것이 낫다는 마음을 가져야 합니다. 그래야만 악한 영을 쫓아낼 수 있습니다. 죄를 즐거워하고 좋아한다면 귀신들은 나가지 않습니다.
어느 정도까지는 괜찮고 어느 선부터는 절제해야 하고.. 이런 이야기는 웃기는 것입니다. 근처에도 가지 않고 마음과 생각이 순결한 것이 가장 좋은 것입니다. 배고픈 사람이 냄새만 맡고 결코 먹지는 않겠다고 이야기한다면 그것은 어리석은 것입니다. 술을 끊고 싶으면 근처에도 가지 않는 것이 가장 좋은 것입니다. 딱 한잔만.. 이런 이야기는 바보 같은 이야기입니다.

부디 순결함을 사모하십시오. 어떤 사람이 경험하는 순결함은 그 사람과 주님과의 연합에 중요한 요소가 됩니다. 몸과 마음이 더러운 상태에서 주님과 연합할 수는 없는 것입니다.
오늘날 이 세대는 음란의 죄를 즐거움으로 여기며 마음속으로 짓는 죄에 대해서 관대합니다. 그러나 마음으로도 그러한 죄를 멀리해야 하며 오직 한 배우자만을 사랑해야 하고 연합해야 합니다. 그만큼 그는 주님과 순결함으로 연합할 수 있기 때문입니다.

음란한 죄를 이기기 위한 처방을 간단하게 요약하겠습니다.
1. 음란한 생각과 충동이 더러운 영으로 인한 것이라는 사실을 인식하십시오.
2. 음란한 영을 공급하는 매체와 절대로 가까이 하지 마십시오.
3. 영이 약한 사람은 영을 강하게 하기 위하여 부르짖고 큰 소리로 발성하여 기도하십시오.
4. 젊은이들은 운동을 하고 건강한 땀을 흘리는 것이 좋습니다. 그것은 에너지를 성에 몰두하지 않도록 골고루 분배합니다.
5. 더러운 마음과 충동만이라도 죄라는 것을 인식하십시오.

6. 결코 죄를 짓지 않겠으며 순결한 몸과 마음으로 살겠다고 결심하십시오.

7. 더러운 이야기를 즐기는 사람을 멀리하십시오. 그러한 사람은 음란한 영에 잡혀 있으며 그 영을 전파하는 사람입니다.

8. 지속적으로 음란한 영을 대적하십시오.

9. 공상이 계속 떠오른다면 분위기를 바꾸십시오. 방에 혼자 있지 말고 외출을 한다든지, 불을 켜고 책을 읽는다든지.. 그렇게 활동을 바꾸는 것이 좋습니다. 의식이 다른 곳으로 가게 되면 그 영들은 더 이상 활동할 수 없습니다.

10. 적극적이며 강한 사람이 되십시오. 당신이 내성적이고 소극적인 사람이라면 적극적으로 말하고 행동하고 자신을 표현하는 데에 익숙해지십시오. 밝고 명랑하며 즐거워하는 삶을 훈련하십시오. 그러한 것은 빛과 같은 삶이기 때문에 어두움에 속한 음란의 영이 찾아올 수 없게 됩니다.

이와 같은 처방을 꾸준히 시도하면서 훈련하십시오. 그러면서 꾸준히 더러움의 영을 대적하고 쫓아내십시오. 그렇게 하면 당신은 승리할 수 있습니다.

부디 승리하시기를 바랍니다. 다윗도 솔로몬도 삼손도 이 문제로 인하여 넘어졌습니다. 그러므로 이것은 간단한 문제가 아닙니다. 그러나 당신이 간절하게 순결함과 거룩함과 아름다움을 원한다면 주님은 당신에게 그러한 거룩함과 깨끗함을 허락하여 주실 것입니다. 할렐루야.

18. 억울한 마음을 대적하십시오

악한 영들은 항상 사람들에게 억울하다는 마음을 심어줍니다.
귀신을 쫓아보면 귀신은 '억울하다, 억울하다' 하고 나가는 경우가 많습니다.
억울하다는 마음은 자신의 잘못을 돌아보지 않는 마음이며 반성하지 않는 마음입니다.
주님께서 십자가에 달리셨을 때 옆에서 주님을 욕하던 한 강도가 있었는데 그의 마음도 억울한 마음으로 가득 차 있었을 것입니다.
그의 마음속에는 '내가 잘못한 것이 뭐냐? 나는 억울하다' 하는 마음이 있었을 것입니다. 그랬기 때문에 그는 형벌로 인하여 죽어가면서도 자신의 삶을 반성하지 않고 주님을 향하여 비아냥거렸던 것입니다.
그러자 그의 옆에 있었던 다른 강도는 그 강도를 꾸짖어 "우리는 우리의 행한 일에 보응을 받는 것이니 당연한 것이다." 라고 말했습니다.

그는 앞의 강도와 달리 자신이 당하는 형벌에 대해서 억울하게 생각하지 않았습니다. 자신이 많은 죄를 지었기 때문에 그러한 형벌을 받는 것이 당연하다고 생각했던 것입니다.
그의 그러한 자세는 반성하는 자세였습니다. 자기의 삶을 돌이켜보는 자세였습니다. 그랬기 때문에 그는 주님께 "당신의 나라에 임하실 때에 나를 생각하소서." 하고 구했으며 주님은 "오늘 네가 나와 함께 낙원에 있으리라." 하고 대답하셨던 것입니다.

이것은 고난과 어려움을 통하여 자신의 삶을 뉘우치고 반성하는 사람은 구원과 천국이 가까운 것을 보여줍니다.

그러나 어떤 이들은 어려움이 있고 고통이 있어도 그들의 삶을 반성하지 않고 남에게 책임을 돌리며 원망만을 하는데 그러한 이들은 죽음에 이르러서도 구원과 천국이 멀리 있다고 할 수 있는 것입니다. 그러한 이들은 삶에서 많은 시련을 겪으면서도 영적으로 변화되지 않기 때문에 더욱 더 많은 어려움을 계속적으로 겪게 됩니다.

십자가에서 주님을 비난하던 강도와 같이 억울한 영이 들어가면 정상적이고 합리적인 사고가 되지 않습니다. 그들은 모든 것이 억울하게 느껴집니다.

남을 많이 비난하여 상대방이 화를 내자 그것이 억울하다고 우는 사람도 보았습니다. 자신의 잘못으로 인해 어려움이 생겼음에도 불구하고 억울하다고 하는 사람도 있습니다. 그것은 정상적인 의식이 아닙니다. 그것은 억울한 영에 속고 있는 것입니다.

나는 주님께 순종하지 않고 제멋대로 움직이다가 일이 꼬이고 나면 주님을 원망하는 사람들을 많이 보았습니다.

그것은 참으로 어처구니가 없는 일이었습니다. 거기에는 반성과 자신의 삶이나 선택에 대한 돌아봄이 필요한데 그들은 그렇게 하지 않고 오직 하나님을 원망하는 것이었습니다.

예를 들면 믿는 자가 불신자와 결혼하는 것은 주님이 기뻐하시지 않는 일입니다. 그러나 억지로 결혼을 진행하고 나서 나중에 가정에 어려움이 생기자 하나님을 원망하면서 왜 막아주시지 않았느냐고 한탄하는 경우를 나는 많이 보았습니다.

억울한 영이 들어가면 절대로 자기반성을 하지 않습니다. 따라서 더욱 더 악하고 속이는 영에게 잡히게 되며 영이 성장할 수 없습니다. 그저 모든 것이 서운하고 억울할 뿐입니다. 남들은 다 팔자가 좋아보이고 자신은 그저 운이 없고 억울하게 생각됩니다. 그것은 곧 하나님께 대한 정죄이며 스스로를 어두움 속으로 떨어뜨리는 것입니다.

그렇게 억울한 사람이 마지막으로 가는 곳은 어디일까요?

그곳은 슬피 울면서 이를 가는 곳입니다. 그들은 영원토록 억울하다고 어두운 곳에서 이를 갈게 됩니다. 이 땅에서 억울하다고 생각하는 사람은 죽고 난 후에도 계속 억울하다고 이를 갈게 되는 것입니다. 천국의 영광과 풍성함은 감사하는 자들이 누리는 것이지 억울해하는 자들이 누리는 것이 아닙니다.

세상에 억울한 사람은 없습니다. 십자가 옆의 강도처럼 우리는 모두 우리 자신으로 인하여 고통을 겪는 것입니다. 우리가 가지고 있는 의식과 영혼의 상태는 미래의 환경을 끌어당깁니다. 두려움의 영이 있는 자들에게는 두려운 일이 계속 생길 것이며 분노의 영이 있는 자들에게는 계속 화가 날 일이 생길 것입니다. 미움의 영이 있는 자들에게는 계속 미운 짓만 하는 인간들이 나타날 것입니다. 그것은 우리 마음 안에서 창조가 이루어지는 것이며 하나님의 책임이 아닙니다.

이 우주 안에서 유일하게 억울하신 분이 있다면 그분은 바로 주님이십니다. 그분만이 유일하게 죄가 없이 우리의 죄 때문에 고난을 겪고 십자가에서 돌아가셨습니다. 그러므로 유일하게 억울해 할 수 있는 자격이 있는 분이 있다면 그는 예수님뿐입니다.

하지만 주님은 억울해하지 않으셨습니다. 우리를 사랑하시기 때문에 기쁨으로 그 고난의 잔을 마시셨습니다.
그러므로 자신의 죄와 약점 때문에 고통을 겪는 우리들이 억울해한다면 그것은 바보와 같은 일인 것입니다.

우리는 억울해 해서는 안 됩니다. 그것은 마귀가 일으키는 것입니다. 우리 안에 지옥의 속성을 만들고 지옥의 사람으로 만들어서 지옥으로 끌고 가려는 마귀의 계략이기 때문입니다.
그러므로 억울한 마음이 들 때 주의 이름으로 마귀를 대적하십시오.
다른 사람이 내게 행한 것이 서운하고 억울할 때 마귀를 대적하십시오.

그리고 자기반성을 하십시오.
자신은 과연 아무런 책임이 없는지 반성하십시오.
자신이 상대방에게 어떤 빌미를 준 것은 아닌지 생각해보십시오.
억울하게 느껴지는 일을 통해서 주님이 가르치시는 것은 없는지 묵상해보십시오. 또한 자신도 그와 비슷한 악한 행동과 태도를 취한 적이 없는지 묵상해 보십시오. 반성이 없이는 아무도 영적 변화와 성장을 경험할 수가 없습니다.
설사 상대방이 잘못했다고 하더라도 그것은 주님께서 판단하실 것입니다. 우리는 오직 자신의 잘못만을 반성하면 됩니다.
우리는 남의 잘못 때문에 지옥에 가고 심판을 받는 것이 아닙니다. 오직 우리의 죄와 잘못으로 심판을 받는 것입니다. 그러므로 자신의 잘못을 계속 반성하는 것이 우리의 영혼을 안전하게 하고 지옥의 악령들에게 잡히지 않는 길입니다.

또한 범사에 감사하는 것을 훈련하십시오. 감사하는 것이 체질이 될 때 억울함의 영들은 다가오지 않습니다.
우리는 이미 넘치는 주님의 사랑과 은혜를 받은 사람들입니다. 주님은 우리에게 그의 목숨을 주셨으며 우리는 이미 충분한 사람들입니다. 억울한 영을 대적하십시오. 감사의 영으로 당신을 채우십시오.
부디 속지 마십시오.
억울한 마음은 귀신들이 가져다주는 것이며 당신을 파괴하기 위해서 오는 것입니다. 절대로 그 마음을 받아들이지 마십시오.
계속적으로 억울한 영들을 대적할 때 당신은 어두움에서 벗어날 수 있게 될 것입니다. 그 영들은 당신이 그들을 거부할 때 계속 찾아올 수 없습니다.

억울한 영들이 사라진다는 것은 당신의 삶이 축복과 영광으로 바뀌는 것을 의미합니다. 왜냐하면 억울한 영을 가지고 있어서 계속 억울해하는 사람에게는 재앙이 끊어지지 않지만 그 영이 사라져 범사에 감사하고 즐거워하는 이들에게는 축복의 천사가 날마다 좋은 소식을 전해주기 때문입니다.

부디 이 악한 영들에게 잡히지 마십시오. 속지 마십시오.
그들은 재앙을 가져오는 악령들입니다. 부디 이 영들을 물리치십시오. 억울함을 물리치고 감사에 익숙해질수록 당신은 천국의 기쁨을 누리게 될 것이며 천국에 가까운 사람으로 변화 되게 될 것입니다. 할렐루야.

19. 죄책감을 대적하십시오

죄책감은 천국으로부터, 주님으로부터 오는 것도 있지만 지옥으로부터, 마귀로부터 오는 것도 적지 않습니다. 그러므로 우리는 그것을 분별해야 합니다.

완벽주의적인 기질을 가지고 있는 이들은 공격성을 많이 가지고 있습니다. 그래서 그들은 다른 사람들을 정죄하든지, 아니면 자신을 정죄합니다. 그것은 그들이 완전한 것을 좋아하며 조금이라도 모자란 것을 견디지 못하기 때문입니다. 대체로 다른 이들을 정죄하는 이들은 자기반성을 거의 하지 않으며 자신을 정죄하는 이들은 남을 비난하거나 정죄하지 않습니다.

남을 정죄하는 이들보다 자신을 정죄하는 사람들이 조금 더 영적으로 나은 면이 있는 것은 사실입니다. 그러나 그렇다고 하더라도 스스로를 정죄하고 죄책감에 빠지는 것은 좋은 것이 아닙니다. 많은 경우 그것들은 마귀로부터 오기 때문입니다.

주님으로부터 오는 죄책감은 우리로 하여금 죄를 증오하게 만듭니다. 우리를 주님 앞에 엎드러지게 만듭니다. 우리는 울고 회개하며 주님 앞에서 깊은 탄식과 고통을 토할 수 있지만 그것은 내면에 깊은 행복감과 만족을 줍니다. 그것은 우리를 주님께, 그 은혜에 더 가까이 나아가게 합니다. 그것은 밝고 맑고 아름다운 죄책감입니다. 거기에는 후련함이 있으며 감격이 있습니다.

그러나 마귀로부터 오는 것은 우울하고 어둡고 눌리는 것입니다.
주님으로부터 오는 죄책감은 우리를 주님께 나아가게 하지만 마귀로부터 오는 죄책감은 우리를 주님 앞으로 나아가지 못하게 만듭니다. 마귀는 '너 같은 것이 신자냐? 너 같은 것은 하나님께 나아갈 수 없다'고 정죄합니다. 그것을 받아들일 때 우리는 한동안 주님을 멀리하게 됩니다. 그동안 마귀는 우리를 지배하고 괴롭히게 됩니다.

어떤 이가 자신의 죄를 고백하고 자신의 부족함을 이야기할 때 그것이 주님으로부터 온 경우에는 그 공간과 분위기가 아름답고 포근하며 달콤해집니다. 그러한 고백은 듣는 이들에게 죄를 미워하는 마음을 일으키며 그 영혼을 불쌍하게 여기시는 주님의 사랑을 느끼게 합니다.
그러나 어떤 이가 자신의 사악함과 부족함을 고백할 때 어떤 경우에는 그 공간의 분위기가 우울하고 침침해집니다. 이것은 마귀로부터 오는 죄책감에 그 사람이 속고 있는 것입니다.
이럴 때에는 그 고백은 중단되어야 합니다. 인도자가 있다면 그러한 고백을 멈추게 하고 분위기를 바꾸는 것이 좋습니다. 그것은 어두움과 우울함과 눌림을 그 공간에 공급하게 되어 다른 사람의 영혼까지 눌리게 하기 때문입니다.

아이러니컬하게도 주님을 많이 사모하고 추구하는 사람일수록 죄책감에 자주 빠지는 경향이 있습니다. 어리고 이기적인 영혼은 별로 죄책감에 빠지지 않습니다.
주님을 간절하게 사모하는 이들은 사소한 잘못을 행하고도 자신이 몹시 큰 죄를 지었다고 생각합니다. 자기는 용서받을 수 없으며 주님을 너무 심하게 아프게 했다고 생각합니다. 그것은 주님을 사랑하는 사람일수록 마귀에게 강력한 공격을 받기 때문입니다.

진지하고 간절하게 주님을 사모하는 이들이 죄책감에 빠져서 낙담하고 눌려 있는 모습을 보는 것은 그리 드문 일이 아닙니다. 헌신된 그리스도인이 죄책감에 눌려 패잔병과 같이 쇠약해진 안타까운 모습을 우리는 흔하게 보게됩니다.

이러한 이들은 자신의 연약함보다 주님의 은혜가 크다는 것을 깊이 기억해야 합니다. 자신의 죄보다 주님의 사랑과 용서가 더 위대하시다는 것을 기억해야 합니다. 이들은 신앙의 근본이 주님의 일방적인 사랑을 받아들이는 것이라는 기초로 다시 돌아가야 합니다.

은혜의 복음이라는 이 기초가 부족하다면 그는 반복적으로 마귀의 정죄에 빠져서 죄책감에 눌리게 될 것입니다. 그러므로 그는 은혜의 기초 안에 거해야 합니다.

주님을 사랑하지만 영적 분별력이 부족한 신자는 마귀의 정죄가 주님의 음성인 줄 알고 쉽게 영적 침체에 빠지게 됩니다.

그러므로 죄책감의 영적 근원을 분별하는 것은 매우 필요하고 중요한 것입니다.

완벽주의적인 기질을 가지고 있는 이들은 자신의 실수와 잘못을 용납하지 않고 괴로워합니다. 그것은 우리를 받아주시는 주님의 사랑을 거절하는 것과 같습니다.

왜 완벽주의적인 기질을 가지고 있는 사람은 이러한 죄책감의 영에 쉽게 속는 것일까요? 그것은 마귀가 넣어주는 죄책감이 그들의 자기 의를 만족시켜주기 때문입니다.

그들은 은혜로 임하시고 용서하시는 주님의 은총을 잘 받아들이지 못합니다. 그들은 스스로 대가를 지불하고 싶어 하는 것입니다. 그리하여 열심히 애를 쓰고 노력하는 것을 좋아합니다. 그들은 자기를 책망하며 괴로워하고 고통스러워하는 것을 통하여 자기가 지은 죄의 대가를 지불하려고 합니다.

하지만 그와 같은 것도 일종의 교만이며 자기 의에 속하는 것입니다. 거기에는 평안이 없습니다. 그러므로 어린아이처럼 단순하게 주님의 사랑과 용서를 받아들이는 것이 좋은 것입니다.

이와 같이 완벽주의적인 기질은 마귀에게 틈을 주기 때문에 이들은 긴장하지 않고 매사에 너무 철저하고 완전하게 하려고 하지 말고 적당히 살아가는 훈련이 필요합니다. 완전함은 주님께 속한 것이며 우리가 무엇이든지 철저하게 하려고 애쓴다고 해서 되는 것이 아닙니다.

어둡고 염세적인 성품, 항상 비관적인 사람.. 이러한 기질도 마귀가 주는 죄책감에 빠지기 쉽습니다.

그러므로 이러한 기질의 사람들은 성품을 바꾸는 것이 필요합니다. 감사하고 기뻐하고 밝게 생각하는 훈련이 필요합니다. 모든 어두움들은 지옥을 가져다주고 마귀의 공격을 가져다주는 것이기 때문에 이들은 자신의 체질을 근본적으로 바꾸어야 합니다.

영이 약하고 예민한 이들도 쉽게 죄책감의 마귀에게 빠집니다.

이들은 영이 약하므로 마귀가 잠깐 죄책감을 심어주기만 해도 거기에 심하게 눌려버립니다. 그리고는 거기에서 잘 벗어나지 못합니다.

이러한 이들은 발성기도와 배기도, 부르짖는 기도, 눈 기도 등을 통하여 영을 강화시켜야 합니다. 〈호흡기도〉나 〈심령이 약한 자의 승리하는 삶〉과 같은 나의 저서를 보시고 꾸준하게 훈련하면 영을 강하게 할 수 있을 것입니다.

아무튼 이러한 기질적인 부분들은 정복되어야 합니다. 완벽주의적인 기질도, 어두운 기질도, 심약한 기질도 극복되어야 합니다. 자신의 기질적인 약점이 무엇인지 알고 느끼고 지속적으로 변화를 위해서 기도한다면 그들은 반드시 변화될 수 있습니다.

또한 죄책의 마음이 떠올랐을 때 재빠르게 기도하여 주님께 물어야 합니다. '주님. 이것은 주님께로부터 오는 것입니까?' 그렇게 질문하는 습관을 들일 필요가 있습니다.

영을 분별하고 악한 영들의 계략으로부터 벗어나기 위해서는 수시로 떠오르는 모든 생각들을 주님의 빛으로 조심스럽게 살펴보지 않으면 안 됩니다. 묻지 않고 관찰하지 않는 이들은 누구나 쉽게 속을 수 있기 때문입니다.

그러나 수시로 주님께 묻고 객관적으로 자신의 상태를 살피려는 사람은 악한 영들도 쉽게 속이지 못합니다. 속이다가 들키는 것은 악한 영들에게도 치명타가 되기 때문에 그들도 작업을 하는 것이 어렵게 되는 것입니다.

죄책이 떠오를 때 그 영을 대적하십시오.
마귀는 당신의 약점을 공격할 것입니다. 그들은 전혀 말도 안 되는 공격을 하는 것은 아닙니다.
그들은 영리한 존재들입니다.
그들은 당신이 행한 구체적인 잘못들을 하나씩 지적하면서 당신을 공격할 것입니다. 그 때 이렇게 대답하십시오.
"그렇다. 마귀야. 나는 죄인이다. 나는 많은 잘못을 저질렀다. 그러나 나는 주의 이름으로 그 모든 것을 용서받았다.

주님의 십자가의 보혈이 나를 덮으셨다.
그러므로 이 악한 영들아. 내게서 떠나가라!'

그렇게 큰 소리로 외칠 때 어두움의 영들로부터 오는 것은 그 순간에 움찔하면서 우리를 떠나게 됩니다. 그리고 나면 억눌리고 괴로웠던 마음이 순간적으로 가벼워지고 밝아지는 것이 보통입니다.
우리는 부족하고 연약하여 자주 넘어지는 사람들입니다.
그러나 그러한 우리를 주님은 사랑하시고 용서하셨습니다.
그 사랑을 누리고 받아들이십시오.
주님의 은혜를 기뻐하며 감사함으로 밝게 사십시오.
마귀가 주는 모든 죄책감에서 벗어날 때 우리는 행복하고 가벼운 발걸음으로 영적인 여정을 계속해 나갈 수 있게 될 것입니다.

20. 질병의 증상을 대적하십시오

미국의 한 유명한 목사님은 오랫동안 편두통의 증상으로 고통을 겪고 있었습니다. 그 고통이 얼마나 심한지 어떤 때는 거의 기절할 것 같이 심한 고통이 오기도 했습니다.

이 목사님은 한국의 어떤 목사님에게 고통을 통해서 악한 영들이 역사하는 경우가 많다는 것을 배우게 되었습니다.

그 목사님은 자기가 겪고 있는 편두통도 악한 영들의 공격일까 생각하다가 한 번 대적하는 기도를 시도해보았습니다.

"예수 이름으로 명한다. 이 고통을 주는 악령아. 떠나가라!"

그러자 바로 그 순간에 머리의 통증이 사라져 버렸습니다. 그에게 있어서 그것은 아주 놀라운 일이었습니다. 이것을 진작 알았었다면 그토록 오랜 세월을 고생하지 않았을 것이니까요.

그 후 이 목사님은 다시 편두통이 재발할 때마다 주의 이름으로 그 고통을 대적하였습니다. 그러면 그 고통은 다시 사라지곤 했습니다. 그렇게 하여 한동안 다시 두통이 오곤 했지만 얼마 시간이 지나자 그 증상은 완전히 사라져 다시는 편두통으로 고통을 겪지 않게 되었습니다.

모든 질병이 다 귀신으로부터 오는 것이라고 단언할 수는 없습니다. 자연적인 질병이나 다른 원인으로 인한 질병도 분명히 존재합니다. 하지만 적지 않은 경우 질병과 질병의 고통은 악한 영으로부터 오는 것이 사실입니다. 이 경우에 악한 영을 대적해보면 놀라운 효과를 경험하게 됩니다.

나는 몇 년 동안을 무좀으로 인하여 고생하였습니다. 온갖 약을 사용해 보았지만 무좀은 낫지 않았고 그 증상은 점점 더 심해졌습니다. 나중에는 발가락이나 발바닥만이 아니라 양쪽 발 전체가 발바닥은 말할 것도 없고 발등까지 진물이 가득하게 흐르게 되었습니다. 양말을 신으면 양말 전체가 진물로 젖어들게 되었습니다.

그렇게 고통이 심해지자 비로소 기도를 해야겠다는 생각을 하게 되었습니다. 나는 몸의 고통에 대해서 조금 둔감한 편입니다.

나는 대적하는 기도와 명령하는 기도를 사용하였습니다.
무좀을 일으키는 영들을 대적하고 결박하고 그 질병이 떠나가라고 명령하였습니다.

그러자 거의 즉시로 미칠 것 같은 가려움증이 멈추고 시원함이 느껴지기 시작했습니다. 그 전까지는 가려움이 너무 심해서 일에 집중할 수도 없고 밤에도 잠을 이룰 수 없을 정도였습니다.

너무 빨리 기도의 효과가 나타나자 나는 놀랐습니다. 진작 대적기도를 했으면 그렇게 오랫동안 고생을 할 필요가 없었을 텐데.. 하는 마음이 들었습니다.

그 즉시로 완치가 된 것은 아니었지만 대적기도를 하면 할수록 환부가 시원해졌기 때문에 나는 며칠 동안 계속 대적기도를 하였습니다. 그러자 며칠 만에 진물이 멈추고 가려움증이 멈추고 딱지가 앉게 되었습니다. 그 이전에는 매년 무좀이 발생하였고 심지어 12월의 겨울까지도 낫지 않았으나 그 다음부터는 더 이상 무좀이 생기지 않았습니다.

몇 번 비슷한 증상이 다시 오는 것을 느낀 적이 있었습니다. 갑자기 가려움증이 오곤 하는 것이었습니다.

하지만 그 때마다 악한 영들을 대적하자 곧 시원해지면서 가려운 느낌은 사라지고 그 무좀의 영은 내 몸 안으로 들어오지 못했습니다.

나는 모든 질병의 증상이 있을 때마다 오직 귀신을 쫓아내고 대적기도만을 하라고 주장하고 싶지는 않습니다.
질병이나 고통의 문제가 생겼다면 그 원인에 대해서 주님께 묻는 기도를 드리는 것이 좋을 것입니다.
어떤 경우에는 회개가 필요하기도 합니다.
주님으로부터 어떤 깨달음의 메시지가 올 수도 있습니다. 남에게 화를 냈거나 미워했거나 불평했기 때문에 고통의 증상이 오기도 합니다.
어떤 경우에는 게으름이나 과식이나 운동부족이나 균형을 잃어버린 생활습관에서 질병이 오기도 합니다. 그런 경우에 마귀를 대적하는 것은 별로 의미가 없을 것입니다.

하지만 악한 영들로 인하여 오는 질병이나 고통은 분명히 아주 많은 비율을 차지하고 있습니다. 이 세상에 악한 영들의 활동과 움직임이 아주 많이 있고 우리들은 쉽게 그들의 공격에 노출되기 때문입니다.
그러므로 특별하게 생각나는 죄나 잘못이 없다면 고통이 왔을 때, 어떤 질병의 증상이 왔을 때 악한 영을 대적하는 것이 좋습니다.
그 영들을 꾸짖으며 대적하십시오.
예수님께서도 베드로의 집에 가셨을 때 베드로의 장모가 가지고 있던 열병을 꾸짖으며 대적하셨습니다.

"예수께서 일어나 회당에서 나가사 시몬의 집에 들어가시니 시몬의 장모가 중한 열병에 붙들린 지라 사람이 저를 위하여 예수께 구하니 예수께서 가까이 서서 열병을 꾸짖으신대 병이 떠나고 여자가 곧 일어나 저희에게 수종드니라" (눅4:38,39)

질병의 영은 악한 것이기 때문에 그것을 꾸짖어야 합니다. 그들은 환영받을 손님이 아닙니다. 주님께서 그들을 대적하고 꾸짖으신 것처럼 당신은 질병과 고통의 영들을 꾸짖고 대적해야 합니다. 주님께서 질병을 꾸짖으신 것은 질병이 인격을 가지고 있으며 그 배후에 악한 영이 있음을 보여주는 것입니다.

고통이 있을 때 그 고통을 꾸짖으며 대적하십시오.
질병이 있을 때 그 질병을 꾸짖으며 대적하십시오.
많은 경우에 당신은 곧 회복될 것이며 예수 이름의 놀라운 권세에 대해서 깨닫게 될 것입니다.
고통을 대적하십시오. 질병을 대적하십시오.
그들은 떠나갈 것입니다. 이것은 우리 믿는 자들에게 주어진 아름답고 놀라운 또 하나의 특권인 것입니다.

21. 갑자기 고통이 시작될 때 주의하십시오

재작년 어느 날 밤의 이야기입니다. 아내는 미국에 있는 부모님과 잠시 통화를 하더니 근심에 잠기게 되었습니다. 오랫동안 미국에 사시던 부모님이 귀국을 하시게 되었다는 것입니다.

그동안 부모님을 오랫동안 보지 못했고 미국에 방문할 형편도 되지 않아서 전화로 부모님의 목소리를 듣기만 하면 울곤 하던 아내였지만 막상 귀국을 하시게 되니 반가움과 함께 걱정이 되는 면이 있었습니다. 경제적인 면도 그렇고.. 여러 면에서 걱정거리가 있었습니다.

나는 아내와 함께 여러 가지 문제에 대해서 근심 어린 목소리로 대화를 나누었습니다. 이야기를 나누다 밤이 깊어져 내 방으로 왔습니다. 나는 밤에는 내 방에서 자고 아내는 아이들과 함께 안방에서 잡니다.

그런데 조금 지나자 아내가 놀라서 나의 방으로 들어왔습니다. 갑자기 딸인 예원이가 다리가 너무나 아프다고 울고 있다는 것입니다. 딸아이는 지금 중학교 2학년입니다. 2년 전의 이야기이니 그 때는 초등학교 6학년이었을 것입니다.

놀라서 안방에 들어가니 예원이는 갑자기 허벅지가 끊어질 것 같이 아프다고 통증을 호소하며 울고 있었습니다. 조금 전까지 멀쩡했다가 갑자기 아프다는 것입니다. 특별히 다리가 어디에 부딪힌 것도 아니고 그렇다고 하루 종일 많이 걸었다거나 한 것도 아닙니다. 나는 이것이 자연스러운 고통이 아니라는 것을 느꼈습니다.

나는 악한 영들이 장난을 치는 것을 느끼고 한 손을 조용히 예원이의 다리에 얹었습니다.
그리고 조용한 목소리로 악한 영을 대적했습니다.
예원이는 그 즉시로 울음을 멈추었습니다. 아빠의 손이 다리에 닿자마자 통증이 사라져버렸다고 하는 것입니다.

나는 그것이 악한 영들의 장난인 것을 더 확실하게 알게 되었습니다. 이와 같이 갑자기 아프고 갑자기 낫는 것이 악한 영이 주는 고통의 특성입니다. 만약 이러한 경우에 놀라서 병원의 응급실에 갔으면 어떻게 되었을까요? 나을 수도 있지만 그렇게 당황하는 가운데 악한 영이 자리를 잡고 집을 지을 수도 있습니다. 그렇게 되면 하나의 만성병이 시작되는 것입니다.
나는 이와 비슷한 경험을 여러 번 겪었습니다.
하루는 목회를 하고 있을 때 혼자 사시는 할머니가 갑자기 아프다고 해서 간 적이 있었습니다. 찾아가서 배에 손을 얹자 통증은 순간적으로 사라져버렸습니다. 이러한 것이 악한 영의 역사입니다. 일반적인 자연적 병은 그렇게 빨리 사라지지 않습니다.

한 번은 성도들과 함께 기도원에 간 적이 있었습니다. 한 성도가 갑자기 발작 비슷한 증세를 보였습니다. 다른 집사님은 병원에 가자고 권하면서 그 성도의 맥을 짚는 것이었습니다. 그러나 나는 그 증상이 영적인 것이라고 느꼈기 때문에 조용히 손을 얹고 그 영들에게 잠잠하라고 명령했습니다. 그러자 그 증상은 사라지게 되었습니다.
많은 사람들이 영적 현상과 자연적인 증상을 구분하지 못하기 때문에 공연히 당황하곤 합니다. 하지만 당황해서는 악한 영을 제압할 수 없습니다. 그러므로 차분한 마음으로 기도하면서 악한 영의 세력을 결박하는 것이 필요합니다.

아마 이러한 이야기를 읽으면 사람들은 내가 특별한 영적인 능력이 있는 것으로 생각할지도 모릅니다. 그래서 비슷한 문제가 생기면 나에게 기도를 받으러 오려고 하는 것 같습니다. 그런 경우를 여러 번 겪었습니다.
그러나 나의 의도는 그러한 이야기를 하기 위한 것이 아닙니다. 나는 어떤 특별한 사람이 능력을 받았으며 그에게 가서 안수를 받아야 문제가 해결되고.. 이런 식의 신앙을 권하기 위해서 이 책을 쓰는 것이 아닙니다. 나는 그 어떤 사람이든지 주님을 믿고 사랑하는 사람이면 쉽게 사용할 수 있는 영적인 원리와 법칙을 가르치고 있는 것입니다. 특별하게 어떤 사람, 영적인 지도자가 드러나게 되는 가르침이라면 그것은 별로 좋은 가르침이 아닙니다. 누구나 주님을 믿는 사람이라면 영적인 간단한 원리를 발견하고 이해한 후에 그것을 삶에서 적용하면 동일한 결과를 경험할 수 있는 것입니다.

예원이의 다리 통증은 곧 나았고 다시는 아프지 않았습니다. 그러므로 상황은 간단하게 종결이 되었습니다. 그러나 왜 갑자기 악한 영이 공격을 했고 그 결과로 그렇게 딸아이가 고생을 하게 되었는지 우리는 그것이 궁금했습니다.
그래서 나와 아내는 그 이유에 대해서 잠시 대화를 나누게 되었습니다. 그리고 곧 그 이유를 알게 되었습니다.
우리는 어리고 연약한 딸이 있는 곳에서 근심 어린 마음을 가지고 대화를 나누었습니다. 우리의 모든 상황을 아시고 도우시며 함께 하시는 주님을 의지하지 않고 그저 근심하는 마음으로 이야기를 나누었던 것입니다. 그리고 그 근심하고 염려하는 분위기는 마귀에게 틈을 주었던 것입니다.

화를 내고 미워하고 분노하는 그러한 상황도 마귀에게 틈을 주며 마귀의 침입을 허용합니다. 그러나 또한 근심하는 마음도 마귀에게 틈을 주는 것이었습니다. 그것은 죄입니다. 믿음으로 주님을 바라보지 않고 주님의 사랑과 인도하심을 신뢰하지 않은 것이기 때문입니다.

우리는 우리의 잘못을 깨닫고 주님 앞에서 회개를 하였습니다. 그리고 우리의 모든 사정을 아시는 주님께 감사를 드리고 우리의 짐을 맡겼습니다. 그리고 나자 우리의 마음에는 감사와 가벼움과 자유함이 충만하게 되었습니다. 그래서 우리는 즐거운 마음으로 잠이 들었습니다.

이와 같이 어느 순간에 갑자기 어떤 통증이 생길 수 있습니다.
갑자기 두려움이 침투할 수 있습니다.
갑자기 가슴이 철렁! 하면서 놀라움이 임하기도 합니다.
적지 않은 경우에 그러한 것들은 마귀의 침입인 것을 잊지 마시기를 바랍니다.
그러할 때에 그것들을 내버려두지 마십시오.
그 영들을 대적하십시오.
그들을 내쫓으십시오. 그들이 당신의 안에 집을 짓도록 허용하지 마십시오. 그것은 많은 재앙과 고통의 시작이기 때문입니다.
깨어있으십시오.
갑자기 아플 때, 갑자기 괴로울 때, 갑자기 마음이 심란해질 때, 갑자기 서러울 때, 갑자기 무서운 마음이 들 때, 갑자기 고독해질 때, 갑자기 절망스러운 마음이 생길 때.. 그럴 때 그것들을 내버려두지 마십시오. 오직 주의 이름으로 깨어있어서 그들의 침투를 느끼고 쫓아내십시오.
당신의 몸과 영혼을 지키십시오.
계속 그렇게 할 때 악한 영들은 당신을 괴롭히지 못할 것입니다.
이 사실을 기억하십시오. 악한 영들은 우리의 주위에 있으며 어떻게 해서든지 우리 안에 침투할 기회를 엿보고 있다는 것을 말입니다.
그러므로 우리는 깨어있어야 합니다. 믿음이 없이 두려움과 근심으로 말을 해서는 안 됩니다. 화를 내거나 흥분 상태에서 말을 해서도 안 됩니다. 항상 주님의 임재와 사랑 속에서 잔잔함 속에서 움직이고 말을 하는 것이 좋습니다.

부디 깨어있으십시오.
부디 승리하십시오.
우리는 놀라운 주의 이름과 권세를 가지고 있습니다.
그러므로 우리는 깨어있는 한 항상 승리하는 삶을 살 수 있게 될 것입니다. 할렐루야.

22. 지나친 피로감을 주의하십시오

특별한 이유도 없이 지나치게 피로감이 밀려올 때가 있습니다. 정신이 멍~ 하고 혼미하며 하루 종일 잠이 쏟아질 때가 있습니다.
몸도 무겁고 힘이 들어서 일을 잘 하기도 어렵습니다.
이러한 경우 자연적인 피로감일수도 있지만 영적인 공격인 경우도 적지 않습니다. 그러므로 이럴 때도 악한 영을 결박하고 대적하는 것이 좋습니다.
이러한 피곤함이나 무거움, 졸음이 자연적인 것이 아닐 경우에 그것은 대적하면 금방 사라집니다. 무겁던 눈이 반짝 떠지며 몸과 마음이 즉시로 개운해지게 됩니다.
그러한 피로나 무거움의 영은 다른 사람들을 통해서 전달되기도 하며 머리를 지나치게 많이 써서 생기기도 합니다. 사람은 원래 심령의 감동으로 살지 않고 뇌를 많이 사용하면 영이 둔해지며 약해지게 마련입니다. 그래서 악한 영들에게 침투를 허용하게 되는 것입니다. 사람은 머리로 살지 않고 가슴으로 살아야 신선함과 충만함이 유지됩니다.

이러한 지나친 피로감을 내버려두면 그것은 그 자체는 실상이 아님에도 불구하고 실제적인 병으로 자리를 잡을 수가 있습니다. 피로감은 넓게 보면 영혼의 감각으로써 그것은 외부의 악한 영들에 대해서 잘 방어할 수 없는 상태인 것을 느끼는 것입니다. 피로감이 있을 때 육체의 방어력은 아주 약해지며 그러므로 악한 영들은 쉽게 사람의 안에 침투하여 집을 짓고 살수가 있습니다.
그러므로 몸이 그렇게 약한 상태로 두어서는 안 됩니다. 가능하다면 좀 더 휴식을 취하고 또한 악한 영을 대적하여 쫓아내야 합니다.
몸의 방어선이 무너지면 온갖 영들이 들어올 수 있습니다. 병이 있거나 충격을 받은 사람에게는 쉽게 여러 가지 영들이 들어올 수 있는데 이것도 영이 아주 약한 상태이기 때문입니다. 몸이 약한 것은 영을 방어할 수 없는 상태이기 때문에 곧 영이 약한 것과 같은 것입니다.

아내는 대학원을 다니던 시절에 한 동안 거의 쉬지 못하고 지나치게 피로한 적이 있었습니다. 그때 비염과 천식의 기운이 들어와 나중에 한동안 고생을 하게 되었습니다. 아마 그 때에 대적하는 기도에 대해서 알았더라면 그렇게 병에 걸리는 일은 없었을 것입니다.
몸이 갑자기 지나치게 피곤해질 때 악한 영을 대적하십시오.
'이것은 내가 오늘 너무 심하게 일을 해서 그런 거야' 이런 식으로 생각하면서 그냥 넘어가지 마십시오. 지나친 피로감은 자연적인 것이 아닌 악한 영의 침입인 경우가 많습니다. 이런 경우에 대적기도를 하면 그러한 피로감은 순간에 사라지는 것이 보통입니다.

몸과 마음의 피로감을 주의하십시오.
충분한 휴식과 대적기도, 충전기도를 통해서 당신의 몸과 영혼을 신선하게 유지하십시오.
항상 몸과 마음의 상태를 주의하여 자신을 잘 지킬 수 있을 때 우리는 충만하고 행복한 삶을 살 수 있게 될 것입니다.

23. 졸음과 혼미함을 대적하십시오

책을 읽거나 정신활동을 하려고 하기만 하면 졸음이 오는 사람이 있습니다. 이것은 뇌의 에너지가 부족한 것입니다. 이것은 기질적인 문제이며 이 자체가 악한 영의 역사라고는 할 수 없습니다.

예를 들어서 체력이 좋고 건강하고 단순한 사람들은 잘 피곤해하지 않으며 활동하는 것을 좋아하지만 조용히 앉아서 묵상을 하거나 책을 읽거나 하는 것에는 익숙하지 않기 때문입니다.

그러나 그러한 자연스러운 졸음이나 혼미함이 아닌 영적인 혼미함이 있습니다. 악한 영으로부터 오는 졸음과 혼미함이 있습니다. 이것은 발견하여 대적해야 합니다.

묵상기도를 하는 이들에게 자주 찾아오는 악한 영들의 공격이 졸음이며 혼미함입니다. 묵상기도만 하며 소리를 내어서 발성기도를 하지 않는 이들은 영이 약하기 때문에 악한 영들이 쉽게 그의 정신에 침투하여 갖은 잡념과 혼미함과 졸음을 일으킬 수 있습니다. 따라서 깊은 기도에 들어가기 원하는 이들은 묵상 기도 이전에 충분한 부르짖음의 기도와 발성기도를 훈련하고 통과해야 합니다. 그러한 기초를 통과하지 않으면 그들은 깊은 기도에 이를 수 없습니다.

예배를 시작하기만 하면 졸음이 오고 눈이 감기는 사람들이 있습니다. 설교를 시작하기만 하면 졸음이 오고 눈이 감기는 사람들이 있습니다. 사람들은 이것을 자연적인 현상이라고 생각하지만 거기에는 악한 영의 개입이 많이 있습니다. 그것은 영적 깨우침을 받지 못하도록 악한 영들이 장난을 치는 것입니다. 물론 그러한 사람들은 설교가 끝나고 예배가 끝나면 정신이 아주 맑아지는 것이 보통입니다.

악한 영들은 말씀을 묵상하는 가운데도 졸음과 공상을 일으킵니다. 그들은 영적인 것들이 그 사람의 안에 들어오는 것을 방해하기 원합니다. 영적인 에너지가 그 사람의 안에 들어오면 그들이 괴롭기 때문입니다. 그러므로 기도하거나 말씀을 묵상할 때 예배를 드릴 때 졸음과 혼미함이 온다면 주의 이름으로 그것을 대적해야 합니다.
한번 해보면 신기할 정도로 정신이 맑아지고 졸음이 사라지게 됩니다. 그러한 경험을 하게 되면 악한 영들의 장난과 공격이 정말 실제적이라는 것을 알게 됩니다.
또한 알아야 할 사항이 있습니다. 악한 영들이 그렇게 쉽게 그 사람의 마음속에 졸음과 혼미함을 심어줄 수 있다는 것은 평소에 그 사람의 생각 속에 악한 영들이 많이 개입되어 있다는 것을 보여주는 것입니다. 그러한 사람들은 평소에 생각과 공상을 주의하지 않았을 것입니다. 자기의 생각과 마음을 깨끗하게 지키려고 주의를 기울이지 않았을 것이며 마음과 생각이 움직이는 대로 그냥 내버려두었을 것입니다. 그것은 별로 지혜로운 자세가 아닙니다.

그러므로 평소에 머리를 깨끗하고 맑게 유지하고 지키려는 자세가 필요합니다. 평소에 모든 생각을 주 안에서 아름답고 청결하게 유지해야 합니다. 그리고 기도 중이나 예배 중에 혼미함이 떠오를 때, 졸음이 올 때 그것을 대적해야 합니다.
특히 평소에 자기의 생각을 지키는 것을 잊어서는 안 됩니다.

어떤 사람이 영적인 집회를 가려고 마음을 먹고 나서 막상 가려고 하면 갑자기 가기 싫은 마음이 들 때가 있습니다. 기도를 하려고 교회에 가려고 하는데 갑자기 가기 싫은 마음이 일어납니다.
물론 그러한 생각은 마귀가 넣어주는 것입니다.
그러나 왜 갑자기 그 순간에 마귀가 그러한 생각을 넣어줄까요? 그래서 갑자기 마음이 바뀌게 할까요?
그것은 그가 평소에 악한 마귀의 생각을 자주 받아들였기 때문입니다. 평소에 그의 마음과 생각은 쉽게 마귀가 드나드는 통로였습니다. 그렇기 때문에 그러한 이들은 아주 결정적인 순간에 이상한 생각이 떠오르게 되어 변덕이 죽 끓듯 하게 되는 것입니다. 물론 시간이 지나면 그들은 그렇게 마음이 변한 것을 다시 후회하게 됩니다.

혼미한 생각을 대적하십시오. 졸음이 오는 것을 대적하십시오.
자연적으로 잠이 부족해서 오는 잠은 아주 포근하고 달콤합니다. 그러나 마귀로부터 오는 졸음은 아주 찝찝하고 불쾌한 것입니다. 그러한 잠은 충분히 잠을 자고 나서도 무기력하고 눌리는 느낌이 들뿐 개운한 느낌은 오지 않습니다.
부디 평소에 마음과 생각을 정결하게 하여 오직 주님만이 당신의 의식을 주장하게 하십시오. 그렇게 할 때 마귀는 함부로 당신의 의식을 흐릿하게 만들 수 없을 것입니다.
혼미함을 대적하며 항상 청명하고 맑은 머리를 유지하십시오. 그렇게 맑게 밝게 아름다운 상태로 우리는 주님과 동행하여야 하는 것입니다. 할렐루야.

24. 지나치게 많은 잠은 묶임입니다

어떤 이들은 너무 잠을 많이 잡니다. 시간이 있기만 하면 거의 하루종일 잠을 자는 이들도 있습니다. 그러한 것은 좋지 않은 것이며 일종의 묶임이라고 할 수 있습니다.

지나치게 잠을 적게 자거나 잠자는 것을 싫어하는 것도 문제이지만 잠을 자는 것을 아주 좋아하는 것도 문제입니다. 그것은 우리의 영을 무기력하고 약하게 만듭니다.

잠을 자는 것은 우리의 의식이 쉬는 동안 우리의 영혼이 영계에 들어가서 영계의 빛과 에너지를 취하는 것입니다. 그러므로 잠을 자는 동안 우리의 영혼은 힘을 얻게 됩니다. 잠을 자는 동안은 세상의 모든 염려와 근심에서 벗어나게 됩니다. 문제는 그러한 잠의 즐거움 때문에 어려움이 있을 때 잠으로 도피하는 성향이 생길 수 있는 것입니다.

어떤 이들은 문제가 산적해 있고 처리해야 할 일이 많은데 그냥 잠을 잡니다. 예를 들면 학생이 시험이 코앞에 닥쳐 있는데 준비를 하지 않고 잠만 자는 것입니다.

그러한 것은 도피심리입니다. 물론 그러한 사람들은 시험이 끝난 다든지, 문제가 해결되고 나면 더 이상의 잠을 자지 않게 됩니다.

그러한 도피심리는 두려움에서 기인하는 것입니다. 그러므로 그러한 경우에는 잠으로 도망가지 말고 두려움의 영을 결박해야 합니다. 그러면 잠을 자지 않고 자신의 할 일을 해 나갈 수 있습니다.

잠을 잘 때 우리의 영혼은 영계의 빛을 경험하지만 잠을 많이 잔다고 해서 더 많은 빛과 휴식을 경험하는 것은 아닙니다. 그것은 잠의 상태와 수준과 관련이 있는 것입니다.

예를 들어서 두려움을 피하기 위하여 잠을 잘 때 그 사람의 영은 높고 아름다운 영계로 나아갈 수 없습니다. 그 사람의 정신이 두려움으로 눌려 있기 때문입니다. 그러한 낮은 의식의 수준이 영의 상승을 방해하기 때문에 그는 잠을 자는 동안에 그러한 것들을 처리하기 위해서 꿈을 꾸게 됩니다. 그러한 이들은 두려운 것에 쫓기는 꿈을 꾸게 되는데 그것은 영혼의 정화과정입니다. 두려움의 생각이 영혼을 누르고 있기 때문에 영혼이 그의 답답함을 그런 꿈으로 표현함으로써 약간의 해방을 경험하는 것입니다.

그러므로 잠을 많이 자더라도 잠을 자기 전의 영적 상태가 좋지 않은 상태라면 그의 잠은 깊은 곳으로 들어가지 못하며 안식을 누리지 못합니다. 잠을 자도 별로 잠의 효과가 없는 것입니다.

두려움을 피하기 위해서 잠을 자든, 단순히 잠자는 것을 즐겨서 잠을 자든 그러한 잠은 낮은 차원의 잠입니다. 그것은 시간만을 낭비할 뿐이며 깨고 나면 개운함이 없고 눌리고 무기력해지고 처지게 됩니다.

그러한 잠은 영계의 찬란한 빛이 아닌 낮은 영역의 희미한 빛을 경험할 뿐입니다.

그러한 잠은 악한 영들에게 눌려서 자는 잠입니다.

그것은 영계의 풍성함을 가지고 오는 잠이 아니고 오히려 영을 둔하게 하고 나쁘게 만듭니다.

그러므로 잠이 올 때에 그 잠의 기운을 분별할 필요가 있습니다.

당신이 잠을 많이 자는 사람이라면 그 잠의 기운을 대적하는 것이 좋습니다. 아주 피곤하기 전까지는 잠을 자지 않기로 결정하는 것도 좋은 일입니다.

나는 〈주님을 경험하는 100가지 방법〉이나 〈의식의 깨어남을 사모하라〉와 같은 책에서 머리의 기도, 머리를 맑게 하는 훈련에 대해서 언급한 바 있는데 그러한 기도와 훈련을 하게 되면 머리가 맑아지며 잠이 줄어들게 됩니다. 무조건 잠을 많이 자는 것보다 맑은 상태에서 깊고 영적 에너지의 흡수가 충분한 그러한 잠을 자는 것이 좋은 것입니다.

특별한 이유 없이 피곤이 몰려오고 잠이 쏟아진다면 당신은 그것을 대적해야 합니다. 오랫동안 습관적으로 그렇게 살았다고 해서 그것을 그대로 내버려두는 것은 좋지 않습니다. 잠을 많이 자는 것보다 적게 자고 좀 더 깨어있는 것이 더 우리의 영혼을 맑게 만들기 때문입니다.

가장 좋은 것은 당신의 잠이 아름답고 풍성한 것이 되는 것입니다. 그것은 바로 주님과 함께 잠을 자는 것입니다.

기도를 드리면서 주의 이름을 부르면서 그렇게 잠이 드는 것입니다. 그러한 잠은 우리의 영혼을 아주 달콤하고 풍성하게 만듭니다. 눌리는 꿈을 꾸지도 않을뿐더러 행복하고 달콤한 꿈을 자주 꾸게 됩니다.

잠의 영이 당신을 누를 때 그것을 대적하십시오. 그리고 맑은 잠을 자십시오.

주님과 함께 밤의 시간을 보내십시오. 그것은 당신의 영혼을 아름답고 풍성하게 하는 데 많은 도움이 될 것입니다.

밤의 시간은 아주 깁니다. 그 시간을 주님과 함께 보낼 수 있을 때에 당신의 영혼은 아주 아름답게 변화될 수 있을 것입니다.

25. 공상의 영을 대적하십시오

공상에 자주 잠기는 사람들이 있습니다. 여성 중에 그러한 이들이 많고 주로 내성적인 사람들이 많이 그러합니다.
이들에게 있어서 공상은 즐거운 취미입니다. 그것은 현실에서 이룰 수 없는 즐거움과 만족감을 줍니다.
그들은 공상 속에서 사랑을 하기도 하고 멋진 성취를 하기도 합니다. 자기를 괴롭힌 이들에게 복수를 하기도 하고 악한 죄의 쾌락을 즐기기도 합니다.

하지만 이러한 대부분의 공상은 죄에 가까우며 건강한 영성을 훼손하는 것입니다. 사람들은 공상 속에서 짓는 죄는 실제적인 죄가 아니라고 생각하지만 상상 속에서의 죄도 영적 세계에서는 현실과 동일한 실제입니다.
그러므로 그리스도인들은 현실에 충실해야 하며 현실과 동떨어진 공상으로 대리 만족을 얻고 도피해서는 안 됩니다.

공상을 일으키는 것도 역시 영들이 하는 짓입니다. 물론 그 영들은 악한 영들입니다. 그러므로 영들이 공상을 일으킬 때 그것을 대적하고 쫓아내야 합니다.
70대의 할머니에게 연애에 대한 공상을 하지 말라고 권한 적이 있습니다. 그것은 영적 성장에 방해가 된다는 이야기를 했었습니다. 그 이야기를 20대의 자매가 듣고 할머니도 그럴 수가 있느냐고 하면서 깔깔 웃는 것이었습니다. 그러나 그 자매도 나이가 들면 자신도 그럴 수 있다는 것을 알게 될 것입니다.

나이가 들면 몸은 늙지만 마음까지 늙는 것은 아닙니다. 영혼이 정화되고 발전하지 않으면 나이가 들어도 여전히 육신적인 사고 속에서 살게 됩니다. 나이가 들면서 젊은 시절의 영성에 비해서 발전하는 노인들도 있지만 그렇지 않은 노인들도 있습니다.

공상은 현실에 있어서 무능하고 약한 사람이 하는 경향이 있습니다. 그러므로 영을 강하게 하여 현실에 적응해야 합니다. 현실의 삶을 잘 감당하고 누릴 수 있는 강하고 지혜로운 사람이 되어야 합니다. 혼자만의 세계로 도망가서는 안 됩니다.

공상을 끝없이 일으키는 영들을 대적하십시오. 환상 속에서 만족하지 마십시오.

눈을 강화시키고 발성기도를 강화할 때 공상의 영들은 약해집니다.

꾸준하게 공상의 영을 대적하며 현실의 삶에 충실하십시오.

천국은 꿈속에서가 아니라 지금 깨어있는 이 현실에서 누리고 경험해야 합니다. 우리가 사모한다면 우리는 그러한 풍성한 삶과 현실을 누릴 수 있게 될 것입니다.

26. 끊임없이 떠오르는 생각을 대적하십시오

끊임없이 생각이 떠오르는 사람들이 있습니다.
이들은 항상 생각이 많습니다. 무엇을 하나 결정하는 데에도 수많은 생각을 합니다. 앞으로 일어날 가능성이 있는 모든 일들에 대해서도 수없이 생각합니다. 실패의 가능성에 대해서도, 앞으로 닥칠 불행한 일에 대해서도 충분히 생각하고 예비하는 것을 좋아합니다.
남들이 생각하지도 않은 것을 그 사람이 그렇게 생각하고 있다고 예상합니다.
이들은 밤에도 이렇게 쉬지 않고 떠오르는 생각 때문에 잠을 제대로 잘 수가 없습니다. 반쯤은 잠을 자면서도 머리는 계속 움직입니다. 중간에 잠이 깨어보면 그 동안 머리가 계속 무엇인가를 생각하고 있었다는 것을 느끼게 됩니다.
밤이 되면 하루 종일 있었던 일들이 머리에서 사라지지 않습니다. 하루 종일 있었던 일을 생각하고 자신이 했던 말, 상대방이 했던 말을 의미를 분석하며 되씹어봅니다.

어떤 사람이 그에게 무엇을 물어보면 이들은 금방 대답하지 않습니다. 이렇게 대답하면 상대방이 어떻게 느낄 것이며 저렇게 대답하면 상대방은 어떻게 생각할까.. 등등을 생각하게 됩니다. 이들은 사소한 것들에 대해서도 이처럼 단순하지 않고 복잡하게 생각합니다.
이들은 아주 간단한 것을 복잡하게 고민하면서도 자신이 아주 깊은 사람인 것으로 생각합니다. 이러한 이들은 내심 별로 생각이 없는 단순한 사람들을 무시하기도 합니다.

하지만 그런 식으로 살면 사람이 피곤하고 지칠 것은 자명한 일입니다. 본인도 이렇게 생각이 많은 자신이 싫어지기도 합니다. 그들은 생각을 멈추게 하려고 애를 써보기도 합니다. 그러나 그럼에도 불구하고 그들의 두뇌는 멈추지 않습니다. 그것은 브레이크가 고장 난 자동차와 같습니다. 그들은 그 차에서 내릴 수가 없습니다.

낮에도 밤에도 그들의 두뇌는 쉬지 않습니다. 그들은 밤낮 수많은 고뇌와 생각에 잠겨 있습니다. 이들은 정말 고문과 같은 삶을 살고 있는 것입니다.

이러한 이들은 실천력이나 행동력이 부족합니다. 행동에너지가 부족하니까 생각이 많은 것이며 또한 생각이 그처럼 많다보니 행동을 할 여유가 없는 것입니다. 정도의 차이는 있지만 지성인들 가운데는 이러한 과다 생각에 사로잡힌 이들이 많이 있습니다. 그리고 그러한 생각들 중의 대부분은 별로 할 필요가 없는 쓸데없는 생각들입니다.

이러한 사람들은 생각에 묶여 있는 것입니다.

수많은 생각이 그들을 사로잡아서 움직이고 있는 것입니다. 그들은 생각을 다스리지 못하고 생각이 그를 다스립니다.

그러한 생각들은 어디에서 오는 것일까요?

모든 생각은 영계에서 옵니다. 그리고 그처럼 많은 생각들, 잡다한 생각들, 자신이 통제할 수 없는 생각들은 악령들에게서 오는 것입니다. 이러한 사람들은 영의 힘이 약하고 생각의 흡수성이 높기 때문에 악령들이 마음대로 그의 머리 속을 헤집고 다니는 것에 불과합니다.

이러한 생각을 주는 영들은 악한 영들이며 억압하는 영들입니다.
그러므로 이 생각들을 대적해야 합니다.
정신을 차리지 않고 있으면 이러한 이들은 어느 사이에 생각이 움직이기 시작합니다. 그러므로 생각을 멈출 수 있도록 깨어있어야 하며 그러한 떠오르는 생각을 대적해야 합니다.
"예수 이름으로 명한다! 이 생각을 일으키는 악령아! 떠나가라!"
그렇게 큰 소리로 외쳐야 합니다.

명상이나 묵상에 대한 책을 보면 잡념을 제거하는 문제에 대한 많은 언급들이 있습니다. 많은 이들이 침묵 기도를 시도하다가 이 잡념으로 인하여 방해를 받고 심한 어려움을 겪습니다. 그들은 잡념을 없애는 것이 너무 힘들다고 여깁니다.
하지만 잡념을 제거하는 것은 그리 어려운 일이 아닙니다. 그것이 어렵다고 여기는 이유는 잡념을 일으키는 영들이 악령이라는 사실을 모르기 때문입니다. 그러므로 그 영들을 발견하고 주의 이름으로 대적하면 그들은 사라집니다. 단순하게 귀신을 꾸짖으면 그 영들은 한동안 다시 올 수 없습니다.

또한 대적하는 기도도 필요하지만 기질적인 변화와 처방도 필요합니다. 이러한 이들은 구조적으로 에너지가 뇌에 지나치게 몰려 있습니다. 이러한 사람들은 움직이는 것을 싫어하며 일하는 것을 싫어합니다.
이러한 기질의 사람이 여성이라면 그들은 집안 청소를 하는 것이나 음식을 만드는 것을 싫어할 것입니다. 그들은 깨닫는 것을 좋아하고 책을 읽는 것을 좋아하고 가르치는 것을 좋아하고 그들의 지혜에 대해서 칭찬 받는 것을 좋아하지만 일을 하는 것은 좋아하지 않습니다.

하지만 이러한 사람에게는 균형을 위하여 일을 하는 것이나 움직이는 것이 필요합니다.

이러한 이들은 큰 소리로 말하는 것을 싫어합니다.

하지만 생각의 영을 쫓아내기 위해서 이러한 사람들에게는 큰 소리를 내는 것이 필요합니다.

단순한 사람들에게는 묵상과 고요함이 좋습니다. 그러나 이렇게 복잡한 사람들은 큰 소리로 부르짖고 외치고 하는 것이 좋습니다. 그것이 영의 균형에 도움이 되는 것입니다.

그러므로 이러한 이들은 큐티와 같이 조용히 묵상하는 것만을 좋아하지 말고 큰 소리로 성경을 읽는 것이 좋습니다. 큰 소리로 찬양을 하는 것이 좋습니다. 몸을 움직여서 음식을 만드는 취미를 가지든지 아니면 운동을 하거나 등산을 하거나 하는 것이 좋은 것입니다.

눈을 크게 뜨고 한 곳을 뚫어지게 바라보는 훈련을 하는 것도 좋습니다. 눈이 강해지고 힘이 세지면 복잡한 생각들이 잘 떠오르지 않습니다. 혼미하고 복잡한 생각은 눈에 힘이 없어서 악한 영들이 쉽게 들어온 것이기 때문입니다.

생각이 많고 복잡한 것은 중대한 증상입니다. 극단적으로 가게 되면 정신병에 걸릴 수도 있습니다.

그러므로 뇌에만 몰려있는 에너지를 활동을 통해서 언어를 통해서 표현함으로써 온 몸에 골고루 퍼지게 해야 합니다. 머리가 무거우면 몸이 머리를 지탱할 수가 없으며 어지럽고 힘이 들게 됩니다. 머리는 생각으로 인하여 무거워지는 것입니다.

믿음이란 단순한 것입니다. 사랑하는 삶은 복잡한 것이 아니라 단순한 것입니다. 진리도 단순합니다. 그것은 명쾌하고 신선하고 아름다운 것입니다. 복잡한 것은 좋지 않습니다.

복잡한 영을 대적하십시오. 복잡한 생각을 대적하십시오.

잠을 이룰 수 없고 끊임없이 생각이 떠오를 때 그 영을 주의 이름으로 대적하십시오. 꾸짖고 쫓아내십시오.

한 사람의 기질이 변화되는 것은 쉬운 일이 아닙니다. 하지만 꾸준하게 대적기도를 하며 자신을 바꾸는 시도를 하면 서서히 변화는 이루어지게 됩니다.

충분히 대적하여 생각으로부터 자유롭게 되십시오. 주님은 자유하신 분이며 그 주의 영이 당신에게 충만하게 임할 때 당신도 자유롭고 단순하며 풍성한 사람이 될 수 있을 것입니다. 할렐루야.

27. 불면증을 대적하십시오

지나치게 생각이 많은 사람들은 밤에 잠을 잘 이루지 못합니다. 그래서 이들은 흔히 불면증으로 고생합니다. 노인이 되어도 생각이 많아지기 때문에 불면증에 시달릴 가능성이 높습니다.

누구나 한번쯤은 불면으로 인하여 고생을 한 적이 있었을 것입니다. 밤에 잠을 이루지 못한다는 것은 정도의 차이는 있겠지만 적지 않은 고통이 됩니다.

어떤 이들은 밤에 잠이 오지 않으면 잠을 자지 않고 시간을 벌 수 있으니까 좋지 않으냐고 합니다. 하지만 밤에 충분한 수면을 취하지 못하면 그 다음날이 엉망이 되고 맙니다.

사람이 잠을 자는 동안 그의 영혼은 영계에 가서 영계의 빛을 경험하며 충분한 에너지와 힘을 얻게 됩니다. 그런데 잠을 제대로 자지 못하면 그 빛을 경험하지 못하기 때문에 하루 종일 혼미한 상태에서 살게 됩니다. 머리도 제대로 돌아가지 않습니다. 그러니 학생이든 직장인이든 어떤 사람이든지 하루의 삶을 제대로 영위할 수 없습니다.

어떤 이들은 불면에 대해서 두려워하며 조금만 잠이 오지 않으면 바로 수면제를 먹으려고 합니다. 하지만 그것은 좋지 않습니다.

불면은 대체로 영적인 증상입니다. 그것은 악한 영들이 장난치는 것입니다. 생각하는 것, 생각이 떠오르는 것, 이런 자체가 영적 현상이라는 것을 알아야 합니다. 생각은 영들이 일으키는 것이며 밤새 생각을 멈출 수가 없다는 것은 악한 영들이 괴롭히며 장난을 치고 있는 것입니다. 그러므로 수면제와 같은 약을 먹어서 잠을 자려고 한다면 그것은 당장은 편할지 모르지만 악한 영들이 마음대로 장난치는 것이 구조화되어 버립니다. 그는 계속 수면제를 의지하게 될 것입니다. 그것은 좋은 방법이 아닙니다.

불면을 해결하기 위해서 온갖 많은 방법들이 제시되고 있습니다. 잠을 잘 때 어떠한 자세로 잠을 자라, 양의 숫자를 세어라, 따뜻한 차를 마셔라.. 등 갖은 조언이 있습니다. 그것을 보면 불면에 시달리는 이들이 그처럼 많은 모양입니다. 하지만 가장 간단하며 즉각적인 효과를 일으키는 것은 대적기도입니다. 불면을 일으키는 생각의 배후에는 악한 영들이 있습니다. 그러므로 그들을 대적하면 그들은 사라집니다. 그리고 바로 잠이 오게 됩니다.

불면은 생각이 끊어지지 않고 이어지기 때문에 오는 것입니다. 그러므로 생각을 일으키는 악한 영을 대적하여 쫓아버리면 생각이 멈추어지게 됩니다. 그러므로 잠이 오게 되는 것입니다.

불면증이 올 때 악한 영을 대적하면 그 증상은 사라집니다. 그러나 이렇게 불면증에 시달리는 사람들은 자신의 삶을 근본적으로 개선하고 반성하는 것이 좋습니다.

잠을 자지 못하며 생각이 계속 떠오르고 있는 것은 뇌가 긴장이 되어 있는 것입니다. 뇌에 에너지와 피가 몰려 있기 때문에 생각을 계속 수신하게 됩니다. 이러한 이들은 앞의 장에서 언급한 것처럼 평소에 생각 중심으로 사는 사람들입니다. 그러므로 신체의 다른 부분은 연약한데 머리 쪽에만 에너지가 몰려 있습니다.

이러한 사람들은 대체로 일하는 것을 싫어하고 가르치는 것을 좋아합니다. 사랑을 베풀고 몸으로 섬기는 것보다는 가르치고 싶어합니다. 지식을 얻는 것을 좋아하며 지식을 자랑하고 싶어합니다.
이러한 이들은 뇌에 에너지와 피가 몰리기 쉽습니다. 몸을 쓰는 것보다 머리를 쓰는 것을 좋아하면 당연히 뇌에 피가 몰리며 긴장이 될 수밖에 없는 것입니다.

그러므로 이러한 이들은 머리의 긴장을 풀고 부드럽게 릴렉스를 해야 합니다. 에너지가 뇌에서 내려와 온 몸에 퍼지도록 몸을 자주 움직여주는 것이 좋습니다.
인간은 동물입니다. 움직이는 생물인 것입니다. 그러므로 가만히 있으면 병이 생기게 되어 있습니다. 그러므로 몸을 자꾸 움직이면서 뇌에만 몰려 있는 에너지가 전신으로 내려오게 해야 합니다.
생각이 많은 이들은 육체적으로 게으른 경향이 있습니다. 그래서 뇌에만 에너지가 몰리게 됩니다. 그러므로 자꾸 일을 하고 움직일 때 뇌의 에너지가 적어지고 뇌가 부드럽게 릴렉스가 되는 것입니다.

어떤 일에 지나치게 몰두하고 있거나 근심이 있어서 잠을 이루지 못하는 경우도 있습니다. 이 경우에도 악한 영을 대적해야 합니다. 두려움과 근심을 주는 악한 영을 결박하고 대적하면 마음에 평안이 오며 잠이 오게 되어 있습니다.
악한 영을 대적한 후에 조용히 주의 이름을 부르면 주님의 임재가 가까이 오게 되며 그 주님의 품안에서 평안히 잠을 자게 됩니다. 그렇게 잠을 자고 나면 그 다음날은 아주 평안하고 일이 잘 풀려나갈 것입니다.
불면증은 삶과 의식의 상태를 개선하라는 하나의 메시지와 같은 것입니다. 너무 생각에 몰입하지 말고 긴장하지 말고 부드럽고 편안하게 살라는 메시지와 같은 것입니다.

잠이 오지 않는다고 해서 너무 초조해할 필요는 없습니다. 어떤 이는 꼭 잠을 자야하는데 잠이 오지 않는다고 걱정을 많이 합니다. 그러한 걱정 자체가 잠을 방해하는 것입니다.

악한 영을 대적하고 조용히 주의 이름을 구하고 부르는 것으로 충분합니다. 그것으로 잠이 오지 않는 고통스러운 밤을 충분히 극복할 수 있습니다.

그래도 잠이 오지 않으면 깨어 있는 상태에서 편안한 마음으로 주님을 찬양하고 감사하는 것이 좋습니다. 깨어있는 그 순간을 기도와 예배의 기회로 생각하면 됩니다. 또한 주님께서 무슨 하실 말씀이 있는지, 누구를 위해서 기도하기를 원하시는 것이 있는지 주님께 물어보면서 기다리는 것도 좋은 것입니다.

그렇게 감사하고 편안한 마음으로 있을 수 있다면 그것은 이미 충분한 승리이며 행복인 것입니다.

그러한 상태에서는 어느 덧 잠이 들게 됩니다. 또한 충분히 많이 자지 않았다고 하더라도 아침에 일어나면 몸과 마음이 개운하고 편안한 것을 느끼게 됩니다. 주님과 함께 있는 것, 기도와 예배는 우리의 몸과 영혼에 생기와 기쁨을 주기 때문입니다.

악한 영을 대적함으로 불면증에서 벗어나십시오. 또한 깨어있는 동안에 주님과 함께 있으십시오. 그것으로 우리는 긴긴 밤을 아름답고 풍성하게 누릴 수 있게 될 것입니다.

28. 만성병을 대적하십시오

병에는 생명이 있습니다. 그것은 악한 생명입니다. 그것은 파괴하고 깨뜨리는 악한 생명을 가지고 있습니다.

인류는 질병과 오랜 세월동안 치열한 전쟁을 벌여왔습니다. 질병을 정복하기 위해서 하나의 치유법을 발견하면 질병은 좀 더 강해져서 그 치유법을 극복하였습니다. 인간들은 다시 새로운 치유법을 발견하고 질병의 기운은 다시 그것을 극복하고 더 강한 질병으로 살아남았습니다. 이러한 질병의 끈질긴 생존은 그것이 인격적인 존재이며 하나의 생명임을 보여줍니다. 예수님도 질병을 꾸짖어 쫓아내셨는데 그것은 질병이 생명이 있는 하나의 인격이기 때문입니다.

바이러스 자체에는 생명이 없습니다. 그러나 그 배후에 그 바이러스를 살게 하고 움직이게 하는 생명이 존재합니다.

그것은 사람의 육체 자체에는 생명이 없으나 그 안에 영혼이라는 생명이 있는 것과 같은 것입니다.

그러므로 우리는 질병의 영을 생명을 가진 존재로 이해해야 하고 그 존재와 싸워야 합니다. 어떤 이들은 질병의 유익한 측면을 이야기하기도 하며 그것도 사실인 면이 있지만 근본적으로 질병은 천국에서 오는 것이 아닙니다. 죄로 인하여 사망이 왔으며 질병은 죄와 사망 사이에 있는 것입니다. 그러므로 질병은 재앙과 저주에 가까운 것이며 그들을 대적하고 깨뜨리며 그 파괴하는 생명을 소멸시켜야 합니다.

한 질병의 영이 사람의 안으로 들어올 때 거기에는 여러 이유들이 있을 것입니다. 자연적이고 물리적인 이유일 수도 있습니다. 과식이나 게으름이나 휴식이 없는 지나친 업무라든가 하는 것 말입니다.
정신적이고 심리적인 이유가 있을 수도 있습니다. 정신적인 충격이나 스트레스를 받았다든지 강력한 분노, 용서하지 못하는 마음이라든지 하는 것이 이유가 될 수 있습니다.
또한 영적인 원인이 있을 수도 있습니다. 악한 영을 가지고 있는 사람을 접촉하다가 그 영이 전이되었다든지 하는 일이 있을 수 있습니다. 또한 어떠한 것은 복합적일 것입니다.

그 원인이 무엇이든지 거기에 대한 규명과 분별, 그리고 적당한 처방이 필요할 것입니다.
그러나 근본적으로 중요한 것은 이 질병의 영들과 대적하고 싸우는 것입니다.
어떻게 들어왔든지 일단 이 영들은 파괴의 영이기 때문에 영을 강하게 하고 마음을 굳게 하여 이 질병의 영을 꾸짖고 대적해야 합니다.

병이 오래 되지 않은 것은 아직 그 영들이 들어와서 자리를 충분히 잡지 않은 것입니다. 그러므로 그들이 아직 세력을 얻지 못한 초기에 빨리 대적하면 좀 더 빠르게 회복이 될 수 있을 것입니다.
그러나 만성병은 들어와서 자리를 잡은 지 오래 된 것입니다. 이것은 좀 더 전쟁의 시간이 길어질 것입니다. 그러나 충분히 대적하고 인내를 가지고 싸우면 승리할 수 있을 것입니다.

중요한 것은 병을 증오하고 미워하는 것입니다. 질병이란 근본적으로 주님으로부터 온 것이 아닙니다. 주님은 질병에서 벗어나게 해달라고 요구하는 이들의 청을 거절하신 적이 거의 없었습니다. 그러므로 병에 대하여 받아들이고 내버려두는 것은 좋지 않습니다. 주님은 십자가에서 우리의 죄와 함께 우리가 받을 모든 저주를 담당하셨습니다. 그리고 그 가운데에는 질병도 포함되는 것입니다.

그러므로 우리는 질병의 영을 대적해야 합니다. 어떤 이들은 질병을 일종의 친구와 같이 여긴다고 하는데 그것은 별로 좋지 않습니다. 그들을 친구로 대접한다면 그들은 나갈 생각을 하지 않을 것입니다.

일단 그 증상이 시작된 것이 언제인지가 중요합니다. 그 질병의 증상이 시작된 지점이 그 영들이 활동하기 시작한 때이기 때문입니다.
만성병들, 암이든 혈압의 문제이든, 당뇨병이든 어떤 만성병이든 그 증상이 시작된 지점에서 악한 영들, 질병의 영을 대적하십시오.
우리는 병이 시작된 그 시점으로 돌아가 그 영을 꾸짖어야 합니다.
영적인 세계는 과거와 미래가 없으므로 우리는 지금이 그 시점이라고 생각하고 악한 영을 대적하면 됩니다. 우리는 지금의 시점에 있을지라도 그 때를 생각하면 그 때의 분위기와 영을 느낄 수 있습니다.

우리는 주의 이름으로 그 영들을 꾸짖고 대적해야 합니다.
우리는 그 영들에게 왜 들어왔느냐고 물어볼 수 있습니다. 그리고 마음 속에서 어떤 느낌이나 인상이 떠오르는지 조용히 기다립니다. 그리고 떠오르는 인상이나 느낌에 따라 대응하면 됩니다.
대적하는 가운데 주님께서 우리에게 회개하고 처리해야 할 것들을 깨닫게 해주실지도 모릅니다. 우리가 질병이 들어오도록 틈을 주었던 요소를 보여주실지도 모릅니다. 우리가 주님께 순종하지 않음으로 질병의 영들이 침투할 기회를 주게 되었는지도 모릅니다. 그런 깨달음이 온다면 우리는 주님 앞에 엎드려 반성하고 회개해야 합니다.

그러나 반성과 회개가 끝나면 다시 대적해야 합니다. 고백 후에 용서를 받고 다시 마귀를 대적하고 쫓아내야지 자신의 잘못 때문에 평생 그 짐을 지고 살겠다고 생각해서는 안 됩니다. 주님이 지신 십자가를 우리가 계속 지고 있을 필요는 없습니다.

어떤 이들은 자기가 원래 체질이 약하다고 고백하면서 삽니다. 자기는 원래 이런 부분이 약하다고 말하며 그러한 약점을 받아들입니다.
하지만 그러한 자세는 그리 바람직하지 않습니다. 그러한 자세는 악한 영들에게 틈을 주며 그들을 강하게 만들 수 있습니다.
우리는 자신의 일상적인 약함에 대해서도 극복하기 위한 기도가 필요합니다.

당신이 오랫동안 가지고 있는 질병의 불편함, 증상에 대해서 대적하고 싸우십시오.
우선 고통이 느껴지는 부분에 대해서 대적하는 것이 좋습니다.
고통이 느껴지지 않을 때 우리는 싸우는 것이 어렵습니다. 악한 영들이 속에 숨어있기 때문입니다.
그러나 고통스러울 때 우리는 폭격을 해야 할 목표지점을 찾기가 쉽습니다. 그 고통의 부분이 악한 영이 활동하고 있는 곳이기 때문입니다.
그러므로 우리는 고통스럽게 느끼는 부분에 대하여 먼저 공격을 가해야 합니다.
예수 이름으로 그 곳에 붙어있는 악한 영들을 대적합니다.
고통스러운 부분에 예수님의 보혈이 뿌려지는 것을 상상하고 입술로 시인합니다. 이런 식으로 합니다.

"이 악한 질병의 영아. 내가 너를 주의 이름으로 대적한다!"

"지금 나에게 고통을 주고 있는 영아. 내가 너를 대적한다!"

"예수의 피로 나의 환부에 뿌린다! 주님의 보혈이 내게 떨어지고 있다. 악한 영들아! 너희는 더 이상 활동할 수 없다! 주의 보혈이 너희를 결박하고 있다!"

이렇게 시인하고 소리를 내어서 기도하고 있으면 고통이 격감되는 것이 보통입니다. 환부는 시원해지며 고통은 사라지거나 완화됩니다. 주의 이름과 보혈의 능력은 아주 실제적인 것이기 때문입니다.

대적하고 대적할수록 질병의 기운은 점점 더 약해집니다.

어떤 이들은 한두 번 대적하는 기도와 명령하는 기도를 사용한 후에 그 즉시로 낫지 않으면 실망하기도 합니다. 그러나 질병의 형성에 오랜 시간이 걸리듯이 만성병의 회복에는 많은 시간이 필요합니다.

질병이 있기는 하지만 고통이 느껴지지 않는다면 그것은 감각이 마비되어 있는 것입니다. 이럴 때는 전투하기가 곤란합니다. 그것은 악한 영들이 숨어있는 상태이며 그들의 진지가 우리들에게 노출되지 않은 것입니다.

그러나 우리가 대적하고 기도하면 아마 고통이 드러나게 될 것입니다. 그것은 그들이 노출된 것입니다. 우리의 질병에 대한 감각이 회복된 것입니다. 고통을 느끼는 이들은 어찌 보면 회복이 가깝다고 할 수 있습니다.

그렇게 되면 우리는 고통과 그 구체적인 증상에 대해서 공격하고 대적하고 결박할 수 있습니다. 일단 하나의 고통과 증상이 나타나면 우리는 그들에게 공격을 가할 수 있으며 꾸준히 지속하면 그 고통의 증상은 부분적으로 완화되게 됩니다.

특별한 일이 있지 않는 한, 나는 많은 만성병들이 이와 같이 꾸준하게 주의 이름으로 대적하고 기도한다면 서서히 나아지고 회복될 수 있을 것이라고 믿고 있습니다.
좀 더 많이 싸우고 좀 더 많은 믿음이 필요하고 시간도 필요하고 기도의 지원자들도 필요하겠지만 어쨌든 지속적으로 싸울 때 그 영들은 사라질 것입니다.
어떤 이들은 이와 같은 질병의 치유에 좀 더 많은 믿음과 권능이 나타나는 사명을 받은 이들도 있습니다. 심각한 질병에 시달리고 있는 사람들은 이와 같은 사람들에게 도움을 받는 것도 좋을 것입니다.
그러나 바람직한 것은 모든 그리스도인들이 주님께서 우리에게 주신 영적인 능력과 힘을 스스로 발견하고 사용하는 것입니다. 누구든지 그리스도인이라면 그 이름의 권세와 능력을 가지고 있으며 그 무기는 사용하면 사용할수록 강해지는 것이기 때문입니다.
질병의 영은 악한 마귀가 인간을 파괴하기 위하여 사용하는 중요한 무기이며 공격입니다. 당신도 당신의 무기를 강건하게 하여 그들의 공격을 받아치며 대적하십시오. 결코 일방적으로 당하지 마십시오.
대적하고 선포하고 또 대적하십시오. 우리는 승리할 것이며 그리스도 안에 있는 위대한 치유와 회복의 은총을 감사하게 될 것입니다. 할렐루야.

29. 신체의 부분적인 연약함이 올 때

악한 영들은 우리의 신체에 구체적으로 접촉하여 고통을 줍니다. 우리는 그러한 감각을 느낄 수 있습니다.

악한 영들이 우리 신체의 한 부위를 잡고 있을 때 우리는 그 부위에 대해서 고통을 느낍니다. 그것은 아주 무겁고 부자연스러우며 고통스러운 느낌입니다.

주의 영이 실제적으로 우리에게 임하실 때 우리는 몸도 마음도 아주 개운하고 행복해집니다. 머리는 맑고 개운하며 눈도 시원합니다. 심령에는 꿀과 같은 감미로움과 달콤함이 임하며 배속에서는 평강이 가득한 생수가 흐릅니다. 이것은 단순한 묘사가 아니고 실제적인 지각으로 경험할 수 있는 것입니다.

영의 감각이 발전되고 열려진 만큼 그 감미로움은 진전됩니다. 그것은 너무나 황홀하고 아름다운 느낌이기 때문에 그 즐거움을 맛보고 난 후에는 다른 물질적인 세상의 즐거움들은 아주 유치하고 낮은 것으로 느껴지게 됩니다.

물론 사악한 미혹의 영들이 주는 황홀도 있습니다. 예를 들면 마약을 할 때의 황홀한 느낌이나 최면술에서 느끼는 해방감과 같은 것입니다.

그러나 그러한 것들은 악한 영들의 속임에서 나오는 거짓된 체험이기 때문에 잠시 일시적인 즐거움을 줄 수는 있지만 시간이 지나고 나면 오히려 불쾌한 느낌이 들게 됩니다. 그러한 경험들은 좋지 않은 후유증을 가져오며 결국에는 몸과 영혼을 파괴하게 됩니다.
그러나 주님의 경험, 영혼의 경험은 참으로 아름다운 것입니다. 그러므로 기도와 은혜의 세계를 경험하고 아는 자들은 그 세계의 은총을 더 깊이 사모하게 되는 것입니다.
그러나 마귀는 그 반대입니다. 악한 영들이 사람들에게 역사할 때 그것은 대부분 고통을 줍니다.

잠을 자다가 가위에 눌린 경험을 하는 사람들이 있습니다. 신자든, 불신자든 그러한 경험을 하고 나면 마귀가 존재한다는 사실을 알게 됩니다. 그것은 공포의 체험입니다. 소리를 낼 수 없고 눈을 뜰 수도 없으며 몸도 꼼짝할 수가 없습니다. 그것은 어떤 사람이 느끼기에도 두려우며 유쾌하지 않은 경험입니다.

그러한 가위눌림과 같이 심한 공포의 영은 아닐지라도 악한 기운이 사람에게 역사할 때 그것은 사람에게 불쾌감을 줍니다. 머리는 혼미해집니다. 눈은 힘이 없고 초점이 없이 풀어집니다. 부분적으로 악한 영이 임한 곳은 불쾌한 묵직함의 느낌이 있거나 아니면 서늘하거나 저린 느낌이 들기도 합니다. 부분적인 통증이 느껴지기도 합니다.

사람들은 이러한 신체의 불편함이 있을 때 그것을 단순히 신체적이고 자연적인 문제라고 생각합니다. 오늘 일을 많이 했더니 몸이 좀 무거운 모양이다.. 이런 식으로 생각합니다.
하지만 적지 않은 경우에 그러한 불쾌감은 악한 영들이 우리의 몸을 공격하는 것입니다. 그러므로 우리는 신체의 연약함이 있을 때 그 영들을 대적하는 것이 좋습니다. 그것은 신선한 결과를 가져올 때가 많이 있습니다.

몸이 무거울 때 악한 영들을 대적해보십시오. 순간적으로 몸이 가벼워지기도 합니다.

정신이 혼미하고 눈이 피곤할 때 악한 영들을 대적해보십시오. 순간적으로 정신이 맑아지고 눈에 힘이 돌아오기도 합니다.

신체의 한 부분이 불편할 때, 예를 들어서 배가 아프거나 속이 더부룩할 때, 가슴이 꽉 막힌 느낌이 들 때 악한 영을 대적하십시오. 많은 경우에 우리의 몸은 바로 회복됩니다.

이러한 대적기도의 경험을 많이 해본 이들은 감각적으로 어느 부위에 악한 영이 공격하고 있다고 느낍니다. 어떤 이들에게는 그러한 모습이 어처구니없게 보이겠지만 경험자들에게 있어서 그것은 아주 실제적인 일입니다.

그럴 때 기도자가 대적하는 기도를 하면 악한 영은 그 부위에서 도망갑니다. 그리고 다른 부분이 아프게 됩니다. 그래서 다시 그 부분에 예수의 보혈을 적용하고 공격하면 다시 다른 부위로 도망가는 것을 느끼게 됩니다. 이러한 경험은 악한 영들이 병 에너지를 일으키며 지성을 가지고 있다는 것을 느끼게 합니다. 실제로 영적 세계를 알지 못하는 의사들도 질병과 싸우면 질병이 마치 지성을 가지고 있는 것처럼 느끼는 경우가 많이 있다고 합니다.

청년시절 나는 친구들과 같이 영적 세계를 추구하고 경험하면서 서로 기도해주기도 하고 서로의 경험들을 나누기도 했습니다. 한 동안 어느 형제가 악한 영들에게 시달려서 여러 가지 질병이나 증상이 생기던 적이 있었습니다.

한 가지의 증상을 대적하고 나면 그 증상은 사라졌습니다. 하지만 다른 곳에 아픈 증상이 생겼습니다. 그래서 그 증상을 대적하면 그것은 사라지지만 다시 또 다른 곳에 아픈 증상이 생겼습니다.
우리는 이러한 일을 반복하다가 악한 영이 돌아다니며 숨는 것을 느끼게 되었습니다. 그래서 우리는 전체를 결박하는 기도를 드렸고 그 증상은 더 이상 옮겨 다니지 않았습니다. 이와 같이 대적하는 기도나 영적 전쟁은 정말로 실제적인 것이었습니다.

우리는 할 수 있는 한 항상 몸과 마음의 상태를 맑고 가볍고 자유롭게 유지해야 합니다. 우리의 몸은 성령님의 거하시는 전이며 그러므로 거룩하고 아름답게 유지해야 할 필요가 있습니다.
주님의 영이 제한없이 우리 가운데 임하실 때 우리의 몸과 마음은 아주 쾌적하고 행복해질 것입니다. 그러나 악한 기운이 개입되면 우리의 몸은 피곤하고 무거워지고 아프고 열이 나고 눌리고.. 여러 가지 증상에 시달리게 될 것입니다.
그 때마다 기도함으로 그 악한 에너지, 악한 기운을 대적하십시오. 그리고 쫓아내십시오. 그리하여 항상 신선함을 유지하십시오.
부디 당신의 몸과 마음을 항상 아름답고 신선하게 유지하십시오. 그러한 상태에서 우리는 주님과 함께 아름답고 풍성한 교제를 누릴 수 있게 될 것입니다. 할렐루야.

30. 의지를 방해하는 자를 대적하십시오

사람들은 흔히 많은 결심들을 합니다. 하지만 당초의 결심대로 그것을 이루는 이들은 많지 않습니다. 그 이유는 무엇일까요? 그것은 우리의 결심대로 행하는 것을 방해하는 존재가 있기 때문입니다.

우리가 해야 할 일이 있습니다. 그것은 우리의 의무이며 중요한 일입니다. 하지만 그것을 다음으로 미루게 됩니다. 그런 식으로 미루다가 나중에는 시간과 삶이 아주 쫓기게 됩니다. 그 이유는 무엇일까요? 그것은 방해자가 있기 때문입니다.

어떤 사람이 집회에서 은혜를 받고 울고 결단하며 주님을 따르고 헌신할 것을 결심합니다. 그런데 나중에 보면 그는 그러한 열정을 잃어버릴 뿐 아니라 오히려 전보다 더 상태가 나빠지는 경우가 많이 있습니다. 그 이유는 무엇일까요? 역시 방해자가 있기 때문입니다.

이 사실을 기억하셔야 합니다. 우리가 우리의 의지로 무엇을 하려고 하든지 거기에는 우리의 의지를 방해하는 대적자가 있다는 것입니다. 의지의 방해자가 있다는 것입니다. 이것은 너무나 선명한 사실입니다.

학생이 시험을 준비해야 합니다. 그는 오늘부터 시험 준비를 해야겠다고 생각합니다. 그러나 이상하게도 잘 되지가 않습니다. 마음이 잡히지 않습니다. 자꾸 하기가 싫어집니다. 그는 생각합니다. 에라. 모르겠다. 먼저 조금 쉬면서 놀다가 이따가 하지 뭐.. 그는 그렇게 하루를 보냅니다. 그러면 그 다음날에는요? 역시 상황은 비슷해집니다. 이것이 무엇일까요? 방해자가 장난을 치고 있는 것입니다.

학생이 논문을 시작해야 합니다. 자료를 준비하고 내용을 잡아야 합니다. '오늘부터 할거야.' 이렇게 생각합니다.

그런데 그게 쉬운가요? 갑자기 시작하려고 하는 즈음에 중요한 일이 생깁니다. 다른 해야 할 일들이 생각납니다. 이상하게 자꾸 하기가 싫어지는 것입니다. 그는 생각하게 되지요. '아니. 잠깐만.. 조금 있다가 이것부터 한 다음에 논문을 시작해야 하겠다..'

그리고 그런 상태가 몇 년이 갈 수도 있습니다. 왜 그럴까요? 방해자가 있기 때문입니다.

부모들은 자녀들에게 컴퓨터 게임을 절제하라고 말합니다. 야단을 치고 혼을 내줍니다. 아이들은 알았다고 대답합니다. 정말 그렇게 하려고 생각합니다. 하지만 그렇게 하지 못합니다. 열심히 게임에 빠져있는 모습을 다시 들키고 부모님께 혼이 납니다. 왜 그럴까요? 그것은 방해자가 있기 때문입니다.

부디 기억하십시오. 이 영계에는 우리가 무엇을 결심하던 항상 방해자가 있습니다. 학생이 숙제를 하려고 하면 숙제하기를 싫어하는 마음이 생기게 됩니다. 이상하게 지금은 하기가 싫어집니다. 그래서 미루게 됩니다. 마음은 초조해지지만 '에이. 어떻게 되겠지.' 하고 넘어가게 됩니다. 누구의 짓일까요? 악령들의 장난입니다.

제가 책을 쓰는 것도 마찬가지입니다. 책을 쓰는 것은 참으로 즐거운 일입니다. 나의 책을 통해서 삶이 바뀌었다고 고백하는 독자들을 아주 많이 보았습니다. 그것은 나의 기쁨이고 보람입니다.

그러나 막상 책을 쓰려고 하면 쓰기가 싫어집니다. 부담이 됩니다. 왜 그럴까요? 당연히 악령들의 장난입니다.
마귀는 항상 이런 짓을 합니다.

여러분들이 어떤 아름답고 좋은 결심을 한다고 합시다. 악한 영들은 그것을 그대로 내버려두지 않습니다. 반드시 그것을 방해합니다.
남편이 집회에 가서 아내를 정말 사랑하고 친절하게 대해주어야 하는 것을 배웠습니다.
남편은 결단하고 집으로 갑니다. 집에 들어가는 순간 아내는 짜증을 냅니다. "지금이 몇 시예요?" 평소에는 친절하던 아내가 갑자기 화를 내고 있습니다. 누구 장난일까요? 악령들이 하는 것입니다.
아내가 은혜를 받으면 악한 영들이 남편을 통하여 비슷하게 실족을 시키려고 애를 씁니다. 자녀가 은혜를 받으면 부모가, 부모가 은혜를 받으면 자녀들이 방해합니다. 이 땅에 사는 동안은 결코 이러한 전쟁이 끝나지 않는 것입니다.

오랫동안 술을 마시던 사람이 술을 끊기로 결심하면 몇 년 만에 아주 다정했던 술친구가 찾아옵니다. 술 한잔을 사이에 두고 많은 추억이 있는 친구입니다. 그래서 그 날은 결심이 취소됩니다.
이것은 하나의 영적인 법칙입니다. 빛이 있을 때 반드시 그 반대의 힘, 어두움의 힘이 작용하게 됩니다. 누가 은혜를 받았다는 것은 천국의 힘이 그에게 작용했다는 것이며 그리고 나면 지옥에서 그 힘을 제어하는 힘이 파송됩니다. 이것은 영계의 법칙입니다.
그러므로 선한 결심을 하거나 우리가 해야 할 의무를 하려고 할 때 거기에 반드시 방해하는 영의 작용이 있다는 사실을 알고 대처해야 합니다. 그것을 모르고 '나는 원래 이래..' '나는 의지가 약해..' '나는 원래 작심삼일이야..' 하고 인정을 해버리면 그 사람은 평생을 그런 식으로 열매를 맺지 못하고 방황하며 살게 됩니다. 마귀가 한 짓을 자기 책임이라고 자책하고 있으면 마귀는 기분이 좋아져서 더욱 더 강하게 역사하게 됩니다.

당신이 해야 할 일이 있을 때 무작정 시작하지 마십시오.
먼저 기도로 주님께 나아가며 방해하는 악령을 결박한 후에 시작하십시오. 그러면 당신은 그 즉시로 알게 됩니다. 그 일이 너무나 하고 싶어지며 너무나 쉬워진다는 것을 말입니다.
나는 책을 쓰기 전에 책을 쓰는 것을 방해하는 영을 결박합니다. 그러면 어떤 일이 생기는지 아십니까? 너무나 너무나 책이 쓰고 싶어집니다. 그리고 책을 쓰는 것이 아주 쉬워집니다.
하지만 결박기도를 하지 않고 책을 쓰면 글을 쓰는 것이 너무나 힘이 듭니다. 진도도 나가지 않고 착상도 떠오르지 않습니다.
그러니 기도와 결박기도 없이 글을 쓰고 일을 하는 것은 얼마나 힘들고 어려운지 모릅니다. 이러한 경험을 많이 한 사람은 오직 모든 일에 기도와 함께 하려고 하게 됩니다. 결코 기도보다 앞서 나가지 않는 사람이 되는 것입니다.

꼭 영적인 일에만 이러한 악령의 방해가 있다고 생각하지 마십시오. 모든 선한 일에는 이와 같은 악령의 방해가 있습니다. 또한 일반적인 일에도 악령의 방해가 있습니다. 악령들은 당신을 무기력하고 무능력한 존재로 만들기를 원하기 때문입니다.
그러므로 일을 하기 전에 주님께 기도하여 힘을 얻으며 주님의 힘과 능력으로 일을 하는 것이 좋습니다. 그리고 주님이 주신 권세와 능력으로 방해하는 영을 결박하시기를 바랍니다. 나는 당신이 이 기도를 사용해 본다면 그 효과에 대해서 놀랄 것이라고 생각합니다.

시험을 앞둔 학생은 시험 준비가 잘 되고 재미있게 됩니다.

숙제가 밀린 사람은 그 숙제를 즐겁게 하게 됩니다. 의무로 여기지 않고 즐기게 되는 것입니다.

아내에게 사랑한다고 말하는 것은 대체로 한국의 남성에게 있어서 쉽지 않은 일일 것입니다. 그것은 어색하고 쑥스러운 일입니다. 집회에서 결심을 해도 상대방의 얼굴을 보면 입이 꽉 막혀버립니다.

그러나 결박기도를 하고 난 후에는 아주 자연스럽게 편안하고 어색하지 않게 그렇게 말할 수 있게 됩니다. 방해자를 묶고 나면 우리는 모든 삶의 상황에서 자유롭게 살 수 있는 것입니다.

사과를 하고 싶어도 결박기도를 하지 않으면 어색한 영들이 방해를 놓습니다. 그러나 결박 기도 후에 사과를 하면 둘 사이의 벽이 곧 무너지게 되며 아름답고 풍성한 분위기와 영이 흐르게 됩니다.

당신이 어떤 일을 해야 하든, 무슨 의무가 있든지.. 그것과 상관없이 오직 방해자를 결박하십시오. 의지의 방해자, 대적자를 결박하십시오. 그리고 일을 해보십시오. 결심을 실행해보십시오. 마치 윤활유를 뿌린 것처럼 자연스럽고 편안하게 일이 진행될 수 있습니다.

부디 방해자를 제거하십시오. 여태까지 속아서 그들의 방해 속에 많은 어려움을 겪었다고 하더라도 이제부터는 그들을 쫓아내고 자연스럽게 일하십시오.

주님은 자유함을 주시는 분이십니다. 당신이 이 기도를 적용할 때 당신은 그 실제적인 자유를 경험할 수 있게 될 것입니다. 할렐루야.

31. 가난의 영을 대적하십시오

가난이란 별로 좋은 것이 아닙니다. 그것은 고통스러운 상태입니다. 어떤 이들은 가난을 좋은 것으로 생각하기도 합니다. 그 예로써 가난을 미화했던 성 프란시스코의 경우를 들기도 합니다.
하지만 프란시스코는 훌륭한 사람이기는 하지만 그리스도인들의 현실적인 모델이 될 수는 없을 것입니다. 만약 지금 이 시대에 자신의 자녀들이 프란시스코와 같이 구걸을 하면서 탁발 수행을 한다면 그것을 기쁨으로 여길 사람들은 많지 않을 것입니다.
주님은 심령이 가난한 자가 복이 있다고 하셨지 물질적으로 가난한 이들이 복이 있다고 하시지 않았습니다. 만약 물질적으로 극도로 궁핍한 사람들에게 "아이고, 복 많이 받으셨네요.." 한다면 아마 두들겨 맞을지도 모릅니다. 심령이 가난하다는 것은 겸손한 마음으로 주님과 영적인 세계를 사모하는 것을 의미하는 것입니다.

가난은 천국에서 오는 것이라고 할 수 없습니다. 천국에는 넉넉함과 풍성함이 있습니다. 가난과 궁핍의 영들은 고통스러운 것이며 지옥으로부터 오는 것입니다. 물질에 집착하는 것은 좋지 않은 것이지만 그렇다고 가난을 좋은 것이라고 여겨서는 안 됩니다.
영적인 풍성함을 가지고 있을 때 사람이 따르고 물질이 따르고 천사가 따르는 것은 당연한 이치입니다. 천국은 풍성함이기 때문입니다. 영이 묶이고 눌리게 되면 사람이 대적하고 물질적으로 궁핍해지며 악한 영들이 누르게 됩니다. 그러므로 영의 자유함과 풀림은 현실적인 문제에서나 물질적인 어려움에서도 동시에 풀리는 것을 의미합니다.

적지 않은 경우에 가난은 악한 영들의 장난으로 인하여 오는 것입니다. 이스라엘 백성이 하나님과의 관계가 잘못되었을 때 황충이 그들의 소산을 먹어 치우는 일들이 흔히 있었습니다.
이것은 영적으로 막히게 되면 악한 영들이 그들의 산업도 망가뜨린다는 것을 보여줍니다.

"황충이 땅의 풀을 다 먹은지라 내가 가로되 주 여호와여 청컨대 사하소서 야곱이 미약하오니 어떻게 서리이까 하매" (암7:2)
"여호와께서 말씀하신즉 황충과 무수한 메뚜기가 이르러 저희 땅에 모든 채소를 먹으며 그 밭에 열매를 먹었도다" (시105:34,35)

영적으로 막혀 있을 때에 그의 경제도 같이 막히는 것이 보통입니다. 하나님께 속하지 않고 세상에 속한 자들은 악한 영들이 그래도 복을 주는 경우가 있습니다. 마귀는 자신의 자식들을 괴롭히려고 하지 않습니다. 그러나 주님께 속한 자들은 그 영적인 자세가 바르지 않거나 틈을 주었을 때에 기회를 노리던 악한 영들이 황충처럼 달려들어 그 소산을 먹게 됩니다. 그러므로 아무리 열심히 일을 해도 계속 궁핍하며 어렵고 힘들게 살게 됩니다.

그리스도인들이 물질적인 면에서 잘못하는 것이 없는데도 불구하고 물질적인 면에서 어려움을 겪고 있다면 악한 영들이 장난치고 있는 것은 아닌지 생각해봐야 합니다.

여기서 물질적인 면에서 잘못하는 것은 자신의 수입에 합당한 헌물을 드리지 않았다든지 약속한 헌물을 드리지 않았다든지 주님이 기뻐하시지 않는 악한 일에 돈을 사용했다든지 몹시 가난하고 궁핍한 사람들의 돈을 착취했다든지 하는 일입니다. 그러한 일에는 재난이 따른다고 성경은 가르칩니다.

"들으라 부한 자들아 너희에게 임할 고생을 인하여 울고 통곡하라 보라 너희 밭에 추수한 품군에게 주지 아니한 삯이 소리 지르며 추수한 자의 우는 소리가 만군의 주의 귀에 들렸느니라" (약5:1,4)

그러나 헌금에 대하여 지나친 부담을 가지는 것은 좋지 않습니다. 어떤 이들은 먹고 입고 쓸 것도 거의 없는 상황에서 빚을 내어서라도 헌금을 해야 한다고 생각하는 이들도 있는데 그것은 그리 자연스러운 믿음이 아닙니다. 주님은 따뜻하신 분이며 지나치게 무리하게 어떤 것을 요구하시는 분이 아닙니다.

약속한 헌물에 대한 약속을 지키지 못하는 것으로 인하여 어려움이 올 수도 있습니다. 하지만 그것은 주님의 징계라기보다는 그 사람이 가지고 있는 두려움이나 죄책을 통하여 악한 영들에게 틈을 주게 되기 때문입니다. 그러한 경우에는 주님께 죄송하다고 고백을 드린 후에 용서를 받아야 합니다.

이렇게 고백해보십시오.

"주님. 죄송합니다. 저는 전에 ***의 액수를 주님께 드리겠다고 약속했습니다. 하지만 주님. 저는 지금 그러한 것을 감당할 능력이 없습니다. 그래서 약속을 지킬 수가 없습니다. 그러니 저를 용서해주십시오. 나중에 주님이 풍성한 헌물을 할 수 있도록 도우신다면 저는 그 때 헌물을 드릴 것입니다."

그렇게 고백한 후에 주님께서 당신을 용서하신다는 것을 믿으시기를 바랍니다. 주님이 원하시는 것은 당신의 돈이 아니고 당신 자신이기 때문입니다.

당신은 돈이 아니더라도 주님께 드릴 수 있는 것이 있을 것입니다. 그 것은 사랑의 표현일수도 있고 중심으로 드리는 감사와 예배일수도 있으며 다른 사람들에 대한 친절한 태도일수도 있습니다. 당신은 그와 같이 자신이 드릴 수 있는 것으로 헌물을 대신할 수도 있습니다. 그리고 이러한 기도와 고백 후에 당신은 떳떳함을 가져야 합니다. 거리끼는 마음을 털어 버려야 합니다. 그래야만 마귀에게 틈을 주지 않게 됩니다. 그리고 나면 문제될 것이 없습니다.

아무튼 이와 같이 특별하게 양심에 거리낌이 느껴지지 않음에도 불구하고 계속 물질적인 어려움이 있다면 그것은 악한 영들의 장난일 가능성이 많습니다. 그러므로 이때에는 물질의 어려움을 가져오는 악한 영들을 대적하고 결박해야 합니다.

악한 영들은 살짝 숨어서 우리의 재산을 도둑질합니다. 그들은 언제나 도둑입니다. 그래서 우리가 열심히 일하고 수고하는 데도 그 열매를 훔쳐가 버립니다.

이 경우에 하나님께 울면서 호소하는 것은 어리석은 일입니다. 하나님은 우리의 돈을 빼앗아 가신 분이 아니기 때문입니다. 도둑이 우리 돈을 훔쳐갔는데 엉뚱한 데에 가서 하소연을 해서는 안 됩니다. 도둑에게 "내 돈 내놔!" 하고 외쳐야 합니다.

지금 당장 악한 영들에게 소리를 지르십시오.

"이 악한 귀신아! 악한 영들아! 하나님께서 내게 주신 물질을 다 내 놓아라! 내가 주의 이름으로 명한다! 지금까지 나에게서 가져간 것을 다 토해놓아라!"

그렇게 하는 것이 당연한 일입니다. 우리는 우리의 권리를 잃어버려서는 안 됩니다. 더 이상 마귀에게 우리의 소산을 빼앗겨서는 안 됩니다. 악한 영이 물질의 차원에서 우리를 억압할 때 우리의 마음은 물질에 대해서 두려워하고 염려하게 됩니다. 여유가 사라지고 쫓기게 되며 인색해지게 됩니다. 그것은 이미 눌린 것입니다.

인색하고 두려워하는 마음은 가난한 기운, 궁핍의 영을 끌어당깁니다. 그러므로 그들의 영혼은 억압되고 눌려 있으며 자유롭지 않습니다. 이러한 이들은 여유가 없으며 항상 정신적으로 쪼들립니다.

그것은 영이 눌려 있는 것입니다. 그러한 내적인 눌림을 해결하지 않으면 물질의 풍성함은 오지 않습니다. 아무리 아끼고 또 아껴도 여전히 돈이 나갈 데가 많이 생기며 모으고 또 모아도 여전히 쪼들릴 것입니다. 이러한 것이 눌려 있는 것입니다.

가난의 영을 대적할 때 이러한 눌림이 벗어지게 됩니다. 그리고 나면 이상하게도 더 이상 가난하지 않을 것 같은 믿음이 생깁니다. 이상하게 돈이 별로 여유가 없어도 마음에 여유가 생깁니다.

이것은 가난의 영이 나간 것이며 그 후에는 차츰 물질적으로 여유가 생겨나게 됩니다. 가난의 영이 빠져나간 후에는 마음에 평안과 여유가 생기고 시원해집니다.

전에는 조금만 물질이 나갈 데가 있어도 마음이 타들어 가곤 했는데 이제는 이상하게도 돈이 없더라도 '어떻게 되겠지 뭐..' 하는 마음도 생기고 그다지 초조해지지 않습니다. 이러한 마음의 상태라면 곧 물질도 여유롭게 됩니다.
사람들은 환경적으로 넉넉해야 여유가 생길 것이라고 생각하지만 사실은 그 반대입니다. 먼저 심령적으로 변화가 생길 때 물질도 환경에도 변화가 생기게 됩니다.

많은 경우 가난은 악한 영들을 통해서 옵니다.
또한 가난은 게으름이나 소극적인 삶의 자세에서도 옵니다.
어떤 그리스도인들은 일을 하는 것을 싫어합니다. 일을 두려워합니다. 세상에 나가서 싸우고 일하는 것을 두려워하는 이들도 있습니다. 목회자의 사명을 받았다고 보기 어려운 이들이 돈을 벌기 싫어서 신학을 하는 경우를 나는 많이 보았습니다. 그것은 영이 눌리고 약한 것이며 가치관에 문제가 있는 것입니다.
일을 하고 돈을 버는 것은 아름다운 일입니다. 그것을 육적인 것이며 낮은 것으로 보아서는 안 됩니다.
그리스도인들이 그처럼 약하고 소극적이기 때문에 오늘날의 교회가 점점 약해지고 소극적이 되는 것입니다.
'돈은 벌어서 뭐하느냐, 주님만 사모하면 된다'고 믿는 이들은 돈이 곧 힘이며 그 힘을 통해서 세상에는 점점 사악한 영들이 강하게 활동하며 지배하게 되고 믿음의 영역이 위축된다는 것을 알아야 합니다.
그것은 일종의 패배입니다. 그리스도인들은 이처럼 유약한 사람이 되어서는 안 되며 적극적으로 세상에 나아가 싸우고 일하는 사람이 되어야 합니다.

자신의 달란트를 발견하고 영을 강화시켜서 충만한 사람이 되었을 때 그는 세상에서도 성공하고 승리하게 됩니다. 주님께서 풍성한 삶을 약속하셨을 때 그것은 물질을 얻는 권세도 포함된 것입니다.
우리는 자신의 기질과 사명을 따라 열심히 일을 하며 자신에게 맡겨진 일을 감당해야 합니다. 그리고 주님께서 우리의 산업을 충만하고 풍성하게 하실 것을 기대해야 합니다.
열심히 일을 하고 있음에도 불구하고 길이 잘 열리지 않고 묶임 가운데 있고 궁핍 가운데 있다면 우리는 기도하며 가난의 영들을 결박해야 합니다.
그 영들은 사라지게 됩니다. 그러면 우리는 마음속에서부터 자유함과 놓여남을 얻게 됩니다. 우리는 자신감을 얻게 되며 곧 풍성함이 시작됩니다. 우리는 승리할 수 있습니다.

열심히 일을 하십시오. 최선을 다하여 노력하고 지혜를 구하십시오. 그리하여 주님께서 당신에게 주신 산업을 발전시키십시오.
물질을 통해서 아름다운 일을 하십시오. 그리고 물질의 막힘이 있을 때 악한 영들을 대적하십시오.
당신의 심령은 평안함과 후련함을 얻게 될 것입니다.
그 영들이 나갈 때 당신은 산업의 열매를 얻게 될 것입니다.
부디 풍성한 삶을 사모하고 추구하십시오. 주님은 귀한 풍성함으로 당신에게 임하실 것이며 당신은 천국의 그 풍성함을 일부분 맛보게 될 것입니다. 할렐루야.

32. 채무의 영을 대적하십시오

이것은 가난의 영과 흡사한 계통의 영입니다.
이 영들은 분명히 존재합니다.
적지 않은 사람들이 이 영에 묶여서 계속하여 빚을 지고 있으며 자신들의 삶을 점점 더 파탄으로 치닫게 합니다.
여러 가지 이유로 경제적인 어려움이 생길 수 있습니다. 그러할 때 그리스도인들은 이 문제를 가지고 주님께 나아가야 하며 무엇이 문제인지 어떻게 해결해야 하는지 주님께 물어야 하고 실제적이고 구체적인 대책을 세워야 합니다.
그러나 어떤 이들은 이러한 경우에 바른 판단을 내리지 않습니다. 그들은 카드를 사용한다든지 남에게 도움을 요청한다든지 하는 쉬운 방법으로 빚을 지고 맙니다. 나중에 돌아올 어려움을 생각지 않고 일단 그 상황을 피하고 보는 것입니다.
그들은 지금 이 순간만을 생각합니다. 그리하여 문제를 뒤로 미루어 버립니다. 이러한 사람들은 급할 때마다 주위 사람들에게 도움을 요청하게 되고 결과적으로 피해를 주게 됩니다. 그리하여 점점 그들은 사람들에게 배척을 당하게 됩니다.

삶의 방식을 바꾸지 않는 한 그들의 빚은 점점 더 불어나게 될 것입니다. 그리고 그런 식으로 불어나는 빚은 그들을 결코 가만히 놓아두지 않을 것입니다. 그것이 채무의 영이 들어와서 그 사람을 사로잡는 과정입니다. 그리하여 그들은 더 이상 버틸 수 없는 상황까지 몰려가게 됩니다. 그러한 상황이 되면 사람들이 선택할 수 있는 것은 도박을 통한 한탕이나 복권의 당첨과 같은 요행을 노리거나 그것도 안 되면 자살이나 범죄와 같은 극단적인 길 뿐입니다.

악한 영들은 이런 식으로 빚을 지게하고 점점 더 그러한 사람의 삶을 사로잡아 파괴시킵니다. 성실하지 않은 사람들, 나중을 생각하지 않고 지금 순간의 즐거움만을 생각하는 사람들, 어려움이 있을 때마다 그것과 정면으로 부딪치지 않고 도피하는 성향을 가지고 있는 이들, 자신의 힘으로 살기보다 남들에게 기대하고 의지하는 경향이 있는 이들은 이 채무의 영에 잡히게 되며 결국 점점 더 빚이 늘어나게 됩니다. 이러한 습관, 이러한 빚에서 벗어나지 못하는 사람의 인생은 그야말로 노예의 삶과 같습니다. 그것은 비참한 삶입니다.

어떤 형제가 있습니다. 이 형제는 몹시 가난했습니다. 이 형제의 가정은 형제가 사용할 수 있는 기본적인 물질도 공급해줄 형편이 되지 않았습니다.
그런데 형제는 채무의 영에게 잡힐 수 있는 요소를 두루 갖추고 있었습니다. 물질적인 어려움이 있을 때 형제는 일단 카드를 사용하는 방법을 썼습니다. 형제는 마음속 깊은 곳에는 두려움이 있었지만 현실과 직접 부딪칠 자신이 없었습니다. 형제는 겉으로는 웃고 즐겁게 지냈지만 속으로 항상 불안했습니다.
가끔 빚이 감당할 수 없는 상황이 되면 가까운 사람이 막아주기도 했습니다. 그것은 형제에게 부끄럽고 참담한 일이었습니다. 하지만 비슷한 상황은 반복되었고 형제의 빚은 늘어갔습니다. 그는 자신의 무기력에 대해서 속이 상했지만 해결될 기미는 보이지 않았습니다.

형제는 나중에 이것이 영적인 문제임을 깨달았습니다. 자신이 가지고 있는 두려움과 무기력감이 현실 도피의 성향을 가져왔고 채무의 영에게 눌리게 된 것을 깨닫게 되었습니다. 형제는 부르짖는 기도에 대해서 배우게 되었고 힘있게 기도와 찬양을 드리는 가운데 영혼이 살아나고 강건하게 되었습니다.

비로소 형제는 채무의 영에 대해서 깨닫게 되었고 오랫동안 지긋지긋하게 자신을 따라다니는 빚의 문제를 해결하기로 작정을 했습니다. 형제는 대학을 휴학하고 열심히 일을 찾게 되었습니다. 그리고 여기저기에 아르바이트 거리를 찾게 되었고 열심히 성실하게 일했습니다.

영혼이 강건해지자 일을 하면서 기쁨을 얻게 되었고 형제의 통장 잔고는 늘어났으며 그는 가는 곳마다 사람들의 칭찬과 인정을 받게 되었습니다. 형제는 자신의 무기력했던 삶을 생각하며 자신의 변화된 삶을 믿을 수 없을 지경이었습니다.

그렇게 고생하기를 1년 정도 지났을까.. 형제는 가족들의 모임에서 완전히 변제가 된 영수증을 내놓았습니다. 그리고 감격해서 울었습니다. 가족 모두가 그에게 축하를 보냈습니다. 그 영수증은 그에게 악한 영들로부터 해방되었다는 선언문과 같은 것이었습니다.

그것이야말로 진정한 해방입니다. 그 해방은 그가 악한 영의 존재를 깨닫고 거기에서 벗어나야겠다고 결심한 순간부터 이루어지기 시작한 것이었습니다. 기도와 깨달음, 그리고 영적 전쟁.. 그것은 해방으로 가는 지름길인 것입니다. 그 묶임 가운데 있다가 벗어난 이들은 그 해방이 얼마나 놀라운 것인지 알 수 있을 것입니다.

나와 아내는 최근에 아내의 친척이 지고 있는 빚의 문제를 도와주기로 마음먹었습니다.

나는 그리스도인들은 다른 이들의 보증을 서서는 안 되며 되돌려 받는 것을 포기하지 않는 한 돈을 빌려주는 것은 옳지 않다고 생각하는 편입니다. 하지만 아내의 친척이 당한 상황은 너무 심각했습니다.

그는 거의 20년 가까이 채무 때문에 고통스러운 삶을 살아왔습니다. 그것은 그가 과거에 섰던 보증 때문이었습니다.

그는 오랫동안 빚을 갚으려고 노력했지만 상황은 나아지지 않았습니다. 그는 어렵게 직장을 구해도 대부분의 돈이 차압되었습니다. 월세도 밀리고 그러다 보니 전세금도 거의 까먹어가고 있었습니다. 이제 그는 마지막 한계에 도달했고 우리는 지금 이들을 돕지 않으면 극단적인 상황이 생길 수 있다고 느껴졌습니다. 어떻게든 빚을 해결하려고 하는 그들의 의지가 분명했기 때문에 우리는 어떤 분의 집을 담보로 해서 그를 위하여 대출을 해주기로 했습니다.

하지만 대출은 쉽지 않았습니다. 우리는 여러 은행을 돌아다닌 끝에 비교적 조건이 나은 한 은행을 선정하고 서류를 제출했지만 대출은 잘 이루어지지 않았습니다. 처음에는 잘 되는 듯 하다가 계속 어떤 문제가 생겨서 일이 꼬이곤 했습니다. 은행 직원도 나름대로 애를 썼지만 상황은 쉽지 않았습니다. 은행직원은 다른 방법으로 대출을 시도해보아야겠다고 했습니다. 이런 조건에서는 과거에 여러 번 결재를 올렸지만 항상 반려되었다는 것이었습니다.

대출을 신청하고 이것저것 알아보는 가운데도 우리에게는 여기 저기 복잡하고 피곤한 일이 자꾸 생겼습니다.

그러던 어느 날 나는 문득 깨달아지는 것이 있었습니다. 우리는 지금 한 가정을 회복시키는 작업을 하고 있었습니다. 거의 20년 가까이 한 가정을 파괴하고 깨뜨리기 직전까지 갔던 상황에서 사람들을 도우려고 하는 중이었습니다.

그렇다면 그를 지배하고 있던 채무의 영들이 가만히 있을까요? 그들은 당연히 그들의 수중에 거의 넣었던 가정이 살아나가는 것을 두고 보지 않을 것입니다. 우리는 될 듯 될 듯 하다가 안 되는 이유가 악한 영들의 장난 때문이라고 느끼게 되었습니다.

나는 그것을 깨닫고 아내와 같이 기도했습니다.
"사랑하시는 주님. 우리는 마음의 감동을 따라 한 가정을 도우려고 합니다. 우리는 이것이 주님께서 기뻐하시는 것이라고 생각합니다. 우리는 오랫동안 그 가정을 지배해왔던 악한 영의 세력을 깨뜨리려고 합니다. 그러나 악한 영들이 우리를 방해하고 있으며 괴롭히고 있습니다. 지금 이 시간 구하오니 주님의 보혈로 우리를 보호하여 주시옵소서. 그래서 모든 일들이 잘 진행될 수 있도록 도우시옵소서."
그리고 나서 나는 채무의 영을 결박했습니다.
"이 악한 영아. 채무의 영들아. 내가 너를 결박한다. 너는 이 가정에서 떠나가라! 우리를 방해하는 이 일에서 손을 떼라!"
그렇게 기도한 후에 우리는 마음의 평화를 얻었습니다. 우리가 기도한 시간은 1- 2분 정도 되었을 것입니다.

우리는 다시 은행에 갔습니다. 그리고 상황을 물었습니다. 친절한 은행의 직원은 어제 서류를 제출했지만 반려되었다고 죄송하다고 말했습니다. 자기도 실적을 올리면 좋기 때문에 저녁 늦은 시간까지 노력하고 서류를 보강해서 결재를 올렸지만 안 되었다는 것이었습니다. 우리는 한 번 더 결재를 올리라고 했습니다. 한 번만 더 다른 방법으로 시도해

보라고 했습니다. 그는 고개를 갸웃거렸지만 일단 시도는 해보겠다고 대답했습니다.

우리는 집으로 돌아왔습니다. 상황은 여의치 않았지만 마음에는 평안이 있었습니다. 그리고 저녁때에 전화가 왔습니다. 은행 직원이었습니다. 그는 놀라운 일이라고 말하며 어떻게 된 일인지 모르지만 결재가 났다고 했습니다.

그것은 신기하고 놀라운 일이었습니다. 기도한 후에 마음속으로 잘 되리라 확신이 있었지만 막상 현실에 이렇게 실제로 이루어지게 되면 또 다시 놀라고 감사하게 됩니다.

우리가 기도한 시간은 불과 1,2분이었습니다. 그러나 기도하고 악한 영을 대적하지 않았다면 아마 잘 되지 않았을 것입니다.

다른 방법이 있기는 했겠지만 그것은 또 여러 면에서 불리하고 피곤한 상황이었습니다.

우리가 분명히 다시 확인하게 된 것은 이것이었습니다.

분명히 한 가정을, 한 사람을 파괴시키는 채무의 영이 있다는 것입니다. 그들은 빚을 지게 만들고 그 빚에 빠지게 만들며 결국 그로 인하여 그 인생을 파괴하려고 합니다.

그들이 절대로 빚에서 벗어나지 못하고 파괴되도록 그들의 세계에 가두고 괴롭히는 채무의 영들이 있는 것입니다.

이것은 영적인 전쟁입니다. 그러므로 단순히 인간적인 노력으로 여기에서 벗어나는 것은 쉬운 일이 아닙니다.

하지만 그들이 그 채무의 배후에 존재하는 악령들을 발견하고 주의 이름으로 대적하고 결박한다면 그들은 해방될 수 있을 것입니다. 그들은 부지런한 영으로 열심히 일해서 돈을 갚을 수 있을 것이며 그러한 길이 열리게 될 것입니다.

한탕주의로 인하여 채무의 영에서 벗어날 수 있다고 생각하는 것은 착각입니다. 또한 나중에 어떻게 되겠지 하고 막연하게 생각하는 것으로는 그 영들에게서 벗어날 수 없습니다.

분명히 채무의 영이 있으며 그들의 유혹과 공격이 있는 것을 이해하고 그 영을 기도로 부숴야 합니다.

그리고 두려움의 영과 게으름의 영을 대적하여 쫓아내고 성실한 자세로 노력하고 일을 하여 빚을 갚아나가야 할 것입니다.

입지 않고 먹지 않으며 최대한 아껴서 빚을 갚아야 합니다. 빚이란 곧 올무이며 감옥이기 때문입니다.

빚을 지고 있는 상태를 아주 비참하게 여기며 어서 그 감옥에서 벗어나야겠다는 마음이 부족하다면 그는 이미 영혼이 마비되어 있는 것이며 그 영혼은 멸망을 향하여 치닫고 있는 것입니다.

그리스도인들은 이 채무의 영에서 반드시 벗어나야 합니다. 빚을 미워하며 싫어해야 합니다. 어떠한 경우에도 빚을 지지 않도록 애를 써야 합니다. 지금 당장 편하다고 카드를 긁는 사람은 언젠가는 고통의 대가를 지불하게 될 것입니다.

채무의 영을 발견하십시오.

그리고 대적하십시오.

그것은 당신의 영혼을 사로잡는 악한 영들의 계략입니다. 모든 올무에서 벗어나 자유롭고 행복하게 주님을 섬기십시오.

마귀가 있는 곳에는 반드시 묶임이 있으며 주님이 계신 곳에는 반드시 풀림과 자유함이 있는 것입니다. 할렐루야.

33. 무서운 느낌이 들 때

갑자기 무서운 느낌이 들 때가 있습니다.
어두운 길을 가는데 어두운 곳에 누군가가 서 있는 것 같은 기분이 들기도 합니다.
놀라서 소스라쳐 빠른 걸음으로 지나가 보니 사람이 서 있는 것이 아니고 쓰레기 봉지가 사람 비슷한 모양으로 세워져 있는 것입니다.
그것을 보면 안도의 한숨을 쉬며 '휴.. 사람인줄 알았네. 깜짝 놀랐잖아..' 하고 지나갈 것입니다.
이럴 때도 있습니다.
혼자 방에 있는데, 갑자기 뒤에서 누군가가 쳐다보는 것 같은 느낌이 듭니다. 분명히 방안에는 아무도 없는데.. 그래도 이상하게 무서워집니다. 그래서 혼자 있는 것을 무서워하는 사람들도 있지요. 어떤 이들은 그것이 아주 심해서 밤에 불을 켜놓고 잠을 자기도 합니다.

과연 그 공간에는 아무도 없는 것일까요? 길을 가다가 무서운 느낌이 드는 것은 사람인 것으로 잘못보고 느끼는 두려움일까요?
아닙니다. 그것은 영혼의 감각의 일부입니다.
사람은 육체와 영혼을 가지고 있습니다.
그래서 육체를 통해서 물질세계와 교류하게 되며 영혼의 감각을 통해서 영적 세계를 감지하게 됩니다.
오늘날 사람들은 물질에 지나치게 치우쳐져 있기 때문에 영계를 인식하고 느끼는 감각이 많이 줄어들었습니다. 그러나 미약하기는 하지만 가끔 영혼의 감각이 눈을 뜨고 영적 세계를 느끼곤 합니다.
특히 밤에는 몸의 감각은 둔해지는 반면에 영혼의 감각은 많이 깨어서 활동합니다.

뒤에서 누군가가 쳐다보는 것 같은 느낌이 드는 것은 실제로 어떤 영들이 그를 쳐다보고 있는 것입니다. 무서운 느낌은 착각으로 인하여 올 수 있는 것이 아닙니다.
길을 가다가 사람인 줄로 잘못 보았다고 생각하는 것은 실제로 그 쓰레기 봉지에 그러한 영적 형체가 있는 것입니다. 아주 잠깐 동안 우리의 영적 감각이 열려서 그것을 느끼게 되는 것이며 우리의 이성이 정신을 차리고 활동하게 되면 다시 영의 감각은 닫힙니다.
그럴 때 무섭다고 느끼는 것은 잠시 열려진 영의 세계에서 접한 영의 존재들이 악한 존재이기 때문입니다. 즉 그를 둘러싼 악한 영들의 세계와 악령들의 존재를 그의 영이 느끼기 때문에 두려움을 느끼게 되는 것입니다.

그를 향해서 천계가 열리고 천사들이 그를 가득 에워싼다면 그는 어떤 느낌을 가지게 될까요?
그는 갑자기 온 마음과 영혼에 기쁨과 평안이 가득하게 임하는 것을 느끼게 됩니다. 그는 이상하게도 마음이 너무나 행복해집니다. 그것은 그의 영혼이 그를 둘러싼 영적 세계의 분위기를 감지하기 때문입니다.
옆에 가기만 해도 마음이 즐거워지고 행복해지는 사람이 있습니다. 그것은 그 사람이 가지고 있는 영적 분위기가 천국에 가깝기 때문입니다.
그러므로 그러한 사람의 주변에 가까이 가면 영혼이 천국의 기쁨과 향취를 느끼게 되기 때문에 단순히 옆에 있기만 해도 영혼이 휴식과 힘을 느끼게 되는 것입니다.

반대로 어떤 사람의 옆에 가면 이상하게 마음이 급해지고 불안해지고 두려워집니다. 머리가 아프기도 하고 가슴에 통증이 생기기도 합니다. 그것은 그 사람의 영혼이 아직 어두움을 많이 가지고 있는 것을 보여주는 것입니다.

사람들은 영혼의 깨어남에 대해서, 천국과 지옥의 실제에 대해서 아주 피상적으로 이해하고 있습니다. 교회를 오래 다니고 기도를 많이 하면서도 천국의 기쁨과 평안이 무엇인지 알지 못하고 있는 이들이 많이 있습니다.

그러나 영혼이 깨어나게 되면 될수록 그 사람은 영적인 세계, 영적인 분위기에 대해서 예민하게 감지하게 됩니다. 그리하여 지금 천사들이 가까이 있는지 귀신들이 가까이 있는지를 느끼게 됩니다. 그러므로 천국을 느끼게 될 때 기뻐하고 감사하고 찬양을 드리게 되며 악한 영들의 존재, 지옥의 분위기를 느끼게 될 때 그것을 대적하고 부숴 버리게 되는 것입니다.

혼자 방안에 있을 때 두려움이 느껴지는 것은 그 곳의 영적 공간에 악한 영들이 움직이고 있는 것입니다. 그리고 그것을 그대로 내버려두어서는 안 됩니다.

두려운 것은 그 사람의 영이 약하며 마귀에게 눌리는 것입니다. 그러므로 두려운 마음이 많이 든다면 억지로 싸우는 것은 좋지 않습니다. 어두운 곳이라면 불을 켜고 찬양을 크게 틀어놓는 것이 좋습니다.

그것은 그 공간에 악한 영이 움직이는 것이기도 하지만 또한 그 사람의 영적 상태를 보여주는 것이기도 합니다. 즉 혼자 있을 때, 고요하고 잔잔한 시간에 그 사람이 바깥의 일에 몰두하지 않을 때에 그 사람의 속에 있는 악한 기운들이 그 정체를 드러내는 것이기 때문입니다.

그러한 두려움과 불안의 영에 대해서는 지속적으로 결박하고 싸워야 합니다. 또한 부르짖고 소리 내어 기도하고 큰 소리로 성경을 읽고 찬양하고 눈을 부릅뜨는 것을 통해서 그 사람의 영을 강건하게 해야 합니다. 그렇게 영을 강화시켜서 두려움을 이겨야 합니다.
그러나 그것은 지속적으로 해나가야 하는 것이며 일단 어떤 공간에서 두려움을 느꼈다면 그 공간을 정화시키는 것이 필요합니다.
그 공간에 하나님의 왕 되심을 선포하고 높여드리며 그 곳은 주님께 속한 곳이라고 선포해야 합니다.
방이 어두운 곳이라면 충분히 밝게 해야 합니다. 어두움은 좋지 않습니다. 영적인 어두움이든 물리적인 어두움이든 어두움은 좋지 않습니다. 그것은 마귀에게 틈을 줍니다. 모기나 바퀴벌레와 같은 해충들도 항상 어두운 곳에서 자리를 잡습니다.

갑자기 두려움이 임할 때 그것을 그대로 넘기지 마십시오. 그것은 악한 영이 표출된 것입니다. 마귀를 대적하십시오.
두려우면 눈을 뜨고 기도하십시오.
눈을 감으면 당신의 영이 영계로 들어가기 때문에 아직 영이 약하다면 눈을 감지 않는 것이 좋습니다. 눈을 뜨고 기도하는 것은 반은 영계에서 반은 물질계에서 기도하는 것입니다. 영이 약할 때 영계에 들어가면 마귀에게 눌릴 염려가 있으므로 눈을 뜨고 정신이 물질계에 머물러 있는 상태에서 기도하는 것이 좋은 것입니다.

무서운 느낌이 들 때 그 무서움을 대적하십시오. 무서운 채로 그대로 내버려두어서는 안 됩니다. 잊어버리려고 다른 것에 마음을 돌리는 것도 좋지 않습니다. 지금 당장 대적해서 그들을 부숴 버리면 영이 한 단계 업그레이드 될 수 있는 좋은 기회가 되기 때문입니다.
눈을 크게 뜨고 마귀를 대적하십시오. 불을 켜놓고 찬양을 틀고 마귀를 대적하십시오. 그것은 마귀에게 폭탄을 퍼붓는 것과 같은 것입니다. 그렇게 계속 대적하고 싸우는 것을 반복하다보면 점차로 자신감과 평안과 기쁨이 찾아오게 됩니다. 그것은 마귀가 물러가고 승리한 것이며 그 결과로 천국의 영계가 가까이 다가온 것입니다.

우리는 인식하든 못하든 항상 영적인 세계와 연결되어 있으며 교통을 하고 있습니다. 지옥계와 천국계는 항상 우리에게 영향력을 행사하고 있습니다. 사람들은 지옥의 영향을 받아서 타락하고 죄를 짓는 것이며 천국의 영향력을 통해서 주를 사모하고 은혜를 입으며 아름답고 거룩하며 사랑하는 사람으로 발전하게 됩니다.
마귀를 대적하며 그 싸움에서 승리하십시오.
그렇게 당신의 영이 점점 더 밝아지고 강건해질수록 당신은 천국의 실상을 경험하고 맛보게 될 것입니다.
대다수의 사람들에게 그 세계는 알려져 있지 않지만 그 세계의 기쁨과 영광을 맛보게 될 때 당신은 천국이 아주 실제적인 것이며 주님의 은총도 기쁨도 아주 선명한 것임을 깨닫게 될 것입니다. 할렐루야.

34. 악몽을 꾸었을 때

악몽을 꿀 때가 있습니다. 그럴 때 그대로 내버려두어도 큰 문제가 있는 것은 아니지만 될 수 있으면 그것을 대적하고 그 기운을 소멸하는 것이 좋습니다.

악몽은 깨어있을 때에 접촉한 악한 세력이 꿈속에서 드러나는 것입니다. 영이 민감한 사람은 악한 기운을 접하게 되면 그것을 곧 느낍니다. 그러므로 그 기운이 자신의 안에 들어오지 못하도록 자신을 방어하게 됩니다. 그러나 대부분의 사람들은 악한 기운과 자주 접하고 그 기운이 자신의 몸 안으로 들어와도 잘 느끼지 못합니다.

그렇기 때문에 자신은 느끼지 못하지만 자신의 영혼은 그 악한 기운 때문에 고통을 느끼게 됩니다. 그러므로 그 사람이 잠을 잘 때에 꿈을 통하여 그 악한 기운을 처리하고 제거하는 것입니다.

사람의 의식이 깨어있을 때에 그 사람의 영은 잠을 자고 있거나 거의 활동하지 않는 것이 보통입니다. 영적 감각이 많이 발전한 사람만이 의식이 깨어있는 상태에서 영이 활동합니다.

그러나 사람의 의식이 잠을 자게 되면 그 사람의 영이 깨어나서 움직이기 시작합니다. 그 영은 물질계를 벗어나 영계에서 주님을 보며 영적인 에너지를 취하게 됩니다.

하지만 낮에 경험한 악한 기운이 그 사람의 안에 남아있을 때는 영계의 에너지를 취할 여유가 없으며 그 악한 기운을 정화시키는 데에 더 힘을 쏟아야 합니다. 악몽이란 그 과정에서 이루어지는 것이며 일종의 영적 배설과 같은 것입니다.

그러므로 낮 시간에 악한 곳에 가지 말며 악한 생각이나 말을 하지 말며 악한 기운과 접촉하지 않는 것이 중요합니다. 좋지 않은 TV의 프로그램이나 컴퓨터의 악한 게임에 접촉하는 것은 자신의 영혼에 악한 기운을 집어넣게 되기 때문에 좋지 않습니다.

영의 감각이 마비된 사람들은 그러면서도 아무런 고통을 느끼지 못하지만 영의 감각이 살아나고 깨어나게 되면 그러한 것을 통해서 심한 고통을 느끼게 됩니다.

오랜 지난날, 어린 시절의 고통스러운 기억이나 악몽을 꾸는 경우도 있습니다. 그것 역시 정화의 과정입니다. 그 때에 들어온 고통의 기운, 악한 기운이 아직 남아있기 때문에 의식의 깊은 곳까지 내려가서 그 기운을 정화시키는 꿈인 것입니다.

그러한 악몽은 아직도 자신의 안에 악한 기운이 남아있는 것을 보여주는 것이기 때문에 잠을 깨고 난 후에는 그에 관련된 악한 영들을 결박하는 것이 좋습니다.

예를 들어서 밤에 괴기영화를 보다가 잠이 들어 귀신에게 눌리는 꿈을 꾸었다면 이미 공포의 영이 들어온 것이므로 주의 이름으로 귀신을 대적하고 쫓아내는 것이 좋습니다.

또한 과거의 경험들, 예를 들어 학창 시절에 시험 치는 꿈을 꾸었다면 (흔히 이런 꿈을 시험 꿈이라고 합니다. 시험을 치는데 전혀 모르는 문제가 나와서 당황하고 있다든지, 아니면 시험지를 제출해야 하는데 아직 문제를 거의 풀지 못했다든지.. 하는 식의 꿈입니다) 아직도 시험에 대한 두려움의 기운이 속에 남아있는 것이기 때문에 그 두려움을 대적하고 꿈을 바꾸는 것이 좋습니다.

꿈을 바꾸는 것은 꿈을 깨고 난 직후에 아직 충분히 의식이 돌아오지 않는 그 상태에서 꿈의 내용을 바꾸는 것입니다.
예를 들어 불쾌한 느낌의 시험 꿈을 꾸었다면 그것을 즐거운 내용으로 바꾸는 것입니다. 시험을 칠 때 차분하고 편안한 마음으로 시험을 치고 그리고 시험지를 제출한 후 즐거운 기분으로 바깥으로 나오는.. 그런 식으로 상상을 하는 것이죠.
그렇게 즐거운 내용으로 꿈을 바꾸는 상상을 하고 나면 꿈이 바뀌어지게 되며 영도 같이 정화되는 것입니다.
의식이 깨어있을 때에는 꿈을 바꾸는 것이 쉽지 않습니다. 그러나 의식이 아직 완전히 깨어나기 전에는 반쯤은 영의 상태로 있는 것이기 때문에 이때에 하는 상상이나 생각은 꿈과 거의 비슷합니다. 그러므로 꿈을 바꿀 수 있는 것입니다.

정화를 위한 악몽이 아닌 악한 영의 직접적인 장난으로 인한 악몽도 있습니다. 불쾌한 내용의 기분 나쁜 꿈과 같은 것입니다. 꿈속에서 좋지 않은 일이 일어나는 것입니다.
그러한 것도 꿈에 나타난 악한 기운과 악한 영을 대적하고 그 기운을 내보내야 합니다. 그렇지 않으면 꿈속에서 일어났던 좋지 않은 일이 현실화될 수도 있습니다.

아내는 꿈을 자주 꾸며 또 꿈의 내용이 현실에서 거의 이루어지는 편입니다. 그래서 좋지 않은 꿈을 꿀 때는 항상 그것을 대적합니다.

예를 들어서 결혼 전에 아내와 데이트를 하고 있었을 때 아내가 나를 만나기 전날 밤에 사소한 것으로 다투는 꿈을 꾸고 나면 이상하게 다툴 일이 생겼습니다. 우리는 평소에 거의 싸우는 경우가 없었기 때문에 이것은 이상한 일이었습니다. 하지만 그러한 꿈을 꾸고 아내가 먼저 그 꿈 이야기를 하면 다투는 일은 없었습니다.

우리는 이러한 경험을 통해서 그러한 꿈은 악한 영의 장난이며 또한 경고일 수 있다는 것을 알았습니다. 그래서 나쁜 꿈을 꾸고 나면 그 꿈을 대적하거나 바꾸어버립니다. 그러면 나쁜 일이 생기지 않았습니다. 하지만 깜빡 잊어버릴 때도 있었습니다. 그럴 때는 별로 좋지 않은 일이 생기곤 했습니다.

사람들은 현실만이 실제적인 것이며 꿈은 허상과 같은 것이라고 생각합니다. 그러나 꿈은 아주 실제적인 것입니다. 그것은 정신의 작용이며 영의 작용입니다. 그러므로 영적 감각이 발전하게 되면 꿈의 내용도 바뀌어지게 되며 꿈속에서 경험하는 세계도 달라집니다.

주로 나쁜 꿈, 악몽만을 꾸고 있다면 그는 아직 어두움의 영계에 있는 것입니다. 그는 좀 더 밝은 세계, 은총의 세계로 나아가야 합니다.

영 안에 나쁜 기운이 많으면 영은 악몽과 싸우고 정화하는 데에만 힘을 기울이게 되어 주님의 아름답고 풍성한 세계로 나아갈 수 없습니다.

그러므로 깨어있을 때에 어두운 영을 접촉하지 말고 아름답고 풍성한 은혜의 세계 속에서 살며 마음과 생각을 정화해야 합니다. 낮에 한 나쁜 생각들은 밤에 다 꿈으로 나타나기 때문입니다.

사람들은 기억하지 못할 뿐이지 날마다 많은 시간동안 꿈을 꿉니다. 우리의 영이 발전하고 풍성해진다면 우리는 좀 더 아름답고 은총으로 가득한 꿈을 꾸게 될 것입니다.
꿈을 꾸고 있는 상태는 사람의 사후 상태와 비슷합니다.
꿈에서는 자신의 의지를 마음대로 사용할 수가 없습니다. 꿈에서 우리는 수동적입니다. 그러므로 꿈은 우리가 꾸는 것이 아니라 꾸어지는 것입니다. 악한 영이 쫓아와도 마음대로 도망갈 수 없습니다.
그것은 꿈이 낮의 생활의 연장이기 때문입니다.

의식이 깨어있을 때에는 기도도 할 수 있고 감사와 찬양으로 영을 발전시킬 수 있지만 일단 잠이 들면 그 때는 더 이상 영이 발전할 수 없습니다. 낮에 경작한 것을 꿈속에서 거두는 것입니다.
인간의 사후 상태도 이와 같습니다. 살아있을 때 바르게 살지 않은 사람은 사후에 후회는 할 수 있겠지만 자신을 교정할 수는 없습니다.
그러므로 사람은 꿈을 통해서 자신의 영적인 수준과 상태를 분별하고 깨어난 후에는 반성하고 꿈에서 얻은 정보를 적용해야 합니다.

나는 아침에 잠을 깨면 가장 먼저 꿈을 되새깁니다.
그리고 꿈을 해석하고 그 꿈을 통하여 나의 영적 상태를 분별하고 꿈을 적용합니다.
대적해야 할 것을 대적하고 회개할 것을 회개하며 감사할 것을 감사하면서 그렇게 하루를 시작합니다. 그렇게 제대로 적용을 하게 되면 점점 더 꿈의 상태가 나아지며 발전을 하게 됩니다. 그것은 곧 영의 발전입니다.
그렇다고 당신의 꿈을 영적이라고 생각되는 사람들에게 보내어 해석을 들으려고 생각하지 마십시오.
꿈의 해석은 자신에게 달려있는 것이며 꿈은 자신의 일상 생활과 영의 상태를 보여주는 것입니다.

그러므로 해석은 자신에게 있습니다. 꿈은 자신의 마음을 보여주는 것이기 때문에 간단한 기초를 이해한다면 누구나 자신의 꿈을 알 수 있습니다.

당신의 꿈을 잘 관리하십시오
악몽을 꾸었을 때 그것을 대적하고 바꾸십시오.
꿈을 통해서 드러난 악한 기운을 그대로 내버려두지 마십시오.
그 영들, 악한 기운이 소멸되고 사라질 때 당신의 영은 정화되고 새롭게 될 것이며 당신은 풍성한 영적 세계의 은총을 경험할 수 있게 될 것입니다. 할렐루야.

35. 새로운 곳에서 잠을 잘 때

새로운 곳에 가서 잠을 자게 되면 잠을 잘 이루지 못하는 사람들이 있습니다. 어떤 이들은 무섭고 섬뜩한 느낌을 받기도 합니다.
이러한 이들은 영이 예민하고 약한 사람들입니다. 이들은 새로운 장소의 영적 분위기를 감지하고 있는 것입니다.
조금 불편하기는 하지만 그대로 있거나 잠을 청하여도 큰 문제가 있는 것은 아닙니다. 다만 아주 예민한 사람의 경우 영적인 눌림이 올 수도 있습니다. 이럴 때는 그 공간을 정화시키고 그 공간에 있는 영들을 대적하여 결박하는 것이 좋습니다.

개들은 여기 저기 돌아다니면서 곳곳에 소변을 보곤 하는데 그것은 자신들의 영역을 표시하는 것이라고 합니다. 즉 '이 곳은 나에게 속한 곳이다' 하는 표현이라는 것입니다.
모든 공간의 배후에는 그 공간, 그 공간을 지배하고 있는 영들이 있습니다. 그들은 그 공간을 자신들의 영역이라고 생각합니다. 그러므로 생소한 사람이 오게되면 자신들의 영역을 침범한 것이라고 여기기 때문에 공격을 할 수 있습니다. 예민한 사람들은 막연하게나마 이러한 기운을 느끼기 때문에 무서운 느낌이 들기도 하고 생각도 많아지고 긴장이 되며 편안한 마음으로 잠이 들지 못하는 것입니다.

그럴 때는 대적하는 기도를 하는 것이 좋습니다. 그 공간에 있는 모든 악한 영들에게 떠나가라고 명령합니다. 물론 마음속으로 해도 상관없습니다. 무서운 느낌이 들 때는 눈을 똑바로 뜨고 그 곳을 바라보면서 너는 이 공간의 주인이 아니며 아무 것도 아닌 존재라고 이야기하고 주의 이름으로 너를 결박한다고 선포합니다.
그리고는 주님께 그 공간을 드리는 예배를 드립니다.
주님은 그 공간의 주인이시며 왕이시며 오직 찬양을 받기에 합당하신 분이라고 고백합니다. 이 모든 과정을 누워서 눈을 감은 채로 잠을 자는 자세로 해도 괜찮습니다.
이것은 간단한 기도이지만 그 효과는 놀랍습니다.
당신은 마음의 평화를 느끼게 되며 편안한 마음으로 잠을 자게 됩니다. 나쁜 꿈도 꾸지 않고 집에서 자는 것처럼 충분한 휴식을 취할 수 있게 됩니다.

물론 그러한 기도의 효과는 그리 지속적인 것은 아닙니다. 그 공간은 그 장소를 평소에 사용하는 사람의 영적 수준이나 상태에 영향을 받기 때문입니다. 그러므로 어떤 사람이 기도로 그 공간을 주님께 드리며 예배했다고 하더라도 그 공간을 사용하는 사람이 헌신되고 영에 속한 사람이 아니라면 다시 그 공간은 혼미해질 것입니다.
다만 그렇다고 하더라도 일시적으로 그 공간에 있는 악한 영들을 결박하여 잠잠하게 할 수는 있다는 것입니다.

만약 그 공간이 악한 행동을 하던 공간이라면, 문제는 조금 심각해집니다. 부부가 서로 미워하면서 많이 싸우던 곳이라든지, 아니면 술 마시고 죄를 짓고 하는 공간이라면 그것은 정화가 쉽지 않습니다. 그러한 곳에는 강력한 마귀가 상주하게 되기 때문입니다.

그러한 곳에서는 소리를 내어서 찬양을 하고 기도를 드려야 합니다. 하지만 가능하면 그러한 곳에는 가지 않는 것이 좋을 것입니다.

영적으로 예민한 이들은 다른 곳에서 잠을 자는 것이 그리 좋은 것이 아니며 영적인 분위기가 나쁜 곳에는 특히 그러합니다.

다만 어쩔 수 없이 그러한 곳에 가야하는 경우에는 방비를 하는 것이 좋습니다. 그 공간을 주님께 드리며 그 공간에 있는 악한 영을 결박할 필요가 있다는 것을 기억하시기를 바랍니다.

대적하는 기도, 그리고 예배와 찬양이 공간을 정화한다는 사실을 기억하시기 바랍니다. 이것을 항상 기억하고 적용할 때 우리의 영혼은 어느 곳에서나 충분한 안식 속에서 주님의 보호 가운데 있게 될 것입니다.

36. 지나친 그리움을 대적하십시오

그리움은 애정의 한 표현입니다. 사랑이 있는 곳에 그리움이 있으므로 보고 싶은 사람을 보지 못하면 상대방에 대한 그리움에 잠기는 것은 당연한 일일 것입니다.

하지만 이와 같이 자연스러운 그리움을 넘어선 그리움도 있습니다. 그리움이 지나쳐서 거기에 사로잡혀 삶 자체가 어려운 경우도 있는 것입니다.

사이가 아주 좋았던 사람이 먼저 하늘나라로 가버린 사별의 경우, 남아 있는 사람은 지독한 그리움과 절망에 사로잡히는 것이 보통입니다. 이 경우 한동안 다른 사람의 어떠한 위로도 별로 효력이 없을 것입니다.

대부분의 사람들은 어느 정도의 기간이 지나면 다시 마음을 잡고 새로운 삶을 시작하지만 어떤 이들은 오랜 시간이 지나도 마음을 잘 추스르지 못합니다. 그들은 여전히 과거와 추억에 매여 살게 됩니다.

사별은 아니라고 하더라도 만날 수 없는 사람에 대한 애절한 그리움도 있습니다. 원치 않게 어린 아이나 가족과 헤어지게 되어 그리움에 사로잡혀 평생을 사는 이들도 있습니다. 또한 갈 수 없는 고향에 대한 그리움으로 가슴에 한을 품고 사는 이들도 있습니다.

너무나도 그립고 또 그립고 외로워서 견딜 수가 없다고 하루 종일 눈물로 살며 많은 밤들을 지새우는 사람들도 있습니다.

이러한 일을 보면 사람들은 그들에 대하여 몹시 긍휼히 여기는 마음을 가지게 되며 그들을 위로하면서 그러한 그리움이 당연한 것이며 자연스러운 것이라고 생각할 것입니다.
어느 정도는 그렇습니다. 그러나 항상 그런 것은 아닙니다. 아주 지나친 그리움의 배후에는 악한 영들의 장난이 있는 경우가 많습니다.

그러한 그리움을 본인이 스스로 절제할 수 없으며 그것이 깊은 절망과 슬픔과 무기력증을 동반하는 것이라면 그것은 어떠한 영이 개입된 그리움은 아닌지 의심해봐야 합니다. 이러한 절망에 가까운 그리움 때문에 생명을 포기하는 이들도 있습니다. 그것은 그 배후에 어떠한 영들이 역사하는지를 잘 보여주는 것입니다.
어떤 이들은 사랑하는 이를 그리워하기 때문에 이 땅을 떠난다고, 그 사람을 만날 것이라고 하면서 유서를 쓰고 삶을 마감하는 경우도 있습니다. 하지만 사람이 자기 마음대로 삶을 포기한다고 해서 사후에 하고 싶은 대로 하고 만나고 싶은 사람을 만날 수 있다고 생각하면 그것은 정말 오산입니다. 아무튼 악한 영들은 그럴듯하게 거짓된 마음과 감정을 심어주어 사람을 파괴하려고 합니다. 그러므로 그러한 거짓을 잘 분별하지 않으면 안 됩니다.

당신이 만일 지나친 그리움에 빠져 있다면 당신은 그 영을 대적해야 합니다. 모든 그리움이 아주 고통스러운 것이라고 생각하지 마십시오. 그 그리움이 천국으로부터, 주님으로부터 온 것이라면 거기에는 기쁨과 아름다움이 있습니다. 그러므로 그리움이 절망과 낙담을 동반하는 경우에는 대부분 악령과 지옥으로부터 그 그리움이 왔다는 것을 깨달아야 합니다.
그러한 그리움을 대적하십시오. 가슴 깊은 곳에서 올라오는 절망스러움, 그리움을 주의 이름으로 대적하십시오. 그 처절한 느낌을 받아들이지 않겠다고 선포하고 마귀를 대적하십시오.

그러한 기도를 드린 이들은 그 결과에 놀라게 될 것입니다.

갑자기 가슴을 오랫동안 짓누르고 있었던 느낌이 사라져버리기 때문입니다. 그리고 마음이 맑아지게 되며 헤어짐 자체는 슬픈 것이지만 그것은 분명 어떤 이유가 있어서 이루어진 것이며 그것을 이해할 수는 없지만 그냥 받아들일 수 있는 마음의 여유가 생기게 되는 것입니다. 그리고 이해할 수 없는 모든 상황들이 주님의 손안에 있음을 느끼고 편안한 마음을 가지게 됩니다.

어떤 감정이든, 슬픔이든, 절망이든, 헤어짐이든, 버림받음이든.. 그것을 주님의 손안에 맡기고 기도하며 그것으로부터 오는 악한 기운을 대적하게 되면 그것들은 당신을 더 이상 해롭게 할 수 없습니다. 그러므로 당신은 그러한 감정 자체에 빠지지 말고 그 배후에 있는 영들을 분별하며 악한 것들을 대적해야 합니다. 어떠한 그리움이 당신을 짓누르고 있을 때 그러한 그리움을 대적하십시오. 당신에게 압력을 주고 있는 모든 그러한 나쁜 기운을 대적하십시오.

당신의 분별력과 적용이 발전해갈수록 당신은 좀 더 자유로운 삶을 살 수 있게 될 것입니다.

그러한 감정을 통하여 속이고 역사하는 마귀에게 더 이상 삶을 빼앗기고 낭비하지 않게 될 것입니다. 할렐루야.

37. 과식의 영을 대적하십시오

과식이란 몸이 필요한 것 이상의 음식을 먹는 것입니다.
이것은 아주 좋지 않습니다. 이것은 몸의 건강만을 나쁘게 하는 것이 아니라 영적으로도 아주 나쁜 영향을 끼칩니다.
한꺼번에 많은 양의 음식을 먹는 것도 좋지 않습니다. 그것은 위장을 늘어나게 합니다. 한꺼번에 많은 음식을 먹지는 않는다고 하더라도 자주 군것질을 한다면 그것도 위장에 고통을 주는 것은 마찬가지입니다. 그것은 위장을 쉬지 못하게 하며 역시 위장을 너무 많은 음식으로 채우게 합니다.

배가 고프지 않은데도 음식이 맛이 있어서 먹는다면 그것도 좋지 않은 것입니다. 그것은 입을 즐겁게 하지만 위장에게는 고통을 줍니다. 그가 즐기는 만큼 대가를 지불하게 됩니다. 그렇게 입의 쾌락을 즐기는 사람의 영혼은 발전하기 어렵습니다. 쾌락의 욕망이 영혼에게 무거운 짐이 되기 때문입니다.
밤에 자기 전에 먹는 것도 좋지 않습니다. 밤은 안식의 시간이며 영혼이 활동하는 시간입니다. 그러나 밤에 먹은 음식은 안식을 방해하며 영혼의 활동도 방해합니다.
생각 없이 무의식적으로 먹는 것도 좋지 않습니다. 일을 하면서 음식을 먹거나 독서를 하면서 먹거나 대화를 하면서 먹거나 그런 식으로 습관적으로 먹는 것은 위장의 감각을 마비시키며 또한 영혼의 감각을 마비시킵니다.

마음이 외롭거나 허무할 때 그것을 잊기 위해서 음식을 먹는 것도 잘못된 것입니다. 음식을 많이 먹으면 영혼의 감각이 둔해지기 때문에 일시적으로 허무함이나 좌절이나 외로움을 잊는 데에 도움이 될지도 모릅니다. 하지만 그것은 고통이 사라지는 것이 아니라 자신의 감각을 죽이는 것입니다. 쓰레기를 보이지 않는 곳에 던져버린다고 쓰레기가 자동적으로 사라지는 것은 아닙니다. 그것은 나중에 더 큰 문제를 일으킬 수 있습니다.

이와 같이 여러 가지 이유로 필요 이상의 음식을 먹을 때 그것은 소화되기 어렵습니다. 그것들은 계속 몸 안에 남아있으면서 썩게 됩니다. 그리고 그 썩은 냄새는 악한 영들이 좋아하는 냄새이며 그 냄새를 맡고 악한 영들이 몰려오게 됩니다.

그렇기 때문에 필요한 이상으로 음식을 먹는 것은 악한 영들을 부르고 키우는 것이나 마찬가지입니다.

반드시 이 사실을 기억하시기를 바랍니다. 필요 이상의 음식을 먹는 것은 반드시 재앙을 가져옵니다. 어떤 좋지 않은 쾌락을 즐기게 될 때 거기에는 공짜가 없습니다. 그것은 반드시 대가의 지불을 요구합니다.

필요 이상의 남는 음식은 사람의 안에서 육적인 욕망을 일으킵니다. 성적인 욕구나 다른 탐욕이나 아니면 질병의 영을 일으킵니다. 그것은 잉여음식을 통하여 역사하는 영들입니다.

많이 활동하고 많이 움직이는 사람은 많이 먹어야 합니다. 하지만 적게 활동하고 적게 움직이는 사람은 많이 먹어서는 안 됩니다. 그는 그 많은 에너지를 소비할 수 없으며 그러므로 그 에너지는 남아서 썩게 되고 악한 에너지로 바뀌어지게 됩니다.

기도를 하고 권능이 역사하게 되면 많이 먹은 사람은 트림을 하게 됩니다. 그것은 많은 음식을 통하여 들어온 악령이 밖으로 나가는 것입니다. 그러한 트림을 통하여 역한 냄새가 나게 되고 악한 기운은 빠져나가게 됩니다. 과식의 영을 대적하는 기도를 하면 화장실에 가게 되는 경우도 있습니다.

우리 몸을 악한 영들이 거주하는 집으로 만들고 싶지 않다면 우리는 과식을 거절해야 합니다. 많이 먹고 싶은 욕망을 버려야 합니다.
그러한 욕망은 근본적으로 영혼의 허무함에서 나오는 것입니다. 영적으로 주님의 은총으로 충만하게 채워지게 되면 먹고 싶은 욕망이 그다지 일어나지 않습니다.

주님께서 사마리아 여인과 우물가에서 대화를 나누고 있었을 때 제자들은 마을에 나가서 음식을 구하여 가지고 왔습니다. 그리고 주님께 음식을 드실 것을 권하였습니다. 그러나 주님의 대답은 그들을 놀라게 하였습니다.

"그 사이에 제자들이 청하여 가로되 랍비여 잡수소서 가라사대 내게는 너희가 알지 못하는 먹을 양식이 있느니라
제자들이 서로 말하되 누가 잡수실 것을 갖다 드렸는가 한대 예수께서 이르시되 나의 양식은 나를 보내신 이의 뜻을 행하며 그의 일을 온전히 이루는 이 것이니라" (요4:31-34)

제자들은 예수님이 음식 먹기를 거절하시고 다른 양식을 말씀하시자

대적기도의 적용 원리

예수님이 다른 음식을 드시는가 생각하고 놀랐습니다. 그러나 주님의 말씀은 영적인 양식을 말씀하시는 것이었습니다. 하나님의 뜻을 이루는 과정에서 얻어지는 만족과 기쁨을 말씀하신 것입니다.

물론 그것은 영적인 양식입니다. 하지만 실제로 영적인 만족감과 기쁨은 육체적인 굶주림에서도 어느 정도 자유함을 주게 됩니다.

오늘날 이 시대는 영적인 혼란과 방황이 가득합니다. 주를 믿으면서도 자신의 육적인 욕망을 많이 추구합니다. 그렇기 때문에 사람들의 영혼 속에는 굶주림이 가득하게 되어 오늘날 많은 과식의 영들이 역사하고 있는 것입니다. 그것은 곧 영혼의 굶주림 상태를 잘 보여줍니다. 그러므로 이 시대에 아무리 경제적인 공황이 있어도 사람들은 새로운 먹을 것을 찾으며 새로운 먹거리를 만들어냅니다.

그리하여 음식산업만은 발달하고 있습니다. 이것은 이 시대의 영적 가난을 잘 보여주는 것입니다.

지나치게 과도하게 먹고 싶은 마음이 들 때 우리는 악한 영을 대적할 필요가 있습니다. 별로 배가 고파야 할 상황도 아닌데, 식사를 한 지 얼마 되지도 않았는데 자꾸 무엇인가 먹고 싶다면 우리는 과식의 영을 대적해야 합니다. 적지 않은 경우 그러한 먹고 싶은 욕망은 마귀, 과식의 영으로부터 옵니다.

그렇게 악한 영을 대적하고 나면 우리는 속이 거북해지는 것을 느끼게 됩니다. 트림이 나오기도 하고 불편해지기도 합니다. 아무튼 그렇게 대적기도를 하고 나면 먹고 싶은 마음이 사라지게 됩니다.

그렇다고 모든 먹고 싶은 욕망을 무조건 다 대적하라는 것이 아닙니다. 일정한 식사시간은 지키는 것이 좋습니다. 다만 영양이 부족한 것도 아니며 활동을 많이 해야 하는 것도 아닌데 자꾸 간식을 먹고 싶다면 그것은 좋지 않은 영의 장난일 가능성이 있으므로 대적하는 것이 좋습니다. 이렇게 대적기도를 자꾸 하면 할수록 우리는 바른 식욕을 구분할 수 있게 됩니다.

건강한 식욕이 있습니다. 그것은 악한 영들이 넣어주는 탐식의 느낌과 다릅니다. 건강하고 정상적인 식욕은 대적기도를 해도 사라지지 않습니다. 그러나 악한 영이 넣어주는 것은 대적기도를 하고 나면 그 욕망이 사라지게 됩니다.

음식을 먹을 때도 배가 꽉 차게 될 정도로 먹는 것은 좋지 않습니다. 그것은 영을 둔하게 만듭니다. 위장을 가볍게 하고 조금 비워진 상태에서 만족을 느끼는 훈련이 필요합니다. 그렇게 할 때 몸도 영혼도 부담이 없이 맑고 개운한 상태가 되는 것입니다.

부디 과식의 영을 대적하여 쫓아내시기를 바랍니다. 인간은 먹는 것을 통하여 타락했습니다. 주님은 금식을 통해서 그의 사역을 시작하셨습니다. 그러므로 우리도 먹는 욕망에 굴복해서는 안 됩니다.

먹고 싶은 욕망을 이길 수 있을 때 우리는 모든 유혹을 물리칠 수가 있을 것입니다. 그러나 먹는 것을 이기지 못한다면 우리는 모든 유혹에서 넘어지게 될 것입니다. 먹는 것은 가장 기본적인 욕망이기 때문입니다. 그러나 그렇다고 해서 이를 악물고 금식하려고 하지는 마십시오. 먹는 욕망을 일으키는 것은 악한 영들이기 때문에 그런 식으로 억지로 이기려고 하는 것은 좋지 않습니다.

그러므로 대적하는 기도를 하는 것이 좋습니다. 먹고 싶은 습관을 일으키고 그러한 욕망을 일으키는 영을 대적하십시오.

그러면 노력하지 않고도 그저 자연스럽게 먹고 싶은 마음이 사라지게 될 것입니다.

나는 젊은 여성들이 비만의 문제 때문에 많은 고민을 하는 것을 알고 있습니다. 그들은 다이어트를 위하여 할 수 있는 모든 것을 합니다. 그리고 온갖 고생을 하고도 별로 좋은 결과를 얻지 못하며 고통스러워합니다. 그것은 그들이 대적을 잘 알지 못하고 있기 때문입니다.

먹고 싶은 욕망을 일으키는 것은 악한 영들입니다. 그러므로 그들의 정체를 알고 대적하여 쫓아내지 않고 인간적인 노력만 해서는 승리하기가 어렵습니다. 그러나 주의 이름으로 대적하는 기도를 하게 되면 곧 승리를 얻을 수 있게 될 것입니다.

당신의 영을 강하게 하십시오.
그러면 당신의 의지도 강해질 것입니다.
강한 영력, 그리고 강한 의지와 함께 주의 이름으로 과식의 영을 대적하십시오. 당신은 자유롭게 될 것입니다.
그리고 새로운 영혼의 세계, 새로운 영역을 향하여 가볍게 나아가게 될 것입니다. 할렐루야.

38. 지나친 쇼핑의 영을 대적하십시오

쇼핑은 필요한 물건을 사들이는 것입니다. 생활하는 데 있어서 필요한 물건을 사는 것은 당연한 것입니다.
그러나 지나친 쇼핑의 욕구를 일으키는 영들이 있습니다. 이것은 탐욕의 영인데 과식을 일으키는 영들과 비슷합니다. 과도하게 자신을 채우는 것입니다.
과식에 빠지는 것은 내면의 공허함 때문입니다.
지나친 쇼핑도 비슷합니다. 내면에 있는 부족감 때문에 쇼핑을 하게 되는 것입니다.
여성들은 남성에 비해서 애정에 대한 욕망을 많이 가지고 있습니다.
그것은 자신의 안이 채워지고 충족되는 것에 대한 욕망입니다. 그러나 그러한 욕구들은 충분히 채워지지 않는 경우가 많습니다. 그럴 때에 그들은 과식이나 과다한 쇼핑에 빠질 수 있습니다. 영적이고 정신적인 만족이 없기 때문에 물질적인 것으로 대신하여 자신을 채우는 것입니다.

과식은 건강과 영혼을 해롭게 하지만 과다 쇼핑은 경제적인 면에서 큰 피해를 끼칩니다. 물질적으로 별로 여유도 없으면서 빚을 내고 카드를 긁으면서 필요하지도 않은 물건을 사는 이들이 많이 있습니다. 나중에 후회하고 고통을 겪으면서도 이것저것을 사는 이들이 많이 있습니다. 물건을 살 때만 아주 잠깐 동안 그들은 즐거워합니다. 하지만 그 후에는 오랜 고통이 따릅니다. 그들의 영혼은 묶여 있는 것이며 그들은 이러한 행위를 반복합니다. 저지르고, 후회하고, 고통하고, 다시 저지르고.. 그런 식을 되풀이하는 것입니다.

쇼핑의 충동을 일으키는 것은 악한 영들이 하는 짓입니다. 그러므로 거기에 아무 생각 없이 그대로 끌려가서는 안 됩니다.
주의 이름으로 그 영들을 대적하십시오. 지속적으로 대적하면 그들은 사라지며 충동구매의 유혹이 사라지게 됩니다.
가능하면 아이 쇼핑을 하면서 기분을 푼다는 이유로 백화점이나 매장을 다녀서는 안 됩니다. 그러한 곳에는 안목의 정욕을 일으키는 많은 유혹들이 있어서 영이 약한 이들은 쉽게 유혹을 받게 됩니다.
또한 홈쇼핑과 같은 프로그램은 시청하지 않는 것이 좋습니다. 물건을 홍보하는 이들에게서는 쇼핑의 충동을 일으키는 강력한 에너지가 흘러나옵니다. 에너지가 약한 사람들은 그러한 에너지를 통하여 필요하지 않은 것에 대한 구입의 충동을 느낄 수 있습니다.

자신의 문제를 잘 이해하고 대적함으로 해결하려고 하는 이들은 이 문제를 극복할 수 있을 것입니다. 쇼핑의 욕구를 일으키는 것이 악한 영일 경우가 많다는 것을 이해하기만 해도 해방은 어렵지 않습니다.
그러나 무엇보다도 이러한 영에 빠지는 이들은 내적인 공허감 때문에 이런 증상이 생긴다는 것을 이해해야 합니다. 이들은 좀 더 주님을 사모하고 추구하여야 하며 그 주님의 품안에서 경험할 수 있는 내적인 자유와 만족감만이 진정한 자유와 해방의 시작인 것을 깨달아야 할 것입니다.

39. 도박의 영을 대적하십시오

도박에 중독되는 사람들이 있습니다. 그것은 악한 영들에게 잡힌 것입니다. 도박은 악한 영들의 장난입니다.

도박에 중독된 사람들은 그로 인하여 가정이 파괴되고 삶이 파괴되고 엄청난 재앙을 경험하면서도 그것을 끊지 못합니다. 그 자체가 그들이 이미 마귀의 포로가 된 것을 보여줍니다.

도박장에는 수중의 모든 돈을 잃고 빈털터리가 되어 비참한 처지에 이른 사람들이 수를 헤아릴 수 없이 많이 있습니다. 그러나 그럼에도 불구하고 그들은 도박을 끊지 못합니다. 빚을 내어서건 어떤 방법을 사용해서건 그들은 다시 돈을 구해서 도박을 합니다.

도박장에는 이런 제도가 있습니다. 어떤 이들은 도저히 자신의 힘으로 도박장에 가는 것을 끊을 수 없기 때문에 스스로 도박장에 돈을 내고 자신의 출입을 금지시켜줄 것을 요청하는 것입니다. 그러면 도박장에서는 그 사람의 출입을 금지시키며 아무리 사정을 해도 그 사람을 바깥으로 끌어냅니다. 자신이 돈을 내서 자신이 쫓겨나는 것입니다. 그렇게 남의 강제하는 힘을 빌려서야 도박장에 가지 않을 정도로 그 중독성과 묶임은 무서운 것입니다.

우리나라에서도 합법적으로 경마나 경륜과 카지노 같은 도박행위를 인정해줍니다. 그 바람에 지금은 도박중독자가 수백만을 헤아리고 있다는 통계가 있습니다. 수입을 위해서 수많은 사람의 삶을 파괴하지만 선택의 책임은 본인이 져야 한다는 입장입니다. 이것은 아주 무서운 일입니다.

나라에서 운영하는 복권제도도 일종의 도박입니다. 복권을 광고하는 내용에는 '인생 역전'이라는 문구가 사용됩니다. 한 번의 행운을 통해서 당신의 힘들고 어려운 삶은 역전될 수 있다는 유혹입니다. 이러한 유혹 때문에 파멸과 자살에까지 이르는 사람들이 있으나 여전히 유혹은 사라지지 않습니다.

도박을 즐기는 사람들은 성실한 사람들이 아닙니다. 그들은 성실하게 노력하는 삶을 살기를 원치 않습니다. 그들은 게으르고 나태하여 삶을 탕진합니다. 그들은 일을 하는 것을 싫어합니다. 그렇기 때문에 그들은 남들의 도움에 기대어 살게 되고 신세를 지게 됩니다. 그들이 그렇게 불리한 상황에 몰리게 되기 때문에 결국 한 번의 역전을 꿈꾸게 되는 것입니다. 삶이 행복한 사람은 굳이 인생의 역전을 꿈꿀 필요가 없으니 말입니다.

그러한 한탕주의가 도박의 특성입니다. 지금은 힘들어도 한탕을 잘 잡기만 하면 모든 것을 보상받는다고 그들은 생각합니다. 그러므로 그들은 사소한 것을 우습게 여깁니다. 사소한 일에 성실하고 최선을 다하는 삶을 살지 않습니다. 한탕이면 모든 것을 잡을 수 있기 때문입니다. 그 허상 때문에 그들의 인생은 파괴됩니다. 그들은 마귀에게 속고 있는 것입니다.

도박을 잘 하는 사람들이 있습니다. 그들은 게임이나 도박에서 자주 이깁니다. 그들은 돈을 땁니다. 그들은 이 시대의 스타이며 많은 사람들에게 부러움을 사기도 합니다. 미국에서 일류 도박사들은 어디에 가든지 최상의 대접을 받습니다. 그러나 그들의 그러한 성공은 다른 이들의 피와 고통과 희생과 눈물 위에서 성취되는 것입니다. 그들은 그러한 성공이 자랑스러울지 모르지만 그들은 언젠가 그 대가를 지불하게 됩니다. 도박으로 인하여 돈을 따고 유익을 얻는 사람은 결코 자랑스러운 종말을 가질 수 없습니다.

성공과 행복은 성실한 삶의 자세에서 오는 것입니다. 성실하지 않게 사는 사람은 도박의 유혹을 받게 됩니다. 자신의 불성실을 반성하지 않고 한 순간에 모든 것을 얻으려는 사람들은 반드시 고통의 대가를 지불하게 됩니다.

도박의 영에 사로잡힌 사람들은 그것을 통하여 만족을 얻고 기쁨을 느낍니다. 도박장의 분위기와 짜릿한 스릴과 흥분을 즐깁니다. 하지만 그것은 자신이 즐기는 것이 아니라 그 사람의 안에 있는 귀신들이 즐거워하고 있는 것입니다. 그들은 지옥의 영들입니다.

그리스도인들은 결코 도박의 비슷한 분위기를 풍기는 근처에도 가서는 안 됩니다. 불에 몸을 대면서 화상을 입지 않을 것이라고 기대해서는 안 됩니다. 그것은 재앙의 영이며 저주의 영입니다. 그것은 사람을 노예로 만들며 삶과 가정을 파괴합니다.

삶에 상처와 억눌림이 있는 이들이 도박의 유혹에 빠질 수 있습니다. 그들은 주의 이름으로 이 도박의 영을 결박하고 쫓아내야 합니다. 오직 주님만이 치유자이시며 위로자이십니다. 다른 것을 통해서 만족을 얻고 위안을 얻으려는 이들은 결국 그러한 것들의 노예가 될 수밖에 없는 것입니다.

도박의 영을 대적하십시오. 주위에 도박에 잡힌 사람들이 있다면 그들을 잡고 있는 영들을 주의 이름으로 결박하십시오. 그들은 일시적으로 몸살과 같은 현상을 겪게 되며 차츰 도박에서 멀어지게 됩니다. 도박의 영인 귀신이 나가게 되면 사람들은 도박이 싫어지게 됩니다.

영화나 드라마에 등장하는 도박장은 항상 화려하고 멋지게 나타납니다. 세상의 영들은 도박을 아름답고 멋진 것으로 보이게 해서 좀 더 많은 영혼들을 사로잡기 위하여 아름다운 여성들을 고용하고 화려하고 유혹적인 분위기를 만들어냅니다. 그들은 영혼을 사로잡아서 그들을 노예로 만들고 유익을 얻기 위해서라면 어떤 짓도 할 것입니다.

그리스도인들은 일체의 도박적인 성격을 띠고 있는 것을 멀리해야 합니다. 카드나 마작과 같은 것은 물론 컴퓨터 게임의 도박 사이트와 같은 것과도 멀어져야 합니다. 도박에서 돈을 따는 사람은 남의 인생을 파괴하는 것이며 잃는 사람은 자신의 인생이 망가지는 것입니다.

그저 사소하게 재미로 즐긴다는 것도 말이 되지 않는 것입니다. 무엇을 접촉하든 만진 것은 그 사람의 영혼 속에 들어가게 됩니다.

일체의 도박을 멀리하며 도박의 영을 결박하고 대적해야 합니다. 그리고 항상 모든 순간을 자신의 사명과 달란트를 따라 성실하게 살아야 합니다. 오늘날 마귀의 유혹과 공격은 도처에 많이 있습니다. 우리가 승리하는 삶, 자유로운 삶을 살기 위해서는 항상 깨어있어야 하며 마귀의 모든 유혹거리를 단절하고 깨뜨려야 합니다.

오직 주님의 아름다우심과 풍성함을 맛보고 누릴 때 그 영혼은 세상의 모든 유혹을 능가하는 천국의 영광을 경험하게 될 것입니다. 할렐루야.

40. 지나친 승부욕을 대적하십시오

남성들은 본능적으로 승부를 좋아합니다. 승부를 겨루는 것을 좋아하며 이기는 것을 좋아합니다. 그래서 남성들은 대체로 스포츠를 좋아합니다. 스포츠에는 승부가 있기 때문입니다.

반면에 여성들은 일반적으로 스포츠를 별로 좋아하지 않습니다. 스포츠의 룰에 대해서도 잘 모르며 그다지 관심을 보이지 않습니다. 남자친구나 남편이 스포츠를 좋아하면 같이 조금 구경하는 정도입니다. 룰에 대해서 잘 모르기 때문에 축구를 보다가 골키퍼가 손으로 공을 잡으면 왜 저 사람은 반칙을 하느냐고 묻기도 합니다. 탁구 치는 것을 보면 공이 너무 작다고 합니다. 승부나 게임 자체보다는 어떤 선수가 잘생겼으며 멋있느냐에 관심이 집중되곤 합니다. 이처럼 여성은 기질적으로 남성과 다릅니다.

여성은 사랑과 애정에 대한 사명과 성향을 가지고 태어났습니다. 남성은 진리와 승리에 대한 사명과 성향을 가지고 있습니다. 그러므로 여성들은 사랑을 하고 사랑을 받을 때 만족을 느낍니다. 반면에 남성들은 사랑도 일종의 게임이나 승부로 생각하는 경향이 있습니다.

그러므로 여성들은 이기는 것보다 사랑 받는 것을 좋아하지만 남성들은 사랑도 승부로 생각합니다. 그래서 상대방에게 딱지를 맞으면 게임에서 졌다고 생각하며 사랑을 얻으면 자신이 이겼다, 정복했다고 생각합니다. 이것은 모든 남성, 모든 여성이 다 그렇다는 것이 아니라 일반적으로 남성들의 성격은 이러한 특징이 있다는 것입니다.

그래서 여성들은 사랑을 받지 못할 때 버림받았다고 느끼며 남성들은 사랑을 얻지 못할 때 실패했다고, 졌다고 느낍니다. 여성들은 사랑 받지 못하고 버림받는 것을 두려워하지만 남성들은 지는 것과 무능력한 것을 두려워합니다.

그래서 여성들은 자기보다 더 인기가 있고 사랑을 받는 여성들에 대하여 질투하고 시기하지만 남성들은 자기보다 강한 자들에 대해서 패배의식을 가지며 미워하고 시기하게 됩니다.

이와 같이 여성과 남성은 좋아하는 것과 싫어하는 것이 근본적으로 다릅니다. 여성은 온전한 사랑과 연합을 좋아하며 남성은 이기는 자, 능력 있는 자가 되고 싶어 합니다.

이것은 남성들이 스포츠에 빠지며 승부에 빠지는 성향의 근원을 잘 보여줍니다. 여성들은 권투나 레슬링과 같은 격투기를 보면 질겁을 하지만 남성들은 그것을 보면서 공격성에 대한 만족감을 얻게 됩니다. 일반적으로 남성이 승부를 좋아하는 속성을 가지고 있으며 어느 정도는 그것이 정상적인 것입니다.

그러나 어떤 이들은 지나치게 과도하게 승부에 집착하고 몰두합니다. 승부의 승리에서 얻어지는 어떤 다른 유익보다도 승부 자체에 집착합니다. 도박에 빠지는 것도 이러한 성향과 비슷한 것입니다. 도박도 승부를 즐기는 것이기 때문입니다. 그러므로 심정적으로 나약한 사람들이 더 그러한 도박에 빠질 수 있습니다. 현실에서 경험하지 못하는 승리의 경험을 도박을 통해서 하고 싶어 하기 때문입니다.

남성에게 있어서 어느 정도의 승부욕은 정상적인 것입니다. 그러나 지나치게 승부에 빠져서 사로잡히는 것은 속고 있는 것입니다. 그 배후에는 악한 영들의 장난이 있습니다.

이러한 이들은 지고 나서 그것을 잊지 못합니다. 아주 심하게 고통스러워합니다. 그들은 자신을 이긴 승리자를 잊지 못합니다. 그리고 일생동안 패배의식 속에 살면서 난폭해집니다.

이러한 이들은 이기기 위해서 무엇이든지 하려고 합니다. 그들은 아주 사소한 게임이나 장난에 대해서도 이를 악물고 이기려고 합니다. 지고 나면 견디지 못합니다. 그들은 이미 병적인 것이며 이미 승부욕의 귀신들에게 잡혀 있는 것입니다.

어떤 어린아이들은 승부에 지나치게 집착하며 이기려고 합니다. 사소한 놀이에서도 어떻게 하든지 이기려고 하며 지게 되면 화를 내고 울며 난리를 꾸밉니다.

이와 같은 것을 긍정적으로 보고 내버려두는 어른들도 있습니다. 하지만 어린 시절부터 그렇게 승부욕에 지나치게 몰두하는 것은 영혼의 성장에 바람직하지 않습니다. 그러한 아이는 이기적이고 자기중심적이 되며 공격적이 될 수 있습니다. 그러므로 그러한 부분을 가르치고 절제시켜야 합니다.

지나친 승부욕에서 패배의식과 좌절이 생깁니다. 그리고 분노와 미움이 일어납니다. 거짓과 악이 파고듭니다. 승부에 대한 집착은 사람을 사납고 악하고 거칠고 교활하게 만듭니다. 그 배후에는 악령들의 장난이 있습니다.

그리스도인들은 승부에 대해서 초연해져야 합니다. 승부를 겨루는 모든 것에 대해서 가능하면 접하지 않는 것이 좋습니다. 스포츠 때문에 상대를 미워하면 안 됩니다. 게임이라고 하더라도 승부를 겨루는 것은 영혼에게 유익이 되지 않습니다. 한 사람의 승리는 다른 사람의 희생과 고통에 근거한 것이며 이것은 좋은 것이 아닙니다.

지옥의 영계는 항상 전쟁과 싸움이 있습니다. 승리자는 모든 것을 얻고 패배자는 모든 것을 잃으며 승자의 노예가 됩니다. 그것이 지옥적인 영계입니다.
그러나 천국에 속한 곳은 승자도 패자도 없습니다. 그들은 모두가 다 승리자입니다. 그들은 모두 어떤 부분에서 우월하며 다른 부분에서 약합니다. 그러므로 그들은 자신의 장점으로 상대방을 섬깁니다. 그러므로 그곳에서는 1등과 2등이 없고 모두가 서로 도우며 섬깁니다.

승부에 대한 집착과 욕심은 영혼을 어둡고 비참하게 만듭니다. 그러므로 그리스도인들은 가능한 한 승부를 다투는 것을 피해야 합니다. 이기면 좋아하고 지면 좌절하고.. 그것은 그리스도인들의 삶의 자세가 아닙니다.
그리스도인들의 진정한 전쟁의 대상은 오직 하나, 악령과 지옥뿐입니다. 우리는 원하든 원하지 않든 항상 지옥과 그 악령들의 공격 속에서 살고 있습니다. 그러므로 우리는 그들의 궤계에 대해서 알아야 하며 주님의 이름과 능력과 주님이 우리에게 주신 권세와 무기를 사용하여 그들을 패주시켜야 합니다. 그것이 우리의 유일한 전쟁입니다.

계시록에서 나타나는 일곱 교회에는 하나 같이 이기는 자에 대한 상급의 언급이 있습니다. 이기는 자는 풍성한 삶을 살게 되며 풍성한 전리품을 취하게 됩니다.

"이기는 자와 끝까지 내 일을 지키는 그에게 만국을 다스리는 권세를 주리니" (계2:26)

"이기는 자는 내 하나님 성전에 기둥이 되게 하리니 그가 결코 다시 나가지 아니하리라 내가 하나님의 이름과 하나님의 성 곧 하늘에서 내 하나님께로부터 내려오는 새 예루살렘의 이름과 나의 새 이름을 그이 위에 기록하리라" (계3:12)

"귀 있는 자는 성령이 교회들에게 하시는 말씀을 들을찌어다 이기는 그에게는 내가 감추었던 만나를 주고 또 흰 돌을 줄 터인데 그 돌 위에 새 이름을 기록한 것이 있나니 받는 자 밖에는 그 이름을 알 사람이 없느니라" (계2:17)

"이기는 그에게는 내가 내 보좌에 함께 앉게 하여주기를 내가 이기고 아버지 보좌에 함께 앉은 것과 같이 하리라" (계3:21)

"이기는 자는 이와 같이 흰옷을 입을 것이요 내가 그 이름을 생명책에서 반드시 흐리지 아니하고 그 이름을 내 아버지 앞과 그 천사들 앞에서 시인하리라" (계3:5)

"이기는 자는 둘째 사망의 해를 받지 아니하리라" (계2:11)

"이기는 그에게는 내가 하나님의 낙원에 있는 생명 나무의 과실을 주어 먹게 하리라" (계2:7)

이와 같이 성경은 우리에게 이기는 자가 될 것을 격려합니다. 그리고 이기는 자는 놀라운 은총과 상급을 얻을 것을 약속합니다. 우리는 그 이김의 대상이 악한 영들이며 마귀이며 지옥인 것을 알아야 합니다.

악한 영들이 지나친 승부욕에 빠지게 하고 그로 인하여 사람의 삶을 파괴하는 것은 인간이 마귀를 대상으로 싸우는 것을 원치 않고 인간끼리 싸우면서 서로 파괴되기를 원하기 때문입니다.

전쟁에서 상대방의 진영에서 자중지란이 일어나게 된다면 승리는 명확한 일이기 때문입니다.

그러므로 그리스도인들은 전쟁의 대상에 대해서 분명하게 깨어있어야 합니다. 오직 마귀를 대적해야 하며 그 외의 승부에 대해서 초연할 필요가 있습니다.

불필요한 승부욕에 사로잡히지 마십시오. 지고 나서 억울하게 여기거나 울지 마십시오. 강력하게 일어나는 승부욕을 대적하고 버리십시오. 그렇게 할 때 우리는 진정한 승리를 누릴 수 있게 될 것입니다.

41. 지나친 애정의 영을 대적하십시오

일반적으로 여성들은 사랑과 애정에 대하여 예민한 기질과 특성을 가지고 태어납니다. 그들은 본능적으로 사랑을 갈망합니다.
남성들은 상대적으로 사랑을 받지 못한 환경에서 자랐다고 하더라도 그것이 그리 대단한 상처가 되지는 않습니다. 그러나 여성들에게 이것은 중대한 문제가 됩니다.
사랑을 받고 싶어 하는 이러한 기질은 당연한 것처럼 여겨지는 것이 보통입니다. 그러나 이러한 경향이 과도해질 때 그것은 많은 재앙과 고통의 근원이 됩니다. 그리고 그 배후에는 악한 영들의 장난이 있습니다.

남성들은 TV를 시청할 때 주로 스포츠나 뉴스를 보는 편입니다. 그러나 여성들은 그와 같은 것은 별로 좋아하지 않습니다. 대신 애정 드라마를 좋아합니다. 남성들은 그러한 드라마를 별로 좋아하지 않습니다. 그러나 여성들은 드라마의 내용에 흠뻑 빠져서 내용의 전개에 대하여 지대한 관심을 기울입니다. 마치 드라마의 내용이 사실인양 울고 감동하기도 합니다. 남성의 입장에서 보면 잘 이해가 안가지만 여성들은 그러한 성향을 가지고 있습니다. 그것은 애정에 대한 갈망의 성향 때문입니다. 심한 이들은 드라마 중독증에 걸려서 날마다 드라마를 기다리며 그 낙으로 살아가기도 합니다.
이와 같은 드라마 중독의 증상은 사랑에 대한 욕구가 충족되지 않을수록 심하게 나타날 수 있을 것입니다.

애정에 대한 욕구는 당연한 것입니다. 그러나 지나친 애정의 욕망이 재앙의 시작이라면 사람들은 놀랄 것입니다.

하지만 그것은 사실입니다. 과도한 애정의 욕구가 자신과 다른 이들의 삶을 황폐하게 만듭니다.

과도한 애정은 종종 소유욕과 집착으로 발전해갑니다. 그것은 상대방을 지배하려고 하며 통제하려는 성향으로 나아갑니다. 상대방에게서 자신에 대한 충분한 관심과 애정을 얻기 위해서 요구하고 또 요구하게 됩니다.

대부분의 남성과 여성의 관계가 처음에는 남성이 적극적으로 나섬으로써 시작됩니다. 처음에 여성은 소극적으로 대응합니다.

그러나 일단 사랑에 빠지게 되면 그 관계는 역전됩니다. 여성은 점점 더 남성에게 애착을 느끼게 되며 지속적으로 상대방의 사랑을 확인하고 싶어 합니다. 초기에 보였던 관심을 더 이상 기울이지 않는 상대에 대해서 불만을 표현하며 요구를 하게 됩니다.

점차 상대방은 이러한 여성에 대해서 에너지를 빼앗기는 느낌을 받게 됩니다. 그리고 점점 더 지치게 됩니다. 처음에는 신선한 즐거움을 얻던 관계가 시간이 흐를수록 점점 더 피곤해지게 됩니다. 남성들은 도망가고 싶어 하며 여성들은 그럴수록 더 요구하고 공격합니다.

결혼 이후에 남성과 여성의 관계가 대체로 이러합니다. 여성들은 더 이상 자신에게 관심을 기울이지 않는 남성에 대해서 실망감과 분노를 가지며 다른 것에서 애정의 욕구를 충족시키려고 합니다. 그 과정에서 드라마 중독증이나 과식, 과다 쇼핑과 같은 증상이 나타나게 됩니다.

초기의 신선한 만남이 이렇게 따분하고 피곤한 관계로 나아가게 된 이유가 무엇일까요? 거기에서 중요한 원인이 되는 것이 바로 과다 애정입니다. 거기에서 소유욕과 지배욕, 집착이 생기게 되는 것입니다. 그것은 사랑 같지만 사실은 사랑이 아닙니다. 그것은 타락한 인간에게서 나타나는 욕망의 한 증상에 불과합니다. 그것은 육체와 자아의 본능에서 나오는 탐욕이지 영혼에서 나오는 진정한 사랑이 아닙니다.

애정에 대한 집착은 상대방의 기운을 질식시킵니다. 스토커와 같은 사람의 사랑을 진정한 사랑이라고 생각하는 사람은 없을 것입니다. 그것은 집착이고 자기중심적인 것입니다.
사랑이란 근본적으로 상대방 중심의 의식이며 상대방을 즐겁게 섬김으로써 행복을 느끼는 것입니다.
그러나 집착과 스토커와 같은 행위는 자기중심적인 욕망에 불과하며 상대방을 이용하는 것에 지나지 않습니다.

다윗왕이 우리아의 아내가 목욕하는 모습을 보고 범죄하였을 때 그것을 사랑이라고 볼 사람은 없을 것입니다. 그것은 육체의 욕망에 불과한 것입니다. 그러한 것을 사랑이라고 부를 수는 없습니다.
사람들이 흔히 생각하는 사랑이라고 하는 것은 적지 않은 경우에 집착과 소유욕에 불과합니다.
그것은 상대방을 섬기는 것이 아니라 조종하는 것입니다. 자기의 즐거움과 유익을 위하여 상대방을 이용하는 것입니다.
그것은 자기중심적인 애정이며 지옥으로부터 나오는 것입니다. 거기에는 아름다움과 순결함이 없으며 시기와 질투와 지배와 욕망만이 들끓을 뿐입니다.
여성들은 본능적으로 이러한 지배욕에 빠지기 쉽습니다. 악한 영들은 여성들의 애정에 대한 성향을 이용하여 그들의 마음속에 애정에 대한 갈망과 분노를 일으킵니다. 자신을 충족시키지 못하는 이들에 대한 분노와 실망의 마음을 일으키며 끊임없이 애정에 대한 갈망이 일어나게 합니다. 하지만 그러한 갈망은 채워지지 않기 때문에 그 결과 외로움과 허무함에 사로잡히게 되는 것입니다. 실망과 분노, 상처도 여기에 흔하게 뒤따르게 됩니다.

문제는 여성들에게 흔히 일어나는 이러한 과다한 애정에 대한 욕망을 악한 영이 일으키는 것이라는 사실을 잘 모른다는 것입니다. 무르기 때문에 그러한 감정에 사로잡히는 것입니다. 그 뒤에 따라오는 허무함이나 원망이나 상처의 배후에 악한 영이 있다는 사실을 알고 있는 이들도 역시 드뭅니다.

여성들의 지배욕은 자신의 남자가 다른 곳을 쳐다보지도 못하게 합니다. 사람을 꼼짝 못하게 소유하려는 경향을 가지고 있습니다.
남성들은 이런 경우에 질식할 것 같은 마음을 느끼고 도망가고 싶어 합니다. 바람을 피우고 나쁜 짓을 하는 것보다도 일단 숨을 쉬고 싶어 하는 것입니다. 그들은 지배당하지 않고 속박 당하지 않고 편안하게 살고 싶어 합니다.

악한 영들의 작전은 바로 이런 것입니다. 여성에게는 남성을 결박하여 완전히 네 것으로 소유하라고 속삭입니다. 남성에게는 어서 다른 곳으로 도망가라고 부추깁니다.
영혼의 눈이 뜨여지지 않는 한 남성과 여성의 이러한 갈등은 계속 될 것입니다. 이것은 성의 차이가 아니고 영적 무지의 문제입니다. 인간을 파괴하고 가정을 파괴하고 싶어 하는 영들의 장난에 대해서 무지한 것이 문제인 것입니다.

여성들은 오직 한 남성을 사랑하기 원하지만 남성들이 두 마음을 품는 경우가 많으며 그것이 문제라고 공격합니다.
하지만 문제는 남성도 아니고 여성도 아니며 배후에 있는 악한 영이라는 사실을 이해해야 합니다. 남성도 여성도 그 배후에 있는 존재를 알지 못하면 그들은 피해자에 불과한 것입니다.
즉 악령들은 일반적으로 여성에게는 집착을, 남성에게는 무책임하고 한 사람에게 성실하지 않게 하는 영을 집어 넣어주기 때문입니다. 그러므로 우리의 대적은 사람이 아니라 악한 영인 것을 분명히 기억해야 합니다.

여성이라고 해도 다 이와 같은 특성을 가지고 있는 것은 아닙니다. 그것은 남성도 마찬가지입니다. 여성적인 남성도 있고 남성적인 여성도 있습니다. 애정 중심적인 성향의 남성도 있고 이성 중심적인 성향의 여성도 있습니다.
어느 쪽이든 간에 중요한 것은 과다한 애정을 통하여 악한 영들이 역사할 수 있다는 것입니다. 사람은 남성이든 여성이든 지나친 애정에 빠지지 않도록 주의해야 하며 자신이 통제할 수 없는 지나친 애정에 대해서 결박하고 대적해야 합니다. 왜냐하면 많은 경우에 그 애정의 배후에는 귀신들이 있기 때문입니다.

지나치게 극단적으로 애정에 빠진 경우는 귀신들이 그러한 충동을 넣어주는 경우가 많이 있습니다.

어떤 이들은 이루어질 수 없는 사랑으로 인하여 자살을 하는 경우도 있습니다. 적어도 목숨을 끊으려고 결심하는 사람들도 있습니다.

그것은 숭고한 사랑인 것 같지만 귀신들에게 속은 것입니다. 그들의 속삭임에 속아서 자살을 실행했을 때 그들은 그들의 소원대로 사후에 연인들을 만나서 마음껏 사랑을 하는 것이 아니라 지옥의 어두운 곳으로 떨어지게 됩니다.

당신이 애정에 대하여 예민한 기질을 가지고 있다면 당신은 그것을 통제할 수 있어야 합니다.

드라마나 애정소설이나 그러한 공상을 지나치게 즐기는 것은 좋지 않습니다. 그것은 악한 영들이 들어오는 통로가 됩니다. 그러한 환상을 통해서 애정적인 면을 만족시키려고 해서는 안 됩니다.

당신은 당신의 애정을 주님이 통제하고 계신지 점검해보아야 합니다. 그렇지 않고 애정으로 인하여 불만스럽고 집착하게 된다면 당신은 그 배후에 있는 영을 대적해야 합니다.

어떤 사람에게 지나치게 집착하여 그 사람이 아니면 살수가 없다면, 그 사람이 당신에게 대해주는 여부에 따라서 당신의 마음이 즐거워지고 불행해진다면 당신은 이미 묶여 있는 것입니다.

그러한 애정은 대적해야 합니다. 당신은 자유롭게 살아야 하며 자유로운 애정을 가져야 합니다.

천국에서 오는 사랑, 주님으로부터 오는 사랑은 그러한 집착이나 소유욕과 다릅니다. 그것은 순결하며 아름답고 진리로 가득한 것이며 자유로운 사랑입니다. 거기에는 두려움이 없으며 생명과 천국의 향취로 충만한 것입니다. 그것은 두 사람을 다 같이 하나님 앞으로 가까이 이끕니다.

부디 사랑의 집착에서 벗어나도록 하십시오. 애정을 얻는 것이 당신의 우상이 되지 않게 하십시오. 애정으로 인하여 집착과 소유욕과 지배욕이 생기지 않게 주의하십시오. 그러한 기운이 느껴질 때 주의 이름으로 귀신을 대적하고 내어 쫓으십시오.

충분히 이것을 이해하고 적용한다면 당신은 자유롭게 될 것입니다. 자기중심에서 벗어나 자유롭게 사랑하며 섬기며 진정한 만족을 얻게 될 것입니다.

과도한 애정의 영을 대적하십시오.

오직 주의 이름으로 사랑하고 사랑을 받으십시오.

이 문제에서 분명하게 성공할 수 있다면 당신은 진정 자유한 사람으로서 사랑의 주님과 좀 더 가까이 깊이 연합할 수 있게 될 것입니다. 그리하여 당신의 사랑이 주님의 은총을 표현하는 아름다운 도구로 쓰일 수 있게 될 것입니다. 할렐루야.

42. 수다의 영을 대적하십시오

좀 이상한 증상 같지만 이러한 증상을 가지고 있는 이들이 많이 있습니다. 그들은 아무 데서나 쉬지 않고 말하고 떠드는 사람들입니다.
상대방의 상황이라든지, 입장에 대해서는 그다지 고려하지 않으며 그저 자신의 느낌과 의견을 항상 이야기합니다

그들은 말을 하지 않는 것을 견디지 못합니다. 그들은 말을 하지 않으면 불안합니다. 그들은 침묵을 견디지 못합니다.
여럿이 있을 때 그들은 자신이 말을 하지 않으면 어색한 분위기가 된다고 생각합니다. 그래서 분위기를 좋게 하기 위해서 자신이 말을 해야 한다고 생각합니다. 사실은 정반대인데도 말입니다.
그들은 다른 사람들을 피곤하게 만들고 있지만 자신은 다른 이들을 즐겁게 해주고 있으며 도와주고 있다고 생각합니다. 하지만 그러한 증상을 고치지 않으면 아주 소극적인 사람들 외에는 모두 다 슬슬 그러한 사람을 피하게 됩니다. 아무도 피곤한 삶을 원하지 않기 때문입니다.

정도의 차이는 있지만 여성들은 대체로 수다를 통해서 즐거움을 느끼는 것이 보통입니다. 마음속의 스트레스도 수다를 통해서 풀고 이런 저런 이야기를 친구들에게 마구 쏟아놓으면 기분도 즐거워집니다. 남편에 대한 불만도 여기저기에 표현을 하다보면 기분도 누그러지고 나중에는 미안한 마음도 들어서 남편에게도 잘해주게 됩니다. 그러니 이러

한 이들은 말을 거의 하지 않고 입을 꾹 다물고 사는 사람들은 답답해서 어떻게 살까 하고 생각합니다.

언어는 하나님께서 사람에게 주신 귀한 은총입니다. 그러므로 언어를 적절하게 표현하고 사용할 수 있는 것은 놀라운 행복입니다. 하지만 언어는 다른 것과 마찬가지로 주님께 드려지고 통제되어야 합니다. 주님의 인도 속에서, 영혼의 감동 속에서 흘러나오지 않는 언어는 많은 경우 해로운 것이 됩니다. 또한 악한 영의 통로가 될 수 있습니다.
나는 하지 않아도 될 말 때문에 많은 고통의 대가를 지불하는 이들을 많이 보았습니다. 수많은 고생과 수고가 한 마디의 말로 인하여 수포가 되고 오히려 욕이 된 이들을 많이 보았습니다. 언어를 적절하게 통제하는 것은 그만큼 중요한 것입니다.

수다를 통해서 기분을 푸는 것은 해롭지 않은 것 같지만 그렇지 않습니다. 마음속에 생기는 불만과 상함과 억울함은 대부분 악한 영들의 활동으로 인한 것이며 그 악한 기운이 자신의 안에 들어왔기 때문에 속이 좋지 않은 것입니다.
단순히 그와 같은 것들을 밖으로 언어를 통하여 내보내는 것으로 해결하려 하는 것은 지혜로운 것이 아닙니다.
자기의 속에 있는 쓰레기들을 배출하는 과정에서 더러운 영, 주를 거스르는 영, 원망하는 기운, 판단하는 영, 고집과 이기심의 영 등 다양한 악한 기운이 흘러나가게 됩니다.
그것은 상대방에게도 해를 끼치고 자신도 자신의 입으로 고백하고 시인하는 말을 통해서 그 영들에게 사로잡히게 됩니다. 그것은 방에 가득한 쓰레기를 거실에 버린다고 해도 집이 더러운 것은 마찬가지인 것과 같습니다.

충동적으로 말을 쏟아내고 싶을 때 그 영을 분별해야 합니다. 실컷 이야기하면 좋을 것 같지만 오히려 후유증이 만만치 않은 경우가 많이 있습니다.

말을 하고 싶고 억울한 느낌이 들 때 조용히 주님께 나아가서 자신이 깨달아야 할 것이 무엇이냐고 묻는 것이 더 효과적으로 우리의 심령을 치유하고 회복할 수 있습니다.

좋지 않은 습관을 바꾸지 않으면 그것은 일시적으로는 편안함을 줄지 모르지만 계속 그것을 반복하게 됩니다. 그것은 본능적인 삶이며 성장하기가 어려운 삶입니다.

습관적으로 입이 움직이지 않도록 우리는 우리의 입을 주님께 맡겨야 합니다. 그렇지 않으면 우리는 기도 중에, 예배 중에 얻은 귀한 주님의 임재와 은총을 유지할 수 없습니다. 그것은 금고에 자물쇠가 달려있지 않아서 쉽게 보화를 잃어버리는 것과 같습니다.

주님께 통제되지 않고 쉽게 충동적으로 말을 하는 이들은 항상 영혼이 비고 허전하게 됩니다. 그들은 보화를 간직할 수 없습니다. 언어에는 항상 영이 흐르기 때문에 그들이 모처럼 주님의 풍성한 은총을 경험했다고 하더라도 말을 하는 중에 그 기운은 다 빠져나가게 됩니다.

그러므로 이들은 아무리 많이 기도를 해도 영이 잘 성장하지 못합니다. 먹은 이상으로 활동하는 사람은 살이 찔 수가 없는 것입니다.

많은 수다로 인하여 허전하기 때문에 그 비워진 허전함을 채우기 위해서 그들은 다시 수다에 빠집니다. 그렇게 악순환이 반복되는 것입니다.

수다의 영을 대적해야 합니다. 지나친 수다의 충동을 대적해야 합니다. 그것이 영혼의 충만함을 위해서 필요하고 중요합니다.

억울하고 답답해서 무엇인가 누구에겐가 마구 떠들고 싶을 때 조용히 그 영을 대적하고 쫓아내십시오.
당신은 이상하게 갑자기 마음이 편안해지고 차분해지는 것을 느끼게 될 것입니다. 말하게 하는 영이 빠져나가면 그러한 현상이 나타나게 됩니다.
사람과 많이 대화를 나누는 것보다 주님과 충분히 대화를 나누십시오. 당신의 마음을 주님께 쏟으십시오.
당신의 영혼은 평화로워지고 만족스럽게 될 것이며 구태여 사람들에게 당신의 속마음을 일일이 이야기하지 않아도 될 것입니다. 그렇게 하지 않아도 충분히, 충분히 마음이 즐겁고 행복하기 때문입니다.

43. 취미, 기호, 습관에 주의하십시오

누구나 자기만의 기호가 있습니다. 성향과 기질에 따라 즐기는 취미가 있습니다. 적당하다면 그것은 나쁘지 않습니다.
그러나 정도가 지나치며 자신이 그것을 통제할 수 없다면 그것은 묶임입니다. 그것은 자신이 취미생활을 하는 것이 아니라 하나의 영에 잡혀 있는 것입니다. 그러므로 그것을 대적해야 합니다. 그 취미에 몰두하게 하는 영을 불러내어서 결박해야 하며 쫓아내야 합니다.

나는 예전에 바둑을 좋아했었습니다. 그런데 나중에 보니 바둑으로 인해 지나치게 마음과 시간을 빼앗기는 것을 알게 되었습니다. 그래서 그만두려고 마음을 먹었는데 그것이 쉽지 않았습니다. 가지 말아야지.. 하면서도 나도 모르게 기원에 가는 것을 느끼게 되었습니다. 청년 시절의 이야기입니다. 그래서 나는 대적하는 기도를 했습니다. 바둑의 배후에 있는 영들을 결박하였습니다. 그리고 주님이 이 부분에 있어서 나의 주인이시며 왕이시라고 고백하였습니다. 그러자 나는 바둑에 대한 몰두에서 벗어날 수 있었습니다. 바둑에 관한 영이 나갔기 때문입니다.

사람이 무엇에든지 미치고 빠지는 것은 그 영이 역사하기 때문입니다. 그것은 영의 문제이기 때문에 의지와 결단만으로는 벗어나기 어렵습니다. 그 영을 주의 이름으로 결박해야 합니다.
아예 접촉하는 자체가 나쁜 것이 있고 적당하게 하는 것은 나쁘지 않은 것도 있습니다. 중요한 것은 자신이 그것을 통제할 수 있는가의 여부입니다. 자신이 그만해야겠다고 마음을 먹고 있음에도 불구하고 그것이 어렵다면 그것은 곤란합니다. 그것은 묶여있는 것입니다. 그러므로 그러한 것에서는 벗어나야 합니다.

컴퓨터 게임과 같은 것도 영적으로 좋지 않다고 나는 생각합니다. 그러나 어떤 이들에게는 그것이 너무 엄한지도 모릅니다. 만약 통제할 수 있고 절제할 수 있다면 가벼운 게임은 어떨지 모르겠습니다.

술이나 담배, 음란한 그림 등에 접하는 것은 절대로 해서는 안 됩니다. 그것은 조금도 접하지 않는 것이 좋습니다. 그것에는 악하고 나쁜 영이 개입되어 있기 때문에 접하는 만큼 나쁩니다. 음란한 그림이나 동영상에서는 파괴적인 힘이 나옵니다. 술은 사람을 마취시켜서 동물로 만듭니다. 담배의 연기는 건강에도 나쁘지만 귀신들은 담배에서 나오는 연기를 좋아합니다. 그것은 영혼을 혼미하게 만듭니다.

이러한 것에 접촉하면서 거기에서 자유로울 수 있는 사람은 없습니다. 어떤 이들은 술을 조금만 마시면 약이라고 말합니다. 하지만 그 말은 사실이 아닙니다. 술은 약이 아니며 조금에서 끝내는 것도 쉬운 일이 아닙니다. 어떤 이들은 담배도 조금만 피우면 상관없다고 말합니다. 그러나 담배는 마약과 별로 다를 것이 없습니다.

어떤 신자가 있었습니다. 그는 대강이기는 하지만 일단 교회에 다니고 있었고 집사였습니다. 그런데 그는 담배를 끊지 못했고 아내는 항상 그에게 믿는 사람이 어떻게 담배를 피우느냐고 어서 담배를 끊으라고 권했습니다.

그는 아내에게 대답했습니다. 나는 담배를 조금 피우기는 하지만 그래도 주님을 사랑하며 주님을 믿는다고.. 그러자 아내는 말했습니다. 당신의 주님은 예수님이 아니라 담배라고, 당신은 담배의 종이며 담배에게 엎드려서 경배를 하고 있는 거라고..
하지만 그는 코웃음을 쳤습니다.

며칠 후에 그가 집에 혼자 있을 때 갑자기 담배 생각이 났습니다. 그런데 마침 집에는 담배를 한 개도 찾을 수가 없었습니다.
밖으로 나가서 담배를 사오는 것은 불편했습니다. 늦은 시간이었고 가게도 조금 떨어져 있었습니다.
그는 어딘가 담배꽁초가 있을 것이라고 생각하고 찾기 시작했습니다. 하지만 한 개도 찾을 수 없었습니다. 그는 포기하지 않고 더욱 열심히 찾았습니다. 그러나 여전히 찾을 수 없었습니다.

그는 혹시 장롱의 밑 부분에 담배가 끼어 들어가지 않았을까 싶어서 엎드려서 무릎을 꿇고 장롱의 밑을 샅샅이 찾아보기 시작했습니다. 그런데 그 순간 갑자기 그는 정신이 들었습니다.
장롱 밑에 얼굴을 넣고 무릎을 꿇고 엎드려서 담배를 찾고 있는 자신의 모습.. 그것은 정말 담배에게 경배를 하고 있는 모습이었으며 자신의 주인이 예수님이 아니라 담배인 것을 고백하는 것이나 마찬가지였던 것입니다.
그는 몹시 충격을 받고 무릎 꿇고 엎드린 그 자세 그대로 울면서 주님께 회개를 하였습니다. 그리고 담배를 끊게 되었습니다.

취미와 기호 가운데는 이처럼 배후의 영적 존재가 있으며 그것은 의지를 억압하기 때문에 자유롭게 그것들을 즐기는 것이 쉽지 않습니다. 자신은 그것을 즐긴다고 생각하지만 사실은 노예상태에 있는 경우가 훨씬 더 많습니다. 그러므로 우리는 자신의 상태를 잘 분별해야 합니다.
취미와 기호뿐이 아니라 싫어하면서도 계속 반복하게 되는 악한 습관들, 그러한 것의 배후에는 악령의 역사가 있습니다. 그것은 바로가 이스라엘 백성을 부리듯이 사람을 노예처럼 부리는 것입니다.
그러한 습관을 대적해야 합니다. 우리의 자유를 찾기 위하여 기호든, 취미든, 습관이든 우리의 의지와 자유를 억압하는 것은 다 대적하고 쫓아내야 합니다.

오래된 악습을 버리는 것은 쉬운 일은 아닙니다. 그 영들이 우리의 안에서 살고 있기 때문입니다.
그래서 대적기도를 하고 나면 그것을 하고 싶은 마음이 일시적으로는 사라지지만 조금 있으면 다시 그 마음이 일어나게 됩니다. 그러므로 악습을 제거하는 대적기도는 반복하여 지속적으로 해야 합니다. 그것은 만성병이 일시적인 병보다 치유가 어려운 것과 같습니다. 하지만 의지가 분명하고 꾸준히 대적기도를 하면 그것들은 점점 힘을 잃어가며 언젠가는 사라지게 됩니다.

그러한 악한 취미나 습관들이 일시적으로는 어떤 위안이 되기도 하고 즐거움이 되기도 합니다. 그래서 사람들은 힘들고 어려울 때에 그러한 것으로 도피처를 삼게 되고 그 과정에서 그 영들은 우리 안에 집을 짓는 것입니다.
그러나 그것들은 근원적으로 당신의 영혼을 해롭게 하는 것임을 기억해야 합니다. 오직 주님과 그의 임재만이 사람들에게 진정한 힘과 위로와 안식이 되기 때문입니다.

진정 우리를 아름답고 행복하고 풍성하게 하는 것은 기도의 취미이며 예배의 습관입니다. 주를 바라보고 주를 얻으며 그 임재 안에 사로잡히는 것입니다. 그것이야말로 진정한 만족을 주며 진정한 자유함의 세계로 우리를 이끌게 됩니다.

부디 당신을 부자유하게 하는 모든 취미, 기호, 습관을 대적하십시오. 주의 이름으로 대적할 때 그들은 사라지게 되며 당신은 그 비워진 공간에 주님의 풍성함을 채워놓을 수 있습니다. 그리하여 더 깊고 아름다운 주님의 사람이 될 수 있는 것입니다. 할렐루야.

44. 고집의 영을 대적하십시오

고집의 영이 있습니다. 이것은 쓸데없이 고집을 부리는 영입니다. 오기라고 할 수도 있지요.
자신이 잘못된 것을 알면서도 이상하게 속에서 고집이 일어납니다. 화를 내고 자기 방어를 합니다. 자신의 잘못과 실수를 인정하지 않습니다.
포기해야할 상황인데도 억지로 고집을 부려서 어려움을 자초하기도 합니다. 자신뿐만 아니라 다른 사람들까지도 힘들게 하는 것입니다.
다른 문제와 마찬가지로 이것은 성격인 것 같지만 속에서 고집을 부리는 영이 장난을 치고 있는 것입니다.

속에서 이러한 고집과 오기의 기운이 움직일 때 우리는 이것을 대적해야 합니다. "고집의 영들아. 내가 주의 이름으로 명한다. 잠잠해져라." 하고 명령해야 합니다.
또한 다른 사람들이 이처럼 고집을 부리고 있다면 우리는 조용히 그들의 안에서 역사하고 있는 영들을 결박해야 합니다. 그러면 그 영들은 잠잠해지게 됩니다.
그 정체를 분명하게 깨닫고 명령하면 그 영들은 잠잠해집니다. 그리고 곧 유순한 마음이 됩니다. 그리하여 고집을 부리지 않고 쉽게 포기하게 되며 자연스럽게 자신을 반성하고 돌이키게 됩니다.
영의 역사는 다 자연스러운 것입니다. 오기나 고집과 같은 것은 다 육적인 것이며 영을 제한하고 방해하는 것입니다.

흐름이 좋지 않을 때는 그 흐름을 벗어나야 합니다. 억지와 고집으로 계속 그 길을 가겠다고 주장해서는 안 됩니다.

우리는 실수할 수 있지만 실수를 한 후에는 곧 그것을 시인해야 합니다. 반성하고 교훈을 얻으며 새로운 길을 찾아야 합니다. 그것이 유연한 자세입니다.

체면 때문에 고집을 부려서는 안 됩니다. 무조건 한 번 시작했다고 끝장을 봐야만 하는 것도 좋은 태도가 아닙니다.

무조건 고집을 부리는 것은 어린아이와 같은 태도이며 성숙하지 못한 것입니다. 그러한 행동은 악한 영들에게 틈을 주어 더 많은 묶임과 실패를 경험하게 합니다.

고집의 영을 대적하고 쫓아냄으로써 자연스럽고 편안한 사람이 되십시오. 무엇을 열심히 추진하되 그것이 틀렸을 경우에는 즉시로 그것을 버리십시오. 물처럼 바람처럼 어느 것에 지나치게 매이지 말고 자연스러운 사람이 되십시오.

깨닫기만 하면 우리는 쉽게 이 영들에게서 놓여날 수 있으며 융통성 있고 성숙한 영혼으로 성장할 수 있게 될 것입니다.

45. 거스르는 영을 대적하십시오

거스르는 것은 마귀가 가지고 있는 기본적인 특성입니다. 그것은 마귀가 타락을 할 때 하나님을 대적하고 그의 권위를 거슬렀기 때문입니다. 그러므로 악한 영이 사람의 안에 들어올 때 이 거스름의 특성은 흔하게 나타납니다. 이들은 모든 권위에 대하여 대적하고 분노합니다. 이 영을 가지고 있는 이들은 힘이 없어서 표면적으로는 잠잠하게 있다 할지라도 마음속에는 항상 권위에 대한 부정과 반항이 있습니다. 이것은 그 사람이 아니라 그 사람의 안에서 역사하는 영입니다. 성경은 이와 같이 사람 안에서 악한 영들이 역사하고 있음을 분명하게 언급합니다.

"그 때에 너희가 그 가운데서 행하여 이 세상 풍속을 좇고 공중의 권세 잡은 자를 따랐으니 곧 지금 불순종의 아들들 가운데서 역사하는 영이라 전에는 우리도 다 그 가운데서 우리 육체의 욕심을 따라 지내며 육체와 마음의 원하는 것을 하여 다른 이들과 같이 본질상 진노의 자녀이었더니" (엡2:2-3)

공중의 권세를 잡은 자들은 악령입니다. 그리고 그 영들은 불순종하는 사람들의 안에서 움직이고 역사합니다. 그러한 불순종의 대표적인 것이 거스르고 대적하는 영입니다. 이들은 권위를 거스르고 반항합니다. 이들은 순복을 싫어하고 순종을 싫어하며 권위자를 대적합니다. 이들은 교사이든 목회자이든 정치적인 지도자이든 모든 권위에 대해서 거스르고 분노합니다. 그리하여 질서를 무너뜨리고 파괴하고 싶어합니다. 이들은 자기의 안에서 움직이는 그 기운이 자신인줄 알겠지만 그것들은 지옥의 영이며 지옥의 기운입니다.
그 영들을 발견하고 깨닫고 대적할 때 비로소 사람들은 이 독한 기운에서 벗어나게 됩니다.

이러한 거스르는 영들은 어렸을 때에 들어오는 것이 보통입니다. 부모가 바른 권위를 가지지 않고 자녀를 사랑하지 않으며 억압과 지배를 행할 때 자녀들에게 이 거스르는 영이 들어옵니다. 자녀를 사랑하지 않고 억압하는 것도 잘못이며 또한 자녀에게 바른 권위를 보여주지 않고 그저 친구처럼 지내는 것도 잘못입니다. 그렇게 할 때 권위를 존중하지 않거나 권위를 대적하는 거스르는 영이 들어올 수 있습니다. 이 영을 가지고 있는 이들은 평생을 고생하게 됩니다. 그것은 그들이 가지고 있는 영이 파괴의 영이기 때문입니다.
그래서 이들은 겪을 필요가 없는 고난을 많이 겪게 됩니다. 이들에게는 항상 지옥의 영들이 따라다니기 때문에 이상하게 자꾸 나쁜 일이 생기고 남들이 하지 않는 고생의 길이 열리게 됩니다. 그것은 거스르는 영들이 고난의 길을 끌어당기기 때문입니다.

이 영에게서 벗어나기 위하여 반드시 알아야 할 것은 이 영과 기운이 지옥으로부터 온 것이며 자신의 마음과 생각이 아니라는 것을 깨닫는 것입니다. 그것을 자기의 성향이라고 생각하는 이들은 자유함을 얻을 수 없습니다.
이 영들은 지도자가 얼마나 잘못하는지를 보여줍니다. 날카롭고 놀라운 논리로 그들을 대적하고 거슬러야 한다는 생각을 넣어줍니다. 그것들은 다 옳은 것 같지만 그들의 마음에는 결코 평화가 오지 않습니다. 불안하고 적개심으로 가득 차게 되며 마음이 허무해지고 삶에 기쁨이 없습니다. 오직 비뚤어진 마음과 생각이 계속적으로 들어올 뿐입니다. 권위자를 거스르고 대적하는 이들은 결코 삶의 기쁨과 행복을 알지 못합니다. 그들은 빛과 진리와 너무나 멀리 있습니다.

모든 권위자의 잘못에 대해서 무조건 순복하고 용납하는 것이 좋다는 의미가 아닙니다. 다만 권위자를 세우시는 것과 심판하시는 것은 주님께 속한 것이며 우리는 주님의 인도하심과 허락을 받아서 모든 것을 해야 하는 것입니다. 거스르는 기운은 주님으로부터 오지 않습니다. 주님으로부터 그러한 개혁의 영을 받은 이들은 천국의 영이 가지고 있는 특성을 가지게 됩니다. 지혜와 사랑과 아름다움과 영적 풍성함 등의 열매를 가지게 되는 것입니다.

오늘날 많은 이들이 거스름의 영을 가지고 있습니다. 그리고 이로 인하여 삶에서 많은 재난과 어려움을 겪습니다. 자유와 풍성함을 위해서 이 거스름의 영은 반드시 소멸되어야 합니다.
당신의 안에 있는 거스름의 영을 발견하고 제거해야 합니다. 그래야만 당신은 천국의 기쁨을 발견할 수 있을 것입니다.
어떤 아내들은 항상 남편의 욕을 하며 자녀들에게 남편의 잘못에 대해서 이야기합니다. 그것이 바로 거스름의 영입니다. 그러한 이들은 자신의 삶도 파괴하면서 동시에 자녀들의 삶도 파괴하는 것입니다.
부모에 대한 존경을 알지 못하고 비난을 배우는 자녀들은 결코 삶의 과정에 형통함이 오지 않습니다. 그것은 거스름의 기운을 통하여 악령들이 따라다니게 되기 때문입니다.
아내들은 남편에 속한 것은 기도함으로 주님께 맡겨야 합니다. 자신이 심판자가 되어 비난을 하는 것은 악한 영에게 잡히는 일입니다.
어떤 이들은 부모에 대한 비난을 공공연히 합니다. 그것이 거스르는 영입니다. 그들은 많은 고생을 하게 됩니다.
목회자에 대하여 비난하는 성도들도 많습니다. 그들도 자신의 삶에 재앙을 끌어들입니다. 특별히 영적인 영역에서 어려움을 겪게 됩니다. 자녀들 앞에서 목회자가 잘못하는 것을 서슴지 않고 말하는 부모들도 있는데 그러한 태도도 자녀들의 삶을 파괴합니다. 듣는 자녀들에게 신앙적인 부분에 대한 거스름의 영이 들어가기 때문입니다.
정치 지도자에 대한 비난도 결코 좋은 것이 아닙니다. 우리는 바른 영을 가지고 기도해야 하며 세상 사람들이 하듯이 함부로 비방을 해서는 안 됩니다. 그것은 지옥의 영들이 좋아하는 것입니다.
가르치는 교사들을 존경하지 않고 반항하고 비난하며 거스르는 학생들도 미래가 없습니다. 그들의 영혼은 아름답게 성장할 수 없습니다. 그러한 것도 지옥의 영들이 임하는 통로가 됩니다.

우리는 거스름의 영들을 발견해야 합니다. 그리고 주의 이름으로 대적하여 쫓아내야 합니다. 거스름의 영을 가지고 있는 이들은 아무리 많은 시간을 기도한다고 해도 주님께 가까이 나아갈 수 없습니다. 거스름의 영은 천국의 영과 반대가 되기 때문입니다.
거스름의 영을 가지고 있는 이들은 표면적으로는 부모를 거스르며 영적 지도자를 거스르며 정치지도자를 거스르며 스승을 거스르지만 실제로 그들은 그러한 지도자를 세우신 주님을 거스르는 것이며 결국은 천국을 대적하고 거스르는 것입니다. 하나님과 천국을 거스르는 것이 지옥과 마귀의 일이기 때문에 그들은 결국 마귀와 지옥에 속한 자가 됩니다. 그러므로 이 영을 버리지 않는 한 그들은 천국과 주님과 아주 멀리 떨어진 자가 될 수밖에 없는 것입니다.

오늘날 이 세상은 거스름의 영으로 가득합니다. 어디에 가든지 지도자를 욕하고 거스르고 대적하는 이들을 볼 수 있습니다.

그들은 순종하는 이들을 어리석고 덜떨어진 자로 여기며 거스르고 대적하는 사람들이 똑똑하고 유능한 자들이라고 생각합니다. 받으면서도 감사할 줄 모르며 윗사람에게 감사하는 것보다 투쟁하고 싸워서 이익을 얻으려고 합니다. 그것이 이 세상의 흐름입니다.

그러나 그러한 자들의 말로는 결코 행복하지 않을 것입니다.

그들에게는 결코 천국의 은총이 오지 않습니다. 그들은 교만함과 강퍅함에 빠져서 점점 더 완악해질 뿐입니다. 거스름의 삶은 멸망으로 가는 길이며 결코 은총의 길로 가는 길이 아닙니다.

부디 이 사악한 영을 대적하십시오. 이 지옥의 영을 몰아내십시오.

거스름이 당신의 안에서 소멸되게 하십시오.

그 때 비로소 천국의 영이 임하게 됩니다. 어린아이같이 순결하고 순수하며 아름다운 영이 오게 됩니다. 그리하여 우리는 천국의 순결함과 아름다움과 기쁨을 누릴 수 있게 되는 것입니다.

나는 쉽게 은혜가 임하는 사람을 부러워하며 좋겠다고 말하는 이들을 많이 보았습니다. 그러한 이들이 자신이 가지고 있는 거스름의 영들을 발견하고 처리할 수 있다면 그들도 쉽게 천국의 은총을 경험할 수 있음을 알게 될 것입니다. 부디 거스름의 영을 발견하고 대적하십시오. 당신의 안에 그 영이 발을 붙이지 못하게 하십시오.

그것은 아름다운 은총의 시작입니다. 평화로운 삶의 시작입니다.

순복과 겸손함과 사모함을 통하여 당신은 그 천국의 풍성한 실상을 경험하고 맛볼 수 있게 될 것입니다. 할렐루야.

46. 폭력과 파괴의 영을 대적하십시오

폭력과 파괴는 사람으로부터 나오는 것이 아닙니다. 이것 역시 사람의 안에 자리를 잡고 있는 악한 영들로부터 오는 것입니다.
폭력과 파괴의 영에 잡힐 때 사람은 다른 사람에게 폭력을 행사하거나 물건을 파괴하는 등의 행동을 하게 됩니다.
분노의 영을 많이 가지고 있는 이들이 폭력과 파괴의 영을 함께 가지고 있을 때 그는 분노를 폭력으로써 표현하게 됩니다.
이것은 폭발성이 강한 영입니다. 이 영에 잡혀 있는 사람은 흥분하는 순간 자신을 통제할 수 없으며 폭력과 파괴를 행사하게 됩니다.

어떤 이들은 이 폭력의 영을 촉발시키는 영을 가지고 있습니다. 그래서 사람을 비난하거나 비웃거나 흥분시켜서 폭력의 영이 바깥에 나오도록 환경을 조성합니다. 이러한 사람들은 폭력의 피해자가 됩니다.
폭력을 촉발시키는 영을 가지고 있는 사람이나 실제로 폭력을 사용하는 사람이나 악한 영의 도구인 것은 마찬가지입니다. 그러나 일단 폭력을 표현한 사람이 죄명을 뒤집어쓰게 됩니다. 그러므로 이렇게 서로 극단적으로 맞지 않는 사람들은 서로 가까이 하지 않는 것이 좋습니다. 그들은 서로에게 피해가 되기 때문입니다.

비난과 정죄의 영을 가지고 있는 사람들은 다른 사람들을 다 나쁘게 보며 잘못한 점만 보기 때문에 이러한 사람이 폭력의 영을 가지고 있는 사람의 곁에 있으면 그 사람의 안에 있는 폭력의 영을 촉발시키게 됩니다. 폭력의 영을 가지고 있는 이들은 비난을 받으면 흥분하기 때문입니다. 그러므로 그들은 같이 있는 것이 좋지 않습니다.

폭력의 영을 가지고 있는 사람이 온유한 영을 가지고 있는 사람의 곁에 있으면 그의 악성은 표출되지 않을 것입니다. 또한 비난의 영을 가지고 있는 사람이 관용과 긍휼의 영을 가지고 있는 사람의 곁에 있다면 그의 비난도 줄어들 것입니다. 이처럼 사람은 상대적으로 자신과 반대되는 영을 가진 사람의 옆에 있을 때 충돌을 피할 수 있는 것입니다.

폭력의 영은 지옥의 영입니다. 모든 파괴는 지옥에서 오는 것입니다. 아무도 제 정신인 상태에서는 사람을 때리거나 폭력을 사용할 수 없습니다. 악한 영에 사로잡힌 상태에서 비로소 사람을 때리고 파괴하려고 할 수 있는 것입니다.

악령에 사로잡힌 상태에서 사람은 극도로 흥분하고 힘이 강해집니다. 그래서 강력한 힘으로 파괴를 하게 됩니다. 하지만 악한 영들이 그 사람의 속으로 숨고 나면 그는 그 후유증으로 앓게 됩니다. 나중에 폭발하고 폭력을 사용한 것에 대해서 후회도 많이 하게 됩니다.

다른 영과 마찬가지로 이 폭발하는 영이 자기 자신이라고 믿는다면 그는 자유롭게 될 수 없습니다. 그는 자신을 비난하고 절망하며 자책에 빠지게 될 것입니다.

그러나 그 영이 자신이 아니라 자신 안에 살고 있는 악한 영이며 그들의 정체를 발견하고 대적하여 자신으로부터 쫓아내야 한다는 사실을 발견한다면 그는 비로소 변화될 수 있습니다.

자신에게 문제가 없다고 생각한다면 그 역시 변화될 수 없습니다. 변화가 불가능한 사람은 항상 자신의 행위를 합리화하는 사람입니다. 이러한 사람과는 대화가 불가능하며 가까이 하지 않는 것이 좋습니다. 남을 비난하거나 화를 내며 반성하지 않는 사람은 그들이 아무리 외롭다고 하더라도 혼자 내버려두는 것이 좋습니다. 그들은 변화되지 않기 때문입니다.

나는 사소한 문제로 시비가 붙어서 그것이 큰 싸움이 되는 것을 많이 보았습니다. 주차 문제로 이웃 사람들끼리 온갖 욕설을 퍼붓다가 나중에 치고받으며 싸우는 것을 많이 보았습니다. 그러한 것은 그들이 폭력과 파괴의 영을 가지고 있기 때문입니다. 그들은 자신이 악한 영들의 노예가 된 것은 꿈에도 상상하지 못하고 오직 흥분하고 화가 나서 상대방을 욕하며 세상을 욕할 것입니다. 하지만 그것은 속고 있는 것입니다.

천국에서는 구타와 비난은 생각할 수도 없습니다. 그곳은 서로 세워주고 축복하는 곳이기 때문입니다. 비난과 공격은 지옥에서만 가능한 것입니다. 그러므로 폭력의 기운과 그 힘은 지옥에서 오는 것입니다. 이 폭력의 영을 쫓아내지 않은 사람은 결국 지옥의 통로가 됩니다. 왜냐하면 이 폭력의 영도 전염성이 많아서 폭력을 당한 이들에게 전이될 수 있기 때문입니다.

사람은 억울한 매를 맞을 때 악한 영들이 침입하는 것이 보통입니다. 아주 심하게 맞아서 맞을 때의 충격으로 정신이상이 된 사람도 드물게 있지만 그러나 그렇게 심한 구타가 아니고 구타의 결과 눈에 띄는 증상이 나타나지 않는다고 하더라도 사람은 매를 맞을 때 여러 종류의 악한 귀신들이 들어오는 것이 보통입니다.

폭력을 통해서 들어오는 영들은 대체로 세 가지 정도입니다.
첫째는 두려움이나 공포의 영입니다.
뚜렷한 이유 없이 매를 맞고 자란 사람은 작은 일에도 두려움이나 불안, 공포에 잡히게 됩니다.
둘째는 자학의 영입니다.
매를 맞고 자란 사람은 자신은 가치 없는 존재라는 인식을 가지게 됩니다. 자기 스스로를 싫어하고 미워합니다. 매사에 자신감이 없고 삶의 행복이나 의미를 잘 느끼지 못하게 됩니다.
셋째는 같은 종류의 영이 들어옵니다. 분노와 증오, 폭력의 영을 가지게 되는 것입니다. 그래서 그들도 자녀들이나 다른 사람에게 폭력을 행사하게 됩니다.

그러므로 억울한 대접을 많이 받거나 맞고 자란 사람들은 그 상황으로 돌아가서 그 때에 들어온 영들을 내보내야 합니다.
두려움의 영, 자학의 영, 분노, 폭력의 영을 내보내야 합니다.
그리고 때린 사람을 불쌍하게 여기며 그들도 무지한 가운데서 지옥의 통로가 된 것을 이해하고 용서해야 합니다.
만일 용서하지 않는다면 그도 이 폭력과 파괴의 영에 잡혀서 남에게 고통과 상처를 주는 도구가 될 수밖에 없는 것입니다.
그것은 악순환입니다.

그러므로 이 영에 잡혀 있는 이들은 할 수 있는 한 빨리 자신에게 아픔을 주었던 이들을 용서해야 합니다. 그렇게 용서를 선포한 후에 이 폭력의 영을 결박하고 대적해야 합니다.
당신이 폭력으로 인하여 충격을 받은 경험이 있다면 당신은 그 충격을 치유해야 합니다. 그 당시로 돌아가서 그 때 들어온 충격을 제거해야 합니다. 그 영들을 결박하고 대적하여 당신의 안에서 내보내야 합니다. 그리고 그 당시의 그 순간에 주님의 영을 초청해야 합니다.

한 번 들어온 영은 나중에 그들을 내보내지 않으면 그때로부터 시작하여 계속 그 사람의 안에 거주하고 있는 것이 보통입니다. 그러므로 그 영들을 대적하여 내보내야 합니다. 그 영들이 다 사라진다면 마음이 시원해지고 후련해질 것입니다. 그리고 나중에 그 고통의 순간을 생각해도 별로 속이 상하거나 고통스럽지 않게 느끼게 됩니다.

당신의 안에 폭력에 대한 성향이 있다면 당신은 그 영을 계속 대적해야 합니다. 그것은 파괴적인 것이고 악한 것이기 때문에 그것을 내버려두어서는 안 됩니다. 그것은 주님의 임재를 방해하며 영혼이 성장하는 데도 장애가 되기 때문입니다.

충분히 대적기도를 하면 폭력의 영이 사라지게 되며 점차로 그 충동에서 벗어나게 됩니다. 폭력 대신에 사랑하고 싶고 돕고 싶고 섬기고 축복하고 싶은 마음이 자꾸 일어나게 됩니다.

이 폭력의 영으로부터 오랜 시간 고통을 겪은 사람이라면 이 영들에게서 벗어날 때 놀라운 감격을 누리게 될 것입니다.

누군가가 당신을 화나게 합니다. 당신이 화가 나야할 상황이 됩니다. 그러나 이제 당신은 그것을 다스릴 수 있습니다. 그 상황에서 이상하게도 마음의 평화를 경험하며 기도함으로 그 상황을 지혜스럽게 넘길 수 있습니다.

처음으로 이러한 경험을 하게 되면 그는 정말 자신이 변화되었으며 악한 영들의 노예상태에서 벗어난 것을 실감할 수 있게 될 것입니다. 그것은 정말 아름답고 놀라운 일입니다.

당신이 폭력과 파괴의 영을 가지고 있다면 그것을 그대로 넘어가지 마십시오.

자유를 소원하십시오. 그 영에서 벗어나는 것을 사모해야 합니다. 진정 원하고 구한다면 당신은 해방될 수 있습니다.

천국에 가기를 원한다면 천국에 가는 데에 방해가 되는 영들은 모두 다 바깥으로 내보내야 합니다.

그렇게 날마다 지옥의 요소를 소멸시킬 때 우리는 좀 더 천국에 가까운 천국의 사람이 되어갈 수 있는 것입니다.

47. 혼미케 하는 영을 대적하십시오

고린도후서 4장 3,4절에는 놀라운 말씀이 있습니다.
"만일 우리 복음이 가리웠으면 망하는 자들에게 가리운 것이라
그 중에 이 세상 신이 믿지 아니하는 자들의 마음을 혼미케 하여
그리스도의 영광의 복음의 광채가 비취지 못하게 함이니
그리스도는 하나님의 형상이니라"

복음은 놀라운 것입니다. 그것은 아름답고 위대한 은총입니다.
거기에는 하나님의 사랑이 담겨있습니다.
그리고 복음이란 쉬운 것이며 하나도 복잡하고 어려운 것이 아닙니다.
하지만 놀라운 것은 많은 이들이 복음을 이해하지 못하며 받아들이지 않고 있다는 것입니다.
도대체 그 이유는 무엇일까요?
본문은 명백하게 그 이유를 제시하고 있습니다. 그것은 이 세상 신, 즉 마귀가 사람의 마음을 혼미케 하여 복음의 빛을 깨닫지 못하게 한다는 것입니다. 바로 그것이 문제입니다.

진리를 깨닫는 것을 방해하는 영이 있습니다. 그것이 바로 혼미한 영입니다. 이 혼미한 영에 잡혀 있는 이들이 아주 많이 있습니다.
이러한 이들은 아무리 좋은 집회에 가도 소용이 없습니다. 그들은 변화되지 않습니다. 아무리 좋은 책을 읽어도 소용이 없습니다. 그들은 변

화되지 않습니다.

그들이 어떤 것을 읽고 그것이 좋다고 느낀다고 하더라도 그들은 변화되지 않습니다. 왜냐하면 그들은 그러한 지식을 자신에게 적용하지 않으며 오직 다른 사람들에게만 적용하기 때문입니다.

그들은 그렇게 얻은 지식을 가지고 자신을 자랑하며 다른 이들에게 가르치고 싶어 합니다.

그리고 다른 이들이 그것을 모른다고 비난합니다.

그들은 지식을 자신이 스스로 깨달은 양 자랑하며 아주 오래 전부터 자신은 그것을 알고 있었던 듯이 남들에게 가르칩니다. 하지만 그들 자신은 변화되지 않습니다.

이러한 사람들은 성경을 읽어도 변화되지 않습니다. 그들은 지식을 얻기 위해서 성경을 읽으며 오직 남을 가르치기 위해서 성경을 읽기 때문입니다.

이들도 성경을 읽을 때 지식을 많이 가지고 있는 바리새인과 서기관이 주님께 꾸짖음을 들은 내용이 있는 것을 알고 있습니다.

그러나 이러한 이들은 그러한 바리새인과 서기관을 욕할 뿐이며 자신은 전혀 그러한 사람들과 상관이 없다고 생각합니다. 이들은 오직 다른 이들을 반성시킬 뿐이며 자신에 대해서 반성하지 않기 때문입니다.

그러므로 이들은 좋은 가르침에 접하여도 변화되지 않습니다. 이들은 근본적으로 교만한 이들입니다. 그러므로 혼미한 영에게 잡혀서 자신을 보지 못합니다.

이들은 남들의 잘못을 비난하지만 자신의 잘못은 보지 못합니다.

바리새인은 기도하면서 세리를 보고 자신은 저렇게 악하고 더러운 세리와 같지 않다고 자랑하면서 기도했습니다. 그의 기도는 전혀 응답이 되지 않았고 하나님께 상달이 될 수 없었습니다. 그러나 그 자신은 그것을 알 수 없었고 그저 자신만만했을 뿐입니다. 이러한 바리새인은 혼미한 영에 사로잡혀 있어서 자신을 전혀 보지 못하고 있는 것입니다. 주님의 심판과 영원한 어두움으로 떨어질 것이 예비되어 있으나 그것을 전혀 알지 못하고 깨닫지 못하는 것.. 그것이 바로 혼미한 영이 역사한 결과입니다.

나는 거드름을 피우면서 온갖 그럴듯한 미사여구로 가득한 길고 긴 식사 기도와 예배 중의 대표 기도를 많이 보았습니다. 그러한 기도는 진실한 기도가 아니며 자기 신앙의 자랑에 지나지 않는 것입니다. 그러한 기도는 혼미한 영으로부터 오는 것이기 때문에 하늘로 올라가지 않습니다. 그러한 기도는 땅으로 떨어집니다.
올바른 기도는 하나님의 임재가 오게 하지만 그러한 기도는 어둡고 혼미한 영으로 그 공간을 채우게 됩니다. 나는 그러한 기도를 많이 보았습니다.

혼미한 영은 마치 기생충과 같은 것입니다. 아무리 좋은 음식을 먹어도 속에서 기생충이 그 영양분을 다 흡수해버리면 그 사람은 영양실조가 될 것입니다.
그처럼 좋은 영적 분위기에 접하고 좋은 책을 읽고 좋은 교제가 있어도 혼미한 영을 가지고 있으면 그 사람은 변화되지 않습니다.
자신의 신앙이 좋다고 여기는 것, 남을 가르치는 것을 좋아하는 것, 자신은 많은 것을 알고 있다고 생각하는 것, 남들이 자기를 알아주지 않는 것을 속상해하는 것, 항상 가르치고 싶어 하지만 가르칠 기회가 없어서 속이 상한 것.. 그러한 것들은 다 혼미한 영에게 속고 있는 것입니다. 그러한 이들은 자신을 보지 못하고 있는 것입니다. 그것은 혼미한 영이 자신을 보지 못하도록 그를 속이고 있기 때문입니다.

이러한 사람들은 주님으로부터 버림을 받으며 천국의 영광에서도 제외됩니다. 깨우침을 통해서 낮은 마음을 가지고 엎드러질 때 그는 비로소 변화될 수 있는 것입니다.

혼미한 영에는 자각 증상이 없습니다. 그래서 그들은 자신의 해골과 같은 영혼의 상태와 모습을 보지 못하고 깨닫지 못하여 고통을 느끼지 못합니다.

그러므로 이들은 변화되는 것이 어렵습니다. 누군가 그들의 영적 상태를 지적하면 그들은 그 사람을 몹시 미워할 것입니다.

이러한 이들은 들어도 듣지 못하며 보아도 보지 못합니다. 그리하여 진리를 깨닫지 못하며 자신의 비참한 영적 상태를 알지 못합니다. 다만 그들의 깊은 속에는 뭔가 불안하며 만족이 되지 않는 느낌이 있습니다. 아직 기회가 있을 때 이들은 깨달아야 합니다. 엎드려야 합니다. 낮고 겸손한 마음을 가져야 하며 이 영들을 발견하여 대적하고 쫓아내야 합니다.

당신은 자신이 혼미한 영을 가지고 있지 않은지 조심스럽게 자신을 돌아보아야 합니다.

당신이 많은 책을 읽으며 많은 집회에 참석하고 많은 기도를 드리며 많은 사모함이 있음에도 불구하고 오랫동안 잘 변화되지 않으며 천국의 사랑과 은총을 충분히 누리지 못하고 있다면 당신은 혼미한 영에 속고 있는 것은 아닌지 자신을 돌아보아야 합니다.

혼미한 영이 없고 방해하는 영이 없다면 누구나 쉽게 은혜에 나아가게 됩니다. 먹은 것을 소화하며 적용하게 되어 영적으로 성장하게 되며 사랑과 기쁨의 열매를 맺게 됩니다. 그리하여 점점 더 깊은 진리로 나아가게 되는 것입니다.

부디 이 영을 밝혀내고 대적하십시오.
당신이 은혜의 자리에 나아가지 못하게 하는 이 혼미함의 영을 꾸짖고 대적하십시오.
이 영은 뇌를 붙잡고 있기 때문에 잘 드러나지 않으며 표출되지 않습니다. 그러므로 대적을 해도 특별한 현상이 나타나지 않습니다.
그러나 지속적으로 이 영을 대적하고 결박하면 뭔가 조금 시원한 느낌이 들기 시작하게 됩니다. 머리가 가벼워지게 됩니다. 그리고 맑은 느낌이 들기 시작됩니다.

이 영이 사라지게 되면 영적인 흡수성이 놀랍게 증가됩니다. 외식하는 마음이 사라지게 되며 어린아이처럼 순수해져서 쉽게 은혜를 받고 쉽게 변화를 경험하게 되는 것입니다.
부디 혼미한 영을 대적하십시오.
당신의 영은 변화되고 성장할 것입니다.
당신의 영은 아름답고 맑아지게 될 것이며 단순하고 순결한 영으로 천국의 은총을 누릴 수 있게 될 것입니다. 할렐루야.

48. 죽음의 영을 대적하십시오

이사야 65장 20절에는 이와 같은 말씀이 있습니다.
"거기는 날 수가 많지 못하여 죽는 유아와 수한이 차지 못한 노인이 다시는 없을 것이라 곧 백세에 죽는 자가 아이겠고 백세 못되어 죽는 자는 저주받은 것이리라"

이 말씀은 천년왕국시대에 대한 언급인 것으로 일반적으로 해석되고 있습니다. 17절의 "보라 내가 새 하늘과 새 땅을 창조하나니 이전 것은 기억되거나 마음에 생각나지 아니할 것이라"는 말씀이나 25절의 "이리와 어린 양이 함께 먹을 것이며" 와 같은 언급은 우리가 살고 있는 지금의 환경과 다르다는 것을 알 수 있습니다.
22절에는 "내 백성의 수한이 나무의 수한과 같겠고" 라는 말씀이 있으므로 천년왕국에 대한 언급이라고 생각하는 것입니다. 만일 천국이라면 그곳은 영원히 사는 곳이기 때문에 수한이 없을 것입니다.

천년왕국에 대하여는 다양한 신학적 의견이 존재하기 때문에 여기에서 자세하게 언급을 하는 것은 적절하지 않을 것입니다. 다만 여기서 주의하고 싶은 것은 20절의 한 부분입니다. "백세에 죽는 자가 아이겠고 백세 못되어 죽는 자는 저주받은 것이리라"
이 말씀이 전달하고 있는 메시지는 간단합니다. 즉 일찍 죽는 것은 저주라는 것입니다. 즉 지금 이 시대는 백세까지 살면 많이 사는 것이지만 그 때가 되면 백세에 죽는 것은 아이의 상태에서 죽는 것이며 그것은 저주받은 것과 같다는 뜻입니다.

특별하게 예외적인 사례가 있을 수는 있을 것입니다. 그러나 일반적으로 빨리 죽는 것은 저주라고 할 수 있습니다.

가룟유다가 자살을 한 후에 제자들은 그를 대신해서 다른 제자를 뽑았습니다. 그 때 베드로가 인용한 성경구절이 시편 69편 25절과 109편 20절입니다.

"시편에 기록하였으되 그의 거처로 황폐하게 하시며 거기 거하는 자가 없게 하소서 하였고 또 일렀으되 그 직분을 타인이 취하게 하소서 하였도다" (행 1:20)

그런데 뒤에 인용한 109편의 20절을 보면 앞 부분에 이런 말씀이 나옵니다.

"그 년수를 단축케 하시며 그 직분을 타인이 취하게 하시며"

이것은 저주에 대한 언급입니다. 즉 거처가 사람이 살지 않는 황폐한 곳이 되는 것, 직분을 빼앗기는 것, 그리고 삶의 년 수가 단축되어 일찍 죽는 것은 일반적으로 다 저주에 속한 것임을 보여주는 것입니다.

어떤 이들은 주님께서 특별한 사명을 맡기시고 조금 더 빨리 부르실지도 모릅니다. 그러나 우리는 일반적으로 좀 더 오래 이 땅에 거하면서 충분히 맡겨진 사명을 완수하고 영적으로 성장해갈 수 있는 기회를 얻는 것이 좋을 것입니다. 죽은 후에는 다시는 성장할 수 없기 때문입니다.

군대에 일반 사병으로 복무하는 이들은 처음에 훈련을 받고 조금 지나면 이병이 됩니다. 그리고 조금 후에 일병이 되고 나중에 상병이 되며 전역할 때에는 병장으로 전역하게 됩니다.

만약에 그가 아직 일등병인데 건강상의 문제가 있어서 다른 이들보다 빨리 전역을 하게 된다면 어떻게 될까요. 그는 일등병으로 전역하게 됩니다. 그리고 그의 평생 계급은 일등병으로 남을 것입니다. 사후도 이와 같은 것입니다.

이 땅에서 살아있는 동안에는 여러 가지 힘들고 어려운 일이 있지만 그래도 계급이 올라갈 수 있는 기회가 있습니다. 영격이 달라질 수 있습니다. 그러나 조금 빨리 졸업을 하는 사람은 그 상태에서 영원히 고정됩니다. 그러므로 아직 몸을 가지고 있을 때에 좀 더 이 세상에서 훈련을 받고 사명을 감당하면서 살 수 있는 것이 좋은 것입니다.

어떤 이들은 빨리 죽고 싶어 하기도 합니다. 이 세상에는 아무런 기쁨도 낙도 없으므로 빨리 하늘나라에 가고 싶다고 합니다. 하지만 그것은 바른 생각이 아닙니다.

어떤 이들은 주님과 같이 33세까지만 살겠다고 하는 이들도 있습니다. 그 역시 바른 생각이 아닙니다.

조금만 힘들어도 살고 싶지 않다고 생명을 거두어달라고 기도하는 이들도 있습니다. 그것은 어리석은 기도입니다.

중한 질병이나 고통스러운 상황에서 마음이 약해져서 삶의 투쟁을 포기하는 이들도 있습니다. 그것도 바른 것이 아닙니다.

그러한 것들은 죽음의 영과 관련된 것입니다.

죽음의 영들은 찾아와서 빨리 우리의 삶을 마치도록 하라고 유혹합니다. 죽고 나면 모든 고뇌가 사라지고 평안할 것이라고 속입니다.

그것은 거짓말입니다. 죽는다고 고뇌가 사라지지는 않습니다. 지금의 삶이 괴롭다면 죽은 후에는 더 많은 고뇌가 있을 것입니다. 아직 살아 있을 때 우리는 그 고뇌와 싸워서 이겨야 하며 정복을 해야 합니다. 우리는 승리한 상태로 영원한 곳에 가야합니다.

마귀는 항상 빼앗는 자이며 도둑질하는 자입니다. 그는 우리의 건강도 물질도 마음도 모든 것도 빼앗아가기 원합니다. 따라서 그가 우리의 생명을 빼앗아가기를 원하는 것은 당연한 것입니다.

죽음이 가까이 이른 것으로 보일 때 우리는 죽음의 영을 대적해야 합니다. 낙심하여 삶을 포기하려는 이들에게 우리는 죽음의 영을 결박하고 대적할 것을 권해야 합니다. 그리고 우리도 그들과 같이 죽음의 영을 결박해야 합니다. 히스기야 왕도 죽음이 찾아왔을 때 간절한 기도로 그의 생명을 연장 받았습니다.

오랫동안 병상에서 치열한 전쟁을 치러온 이들은 지치고 힘들어서 삶을 포기하고 싶을지 모릅니다. 하지만 할 수 있는 한 우리는 죽음의 영을 결박하고 대적하여 우리에게 주어진 삶의 수명을 다 해야 합니다.

신앙위인들의 경험을 보면 죽음에 가까이 있는 이들이 주위 사람들의 강력한 명령하는 기도를 통해서 극적으로 회복되는 사례들을 볼 수 있습니다.

어떤 할머니는 영혼이 하늘나라로 가려는 중에 하도 자녀들이 간절하게 기도하기 때문에 주님을 만나러 가다가 그 기도에 발이 묶여서 갈 수가 없었습니다. 그래서 깨어난 할머니는 눈을 뜨고 자녀들에게 제발 나를 놓아달라고 사정을 하였고 그래서 자녀들이 기도를 멈추자 비로소 하늘나라에 갈 수 있었습니다.

이것은 생명이 하나님께 속한 것이지만 어느 정도 우리의 의지와 믿음이 작용한다는 것을 보여줍니다.

무조건 오래 사는 것이 좋은 것은 아닙니다. 고통스러운 상태에서 단순히 생명만 연장된다면 그것은 오히려 더 괴로움일 수 있을 것입니다. 하지만 할 수 있는 한 좀 더 오래 살아야 하는 이유는 영적 성장에는 많은 시간이 필요하기 때문입니다.

참된 사랑과 자비와 관용과 겸손을 배우는 데는 많은 시간이 필요합니다. 이른 나이에 하늘나라로 간 사람들도 만약 그들에게 좀 더 시간과 기회가 있었다면 그들의 영혼을 좀 더 성장시킬 수 있었을 것입니다.

어떤 이들은 오래 살면 뭐하나.. 하고 말합니다. 그것은 어리석은 말입니다. 우리는 살아서 해야 할 일이 많이 있습니다.

어떤 이들은 이 세상이 너무 악해서 싫다고 말합니다. 하지만 우리는 이 세상이 악하고 불완전한 곳이기 때문에 성장할 수가 있는 것입니다.

어떤 이들은 너무나 고통스럽기 때문에 그만 살고 싶다고 말합니다. 하지만 그 고통을 이길 수 있는 은총도 우리에게 주어져 있습니다. 그러므로 그러한 그럴 듯해 보이는 생각에 속아서는 안 됩니다.

당신에게 찾아올 수 있는 죽음의 영을 대적하십시오.

가까운 이들이 죽음의 영에 시달리고 있을 때 그 영을 대적하십시오. 그 영들은 아직 그들의 시간이 되기 전에 찾아올 수도 있습니다.

그러므로 그들을 결박하고 쫓아내야 합니다.

할 수 있는 한 이 땅에서 충분한 수명을 누리며 성장해 가십시오.

그것은 우리에게 주어진 귀한 복이며 은총인 것입니다. 할렐루야.

49. 길이 막혔을 때 대적하십시오

데살로니가전서 2장 18절에 보면 이와 같은 말씀이 나옵니다.
"그러므로 나 바울은 한 번 두 번 너희에게 가고자 하였으나 사탄이 우리를 막았도다"
말씀에서 보다시피 사탄은 우리의 길을 막는 존재입니다. 그들은 우리의 일을 방해하며 우리를 통한 영적인 사역을 방해합니다.
바울이 데살로니가에 가는 것을 마귀는 왜 방해했을까요? 물론 바울을 통해서 구원의 말씀이 전파되는 것을 방해하기 위한 것입니다.
하지만 악한 영들은 오직 복음 사역만을 방해하는 것은 아닙니다. 그들은 그리스도인들의 삶의 모든 영역에서 그의 길을 막고 방해할 수 있습니다. 하나님을 대적하고 그리스도인들을 괴롭히는 것이 그들의 중요한 업무이기 때문입니다.

십 여 년쯤 전에 목회 사역을 할 때의 일입니다. 그 날은 주일이었습니다. 예배시간이 다 되었는데 반주를 할 자매가 나타나지 않았습니다. 반주자가 없이 예배를 진행해야한다는 것은 심히 난처한 일입니다. 나의 경우는 예배에 있어서 찬양의 사역을 아주 중요시하기 때문에 더욱 그러했습니다.
그 시간에 반주를 하는 자매는 길이 막혀서 꼼짝을 못하고 있었습니다. 그녀는 버스로 교회로 오는 중이었는데 그 날따라 차가 어찌나 막히는

지 버스는 움직일 생각을 하지 않고 있었습니다. 평소보다 늦게 나온 것도 아닌데 말입니다.

이제 시간은 많이 지났고 예배 시간 안에 교회에 도착할 가능성은 거의 없어졌습니다. 길은 도무지 뚫릴 가능성이 없어 보였습니다.

그녀는 그 순간에 당시에 배우고 있었던 대적기도가 생각이 났습니다. 그녀는 마귀가 예배를 방해하기 위하여 길이 막히게 하는 것일지도 모른다는 생각이 들었습니다. 그리고 이것은 대적하는 기도를 사용할 수 있는 좋은 기회라고 그녀는 생각했습니다.

그녀는 즉시 대적하는 기도를 사용하였습니다. 그녀는 길을 막고 방해하는 악한 영의 세력을 결박하였습니다. 그리고 길이 뚫릴 것을 주의 이름으로 명령하였습니다.

신기하게도 거의 즉시로 길이 뚫리기 시작했습니다. 그리고 한동안 멈추고 있었던 버스는 다시 빠르게 달리기 시작했습니다.

그녀는 그리하여 아슬아슬하게 예배가 시작하는 시점에 교회에 도착할 수 있었습니다. 그녀는 몹시 놀라워하면서 자신의 경험을 간증하였습니다.

차가 한참 막히고 있다가 대적하는 기도를 사용하는 즉시 길이 뚫리고 예배시간에 맞추어서 교회에 오게 된 것 - 그것은 우연일까요?

길은 뚫릴 시간이 되어서 뚫린 것일까요?

어쩌면 그럴지도 모릅니다. 우연일지도 모릅니다.

하지만 만약 당신이 비슷한 상황에 처해있고 이 기도를 사용한다면 당신은 그것이 우연이 아니라고 여기게 될 것입니다. 또한 그러한 우연이 기도할 때마다 계속 일어나는 것을 경험하게 될 것입니다. 나는 그 비숫한 고백들을 많이 들었기 때문입니다.

어쩌면 그러한 길의 막힘은 영적인 방해가 아니라 자연스러운 교통체증이었을지도 모릅니다. 그러한 경우에는 대적기도를 사용해도 소용이 없을 것입니다. 그런 경우에 주님께서는 당신에게 인내라든지, 아니면 다른 어떤 것을 가르치실 필요가 있는지도 모릅니다.

하지만 당신이 이 기도를 사용해보면 그것이 분명히 역사한다는 것을 알 수 있을 것입니다. 마귀가 우리의 길을 막는 것은 아주 빈번하게 일어나는 일이기 때문입니다.

그들은 방해자입니다. 그들은 우리의 길을 막습니다. 영적인 사역이나 예배도 방해하지만 그들은 그리스도인들의 가는 길을 막고 방해하는 것을 좋아합니다. 그들은 파괴자이기 때문입니다.

그러므로 이러한 기도에 대해서 기억해두시기를 바랍니다. 이유 없이 길이 막힐 때, 자연스럽지 않은 어떤 막힘을 경험할 때 그 때 대적하는 기도를 사용해보십시오. 마귀를 결박하며 명령하는 기도를 사용해보십시오.

나는 적지 않은 경우에 이상하게도 갑자기 막힌 것이 풀어지게 되며 새롭게 길이 열리는 것을 당신이 보게 되리라고 믿습니다. 그러한 것을 경험하게 될 때 당신은 주님의 이름과 그 말씀의 능력이 정말 실제적이고 놀라운 것임을 새삼 깨닫게 될 것입니다. 할렐루야.

50. 충격을 받았을 때

어떤 사건 이후에 갑자기 사람이 달라졌다는 이야기를 하는 경우가 있습니다. 이것은 어떤 사건을 통해서 충격을 받았을 때 들어온 악한 영이 그 사람의 안에 자리를 잡고 계속적으로 영향력을 행사하는 것입니다. 물론 긍정적인 면에서의 충격도 있습니다. 이 경우에는 그것을 악한 영의 침입이라고 말하기 어려울 것입니다.

과도한 억압이나 충격은 사람을 약화시키므로 외부의 영들이 침입할 수 있는 기회가 될 수 있습니다. 그것은 사람을 나쁘게 바꾸어 놓을 수 있습니다. 어떤 사건의 이후에 그 사람이 나쁜 쪽으로 변화되었다면 그때 어떠한 기운이 들어왔는지에 대해서 분별하는 것이 필요합니다. 자신의 삶을 돌이켜 볼 때 언제부터 상태가 나빠졌는지를 살펴보는 것이 좋습니다. 변화의 시점을 발견할 수 있으면 그것을 다시 바꿀 수 있기 때문입니다.

어떤 이는 친구들에게 왕따를 당한 후 사람이 이상해지기도 합니다. 큰 망신을 당한 후에 이상해진 사람도 있습니다.
나는 정신병적인 징후를 가지고 있는 자매와 상담을 한 적이 있는데 그녀의 증상이 영어 웅변대회에 나갔다가 갑자기 대사를 잃어버려 많은 학생들 앞에서 웃음거리가 된 후에 시작된 것임을 알게 되었습니다. 다른 사람들에게 그러한 실수는 대단한 것이 아닐지 모릅니다. 그러나 그녀에게는 잊을 수 없는 고통스러운 수치였습니다. 그녀는 과거의 그 이야기를 하면서 아주 고통스럽게 통곡을 하는 것이었습니다.
외국에 출장을 갔다가 극도의 공포를 경험하고 두려움에 사로잡혀 사는 이를 본 적도 있습니다. 그는 영리하고 모든 면에서 정상이었지만 그 후에는 정상적인 생활이 어려울 정도로 갑자기 공포감에 사로잡히곤 하였습니다.

어떤 사람은 구타를 당하면서 충격으로 이상해지기도 합니다. 음란한 문화와 접하면서 충격으로 사람이 달라지기도 합니다. 술 문화에 접해서 사람이 달라지는 경우도 있습니다.
이러한 모든 것들은 그러한 상황에서의 충격으로 악한 영들이 그 사람의 안에 들어와 그의 몸과 마음을 사로잡게 되는 것입니다.
심령이 강한 자들은 그러한 환경에 접한다고 하더라도 그렇게 사로잡히지 않을 것입니다. 하지만 세상에는 마음과 심령이 약한 이들이 많이 있습니다. 그들은 쉽게 충격을 받습니다.

그러한 충격을 통한 증상들은 다양하지만 해결하는 방식은 간단합니다. 그것은 충격을 받은 당시로 돌아가 그 때에 들어온 악한 영을 대적하고 결박하고 쫓아내는 것입니다.
이런 식으로 선포하면 됩니다.
"악한 영들아. 나는 너를 안다. 너는 그 때 나에게 들어와서 지금까지 나를 괴롭혔다. 하지만 이제 너는 더 이상 나를 괴롭힐 수 없을 것이다. 나는 주 예수의 이름으로 너를 결박한다. 그리고 대적한다. 지금 내게서 나가라! 너는 더 이상 여기서 견딜 수 없을 것이다!"
이 기도는 능력이 있습니다. 과거의 충격을 통해서 들어온 영은 드러나게 되며 결국 나갈 수밖에 없습니다. 그렇게 되면 악몽과 같은 삶은 끝나게 됩니다.

사람이 갑자기 이상해졌을 때 그 증상이 심각한 경우에는 좀 더 회복의 기간이 필요할지 모릅니다. 하지만 결코 불가능한 것은 아닙니다. 지속적으로 그들을 대적할 때 그들은 약화됩니다. 원인에 대해서 분명히 알았다면 회복은 충분히 가능한 것입니다.

과거의 상태가 참 좋았는데.. 지금은 너무나 상태가 나쁘다고.. 그 때로 돌아가고 싶다고 말하는 이들이 많이 있습니다. 그것은 어려운 일이 아닙니다. 누구나 과거로, 아니 과거보다 더 좋은 상태로 돌아갈 수 있습니다. 마음에 들지 않는 나쁜 습관이나 성격은 대적하면 사라집니다. 충격도 대적하면 다시 사라지며 완화됩니다.

충격으로 인하여 나쁜 쪽으로 변질되는 사람은 어디에서나 많이 있습니다. 그러나 원하는 이들은 누구나 다 돌아갈 수 있을 것입니다. 충격을 통해서 들어온 기운을 제거해버리면 누구나 그 이전의 상태로 돌아갈 수 있습니다.

우리는 삶의 충격으로 인하여 고통을 겪을 필요가 없습니다. 평생에 과거의 고통스러운 짐을 지고 살 필요가 없습니다. 우리는 정화될 수 있습니다. 변화될 수 있으며 치유될 수 있습니다. 나이가 들고 세월이 흘러도 우리는 어린 시절보다 더 순수하고 순결하고 아름다워질 수 있습니다.

충격을 통해서 들어온 모든 악한 영들을 다 대적하고 쫓아내십시오.
그것은 결코 불가능하거나 어려운 일이 아닙니다.
포기하지 마십시오. 그 영을 대적하십시오.
우리는 언제까지나 맑고 아름답고 순수하며 풍성한 삶을 누리고 살 수 있게 될 것입니다. 할렐루야.

51. 속이는 영을 대적하십시오

깊은 명상을 하다가 깨달음에 이르렀다고 주장하는 사람들이 가끔 있습니다. 도를 찾거나 신비한 것을 좋아하는 성향을 가진 이들이 그러한 이야기를 하곤 합니다. 그러한 것들은 정말로 깨달은 것이 아니라 속이는 영들에게 잡힌 것입니다.

우주적인 일체감을 느꼈다고 하는 이들도 있습니다. 우주의식을 체험했다고도 합니다. 진리를 체험했다고도 합니다. 하지만 그것은 깨달음이 아니고 착각입니다.

비기독교인들 뿐만 아니라 신실한 그리스도인들 중에서도 이러한 영들에게 속는 이들이 많이 있습니다. 어떤 이들은 주님의 영과 성적인 접촉을 경험했다고 말하기도 합니다. 주로 감성적인 여성들이 이런 망상에 빠집니다.

주님의 음성이라고 하면서 그들이 들었다는 에로틱한 이야기를 하는 이들도 나는 많이 보았습니다. 낯이 뜨거운 이야기를 자랑스럽게 하는 이들을 보고 어처구니가 없었던 적이 많이 있었습니다. 그러나 그것은 더러운 영이며 속이는 영입니다.

자신이 깨달았으며 우주적인 진리를 경험했으며 자신은 주님과 깊은 신부의 관계에 있으며.. 이런 이야기들은 근본적으로 속임입니다. 그리고 이러한 속임에 빠지는 것은 교만과 열등감과 허영심이 있기 때문입니다.

그들의 삶을 보면 자연스럽지 않습니다. 자신이 깊은 것을 깨달았다고 하며 자신들이 깊은 신앙을 가지고 있다고 하면서도 삶에는 자연스러운 사랑과 기쁨이 나타나지 않습니다. 대인관계도 좋지 않습니다. 그들은 오직 자신을 알아주는 사람과만 교제하려고 하며 보통의 사람들은 자기들을 이해하지 못한다고 생각합니다.

그것은 착각입니다. 진정한 영성의 열매는 자연스러운 사랑과 평안과 기쁨으로 나타나는 것입니다. 그것은 신비하고 비밀스럽다기보다는 아름답고 단순하며 즐겁고 행복한 것입니다.

어떤 이는 인류의 종말을 생각하면서 기도하다가 갑자기 눈앞에 나타난 빨간 글씨를 보았습니다. 그것은 최후의 날의 일시를 기록한 것이었습니다. 그는 순간적으로 아.. 이것이 그날인가보다.. 하고 생각하다가 정신이 번쩍 들어서 악령을 대적했습니다. 그러자 마귀는 사라져버렸습니다.

인도의 성자 썬다싱도 비슷한 경험을 한 적이 있습니다. 그가 깊은 기도 중에 들어갔을 때 황홀하고 아름다운 모습의 영체가 그에게 나타났으며 그에게 순종하기만 하면 세계적인 종교의 지도자가 되어 인류를 구원하게 해주겠다고 유혹했습니다. 썬다싱은 마귀를 대적했고 그 영상은 사라져버렸습니다.

나는 다른 종교의 지도자들에게도 비슷한 경험이 있으리라고 생각합니다. 다만 썬다싱은 그것을 물리쳤고 다른 이들은 그것을 받아들였을 것입니다.

진리는 단순한 것입니다. 진리의 영이 임할 때 우리는 겸손해지며 영혼들을 사랑하게 되고 주님의 아름다운 통로가 됩니다. 우리는 오직 주님만을 높이게 되며 자신을 드러내는 것을 원하지 않게 됩니다.
우리는 속이는 영들이 올 때에 그것을 대적해야 합니다.
마귀는 그럴듯한 유혹을 가지고 오기 때문에 정신을 차리고 그를 대적해야 합니다.
이런 속이는 영들에게 벗어나기 위해서는 겸손하고 순진한 영이 필요합니다. 자신을 대단한 존재로 생각하는 이들, 남들보다 우위에 있고 싶은 이들은 이러한 영의 유혹을 이길 수 없습니다.

부디 속이는 영들을 대적하십시오. 깊은 깨달음의 높은 경지에 이르는 것을 추구하지 마십시오.
믿음이란 단순한 것입니다. 그저 사랑하고 순종하고 감사하고, 그렇게 할 때 하늘의 문이 열리는 것입니다.
낮은 마음으로 주님께 순복하십시오. 그리고 미혹의 영을 대적하십시오. 그렇게 단순한 방법으로 우리는 주님의 사람이 될 수 있는 것입니다. 할렐루야.

52. 자살의 영을 대적하십시오

악한 영들의 최종 목적은 영혼들을 지옥으로 인도하는 것입니다. 그러므로 그들은 여러 가지 방법으로 사람을 공격하고 괴롭히지만 결국 마지막에는 그를 죽음으로 몰고 가기를 원합니다. 그 때 그들은 비로소 완전한 승리를 얻을 것이기 때문입니다.

누구나 힘들 때는 죽는 것이 낫다고 생각하게 됩니다. 구체적으로 자살의 충동이 일어나기도 합니다. 용기가 없어서 시행하지 못할 뿐이지 자살의 충동을 수시로 느끼는 이들이 적지 않습니다.

그러나 죽음에 대한 두려움이 있기 때문에 대부분의 사람들은 자살을 실천에 옮기지 못합니다. 그것은 주님의 보호하심 덕분입니다.

우리는 가끔 신문이나 TV의 뉴스에 사람들이 분신자살을 하거나 아니면 한강에 뛰어내리거나 높은 빌딩이나 고층 아파트에서 떨어져 자살하는 내용을 접하곤 합니다.

그러한 일들은 전염성을 가지고 있습니다. 그래서 유명인사가 그런 식으로 삶을 끝내면 비슷한 일들이 한동안 반복해서 일어나게 됩니다. 그들은 더 이상 버틸 수 없는 인생의 벼랑에 서 있어서 그것만이 유일한 도피책이라고 생각했을 것입니다. 그러나 그들에게 죽음에 대한 두려움을 잊게 하고 자살을 시도하도록 용기를 불어넣은 영들은 악한 영들입니다. 그 영들은 승리의 웃음을 터뜨리고 있을 것입니다.

그리스도인들은 지옥에 대한, 심판에 대한 두려움을 가지고 있기 때문에 자살을 시도하는 비율은 불신자에 비하여 많지 않은 것 같습니다. 그러나 그럼에도 불구하고 그리스도인들 역시 이 자살의 영들에 의하여 많은 공격을 받고 있습니다.

심령이 약하고 쉽게 좌절하는 사람들은 자살의 영들이 자주 찾아오며 그들에게 시달리게 됩니다. 죄책감에 자주 시달리는 이들, 두려움에 시달리는 이들은 하나의 도피처로서 죽음을 생각합니다. 마귀는 별것 아닌 일에도 오직 죽는 것 외에는 방법이 없다고 유혹하기 때문에 영이 얇고 마음이 여린 이들은 이들에게 속아 넘어가는 것입니다.
그리스도인들은 반드시 이 영들을 대적하고 쫓아내야 합니다.
마음속에 떠오르는 자살에 대한 충동이 자신이라고 생각해서는 안 됩니다.
그것은 마귀가 심어주는 것입니다. 그것은 결코 자신이 아닙니다.

입밖에 '죽고 싶다' 는 말을 꺼내서는 안 됩니다. 그것은 마귀에게 틈을 줍니다. 그것은 마귀에게 에너지를 공급합니다. 그것은 주님이 기뻐하시는 말이 아닙니다.
어떤 이들은 자신이 그리스도인이므로 차마 자살하려고 생각은 하지 못하고 주님께 죽여 달라고 기도하기도 합니다. 엘리야와 같은 하나님의 선지자도 낙담에 빠져 그렇게 기도한 적이 있으니 보통의 연약한 성도가 그런 마음에 빠지는 것도 무리는 아닐 것입니다.
그러나 그것은 어리석은 기도입니다. 주님은 그러한 기도에 응답하시지 않습니다. 생명을 창조하시고 거두시는 것은 주님의 계획에 속한 것이며 우리가 마음대로 요구할 수 있는 것이 아닙니다.
만약에 주님께 떼를 쓰기 위하여 위협용으로 그렇게 기도한다면 그것은 정말 어리석은 기도를 드리고 있는 것입니다. 그것은 마귀를 도와주는 기도입니다.

마귀는 주님께서 사랑하시고 축복하시는 사람일수록 더 미워하기 때문에 반드시 죽이려고 공격합니다. 이러한 이들이 오래 살면 그들에게 많은 고통과 방해가 되기 때문에 이들을 파멸로 이끌고 싶어 합니다.

그러므로 이러한 유혹이 올 때마다 믿음을 굳게 하여 그들을 대적해야 합니다. 그러한 죽음의 유혹을 물리치고 굳건하게 선다면 그들은 주님의 아름다운 도구가 될 것이며 마귀는 통곡하게 될 것입니다.

나의 경우에도 젊은 시절에 많은 자살의 충동으로 고통을 겪었습니다. 그러나 주님의 은총으로 그것을 극복한 후에 많은 이들을 도울 수 있게 되었습니다. 그러므로 이러한 인생의 벼랑에 서 있는 이들이 그것을 통과하고 나면 주님의 귀한 그릇이 될 수 있는 것입니다. 혹시라도 마음속에서 '살아서 뭐하나' '차라리 죽는 것이 낫다'는 생각이 떠오르면 무조건 주의 이름으로 그 영들을 대적하십시오. 그것은 100% 지옥에서 오는 음성입니다. 그것은 마귀의 공격입니다. 그 영에게 속아서 영혼을 넘기는 이들은 영원히 후회하게 될 것입니다.

자살의 영을 대적하십시오.

당신의 마음과 심령을 강하게 하십시오.

어떤 어려움이 있어도 주님은 그것을 능히 이길 수 있는 힘과 능력을 주십니다.

그 은총을 구하십시오. 마귀를 대적하십시오.

자살의 영을 대적하십시오. 그 영들은 떠날 것이며 당신은 풍성한 승리를 경험할 수 있게 될 것입니다.

53. 심각한 영적 공격에 대하여

사람은 살아있는 동안 계속적으로 천국의 영과 지옥의 영에 의해서 영향을 받습니다. 천사들은 영혼들을 천국으로 이끌려고 하며 지옥의 악령들은 영혼들을 지옥으로 끌어당기려고 합니다.
우리는 육체와 영혼으로 만들어진 존재로서 육체는 지옥에, 영혼은 천국에 이끌립니다. 살아있는 동안에는 아무도 이 전쟁에서 예외가 될 수 없습니다.

어떤 이들은 비교적 적은 공격을 받습니다. 또한 어떤 이들은 좀 더 강력한 지옥의 영들에게 공격을 받습니다. 그 차이는 가계와도 관련이 있을 것이며 각 사람의 기질과 사명에도 상관이 있을 것입니다.
조상이 악한 귀신을 섬겼거나 악한 행동을 많이 저질렀다면 악한 영들의 공격이 더 강할 수 있습니다.
그러나 악한 영들의 공격이 강한 곳에는 그것을 이길 수 있는 더 큰 하나님의 은혜가 임한다는 것을 잊어서는 안 됩니다.

좀 더 많은 악령들에 의해서 강력한 공격을 받는 이들도 있을 것입니다. 이들은 전투에 좀 더 어려움을 겪을 것입니다.
어떤 이들은 아주 심각한 분노의 영에 사로잡혀 있습니다. 사소한 일에 극도의 분노를 느끼며 살인의 충동을 느끼는 이들도 있습니다. 사소한 일에 극도의 좌절을 느끼며 삶을 포기하려는 사람도 있습니다.

사소한 실수로 끝없는 죄책의 나락에 빠지는 이들도 있습니다. 사소한 일로 폭발적인 증오가 일어나는 사람도 있습니다.
강력한 파괴의 영을 가지고 있는 사람은 사소한 일에 흥분하여 눈에 띄는 모든 것들을 부수어 버리려고 할지도 모릅니다.

그러한 이들은 좀 더 전쟁이 힘들 것입니다. 어쩌면 혼자서는 충분히 이기기 어려울지도 모릅니다. 이런 경우에 누군가가 주위에서 도와준다면 좀 더 전쟁의 승리에 도움이 될 것입니다. 어떤 경우에는 목회자나 기도사역자의 도움이 필요할 것입니다.
본인이 어려움을 겪고 도움을 요청할 때에 여러 사람들이 기도 모임을 가지고 같이 통성으로 기도해주는 것도 좋은 방법일 것입니다. 합심기도는 대적을 결박하고 초토화하는데 좀 더 강력한 힘을 발휘합니다.
이러한 기도회는 사랑과 편안한 분위기 속에서 진행되는 것이 좋으며 서로 격려하고 대화를 나눌 수 있는 분위기라면 좋을 것입니다. 기도를 받는 사람은 겸손한 마음으로 도움을 구하며 자신의 죄나 연약함에 대해서 고백하는 것도 좋습니다.

물론 이러한 도움은 본인이 강력하게 변화되기를 원하며 승리의 삶을 사모하는 경우에 한해서 가능할 것입니다. 본인이 변화를 원하지 않을 때에는 아무도 도울 수 없습니다.
가끔 이러한 사람의 가족들이 억지로 집회에나 기도회에 데리고 오는 경우도 있지만 본인의 의지가 원하지 않을 때에는 그러한 경우 거의 도움이 되지 않습니다. 악한 영들은 여럿이 기도할 때 잠시 물러나 있을지도 모르지만 다시 본인이 혼자가 되면 다시 그에게 역사할 것이기 때문입니다.

어떤 이들은 주님께서 크게 사용할 사람이기 때문에 마귀가 그것을 알고 더 많이 방해하고 공격하기도 합니다. 이와 같은 경우에 전쟁은 극심하겠지만 그것을 극복하고 이긴 사람은 주님의 풍성한 도구가 될 수 있을 것입니다.

이 땅에는 항상 전쟁이 있습니다. 어떤 전쟁은 조금 쉬우며 어떤 전쟁은 조금 더 어렵습니다.
그러나 이와 같이 좀 더 심각한 전쟁도 있지만 대적의 존재를 분명하게 알고 우리에게 주어진 권세에 대해서 확실하게 인식한다면 그 증상이 어떠하든지 우리는 승리할 수 있습니다.
충분한 승리를 위해서는 좀 더 많은 시간이 필요할 지도 모릅니다. 그러나 진리의 인식이 분명하고 꾸준히 대적기도를 적용하고 사용한다면 서서히 그는 자유의 몸이 될 수 있을 것입니다.

그러므로 성급한 마음을 가져서는 안 됩니다. 무엇보다 용기와 끈기를 가지고 한 걸음씩 나아가는 것이 중요합니다.
포기하지 않는 한 승리는 우리의 것입니다.
당신이 가지고 있는 증상이 아무리 심한 것이라고 하더라도 낙심하지 마십시오. 하나님의 사랑과 은총과 능력은 이 우주 안에서 가장 강하며 마귀보다 높고 우월합니다. 우리가 그 안에 있는 한 우리는 승리할 수 있습니다.
부디 이 전쟁을 꾸준하게 수행해 나가십시오. 당신은 승리의 용사가 될 것입니다. 할렐루야.

54. 한계를 느낄 때 대적하십시오

특별한 이유가 없이 일이 잘 안 풀릴 때가 있습니다.
어디에서 막혔는지는 모르지만 꽉 막힌 느낌이 들 때가 있습니다.
자기의 한계를 느낄 때도 있습니다.
아무리 노력을 해도 항상 거기가 거기며 별로 나아가지 못하는 느낌이 들 때가 있습니다.
이럴 때에 대적기도를 하는 것이 좋습니다. 언제나 모든 상황에서 이 기도가 효력을 발휘한다고 할 수는 없지만 적지 않은 경우 우리는 한계를 뛰어넘게 되며 여태껏 같은 수준에서 반복하기만 하고 가지 못했던 새로운 영역 속에 들어가게 됩니다.

우리는 알지 못하지만 악한 영들의 공격과 이에 따른 묶임 속에서 앞으로 나아가지 못할 때가 많이 있습니다. 그럴 때 우리는 아무리 해도 안 된다는 무력감을 느끼게 됩니다.
그것은 방해하는 영이 있기 때문입니다. 그것이 우리의 장애물이 되어 우리를 나아가지 못하게 할 때가 많이 있습니다. 이럴 때 우리는 그 장애가 되는 것들을 제거함으로 앞으로 나아가게 되는 것입니다. 그 장애를 제거하는 방법의 하나가 대적기도입니다.
어떤 학생이 수학 문제를 도무지 풀지 못해서 고민하고 있습니다. 아무리 머리를 쥐어 짜내도 도저히 알 수가 없습니다. 그러다가 문득 대적하는 기도를 합니다. '머리를 혼미케 하는 영아. 예수 이름으로 물러가라!' 그렇게 기도합니다.
그런데 우연일까요? 갑자기 머리가 맑아집니다. 갑자기 문제가 쉬워집니다. '왜 이걸 몰랐지?' 하게 됩니다. 나는 이런 경우를 가까운 곳에서 많이 보았습니다.
아무리 기도를 해도 기도가 주님께 가까이 나아가는 느낌이 없습니다. 기분이 우울하고 눌리며 오랜 시간을 기도해도 주님은 저 멀리에 계시는 느낌입니다. 그런데 문득 생각이 나서 대적하는 기도를 합니다. '악한 영들아! 주의 이름으로 명한다. 사라져라!'
그리고 갑자기 머리가 맑아집니다. 가슴이 시원해집니다. 홀연히 주님의 임재가 가까이 다가오기 시작합니다. 이것도 흔하게 있는 일입니다.

새로운 착상이 필요합니다. 아이디어가 필요합니다. 그러나 아무리 생각해도 좋은 생각이 나지 않습니다. 한계에 부딪쳐 있습니다. 이 경우에도 대적기도를 한 후에 갑자기 좋은 아이디어가 떠오릅니다. 이러한 사례도 흔한 일입니다.
이상하게 가까이 있는 사람이 기분이 영 좋지 않습니다. 그래서 분위기가 살벌합니다. 이렇게 난처한 상황에서 대적하는 기도를 합니다. 그런데 웬일일까요? 갑자기 그 사람이 농담을 합니다. 언제 기분이 풀렸을까요? 분위기는 갑자기 부드러워집니다.

이러한 경험을 반복하게 되면 우리는 우리의 삶 속에서 겪게 되는 어떤 막힘이나 한계 안에 악한 영들의 방해와 개입이 많이 있다는 것을 알게 될 것입니다.
신앙도 그렇습니다. 어떤 이들은 시간이 지나고 신앙생활을 오래할수록 계속하여 좀 더 깊은 곳으로 나아가기도 하지만 어떤 이들은 항상 거기서 거기입니다. 별로 변화가 없습니다. 기도의 수준도 항상 비슷하고 지혜에서나 인격에서도 그다지 성장하지 못합니다.
남들은 깊은 기도의 맛을 안다고 하는데 이들은 별로 그렇지도 못합니다. 그것은 왜 그럴까요? 그것은 그들에게 장애물이 있으며 그들은 그 장애물을 대적하고 없애는 방법을 알지 못하기 때문입니다.

대적하는 기도를 통해서 우리의 영은 한 단계 업그레이드됩니다. 우리의 영혼은 새로운 영역의 체험을 향해서 올라갑니다.
영혼뿐이 아니라 우리의 지식도 우리의 정서도 우리의 지혜도 우리의 몸도 새로운 영역, 새로운 차원으로 올라가게 되는 것입니다.
대적하는 기도는 영적, 정신적, 육적, 환경적인 장애물을 제거해주며 우리를 새로운 곳으로 올려줍니다. 그것은 더러워진 창문을 깨끗이 닦았을 때 바깥의 경치가 선명하게 보이는 것과 같습니다.
이 대적하는 기도를 발견하고 체험하고 적용하게 될 때 당신의 신앙생활과 우리의 삶은 많은 변화를 경험하게 될 것입니다.
대적하는 기도 - 그것은 우리의 한계를 뛰어넘어 새로운 영역으로 우리를 이끌어주는 것입니다.
부디 충실하게 이 기도를 적용해보십시오. 당신은 새로운 영역으로 나아갈 수 있게 될 것입니다. 할렐루야.

2권 끝

* 대적기도 시리즈 3권에서 좀 더 다양한 부분에서의 적용과 실례를 다룰 것입니다. 대적기도가 좀 더 폭넓게 적용될 때 자유함의 범위는 그만큼 넓어지게 될 것입니다.

도서구입신청

영성의 숲 출판사에서 직접 도서를 구입하기 원하시는 분들을 위한 안내입니다.

1. 도서 선정

다음 페이지의 도서 목록을 참조하셔서 필요로 하시는 책을 선택하세요. 도서의 자세한 목차와 내용은 아래 싸이트들의 [저자 및 저서 소개] 를 참조하세요.
*정원목사 독자 모임 카페 (http://cafe.daum.net/garden500)
*영성의 숲 출판사 홈페이지 (영성의숲.com)

2. 도서 신청

구입하실 도서를 결정하신 후에, 아래 세 가지 중 편한 방법으로 신청해주세요.
1) 정원 목사 독자모임 카페의 [책신청] 코너에 주문 도서목록 작성
2) 영성의 숲 출판사 홈페이지 [도서구입안내] 코너에서 도서 신청 입력폼 작성
3) 출판사 연락처로 문자발송, 전화연락
(02-355-7526 / 010-9176-7526, 통화시간: 월~금 오전 9시~저녁 6시)
혹은 이메일(spiritforest@hanmail.net)발송

3. 입금 안내

신청 도서 목록을 알려주시면 입금하실 금액을 안내해 드립니다. 신청하실 때는 책을 받으실 주소와 전화번호를 함께 알려주세요.

4. 송금

안내 받으신 도서 대금을 아래 계좌로 입금해 주세요.
(국민은행: 051-21-0894-062, 예금주: 홍윤미) 신청자 성함과 입금자 성함이 일치하지 않는 경우에는 입금자 성함을 꼭 알려주셔야 확인이 가능합니다.

5. 배송

입금 확인 후에 바로 발송 작업을 하는데, 발송후 도착까지 보통 2-3일 정도가 소요 됩니다. 책을 급하게 필요로 하실 경우에는 일반 서점을 이용해 주세요. 해외 배송을 원하시는 분은 총판을 담당하고 있는 생명의 말씀사로 문의해주시기 바랍니다. (생명의 말씀사 080-022-1211 www.lifebook.co.kr)

<기도 시리즈>

하늘의 권능이 임하는 부르짖는 기도 1
영성의 숲. 373쪽. 16,000원 / 핸디북 10,000원
부르짖는 기도는 모든 기도의 형태 중에서 가장 기본적이고 중요한 기도입니다. 이 기도를 바르게 배우고 적용한다면 하늘의 권능이 임하는 것을 경험하게 되며 모든 면에서 강건한 그리스도인이 될수 있을 것입니다.

하늘의 권능이 임하는 부르짖는 기도 2
영성의 숲. 444쪽. 15,000원 / 핸디북 11,000원
부르짖는 기도 1권은 발성의 의미, 능력과 부르짖는 기도의 전체적인 원리를 다루 었으며 2권은 부르짖는 기도의 실제로서 구체적인 기도의 방법과 적용원리를 다루고 있습니다. 3부에 수록된 다양한 승리의 간증은 독자님들에게 좋은 도전이 될 것입니다.

대적기도의 원리와 능력
영성의 숲. 400쪽. 14,000원 / 핸디북 11,000원
대적기도 시리즈 1편. 대적기도는 주님께 간구하는 기도가 아니며 우리에게 주어진 권세와 능력을 발견하고 사용하여 능력과 승리를 경험하는 기도입니다. 이 기도를 알게 될 때 당신의 삶은 진정 달라지게 될 것입니다.
휴대를 위한 작은 사이즈의 핸디북도 있습니다.

대적기도의 적용 원리
영성의 숲. 424쪽. 18,000원 / 핸디북11,000원
대적기도 시리즈 2편. 대적기도에도 원리와 법칙이 있습니다. 그 원리와 법칙을 잘 익혀서 실제의 삶에 적용한다면 우리는 풍성한 삶을 살 수 있습니다. 이 책에서는 그 원리들을 구체적으로 제시해 주고 있습니다.
휴대를 위한 작은 사이즈의 핸디북도 있습니다.

대적기도를 통한 승리의 삶
영성의 숲. 452쪽. 15,000원 / 핸디북 12,000원
대적기도 시리즈 3편. 대적기도를 인간관계, 가정에서의 삶, 복음 전도와 사역에 구체적으로 적용하는 방법을 제시하였습니다. 여기서 제시된 원리를 잘 읽고 적용한다면 삶과 사역에 있어서 많은 변화와 승리를 경험할 수 있게 될 것입니다.
휴대를 위한 작은 사이즈의 핸디북도 있습니다.

대적기도의 근본적인 승리 비결
영성의 숲. 454쪽. 15,000원 / 핸디북 12,000원
대적기도 시리즈 4편. 완결편. 1부에서는 악한 영들을 근본적으로 완전하게 제압하고 승리할 수 있는 원리와 비결을 제시하고 있습니다. 2부에서는 대적기도를 적용하고 경험한 성도들의 사례가 실려 있는데 이것은 각 사람의 적용과 승리에 좋은 참고가 될 수 있을 것입니다. 휴대를 위한 작은 사이즈의 핸디북도 있습니다.

아름답고 행복한 기도의 세계
영성의 숲. 279쪽. 9,000원
〈기도업데이트〉의 개정판. 자연스럽고 편안하게 기도의 아름다움과 행복에 잠길 수 있도록 돕는 책입니다. 기다리는 기도, 듣는 기도, 안식하는 기도 등 다양하고 풍성한 기도의 원리들을 일상의 예화들을 통하여 쉽게 정리하였습니다.

주님의 마음에 이르는 기도
영성의 숲. 309쪽. 10,000원
기도의 원리와 방법에 대한 200개의 조언을 담았습니다. 주님의 마음을 향하여 가는 것. 그것이 기도의 방향이며 목적임을 보여주는 책입니다.

주님의 임재를 경험하는 길
영성의 숲. 308쪽. 10,000원
〈주님을 경험하는 100가지 방법〉의 개정판. 주님의 살아계심과 임재를 경험하기 위한 100가지의 실제적인 방법을 제시하고 있습니다. 사모하는 마음으로 이 방법들을 시도한다면 누구나 쉽게 그분의 역사를 경험하게 될 것입니다.

예수 호흡기도
영성의 숲. 460쪽. 15,000원 / 핸디북 11,000원
호흡을 통한 기도가 주님의 임재와 영적 실제에 들어가는 중요한 비밀이며 열쇠임을 보여주는 책입니다. 이 책에 제시된 원리와 방법을 충실히 시도해 본다면 누구나 놀라운 변화를 경험하게 될 것입니다.

방언기도의 은혜와 능력 1
영성의 숲. 459쪽. 16,000원 / 핸디북 12,000원
방언기도 시리즈 1편. 방언에 대한 성경적이고 균형잡힌 설명 뿐 아니라, 저자의 개인적인 경험과 간증, 방언을 받는 과정과 통역을 시도하는 과정에 대한 구체적인 설명, 여러 경험자들의 실례가 풍성하게 실려있어, 방언의 은혜에 대해 이해하고 적용하는 데에 실제적인 도움을 주는 책입니다.

방언기도의 은혜와 능력 2
영성의 숲 403쪽. 14,000원 / 핸디북 11,000원
방언기도 2편에서는 방언과 통역이 발전해 나가는 과정과 그 영적인 의미를 깊이있게 다루었습니다. 방언의 가치와 의미를 바르게 이해하고 적용하게 될 때, 오래 동안 방언을 사용하면서도 주님의 은총을 누리지 못하던 이들이 주님의 가까우심과 아름다우심을 풍성히 경험하게 될 것입니다.

방언기도의 은혜와 능력 3
영성의 숲 489쪽. 16,000원 / 핸디북 12,000원
방언 기도 시리즈의 결론적인 부분을 다룬 책입니다. 방언에 대한 부정적인 견해와 원인들, 방언을 통해 어떻게 부흥이 시작되는지, 은사의 바른 방향과 의미, 목적 등을 정리하였고, 전체적인 요약정리와 함께 경험자들의 구체적인 사례들을 첨부하여 실제적인 적용에 도움이 되도록 하였습니다.

<영성 시리즈>

영성의 실제를 경험하는 길
영성의 숲. 357쪽. 12,000원
〈그리스도인의 아름다운 영성〉의 개정판.
많은 은혜의 도구들이 있지만 그것들이 다 주님을 접촉하는 것은 아닙니다. 참다운 영성과 주님을 경험하는 원리를 제시하는 책입니다.

생각의 자유를 경험하는 길
영성의 숲. 228쪽. 8,000원
〈그리스도인의 생각 다스리기〉의 개정판. 우리가 겪는 삶의 대부분의 고통들은 스스로 만들어낸 생각의 감옥에 지나지 않으며 생각을 분별하고 관리함으로써 풍성하고 행복한 삶을 살 수 있다는 메시지를 다양한 예화와 함께 설득력 있게 제시하고 있습니다. 많은 교회에서 훈련 교재로 사용되기도 했습니다.

영성의 중심은 사랑입니다
영성의 숲. 243쪽. 8,000원
하나님의 은혜를 받아들이고 누림으로써 진정한 사랑과 따뜻함의 세계를 경험할 수 있도록 돕는 책. 신앙의 따뜻함과 아름다움을 회복하고, 영혼들을 이해하고 도울 수 있는 관점을 제시하고 있습니다.

영성의 원리
영성의 숲. 319쪽. 11,000원
영성에도 원리가 있습니다. 이 책은 영성의 발전을 위한 다양한 원리들, 영의 흐름, 영의 인식, 영적 승리를 위한 중보 등의 원리를 실제적인 예와 함께 잘 설명해 줍니다. 영적 부흥과 충만함을 사모하는 이들에게 좋은 참고서가 될 수 있을 것입니다.

문제는 주님의 음성입니다
영성의 숲. 227쪽. 9,000원
우리의 삶에 다가오는 여러가지 어려움들, 문제들은 우연이 아닙니다. 거기에는 주님의 배려와 가르치심이 있으며 반드시 우리가 배워야 할 것이 있습니다. 이 책은 그 문제들에서 주님의 뜻과 음성을 발견하는 원리를 가르쳐 주고 있습니다.

영성의 발전은 어떻게 이루어지는가
영성의 숲. 254쪽. 8,000원
〈영성의 상담〉의 증보 개정판. 영성에 대한 여러 질문과 답변을 통해 다양한 영적현상의 의미와 삶 속에서 영적 성장을 이루는 구체적인 방법들을 소개하고 있습니다.

지금 이 공간에 임하시는 주님
영성의 숲. 340쪽. 12,000원
주님은 믿을수 없을만큼 가까이 계시지만 사람들은 흔히 그분을 무시함으로 그의 임재를 소멸시킵니다. 이책은 그분의 가까우심과 구체적인 공간을 통한 임재, 나타나심을 경험할수 있도록 실제적인 지침을 제시하고 있습니다.

심령이 약한 자의 승리하는 삶
영성의 숲. 228쪽. 9,000원
영혼의 힘이 약하고 마음이 여리고 민감하여 고통을 겪고 있는 이들을 위한 책. 영혼의 원리 및 기질과 사명을 이해함으로써 이전에 알지 못했던 자유와 해방과 놀라운 행복감을 누리게 될 것입니다.

천국의 중심원리
영성의 숲. 452쪽. 14,000원
천국은 사후에만 갈 수 있는 장소가 아닙니다. 이 땅에 살면서 천국의 임재, 그 천국의 빛과 영광을 경험할 수 있습니다. 이 책에서는 내면세계의 천국을 경험하기 위한 길과 원리를 제시해 주고 있습니다.

행복한 신앙을 위한 28가지 조언
영성의 숲. 348쪽. 12,000원
〈자유롭고 행복한 그리스도인 1〉의 개정판. 묶여 있고 창백한 의식의 틀을 벗어나, 자유롭고 풍성한 믿음의 삶으로 나아가도록 돕는 책입니다. 28가지 조언속에 행복한 신앙을 위한 영적 원리들을 담고 있습니다.

성숙한 신앙을 위한 30가지 조언
영성의 숲. 340쪽. 12,000원
〈자유롭고 행복한 그리스도인2〉의 개정판. 의식이 바뀔 때 천국의 자유와 기쁨을 누릴 수 있음을 보여주는 책입니다. 묶여있는 사고와 습관, 잘못된 의식에서 해방되는 원리를 제시해 주고 있습니다.

의식의 깨어남을 사모하라
영성의 숲. 239쪽. 9,000원
잠과 꿈과 깨어남의 실체를 보여주며 진정한 깨어있음의 세계로 인도하는 책입니다.
의식과 영혼을 깨우기 위한 방법과 원리들을 제시해 주고 있습니다.

주님의 마음, 주님의 임재 속으로
영성의 숲. 348쪽. 12,000원
오늘날 주님의 마음에 대한 많은 오해가 있어서 주님의 깊으신 임재에 들어가지 못합니다. 이 책은 그 오해를 풀어주며 우리를 향한 주님의 사랑을 보여주고 그 사랑의 임재 속에 들어가는 길을 안내해주고 있습니다.

영성의 발전을 갈망하라
영성의 숲. 292쪽. 10,000원
영성의 진리 시리즈 1편. 영성을 깨우고 발전시킬 수 있는 다양한 이야기, 원리, 법칙들을 묶은 36가지의 메시지가 수록되어 있습니다. 영혼의 각성에 도움이 되는 지식과 도전을 얻게될 것입니다.

집회에서 흐르는 주님의 은혜
영성의 숲. 254쪽. 8,000원
이미 출간되었던 [집회 가운데 임하시는 주님]을 새롭게 개정하였습니다. 회원들의 간증을 줄이고 더 많은 분량을 추가하였습니다. 집회 가운데 나타나는 주님의 생생한 역사와 이에 관련된 여러 영적 원리를 기술하였습니다. 읽을수록 집회 현장에 있는 듯한 감동과 은혜를 얻을 수 있을 것입니다. 은혜를 사모하는 이들, 영성 사역에 관심이 있는 사역자들에게 좋은 참고가 될 것입니다.

삶을 변화시키는 생명의 원리
영성의 숲. 348쪽. 값 12,000원
삶 속에서 열매를 맺을 수 있는 비결과 원리를 시편 1편의 말씀과 요한복음 15장의 말씀을 중심으로 제시하고 있습니다. 포도나무이신 주님과 가지로서 항상 연결되는 삶이 열매를 맺는 원리이며 은총의 비결인 것을 명쾌한 논지로 설명하고 있습니다. 신앙의 기초와 방향을 분명히 밝히는 책으로서 풍성한 삶과 승리하는 삶을 갈망하는 그리스도인들에게 귀한 도전이 될 것입니다.

낮아짐의 은혜1
영성의 숲. 308쪽. 값 11,000원
쉽게 하나님의 임재를 경험하며 그 은혜 가운데 머무르는 사람이 있습니다. 그 은총의 비밀은 무엇일까요? 그것은 바로 낮아짐이며 이를 통하여 주의 무한한 은혜와 천국의 풍성함을 누릴 수 있음을 본서는 증명합니다. 사람을 파괴하는 높아짐의 시작과 타락, 은혜의 회복, 열매의 풍성함 등을 다루고 있으며 누구나 그 은혜의 세계에 쉽게 이르도록 길을 제시하고 있습니다.

낮아짐의 은혜 2
영성의 숲. 388쪽. 값 14,000원
낮아짐은 감추어진 비밀이며 천국의 문을 여는 보화입니다. 마귀는 낮아짐을 빼앗을 때 그 영혼을 사로잡을 수 있으므로 온갖 유혹으로 이 보화를 가로챕니다. 하나님은 천국의 풍성함을 주시기 위하여 낮아짐을 훈련하시며 인도하십니다. 2권은 적용을 주로 다루며 구체적으로 풍성한 은총을 누릴 수 있도록 권면하고 있습니다.

그리스도를 갈망하는 삶
영성의 숲. 268쪽. 값 10,000원
부흥과 영적 깨어남, 영성의 다양한 원리에 대한 이야기. 삶 속의 이야기와 함께 자연스럽게 풀어서 정리하였습니다. 일상의 사소한 삶에서 영적 원리를 발견하고 적용하도록 도우며 그리스도에 대한 갈망이 증가되도록 도전하고 있습니다.

영이 깨어날수록 천국을 누린다
영성의 숲. 236쪽. 값 8,000원
독자들과 일대일로 마주 앉아서 대화를 하듯이 영적 성장과 풍성한 삶을 누리는 원리에 대해서 메시지를 전달하고 있습니다. 사랑하는 삶, 영성의 깨어남에 대한 새로운 통찰력을 제공해주며 기쁨으로 주님을 따르는 길을 제시해줍니다.

<생활 영성 시리즈>

주님과 차 한잔을
영성의 숲. 220쪽. 6,000원
신앙의 귀한 진리들, 주님을 사모하고 가까이 나아가는데 도움이 되는 원리들을 유머를 통해 밝고 즐겁게 전달해주는 책입니다.
주님과 같이 차를 한잔 마시는 기분으로 부담없이 읽다 보면 자연스럽게 영적 통찰을 얻을 수 있을 것입니다.

일상의 삶에서 주님을 의식하기
영성의 숲. 280쪽. 8,000원
일상이 사소한 삶 속에서 주님을 의식하며 살아가는 이야기. 신앙과 영성은 기도할 때만이 아니라 일상의 모든 삶 속에서 나타나야 한다. 작고 사소한 모든 일에서 주님을 의식하는 것이 진정한 행복의 원리인 것을 이 책은 보여주고 있습니다.

일상에서 경험하는 주님의 사랑
영성의 숲. 277쪽. 9,000원
일상의 묵상 시리즈 2편. 사소한 일상의 삶에서 주님의 임재와 사랑을 느끼고 주님의 메시지를 경험하는 이야기. 항상 모든 것에서 주님의 마음과 시선으로 삶과 사람을 보고 느껴야 하며 이를 통해서 날마다 천국을 경험할 수 있음을 사소한 삶의 이야기를 통하여 부드럽게 전달해주고 있습니다.

삶이 가르치는 지혜
영성의 숲. 212쪽. 6,000원
〈삶이 가르치는 지혜〉의 개정판. 우리의 삶에서 경험하는 많은 즐거운 일, 힘든 일들이 결국 우리 영혼의 성장을 위하여 주어진 일임을 보여줍니다. 가슴을 따뜻하게 하는 소박한 이야기들을 통해서 사랑의 중요성을 다시 한번 깨닫게 합니다.

사랑의 나라로 가는 여행
영성의 숲. 156쪽. 5,000원
〈사랑의 나라〉의 개정판. 어른들을 위한 우화로서 한 청년이 여행을 통하여 삶의 목적과 방향을 깨달아 가는 과정이 흥미진진하게 전개되고 있습니다. 즐겁게 이야기를 읽어나가다보면 영적 성장의 방향과 중심, 영적 세계의 에너지와 원리, 흐름을 이해하는데 도움이 될 것입니다.

하나님의 뜻을 발견해 가는 여행
영성의 숲. 269쪽. 신국판 변형 8,000원
성경에 등장하는 입다, 다윗, 암논의 삶과 사건들을 통하여 하나님의 아버지 마음과 하나님의 의도와 훈련을 이해하고 발견하도록 안내하는 책입니다. 등장인물들의 마음과 정서가 드라마처럼 녹아있어 흥미와 감동을 전달해 줍니다.

일상에서 경험하는 주님의 은혜
영성의 숲. 253쪽. 값 8,000원
일상시리즈 3편입니다.
가족 이야기, 모임 이야기, 일상에서 경험하는 여러 가지 일들을 통해서 영적 원리와 교훈을 정리하였습니다.
일기와 이야기 형식으로 기록되어 있어서 즐겁게 읽는 가운데 주님과 같이 걷는 삶의 흐름 속으로 들어갈 수 있게 될 것입니다.

<묵상 시리즈>

맑고 깊은 영성의 세계를 향하여
영성의 숲. 140쪽. 5,000원.
잠언시리즈 1편. 내 영혼의 잠언1을 판형을 바꾸어 새롭게 만들었습니다. 순결하고 맑은 영혼으로 성장하기 위한 진리의 묵상들이 간결하게 정리되어 있습니다.

주님은 생수의 근원 입니다
영성의 숲. 196쪽. 6,000원
〈내 영혼의 잠언2〉의 개정판. 맑고 투명한 영성의 세계로 안내하는 영성 잠언집. 새벽녘의 신선하고 향긋한 바람처럼 우리 영혼을 달콤하게 채워주는 묵상의 글들을 모아서 정리했습니다.

묻지 않는 자에게 해답을 던지지 말라
영성의 숲. 156쪽. 5,000원
삶과 사랑과 영혼의 진리를 담은 잠언 시집.
인생의 의미와 진리, 영성의 발전과정을 예리하면서도 부드러운 시각으로 표현하고 있습니다. 불신자에 대한 전도용으로도 좋은 책입니다.

영혼을 깨우는 지혜의 샘물
영성의 숲. 180쪽. 6,000원
〈영적 성숙으로 향하는 여행〉의 개정판
인생, 진리, 마음, 영성 등 중요한 8가지의 주제에 대한 짧은 묵상을 담았습니다. 맑은 샘물이 흐르듯이 간결한 지혜의 메시지가 영성을 일깨워주는 책입니다.

대적기도의 적용원리

1판 1쇄 발행　2005년 2월 20일
1판 25쇄 발행　2023년 12월 25일

지은이	정원
펴낸이	홍 윤미
펴낸곳	영성의 숲
등록번호	2001. 7. 19 제 8-341 호
전화	02 - 355 - 7526 (영성의숲)
핸드폰	010 - 9176 - 7526 (영성의숲)
E - mail	spiritforest@hanmail.net (영성의숲)
홈페이지	cafe.daum.net/garden500 (정원목사 독자 모임)
	cafe.naver.com/garden500 (정원목사 독자 모임)
국민은행	051-21-0894-062
예금주	홍 윤미
총판	생명의 말씀사
전화	02 - 3159 - 8211
팩스	080 - 022 - 8585,6

값 18,000원
ISBN 978 - 89 - 90200 - 22 - 8　04230
ISBN 978 - 89 - 90200 - 76 - 1　04230 (세트)